民法典
新解新案

郭妍子　林　鑫　田艳飞 / 编著
中国法治出版社 / 组编

中国法治出版社
CHINA LEGAL PUBLISHING HOUSE

图书在版编目（CIP）数据

民法典新解新案 / 郭妍子，林鑫，田艳飞编著；中国法治出版社组编. -- 北京：中国法治出版社，2025.8. -- ISBN 978-7-5216-5444-8

Ⅰ. D923.05

中国国家版本馆 CIP 数据核字第 202594NA58 号

责任编辑：刘海龙　　　　　　　　　　　　　　封面设计：杨泽江

民法典新解新案
MINFADIAN XINJIE XIN'AN

编著/郭妍子　林　鑫　田艳飞
组编/中国法治出版社
经销/新华书店
印刷/保定市中画美凯印刷有限公司
开本/710 毫米×1000 毫米　16 开　　　　　　印张/ 30　字数/ 475 千
版次/2025 年 8 月第 1 版　　　　　　　　　　2025 年 8 月第 1 次印刷

中国法治出版社出版
书号 ISBN 978-7-5216-5444-8　　　　　　　　定价：79.00 元

北京市西城区西便门西里甲 16 号西便门办公区
邮政编码：100053　　　　　　　　　　　　　　传真：010-63141600
网址：http://www.zgfzs.com　　　　　　　　　编辑部电话：010-63141814
市场营销部电话：010-63141612　　　　　　　 印务部电话：010-63141606

（如有印装质量问题，请与本社印务部联系。）

目录

第一编 总则

第一章 基本规定 ... 003
第二章 自然人 ... 008
 第一节 民事权利能力和民事行为能力 ... 008
 第二节 监护 ... 012
 第三节 宣告失踪和宣告死亡 ... 023
 第四节 个体工商户和农村承包经营户 ... 028
第三章 法人 ... 030
 第一节 一般规定 ... 030
 第二节 营利法人 ... 034
 第三节 非营利法人 ... 035
 第四节 特别法人 ... 037
第四章 非法人组织 ... 038
第五章 民事权利 ... 039
第六章 民事法律行为 ... 045
 第一节 一般规定 ... 045
 第二节 意思表示 ... 047
 第三节 民事法律行为的效力 ... 048
 第四节 民事法律行为的附条件和附期限 ... 052

第七章　代　理	_053
第一节　一般规定	_053
第二节　委托代理	_054
第三节　代理终止	_056
第八章　民事责任	_057
第九章　诉讼时效	_064
第十章　期间计算	_068

第二编　物　权

第一分编　通　则	_073
第一章　一般规定	_073
第二章　物权的设立、变更、转让和消灭	_074
第一节　不动产登记	_074
第二节　动产交付	_077
第三节　其他规定	_078
第三章　物权的保护	_078
第二分编　所有权	_080
第四章　一般规定	_080
第五章　国家所有权和集体所有权、私人所有权	_081
第六章　业主的建筑物区分所有权	_085
第七章　相邻关系	_092
第八章　共　有	_095
第九章　所有权取得的特别规定	_098
第三分编　用益物权	_103
第十章　一般规定	_103

第十一章　土地承包经营权 　_104
  第十二章　建设用地使用权 　_107
  第十三章　宅基地使用权 　_110
  第十四章　居　住　权 　_111
  第十五章　地　役　权 　_113

第四分编　担保物权 　_115
  第十六章　一般规定 　_115
  第十七章　抵　押　权 　_117
    第一节　一般抵押权 　_117
    第二节　最高额抵押权 　_126
  第十八章　质　权 　_127
    第一节　动产质权 　_127
    第二节　权利质权 　_129
  第十九章　留　置　权 　_131

第五分编　占　有 　_133
  第二十章　占　有 　_133

第三编　合　同

第一分编　通　则 　_137
  第一章　一般规定 　_137
  第二章　合同的订立 　_139
  第三章　合同的效力 　_154
  第四章　合同的履行 　_156
  第五章　合同的保全 　_176
  第六章　合同的变更和转让 　_181
  第七章　合同的权利义务终止 　_188

第八章　违约责任　202

第二分编　典型合同　212

第九章　买卖合同　212

第十章　供用电、水、气、热力合同　224

第十一章　赠与合同　227

第十二章　借款合同　229

第十三章　保证合同　231

　第一节　一般规定　231

　第二节　保证责任　241

第十四章　租赁合同　248

第十五章　融资租赁合同　256

第十六章　保理合同　263

第十七章　承揽合同　272

第十八章　建设工程合同　274

第十九章　运输合同　278

　第一节　一般规定　278

　第二节　客运合同　278

　第三节　货运合同　283

　第四节　多式联运合同　285

第二十章　技术合同　286

　第一节　一般规定　286

　第二节　技术开发合同　288

　第三节　技术转让合同和技术许可合同　291

　第四节　技术咨询合同和技术服务合同　295

第二十一章　保管合同　298

第二十二章　仓储合同　300

第二十三章　委托合同　303

第二十四章　物业服务合同　　　_308

第二十五章　行纪合同　　　_314

第二十六章　中介合同　　　_316

第二十七章　合伙合同　　　_319

第三分编　准　合　同　　　_322

第二十八章　无因管理　　　_322

第二十九章　不当得利　　　_325

第四编　人　格　权

第一章　一般规定　　　_333

第二章　生命权、身体权和健康权　　　_342

第三章　姓名权和名称权　　　_346

第四章　肖　像　权　　　_349

第五章　名誉权和荣誉权　　　_353

第六章　隐私权和个人信息保护　　　_355

第五编　婚姻家庭

第一章　一般规定　　　_363

第二章　结　婚　　　_365

第三章　家庭关系　　　_369

　第一节　夫妻关系　　　_369

　第二节　父母子女关系和其他近亲属关系　　　_376

第四章　离　婚　　　_380

第五章　收　养　　　_389

　第一节　收养关系的成立　　　_389

第二节　收养的效力　　_393
　　第三节　收养关系的解除　　_393

第六编　继　　承

　　第一章　一般规定　　_397
　　第二章　法定继承　　_401
　　第三章　遗嘱继承和遗赠　　_406
　　第四章　遗产的处理　　_412

第七编　侵权责任

　　第一章　一般规定　　_423
　　第二章　损害赔偿　　_431
　　第三章　责任主体的特殊规定　　_437
　　第四章　产品责任　　_444
　　第五章　机动车交通事故责任　　_447
　　第六章　医疗损害责任　　_452
　　第七章　环境污染和生态破坏责任　　_455
　　第八章　高度危险责任　　_458
　　第九章　饲养动物损害责任　　_460
　　第十章　建筑物和物件损害责任　　_461

附　　则

参考书目　　_472

第一编 总　则

第一编 总 则

第一章 基本规定

第一条 【立法目的和依据】[①] 为了保护民事主体的合法权益,调整民事关系,维护社会和经济秩序,适应中国特色社会主义发展要求,弘扬社会主义核心价值观,根据宪法,制定本法。

第二条 【调整范围】 民法调整平等主体的自然人、法人和非法人组织之间的人身关系和财产关系。

新解

本条是关于民法调整对象的宣示规定。本条也是我国民法的重要宣示类条款之一。本条规定不仅在观念上宣示了民法的法域独立性,而且在规范技术上也明确了民法的适用领域,为正确认识民法性质提供观念指导,也为民法拓展其范围提供了规范依据。

关联指引

《民事诉讼法》[②]第 3 条

第三条 【民事权利及其他合法权益受法律保护】 民事主体的人身权利、财产权利以及其他合法权益受法律保护,任何组织或者个人不得侵犯。

[①] 本书条文主旨为编者所加,为方便读者检索使用,仅供参考,下同。

[②] 为便于阅读,本书中相关法律文件名称中的"中华人民共和国"字样都予以省略。

> 第四条 【平等原则】民事主体在民事活动中的法律地位一律平等。
>
> 第五条 【自愿原则】民事主体从事民事活动,应当遵循自愿原则,按照自己的意思设立、变更、终止民事法律关系。
>
> 第六条 【公平原则】民事主体从事民事活动,应当遵循公平原则,合理确定各方的权利和义务。
>
> 第七条 【诚信原则】民事主体从事民事活动,应当遵循诚信原则,秉持诚实,恪守承诺。
>
> 第八条 【守法与公序良俗原则】民事主体从事民事活动,不得违反法律,不得违背公序良俗。

新解

民事主体从事任何民事活动都应当遵守法律的强制性规定。但是民事活动复杂多样,法律不可能预见所有损害社会公共利益、公共道德秩序的行为而作出详尽的禁止性规定。因此,有必要辅之以公序良俗原则,并明确规定违背公序良俗的民事法律行为无效,以弥补法律禁止性规定的不足,实现对民事主体意思自治的必要限制,以实现民事主体的个体利益与社会公共利益的平衡。

> 第九条 【绿色原则】民事主体从事民事活动,应当有利于节约资源、保护生态环境。

新解

本条确立了我国民法的一条全新的基本原则,即"生态环境保护原则",也被誉为"绿色原则"。本次《民法典》编纂将生态环境保护提升到民法基本原则高度,可谓一次重大突破,使民法典成为一部更具多元价值的社会化民法典，在追求个人关系的私本位关系合理的同时，也追求个人利益与自然生态利益关系的和谐。应当注意的是：其一，该原则作为民事活动原则，适用于民事活动的全部领域；其二，该原则适用于生态环境保护的全部领域；其三，该原则在内容上不是单纯消极的，应当将积极的"节约资源"包括在内。

新案

广州某某速运有限公司与广州某某跨境电子商务试验园区管理有限公司房屋租赁合同纠纷案[①]

2016年4月18日，广州某某跨境电子商务试验园区管理有限公司（以下简称某某电商）（出租人、甲方）与广州某某速运有限公司（以下简称某某速运）（承租人、乙方）签订广州某物流产业园区房屋租赁合同，约定甲方将涉案房屋以及仓库租给乙方使用。案涉合同约定："四、乙方的义务和权利：3.乙方需对所租赁的房屋进行内部装修或改建时，应提前向甲方提出申请备案，并聘请有相关资质的工程承包商进行施工，待合同期满后需要对部分区域进行修复。六、违约事项：3.乙方如需要对所租赁房屋进行装修或改造时，必须先征得甲方书面同意，改造的费用由乙方自负。在合同终止、解除租赁关系时，乙方装修或改造的与房屋有关的设施全部归甲方所有，乙方不得破坏（可移动设施除外）。4.乙方如违反本合同任一条款的内容，甲方对乙方所缴纳的保证金予以没收，同时有权解除合同。5.如甲方违反本合同任一款的内容，除退回乙方所缴纳保证金外，还需赔偿给乙方带来的经济损失。"

2016年4月29日，某某速运向某某电商支付了保证金2467248元。某某电商将毛坯状态的涉案办公楼交付给某某速运使用，某某速运进行了装修和改造，对房屋进行了天花吊顶、铺设了地板砖，墙体进行了批灰，将部分房屋的隔墙和门拆除，有的房屋则加建了隔墙，在部分墙体安装了玻璃窗。

2021年4月7日，某某速运向某某电商发送《关于场地合同到期退租事

[①] 参见广东省广州市中级人民法院（2022）粤01民终11244号民事判决书，载中国裁判文书网，最后访问日期：2025年8月11日。

宜》，主要内容为："根据公司发展规划到期不再续租，现关于场地退租部分复原事宜与贵公司友好协商处理，同时部分办公室空调设备完好，拆除也不方便，如留下也便于后续商户租赁时使用，建议折旧变卖给贵公司或抵扣部分办公室复原费用，请贵公司领导熟知及批示！"某某电商于2021年5月17日回复不需要空调，之后某某速运将办公室内的空调拆除。

此后，双方因房屋交接及保证金返还等发生争议，形成本案诉争。某某速运向法院起诉要求某某电商向某某速运返还租赁保证金2467248元，并支付逾期返还该保证金的资金占用费。某某电商提出反诉，要求某某速运将案涉房屋腾空并恢复原状后交还某某电商，支付从2021年5月1日起至场地恢复原状交付之日止的房屋占有使用费且拒绝退还保证金。庭审过程中，关于某某电商恢复原状的请求，双方对恢复原状无异议，但是因为合同约定不明导致双方对哪些项目应该恢复原状以及恢复到何种程度存在争议。

审理法院认为，《民法典》第9条规定："民事主体从事民事活动，应当有利于节约资源、保护生态环境。"第733条规定："租赁期限届满，承租人应当返还租赁物。返还的租赁物应当符合按照约定或者根据租赁物的性质使用后的状态。"因此，在合同对恢复原状约定不明的情况下，恢复原状应以节约资源和生态环保为原则。本案中，某某电商交付给某某速运的房屋为毛坯状态，某某速运在承租之后进行了天花吊顶、墙面粉刷、铺设地板砖和电线等，实质上增加了房屋使用价值，因此完全要求某某速运恢复至毛坯状态，不符合民法典所倡导的物尽其用、节约资源的原则，故对某某电商要求将房屋整体恢复至交付时的状态，法院不予支持。但是某某速运将房屋中部分墙体拆除、部分房屋隔断、部分房门拆除封闭以及部分墙体中开窗口的改造，改变了原房屋的结构、布局，确实影响了某某电商的后续使用，应予恢复。

第十条　【处理民事纠纷的依据】处理民事纠纷，应当依照法律；法律没有规定的，可以适用习惯，但是不得违背公序良俗。

新案

张某某与赵某某、赵某、王某婚约财产纠纷案[①]

张某某与赵某某（女）经人介绍认识，双方于2022年4月定亲。张某某给付赵某某父母赵某和王某定亲礼36600元；2022年9月张某某向赵某某银行账户转账彩礼136600元。赵某某等购置价值1120元的嫁妆并放置在张某某处。双方未办理结婚登记，未举行结婚仪式。2022年9月，双方解除婚约后因彩礼返还问题发生争议，张某某起诉请求赵某某及其父母赵某、王某共同返还彩礼173200元。

审理法院认为，双方未办理结婚登记，现有证据不足以证明张某某与赵某某持续、稳定地共同生活，张某某不存在明显过错，但在案证据也能证实赵某某为缔结婚姻亦有付出的事实，故案涉定亲礼、彩礼在扣除嫁妆后应予适当返还。关于赵某、王某是否系本案适格被告的问题，审理法院认为，关于案涉彩礼136600元，系张某某以转账方式直接给付赵某某，应由赵某某承担返还责任，扣除嫁妆后，酌定返还121820元；关于案涉定亲礼36600元，系赵某某与其父母共同接收，应由赵某某、赵某、王某承担返还责任，酌定返还32940元。

《民法典》第10条规定，处理民事纠纷，应当依照法律；法律没有规定的，可以适用习惯，但是不得违背公序良俗。法律没有就彩礼问题予以规定，人民法院应当在不违背公序良俗的情况下按照习惯处理涉彩礼纠纷。根据中国传统习俗，缔结婚约的过程中，一般是由男女双方父母在亲朋、媒人等见证下共同协商、共同参与完成彩礼的给付。因此，在确定诉讼当事人时，亦应当考虑习惯做法。当然，各地区、各家庭情况千差万别，彩礼接收人以及对该笔款项如何使用，情况非常复杂，既有婚约当事人直接接收的，也有婚约当事人父母接收的；彩礼的去向也呈现不同样态，既有接收一方将彩礼作为嫁妆一部分返还的，也有全部返回给婚约当事人作为新家庭生活启动资金的，还有的由接收彩礼一方父母另作他用。如果婚约当事人一方的父

---

① 参见《人民法院涉彩礼纠纷典型案例》（2023年12月12日发布），载最高人民法院网，https://www.court.gov.cn/zixun/xiangqing/419922.html，最后访问日期：2025年8月11日。

母接收彩礼的，可视为与其子女的共同行为，在婚约财产纠纷诉讼中，将婚约一方及父母共同列为当事人，符合习惯，也有利于查明彩礼数额、彩礼实际使用情况等案件事实，从而依法作出裁判。

第十一条　【特别法优先】其他法律对民事关系有特别规定的，依照其规定。

第十二条　【民法的效力范围】中华人民共和国领域内的民事活动，适用中华人民共和国法律。法律另有规定的，依照其规定。

第二章　自 然 人

第一节　民事权利能力和民事行为能力

第十三条　【自然人民事权利能力的起止时间】自然人从出生时起到死亡时止，具有民事权利能力，依法享有民事权利，承担民事义务。

第十四条　【民事权利能力平等】自然人的民事权利能力一律平等。

第十五条　【出生和死亡时间的认定】自然人的出生时间和死亡时间，以出生证明、死亡证明记载的时间为准；没有出生证明、死亡证明的，以户籍登记或者其他有效身份登记记载的时间为准。有其他证据足以推翻以上记载时间的，以该证据证明的时间为准。

第十六条　【胎儿利益保护】涉及遗产继承、接受赠与等胎儿利益保护的，胎儿视为具有民事权利能力。但是，胎儿娩出时为死体的，其民事权利能力自始不存在。

新解

本条对胎儿及其部分民事权利能力作出规定。胎儿取得部分民事权利能力以"娩出时为活体"为条件。确定胎儿民事权利能力产生的时间，应当从胎儿出生的事实推溯其出生前享有部分民事权利能力。胎儿可以享有的权利包括损害赔偿请求权、抚养费请求权、继承权、受赠与权、非婚生胎儿对其生父的认领请求权等均在出生前存在，但应待其出生后享有民事权利能力时方可行使。

关联指引

《民法典》第1155条

《最高人民法院关于适用〈中华人民共和国民法典〉总则编若干问题的解释》第4条

《最高人民法院关于适用〈中华人民共和国民法典〉继承编的解释（一）》第31条

第十七条　【成年时间】十八周岁以上的自然人为成年人。不满十八周岁的自然人为未成年人。

第十八条　【完全民事行为能力人】成年人为完全民事行为能力人，可以独立实施民事法律行为。

十六周岁以上的未成年人，以自己的劳动收入为主要生活来源的，视为完全民事行为能力人。

第十九条　【限制民事行为能力的未成年人】八周岁以上的未成年人为限制民事行为能力人，实施民事法律行为由其法定代理人代理或者经其法定代理人同意、追认；但是，可以独立实施纯获利益的民事法律行为或者与其年龄、智力相适应的民事法律行为。

民法典新解新案

新案

张某某诉某数码科技有限公司网络买卖合同纠纷案[①]

原告张某某的女儿张小某，出生于2011年，为小学五年级学生。张小某于2022年4月19日晚上在原告不知情的情况下使用原告的手机通过某直播平台，在主播诱导下通过原告支付宝账户支付给被告某数码科技有限公司经营的"某点卡专营店"5949.87元，用于购买游戏充值点卡，共计4笔。该4笔交易记录发生在2022年4月19日21时07分53秒至2022年4月19日21时30分00秒。原告认为，张小某作为限制民事行为能力人使用原告手机在半个小时左右的时间里从被告处购买游戏充值点卡达到5949.87元，并且在当天相近时间段内向其他游戏点卡网络经营者充值及进行网络直播打赏等消费10余万元，显然已经超出与其年龄、智力相适宜的范围，被告应当予以返还，遂诉至法院请求被告返还充值款5949.87元。

审理法院认为：限制民事行为能力人实施的纯获利益的民事法律行为或者与其年龄、智力、精神状况相适应的民事法律行为有效；实施的其他民事法律行为经法定代理人同意或者追认后有效。本案中，原告张某某的女儿张小某为限制民事行为能力人，张小某使用其父支付宝账号分4次向被告经营的点卡专营店共支付5949.87元，该行为明显已经超出与其年龄、智力相适宜的程度，现原告对张小某的行为不予追认，被告应当将该款项退还原告。依据《民法典》第19条、第23条、第27条、第145条规定，判令被告返还原告充值款5949.87元。

当前，随着互联网的普及，未成年人上网行为日常化，未成年人网络打赏、网络充值行为时有发生。本案裁判结合原告女儿在相近时间内其他充值打赏行为等情况，认定案涉充值行为明显超出与其年龄、智力相适宜的程度，被告应当返还充值款，依法维护未成年人合法权益，有利于为未成年人健康成长营造良好的网络空间和法治环境。

---

① 参见《网络消费典型案例》（2023年3月15日发布），载最高人民法院网，https://www.court.gov.cn/zixun/xiangqing/393481.html，最后访问日期：2025年8月11日。

第二十条　【无民事行为能力的未成年人】 不满八周岁的未成年人为无民事行为能力人，由其法定代理人代理实施民事法律行为。

新解

8周岁以下的未成年人，生理、心理发育都很不成熟，对自己行为的辨认识别能力以及行为后果的预见能力非常不够，不能理性地从事民事活动，如果法律准许其实施民事行为，既容易使他们蒙受损害，也不利于交易安全，因而规定为无民事行为能力人，不能自己独立实施民事法律行为，应由他们的法定代理人代理进行。

第二十一条　【无民事行为能力的成年人】 不能辨认自己行为的成年人为无民事行为能力人，由其法定代理人代理实施民事法律行为。

八周岁以上的未成年人不能辨认自己行为的，适用前款规定。

第二十二条　【限制民事行为能力的成年人】 不能完全辨认自己行为的成年人为限制民事行为能力人，实施民事法律行为由其法定代理人代理或者经其法定代理人同意、追认；但是，可以独立实施纯获利益的民事法律行为或者与其智力、精神健康状况相适应的民事法律行为。

新解

限制民事行为能力人实施的民事法律行为是否与其年龄、智力、精神健康状况相适应，可以从行为与本人生活相关联的程度，本人的智力、精神健康状况能否理解其行为并预见相应的后果，以及标的、数量、价款或者报酬等方面认定。

第二十三条　【非完全民事行为能力人的法定代理人】 无民事行为能力人、限制民事行为能力人的监护人是其法定代理人。

第二十四条　【民事行为能力的认定及恢复】不能辨认或者不能完全辨认自己行为的成年人，其利害关系人或者有关组织，可以向人民法院申请认定该成年人为无民事行为能力人或者限制民事行为能力人。

被人民法院认定为无民事行为能力人或者限制民事行为能力人的，经本人、利害关系人或者有关组织申请，人民法院可以根据其智力、精神健康恢复的状况，认定该成年人恢复为限制民事行为能力人或者完全民事行为能力人。

本条规定的有关组织包括：居民委员会、村民委员会、学校、医疗机构、妇女联合会、残疾人联合会、依法设立的老年人组织、民政部门等。

第二十五条　【自然人的住所】自然人以户籍登记或者其他有效身份登记记载的居所为住所；经常居所与住所不一致的，经常居所视为住所。

第二节　监　护

第二十六条　【父母子女之间的法律义务】父母对未成年子女负有抚养、教育和保护的义务。

成年子女对父母负有赡养、扶助和保护的义务。

新案

杨某顺诉杨某洪、吴某春居住权纠纷案[①]

杨某顺系杨某洪、吴某春夫妇的儿子。杨某顺出生后一直随其父母在农村同一房屋中居住生活。杨某顺成年后，长期沉迷赌博，欠下巨额赌债。后该房屋被列入平改范围，经拆迁征收补偿后置换楼房三套。三套楼房交付

---

①　参见《第二批人民法院大力弘扬社会主义核心价值观典型民事案例》（2022 年 2 月 23 日发布），载最高人民法院网，https://www.court.gov.cn/zixun/xiangqing/346671.html，最后访问日期：2025 年 8 月 11 日。

后，其中一套房屋出售他人，所得款项用于帮助杨某顺偿还赌债；剩余两套一套出租给他人，一套供三人共同居住生活。后因产生家庭矛盾，杨某洪、吴某春夫妇不再允许杨某顺在二人的房屋内居住。杨某顺遂以自出生以来一直与父母在一起居住生活，双方形成事实上的共同居住关系，从而对案涉房屋享有居住权为由，将杨某洪、吴某春夫妇诉至法院，请求判决其对用于出租的房屋享有居住的权利。

人民法院认为，杨某顺成年后具有完全民事行为能力和劳动能力，应当为了自身及家庭的美好生活自力更生，而非依靠父母。杨某洪、吴某春夫妇虽为父母，但对成年子女已没有法定抚养义务。案涉房屋系夫妻共同财产，杨某洪、吴某春夫妇有权决定如何使用和处分该房屋，其他人无权干涉。杨某顺虽然自出生就与杨某洪、吴某春夫妇共同生活，但并不因此当然享有案涉房屋的居住权，无权要求继续居住在父母所有的房屋中。故判决驳回杨某顺的诉讼请求。

青年自立自强是家庭和睦、国家兴旺的前提条件。只有一代又一代人的独立自强、不懈奋斗，才有全体人民的幸福生活。《民法典》第26条规定："父母对未成年子女负有抚养、教育和保护的义务。成年子女对父母负有赡养、扶助和保护的义务。"对于有劳动能力的成年子女，父母不再负担抚养义务。如果父母自愿向成年子女提供物质帮助，这是父母自愿处分自己的权利；如果父母不愿意或者没有能力向成年子女提供物质帮助，子女强行"啃老"，就侵害了父母的民事权利，父母有权拒绝。司法裁判在保护当事人合法权益的同时，也引导人们自尊、自立、自强、自爱。本案的裁判明确了有劳动能力的成年子女在父母明确拒绝的情形下无权继续居住父母所有的房屋，对于成年子女自己"躺平"却让父母负重前行的行为予以了否定，体现了文明、法治的社会主义核心价值观，有助于引导青年人摒弃"啃老"的错误思想，树立正确的人生观、价值观，鼓励青年人用勤劳的汗水创造属于自己的美好生活；有助于弘扬中华民族艰苦奋斗、自力更生、爱老敬老的传统美德；有助于引导社会形成正确价值导向，促进社会养成良好家德家风，传递社会正能量。

> **第二十七条　【未成年人的监护人】** 父母是未成年子女的监护人。
>
> 未成年人的父母已经死亡或者没有监护能力的，由下列有监护能力的人按顺序担任监护人：
>
> （一）祖父母、外祖父母；
>
> （二）兄、姐；
>
> （三）其他愿意担任监护人的个人或者组织，但是须经未成年人住所地的居民委员会、村民委员会或者民政部门同意。

新案

乐平市民政局申请撤销罗某监护人资格案[①]

被申请人罗某系吴某1（11岁）、吴某2（10岁）、吴某3（8岁）三姐弟的生母。罗某自三子女婴幼时期起既未履行抚养教育义务，又未支付抚养费用，不履行监护职责，且与他人另组建家庭并生育子女。罗某在知道三个孩子的父亲、祖父均去世，家中无其他近亲属照料、抚养孩子的情况下，仍不管不问，拒不履行监护职责达6年以上，导致三子女生活处于极其危困状态。为保障三姐弟的合法权益，乐平市民政局向人民法院申请撤销罗某对三姐弟的监护人资格，并指定该民政局为三姐弟的监护人。

生效裁判认为，被申请人罗某作为被监护人吴某1、吴某2、吴某3的生母及法定监护人，在三名被监护人年幼时离家出走，六年期间未履行对子女的抚养、照顾、教育等义务；在被监护人父亲去世，三名被监护人处于无人照看、生活危困的状况下，被申请人知情后仍怠于履行监护职责，导致三名未成年人流离失所，其行为已严重侵害了三名被监护人的合法权益。监护人怠于履行监护职责导致被监护人处于危困状态，人民法院根据乐平市民政局的申请，依法撤销了罗某的监护人资格。被监护人的祖父过世，祖母情

[①] 参见《人民法院贯彻实施民法典典型案例（第二批）》（2023年1月12日发布），载最高人民法院网，https://www.court.gov.cn/zixun/xiangqing/386521.html，最后访问日期：2025年8月11日。

况不明，外祖父母远在贵州且从未与三名被监护人共同生活，上述顺位亲属均不能或者不适合担任吴某1、吴某2、吴某3的监护人。考虑到现在的临时照料家庭能够为孩子们提供良好的成长环境和安定的生活保障，经人民法院与乐平市民政局沟通后，明确三名被监护人由乐平市民政局监护，便于其通过相应法定程序与"临时家庭"完善收养手续，将临时照料人转变为合法收养人，与三姐弟建立起完整的亲权法律关系。如此，三姐弟能获得良好的教育、感受家庭的温暖，三个临时照料家庭的父母也能享天伦之乐。故判决自2022年5月27日起，吴某1、吴某2、吴某3的监护人由乐平市民政局担任。

第二十八条　【非完全民事行为能力成年人的监护人】 无民事行为能力或者限制民事行为能力的成年人，由下列有监护能力的人按顺序担任监护人：

（一）配偶；

（二）父母、子女；

（三）其他近亲属；

（四）其他愿意担任监护人的个人或者组织，但是须经被监护人住所地的居民委员会、村民委员会或者民政部门同意。

第二十九条　【遗嘱指定监护】 被监护人的父母担任监护人的，可以通过遗嘱指定监护人。

第三十条　【协议确定监护人】 依法具有监护资格的人之间可以协议确定监护人。协议确定监护人应当尊重被监护人的真实意愿。

关联指引

《最高人民法院关于适用〈中华人民共和国民法典〉总则编若干问题的解释》第8条、第12条

第三十一条　【监护争议解决程序】 对监护人的确定有争议的，由被监护人住所地的居民委员会、村民委员会或者民政部门指定监护人，有关当事人对指定不服的，可以向人民法院申请指定监护人；有关当事人也可以直接向人民法院申请指定监护人。

居民委员会、村民委员会、民政部门或者人民法院应当尊重被监护人的真实意愿，按照最有利于被监护人的原则在依法具有监护资格的人中指定监护人。

依据本条第一款规定指定监护人前，被监护人的人身权利、财产权利以及其他合法权益处于无人保护状态的，由被监护人住所地的居民委员会、村民委员会、法律规定的有关组织或者民政部门担任临时监护人。

监护人被指定后，不得擅自变更；擅自变更的，不免除被指定的监护人的责任。

新解

本条是关于监护争议解决程序的规定。

人民法院依据本条第 2 款的规定指定监护人时，应当尊重被监护人的真实意愿，按照最有利于被监护人的原则指定，具体参考以下因素：（1）与被监护人生活、情感联系的密切程度；（2）依法具有监护资格的人的监护顺序；（3）是否有不利于履行监护职责的违法犯罪等情形；（4）依法具有监护资格的人的监护能力、意愿、品行等。

人民法院依法指定的监护人一般应当是 1 人，由数人共同担任监护人更有利于保护被监护人利益的，也可以是数人。

有关当事人不服居民委员会、村民委员会或者民政部门的指定，在接到指定通知之日起 30 日内向人民法院申请指定监护人的，人民法院经审理认为指定并无不当，依法裁定驳回申请；认为指定不当，依法判决撤销指定并另行指定监护人。有关当事人在接到指定通知之日起 30 日后提出申请的，人民法院应当按照变更监护关系处理。

新案

赵甲、赵乙、赵丙申请指定监护人纠纷案[①]

老人严某某有赵甲、赵乙、赵丙三子女，老人自丈夫去世至患病住院前一直与赵甲共居生活。住院期间三子女均有看护，存折及证件由赵甲管理。老人现无民事行为能力。三子女就老人监护事宜存在争议，起诉申请由法院指定监护人，均主张他人存在不利监护因素，自己最适合担任老人监护人。

审理法院认为，《民法典》第31条规定，人民法院应当尊重被监护人的真实意愿，按照最有利于被监护人的原则在依法具有监护资格的人中指定监护人。本案中，赵甲与老人长期共同生活，为最便利履行监护职责，结合照顾现状、交通条件等情况，判决指定赵甲担任严某某监护人，令其每月向赵乙、赵丙公示上一月度严某某财产管理及监护情况。

随着我国社会人口老龄化程度不断加深，失能老人生活照顾、财产管理等成为困扰许多家庭的难题。被指定的监护人能否尽心尽力、依法履职，由谁来履行监督职能，更是实践操作的堵点。本案判决按照最有利于被监护人的原则，确定以监护人履职报告和定期公示为内容的创新模式，让失能老人监护归于"老人本位、家庭成员共同参与"。不仅有利于促进矛盾纾解和孝亲敬老家风建设，也对监护人监督模式进行了有益探索。

关联指引

《最高人民法院关于适用〈中华人民共和国民法典〉总则编若干问题的解释》第9条、第10条

《最高人民法院关于适用〈中华人民共和国民事诉讼法〉的解释》第10条、第349条

[①] 参见《人民法院老年人权益保护第三批典型案例》（2023年4月27日发布），载最高人民法院网，https://www.court.gov.cn/zixun/xiangqing/398342.html，最后访问日期：2025年8月11日。

第三十二条 【公职监护人】 没有依法具有监护资格的人的，监护人由民政部门担任，也可以由具备履行监护职责条件的被监护人住所地的居民委员会、村民委员会担任。

第三十三条 【意定监护】 具有完全民事行为能力的成年人，可以与其近亲属、其他愿意担任监护人的个人或者组织事先协商，以书面形式确定自己的监护人，在自己丧失或者部分丧失民事行为能力时，由该监护人履行监护职责。

新解

本条是关于意定监护的规定。

意定监护是在监护领域对自愿原则的贯彻落实，是具有完全民事行为能力的成年人对自己将来的监护事务，按照自己的意愿事先所作的安排。

具有完全民事行为能力的成年人与他人依据本条的规定订立书面协议事先确定自己的监护人后，协议的任何一方可以在该成年人丧失或者部分丧失民事行为能力前请求解除协议。该成年人丧失或者部分丧失民事行为能力后，协议确定的监护人无正当理由不得请求解除协议。该成年人丧失或者部分丧失民事行为能力后，协议确定的监护人有《民法典》第 36 条第 1 款规定的情形之一，该条第 2 款规定的有关个人、组织可以申请撤销其监护人资格。

新案

卢某申请指定监护人案 [1]

老年人杨某与其配偶未生育子女。杨某的配偶去世后，杨某由配偶之侄卢某照顾。经过公证，杨某与卢某签订了意定监护协议。该协议约定，杨某在丧失民事行为能力时由卢某担任其监护人，管理杨某财产，安排其养老、

---

[1] 参见《最高法发布老年人权益保护典型案例》（2024 年 12 月 31 日发布），载最高人民法院网，https://www.court.gov.cn/zixun/xiangqing/451591.html，最后访问日期：2025 年 8 月 11 日。

就医等事宜。后来，杨某突发严重疾病，意识出现障碍。医院的诊断证明书载明杨某肾功能衰竭、心力衰竭；卢某提交的视频光盘显示，杨某已无法独立进行意思表示。经卢某自行委托鉴定，鉴定结论为杨某系重度失能人员。杨某户籍地社区居民委员会出具意见确认杨某意识不清醒，长期生活不能自理，同意卢某担任杨某的监护人。卢某向法院申请：认定杨某为无民事行为能力人并指定卢某担任其监护人。

审理法院认为，本案证据能够证明杨某已完全不能辨认和控制自身的行为，应认定杨某为无民事行为能力人。杨某与卢某签订的意定监护协议经过公证，为双方当事人真实意思表示，属合法有效。根据意定监护协议约定，结合杨某住所地居民委员会的意见，卢某担任杨某监护人的申请应予支持。最终判决：认定杨某为无民事行为能力人；指定卢某担任杨某的监护人。

《民法典》第33条规定了意定监护制度，即具有完全民事行为能力的成年人，可以与他人协商后以书面形式确定他人担任自己的监护人，在自己丧失或者部分丧失民事行为能力时，由该监护人履行监护职责。意定监护制度有利于充分尊重老年人自主意愿，周延保障老年人权益。实践中，不少老年人对意定监护制度不了解、不熟悉，导致产生实际需求时无法享受此项权利，引发监护困境。本案中，人民法院按照老年人意愿，依法支持意定监护，彰显了意定监护法律制度的功能和价值，有利于社会公众积极认识、接受和用好用足意定监护，让晚年生活多一份保障。

第三十四条　【监护职责及临时生活照料】监护人的职责是代理被监护人实施民事法律行为，保护被监护人的人身权利、财产权利以及其他合法权益等。

监护人依法履行监护职责产生的权利，受法律保护。

监护人不履行监护职责或者侵害被监护人合法权益的，应当承担法律责任。

因发生突发事件等紧急情况，监护人暂时无法履行监护职责，被监护人的生活处于无人照料状态的，被监护人住所地的居民委员会、村民委员会或者民政部门应当为被监护人安排必要的临时生活照料措施。

第三十五条　【履行监护职责应遵循的原则】监护人应当按照最有利于被监护人的原则履行监护职责。监护人除为维护被监护人利益外，不得处分被监护人的财产。

未成年人的监护人履行监护职责，在作出与被监护人利益有关的决定时，应当根据被监护人的年龄和智力状况，尊重被监护人的真实意愿。

成年人的监护人履行监护职责，应当最大程度地尊重被监护人的真实意愿，保障并协助被监护人实施与其智力、精神健康状况相适应的民事法律行为。对被监护人有能力独立处理的事务，监护人不得干涉。

第三十六条　【监护人资格的撤销】监护人有下列情形之一的，人民法院根据有关个人或者组织的申请，撤销其监护人资格，安排必要的临时监护措施，并按照最有利于被监护人的原则依法指定监护人：

（一）实施严重损害被监护人身心健康的行为；

（二）怠于履行监护职责，或者无法履行监护职责且拒绝将监护职责部分或者全部委托给他人，导致被监护人处于危困状态；

（三）实施严重侵害被监护人合法权益的其他行为。

本条规定的有关个人、组织包括：其他依法具有监护资格的人，居民委员会、村民委员会、学校、医疗机构、妇女联合会、残疾人联合会、未成年人保护组织、依法设立的老年人组织、民政部门等。

前款规定的个人和民政部门以外的组织未及时向人民法院申请撤销监护人资格的，民政部门应当向人民法院申请。

新解

本条是关于撤销监护人资格的规定。

为了更好地保护被监护人的合法权益，根据司法实践情况，本条对撤销监护人资格诉讼的申请主体、适用情形等内容作出了明确规定，并强化了民政部门的职责。

有权向法院申请撤销监护人资格的主体包括：其他依法具有监护资格的人，居民委员会、村民委员会、学校、医疗机构、妇女联合会、残疾人联合会、未成年人保护组织、依法设立的老年人组织、民政部门等。这里的"其他依法具有监护资格的人"主要依据《民法典》第27条、第28条的规定确定。例如，配偶担任监护人的，其他依法具有监护资格的人，指《民法典》第28条规定的父母、子女、其他近亲属、经被监护人住所地的居民委员会、村民委员会或者民政部门同意的其他愿意担任监护人的个人或者组织。

新案

梅河口市儿童福利院与张某柔申请撤销监护人资格案[1]

2021年3月14日3时许，张某柔在吉林省梅河口市某烧烤店内生育一女婴（非婚生，暂无法确认生父），随后将女婴遗弃在梅河口市某村露天垃圾箱内。当日9时30分许，女婴被群众发现并报案，梅河口市公安局民警将女婴送至医院抢救治疗。2021年3月21日，女婴出院并被梅河口市儿童福利院抚养至今，取名"党心"（化名）。张某柔因犯遗弃罪，被判刑。目前，张某柔仍不履行抚养义务，其近亲属亦无抚养意愿。梅河口市儿童福利院申请撤销张某柔监护人资格，并申请由该福利院作为党心的监护人。梅河口市人民检察院出庭支持梅河口市儿童福利院的申请。

生效裁判认为，父母是未成年子女的法定监护人，有保护被监护人的身体健康、照顾被监护人的生活、管理和保护被监护人的财产等义务。张某柔的遗弃行为严重损害了被监护人的身心健康和合法权益，依照《民法典》第36条规定，其监护人资格应当予以撤销。梅河口市儿童福利院作为为全市孤儿和残疾儿童提供社会服务的机构，能够解决党心的教育、医疗、心理疏导等一系列问题。从对未成年人特殊、优先保护原则和未成年人最大利益原则出发，由梅河口市儿童福利院作为党心的监护人，更有利于保护其生活、受教育、医疗保障等权利，故指定梅河口市儿童福利院为党心的监护人。

---

[1] 参见《人民法院贯彻实施民法典典型案例（第一批）》（2022年2月25日发布），载最高人民法院网，https://www.court.gov.cn/zixun/xiangqing/347181.html，最后访问日期：2025年8月11日。

第三十七条　【监护人资格撤销后的义务】依法负担被监护人抚养费、赡养费、扶养费的父母、子女、配偶等，被人民法院撤销监护人资格后，应当继续履行负担的义务。

第三十八条　【监护人资格的恢复】被监护人的父母或者子女被人民法院撤销监护人资格后，除对被监护人实施故意犯罪的外，确有悔改表现的，经其申请，人民法院可以在尊重被监护人真实意愿的前提下，视情况恢复其监护人资格，人民法院指定的监护人与被监护人的监护关系同时终止。

第三十九条　【监护关系的终止】有下列情形之一的，监护关系终止：

（一）被监护人取得或者恢复完全民事行为能力；

（二）监护人丧失监护能力；

（三）被监护人或者监护人死亡；

（四）人民法院认定监护关系终止的其他情形。

监护关系终止后，被监护人仍然需要监护的，应当依法另行确定监护人。

新解

本条是关于监护关系终止的情形的规定。

本条第1款对监护关系的终止列举了四类典型情形，并作了兜底性规定。监护人、其他依法具有监护资格的人之间就监护人是否有本条第1款第2项、第4项规定的应当终止监护关系的情形发生争议，可以申请变更监护人。被依法指定的监护人与其他具有监护资格的人之间协议变更监护人的，人民法院应当尊重被监护人的真实意愿，按照最有利于被监护人的原则作出裁判。

第三节　宣告失踪和宣告死亡

第四十条　【宣告失踪】自然人下落不明满二年的，利害关系人可以向人民法院申请宣告该自然人为失踪人。

新解

本条是关于宣告失踪的条件的规定。

对于可以向人民法院提出申请的"利害关系人"包括哪些人，《最高人民法院关于适用〈中华人民共和国民法典〉总则编若干问题的解释》第14条规定，人民法院审理宣告失踪案件时，下列人员应当认定为本条规定的利害关系人：（1）被申请人的近亲属；（2）依据《民法典》第1128条、第1129条规定对被申请人有继承权的亲属；（3）债权人、债务人、合伙人等与被申请人有民事权利义务关系的民事主体，但是不申请宣告失踪不影响其权利行使、义务履行的除外。

关联指引

《最高人民法院关于适用〈中华人民共和国民法典〉总则编若干问题的解释》第14条

《最高人民法院关于适用〈中华人民共和国民事诉讼法〉的解释》第344条至第346条

第四十一条　【下落不明的起算时间】自然人下落不明的时间自其失去音讯之日起计算。战争期间下落不明的，下落不明的时间自战争结束之日或者有关机关确定的下落不明之日起计算。

第四十二条　【财产代管人】失踪人的财产由其配偶、成年子女、父母或者其他愿意担任财产代管人的人代管。

代管有争议，没有前款规定的人，或者前款规定的人无代管能力的，由人民法院指定的人代管。

新解

本条是关于失踪人的财产代管人的规定。

法律设立失踪人的财产代管人主要目的就是结束失踪人财产无人管理的不确定状态，这既是对失踪人财产利益的保护，同时也是对失踪人的债权人等利害关系人合法权益的保护。

失踪人的财产代管人向失踪人的债务人请求偿还债务的，人民法院应当将财产代管人列为原告。债权人提起诉讼，请求失踪人的财产代管人支付失踪人所欠的债务和其他费用的，人民法院应当将财产代管人列为被告。经审理认为债权人的诉讼请求成立的，人民法院应当判决财产代管人从失踪人的财产中支付失踪人所欠的债务和其他费用。

关联指引

《最高人民法院关于适用〈中华人民共和国民事诉讼法〉的解释》第341条、第342条

第四十三条　【财产代管人的职责】财产代管人应当妥善管理失踪人的财产，维护其财产权益。

失踪人所欠税款、债务和应付的其他费用，由财产代管人从失踪人的财产中支付。

财产代管人因故意或者重大过失造成失踪人财产损失的，应当承担赔偿责任。

第四十四条　【财产代管人的变更】财产代管人不履行代管职责、侵害失踪人财产权益或者丧失代管能力的，失踪人的利害关系人可以向人民法院申请变更财产代管人。

财产代管人有正当理由的，可以向人民法院申请变更财产代管人。

人民法院变更财产代管人的，变更后的财产代管人有权请求原财产代管人及时移交有关财产并报告财产代管情况。

第四十五条　【失踪宣告的撤销】 失踪人重新出现，经本人或者利害关系人申请，人民法院应当撤销失踪宣告。

失踪人重新出现，有权请求财产代管人及时移交有关财产并报告财产代管情况。

第四十六条　【宣告死亡】 自然人有下列情形之一的，利害关系人可以向人民法院申请宣告该自然人死亡：

（一）下落不明满四年；

（二）因意外事件，下落不明满二年。

因意外事件下落不明，经有关机关证明该自然人不可能生存的，申请宣告死亡不受二年时间的限制。

新解

本条是关于被宣告死亡的人死亡时间如何确定的规定。

宣告死亡是自然人下落不明达到法定期限，经利害关系人申请，人民法院经过法定程序在法律上推定失踪人死亡的一项民事制度。宣告自然人死亡，是对自然人死亡的法律上的推定，这种推定将产生与生理死亡基本一样的法律效果，因此，宣告死亡必须具备法律规定的条件：（1）自然人下落不明的时间要达到法定的长度。一般情况下，下落不明的时间要满 4 年。如果是因意外事件而下落不明，下落不明的时间要满 2 年。不过，对于自然人在战争期间下落不明的，利害关系人申请宣告死亡的期间适用本条第 1 款第 1 项的规定，自战争结束之日或者有关机关确定的下落不明之日起计算。（2）必须由利害关系人提出申请。（3）只能由人民法院经过法定程序，宣告自然人死亡。

本条中的利害关系人是与被宣告人是生存还是死亡的法律后果有利害关

系的人，即被申请人的配偶、父母、子女，以及依据《民法典》第1129条规定对被申请人有继承权的亲属。另外，符合下列情形之一的，被申请人的其他近亲属，以及依据《民法典》第1128条规定对被申请人有继承权的亲属应当认定为本条规定的利害关系人：（1）被申请人的配偶、父母、子女均已死亡或者下落不明的；（2）不申请宣告死亡不能保护其相应合法权益的。被申请人的债权人、债务人、合伙人等民事主体不能认定为本条规定的利害关系人，但是不申请宣告死亡不能保护其相应合法权益的除外。

关联指引

《最高人民法院关于适用〈中华人民共和国民法典〉总则编若干问题的解释》第16条、第17条

《最高人民法院关于适用〈中华人民共和国民事诉讼法〉的解释》第344条至第346条

第四十七条　【宣告失踪与宣告死亡申请的竞合】 对同一自然人，有的利害关系人申请宣告死亡，有的利害关系人申请宣告失踪，符合本法规定的宣告死亡条件的，人民法院应当宣告死亡。

第四十八条　【死亡日期的确定】 被宣告死亡的人，人民法院宣告死亡的判决作出之日视为其死亡的日期；因意外事件下落不明宣告死亡的，意外事件发生之日视为其死亡的日期。

第四十九条　【被宣告死亡人实际生存时的行为效力】 自然人被宣告死亡但是并未死亡的，不影响该自然人在被宣告死亡期间实施的民事法律行为的效力。

新解

本条是关于被宣告死亡但实际未死亡的自然人实施的民事法律行为效力的规定。

本条属于宣告死亡的一种例外，即宣告死亡的不确定性表现在两个方面：一是可能宣告死亡人生还，则其权利能力消灭的效果溯及地消灭，行为能力溯及地恢复；二是宣告死亡人此后被证明确实死亡，实际死亡时间晚于宣告死亡时间，宣告死亡人在此时间差所为法律行为不受宣告死亡的影响。

第五十条　【死亡宣告的撤销】 被宣告死亡的人重新出现，经本人或者利害关系人申请，人民法院应当撤销死亡宣告。

新解

本条是关于撤销死亡宣告的规定。

宣告死亡是人民法院经过法定程序作出的，具有宣示性和公信力，产生相应的法律后果。即使被宣告人事实上没有死亡，也不能在重新出现后使得与其相关的民事法律关系当然地恢复到原来的状态，而必须经本人或者利害关系人申请，同样由人民法院通过法定程序，作出新判决，撤销原判决。

关联指引

《民事诉讼法》第193条

第五十一条　【宣告死亡及其撤销后婚姻关系的效力】 被宣告死亡的人的婚姻关系，自死亡宣告之日起消除。死亡宣告被撤销的，婚姻关系自撤销死亡宣告之日起自行恢复。但是，其配偶再婚或者向婚姻登记机关书面声明不愿意恢复的除外。

第五十二条　【死亡宣告撤销后子女被收养的效力】 被宣告死亡的人在被宣告死亡期间，其子女被他人依法收养的，在死亡宣告被撤销后，不得以未经本人同意为由主张收养行为无效。

第五十三条　【死亡宣告撤销后的财产返还与赔偿责任】 被撤销死亡宣告的人有权请求依照本法第六编取得其财产的民事主体返还财产；无法返还的，应当给予适当补偿。

> 利害关系人隐瞒真实情况，致使他人被宣告死亡而取得其财产的，除应当返还财产外，还应当对由此造成的损失承担赔偿责任。

第四节　个体工商户和农村承包经营户

> **第五十四条　【个体工商户】** 自然人从事工商业经营，经依法登记，为个体工商户。个体工商户可以起字号。

新解

本条是关于个体工商户的规定。

有经营能力的自然人，经市场监督管理部门登记，领取个体工商户营业执照，从事工商业经营的，可以成为个体工商户。

个体经济是社会主义市场经济的重要组成部分，个体工商户是重要的市场主体，在繁荣经济、增加就业、推动创业创新、方便群众生活等方面发挥着重要作用。因此，对个体工商户从事"工商业经营"的范围应当从广义上理解。实践中，个体工商户从事经营的领域主要有：批发和零售业，住宿和餐饮业，居民服务、修理和其他服务业，制造业，农、林、牧、渔业，交通运输、仓储和邮政业，租赁和商务服务业，信息传输、软件和信息技术服务业，文化、体育和娱乐业，科学研究和技术服务业，建筑业，卫生和社会工作，房地产业，教育业，采矿业，电力、热力、燃气及水生产和供应业，水利、环境和公共设施管理业，金融业等行业。

关联指引

《最高人民法院关于适用〈中华人民共和国民事诉讼法〉的解释》第59条

第五十五条 【农村承包经营户】农村集体经济组织的成员，依法取得农村土地承包经营权，从事家庭承包经营的，为农村承包经营户。

新解

本条是关于农村承包经营户的规定。

农村承包经营户是指依法取得农村土地承包经营权，从事家庭承包经营的农村集体经济组织的成员。

承包是以"户"为单位进行。土地承包合同由"户"的代表与发包方签订，土地承包经营权证书是按户制作并颁发。农村承包经营户的债务，以从事农村土地承包经营的农户财产承担；事实上由农户部分成员经营的，以该部分成员的财产承担。

需要说明的是：第一，家庭承包中，是按人人有份分配承包地，按户组成一个生产经营单位作为承包方。第二，本集体经济组织的农户作为承包方，主要是针对耕地、草地和林地等适宜家庭承包的土地的承包。第三，农户内的成员分家析产的，单独成户的成员可以对原家庭承包的土地进行分别耕作，但承包经营权仍是一个整体，不能分割。

第五十六条 【"两户"的债务承担】个体工商户的债务，个人经营的，以个人财产承担；家庭经营的，以家庭财产承担；无法区分的，以家庭财产承担。

农村承包经营户的债务，以从事农村土地承包经营的农户财产承担；事实上由农户部分成员经营的，以该部分成员的财产承担。

第三章 法 人

第一节 一般规定

第五十七条 【法人的定义】法人是具有民事权利能力和民事行为能力，依法独立享有民事权利和承担民事义务的组织。

第五十八条 【法人的成立】法人应当依法成立。

法人应当有自己的名称、组织机构、住所、财产或者经费。法人成立的具体条件和程序，依照法律、行政法规的规定。

设立法人，法律、行政法规规定须经有关机关批准的，依照其规定。

第五十九条 【法人的民事权利能力和民事行为能力】法人的民事权利能力和民事行为能力，从法人成立时产生，到法人终止时消灭。

第六十条 【法人的民事责任承担】法人以其全部财产独立承担民事责任。

第六十一条 【法定代表人】依照法律或者法人章程的规定，代表法人从事民事活动的负责人，为法人的法定代表人。

法定代表人以法人名义从事的民事活动，其法律后果由法人承受。

法人章程或者法人权力机构对法定代表人代表权的限制，不得对抗善意相对人。

第六十二条 【法定代表人职务行为的法律责任】法定代表人因执行职务造成他人损害的，由法人承担民事责任。

法人承担民事责任后，依照法律或者法人章程的规定，可以向有过错的法定代表人追偿。

第六十三条　【法人的住所】法人以其主要办事机构所在地为住所。依法需要办理法人登记的,应当将主要办事机构所在地登记为住所。

第六十四条　【法人的变更登记】法人存续期间登记事项发生变化的,应当依法向登记机关申请变更登记。

第六十五条　【法人登记的对抗效力】法人的实际情况与登记的事项不一致的,不得对抗善意相对人。

第六十六条　【法人登记公示制度】登记机关应当依法及时公示法人登记的有关信息。

第六十七条　【法人合并、分立后的权利义务承担】法人合并的,其权利和义务由合并后的法人享有和承担。

法人分立的,其权利和义务由分立后的法人享有连带债权,承担连带债务,但是债权人和债务人另有约定的除外。

关联指引

《公司法》第十一章

《最高人民法院关于适用〈中华人民共和国民事诉讼法〉的解释》第63条、第470条

第六十八条　【法人的终止】有下列原因之一并依法完成清算、注销登记的,法人终止:

（一）法人解散;

（二）法人被宣告破产;

（三）法律规定的其他原因。

法人终止,法律、行政法规规定须经有关机关批准的,依照其规定。

第六十九条　【法人的解散】有下列情形之一的,法人解散:

（一）法人章程规定的存续期间届满或者法人章程规定的其他解散事由出现；

（二）法人的权力机构决议解散；

（三）因法人合并或者分立需要解散；

（四）法人依法被吊销营业执照、登记证书，被责令关闭或者被撤销；

（五）法律规定的其他情形。

第七十条　【法人解散后的清算】法人解散的，除合并或者分立的情形外，清算义务人应当及时组成清算组进行清算。

法人的董事、理事等执行机构或者决策机构的成员为清算义务人。法律、行政法规另有规定的，依照其规定。

清算义务人未及时履行清算义务，造成损害的，应当承担民事责任；主管机关或者利害关系人可以申请人民法院指定有关人员组成清算组进行清算。

第七十一条　【法人清算的法律适用】法人的清算程序和清算组职权，依照有关法律的规定；没有规定的，参照适用公司法律的有关规定。

第七十二条　【清算的法律效果】清算期间法人存续，但是不得从事与清算无关的活动。

法人清算后的剩余财产，按照法人章程的规定或者法人权力机构的决议处理。法律另有规定的，依照其规定。

清算结束并完成法人注销登记时，法人终止；依法不需要办理法人登记的，清算结束时，法人终止。

第七十三条　【法人因破产而终止】法人被宣告破产的，依法进行破产清算并完成法人注销登记时，法人终止。

第七十四条　【法人的分支机构】法人可以依法设立分支机构。法律、行政法规规定分支机构应当登记的，依照其规定。

分支机构以自己的名义从事民事活动，产生的民事责任由法人承担；也可以先以该分支机构管理的财产承担，不足以承担的，由法人承担。

新解

本条是关于法人设立分支机构的规定。

本条肯定法人分支机构从事民事活动的后果由法人承担，同时允许以法人分支机构的财产承担责任，赋予当事人选择权，更有利于保护债权人利益。

法人的分支机构虽然在法人授权范围内可以对外从事各种民事活动，但法人的分支机构属于法人的组成部分，其承担责任的能力有一定的限制，因此，法人的分支机构进行民事活动所应承担的责任，要由法人承担，也可以先以该分支机构管理的财产承担，不足以承担的，由法人承担。在涉及分支机构的诉讼中，依法设立并领取营业执照、有一定的组织机构和财产，但又不具备法人资格的法人的分支机构可以作为民事诉讼的当事人。

关联指引

《最高人民法院关于适用〈中华人民共和国民法典〉有关担保制度的解释》第11条

第七十五条【法人设立行为的法律后果】 设立人为设立法人从事的民事活动，其法律后果由法人承受；法人未成立的，其法律后果由设立人承受，设立人为二人以上的，享有连带债权，承担连带债务。

设立人为设立法人以自己的名义从事民事活动产生的民事责任，第三人有权选择请求法人或者设立人承担。

新解

本条规定了法人设立行为的法律后果,明确了法人设立行为的行为效力与责任归属。根据本条规定,如法人成立,则发起人为设立法人而以法人名义实施的行为自动转移,由成立后的法人承担;但发起人以自己名义实施的活动不能自动转移,第三人有权选择请求法人或者设立人承担。如法人未成立,由设立人承担责任。

第二节 营利法人

第七十六条　【营利法人的定义和类型】 以取得利润并分配给股东等出资人为目的成立的法人,为营利法人。

营利法人包括有限责任公司、股份有限公司和其他企业法人等。

第七十七条　【营利法人的成立】 营利法人经依法登记成立。

第七十八条　【营利法人的营业执照】 依法设立的营利法人,由登记机关发给营利法人营业执照。营业执照签发日期为营利法人的成立日期。

第七十九条　【营利法人的章程】 设立营利法人应当依法制定法人章程。

第八十条　【营利法人的权力机构】 营利法人应当设权力机构。

权力机构行使修改法人章程,选举或者更换执行机构、监督机构成员,以及法人章程规定的其他职权。

第八十一条　【营利法人的执行机构】 营利法人应当设执行机构。

执行机构行使召集权力机构会议,决定法人的经营计划和投资方案,决定法人内部管理机构的设置,以及法人章程规定的其他职权。

执行机构为董事会或者执行董事的,董事长、执行董事或者经理按照法人章程的规定担任法定代表人;未设董事会或者执行董事的,法人章程规定的主要负责人为其执行机构和法定代表人。

第八十二条 【营利法人的监督机构】营利法人设监事会或者监事等监督机构的,监督机构依法行使检查法人财务,监督执行机构成员、高级管理人员执行法人职务的行为,以及法人章程规定的其他职权。

第八十三条 【出资人滥用权利的责任承担】营利法人的出资人不得滥用出资人权利损害法人或者其他出资人的利益;滥用出资人权利造成法人或者其他出资人损失的,应当依法承担民事责任。

营利法人的出资人不得滥用法人独立地位和出资人有限责任损害法人债权人的利益;滥用法人独立地位和出资人有限责任,逃避债务,严重损害法人债权人的利益的,应当对法人债务承担连带责任。

第八十四条 【利用关联关系造成损失的赔偿责任】营利法人的控股出资人、实际控制人、董事、监事、高级管理人员不得利用其关联关系损害法人的利益;利用关联关系造成法人损失的,应当承担赔偿责任。

第八十五条 【营利法人出资人对瑕疵决议的撤销权】营利法人的权力机构、执行机构作出决议的会议召集程序、表决方式违反法律、行政法规、法人章程,或者决议内容违反法人章程的,营利法人的出资人可以请求人民法院撤销该决议。但是,营利法人依据该决议与善意相对人形成的民事法律关系不受影响。

第八十六条 【营利法人的社会责任】营利法人从事经营活动,应当遵守商业道德,维护交易安全,接受政府和社会的监督,承担社会责任。

第三节 非营利法人

第八十七条 【非营利法人的定义和范围】为公益目的或者其他非营利目的成立,不向出资人、设立人或者会员分配所取得利润的法人,为非营利法人。

非营利法人包括事业单位、社会团体、基金会、社会服务机构等。

第八十八条 【事业单位法人资格的取得】具备法人条件，为适应经济社会发展需要，提供公益服务设立的事业单位，经依法登记成立，取得事业单位法人资格；依法不需要办理法人登记的，从成立之日起，具有事业单位法人资格。

第八十九条 【事业单位法人的组织机构】事业单位法人设理事会的，除法律另有规定外，理事会为其决策机构。事业单位法人的法定代表人依照法律、行政法规或者法人章程的规定产生。

第九十条 【社会团体法人资格的取得】具备法人条件，基于会员共同意愿，为公益目的或者会员共同利益等非营利目的设立的社会团体，经依法登记成立，取得社会团体法人资格；依法不需要办理法人登记的，从成立之日起，具有社会团体法人资格。

第九十一条 【社会团体法人章程和组织机构】设立社会团体法人应当依法制定法人章程。

社会团体法人应当设会员大会或者会员代表大会等权力机构。

社会团体法人应当设理事会等执行机构。理事长或者会长等负责人按照法人章程的规定担任法定代表人。

第九十二条 【捐助法人】具备法人条件，为公益目的以捐助财产设立的基金会、社会服务机构等，经依法登记成立，取得捐助法人资格。

依法设立的宗教活动场所，具备法人条件的，可以申请法人登记，取得捐助法人资格。法律、行政法规对宗教活动场所有规定的，依照其规定。

第九十三条 【捐助法人章程和组织机构】设立捐助法人应当依法制定法人章程。

捐助法人应当设理事会、民主管理组织等决策机构，并设执行机构。理事长等负责人按照法人章程的规定担任法定代表人。

捐助法人应当设监事会等监督机构。

第九十四条 【捐助人的权利】捐助人有权向捐助法人查询捐助财产的使用、管理情况，并提出意见和建议，捐助法人应当及时、如实答复。

捐助法人的决策机构、执行机构或者法定代表人作出决定的程序违反法律、行政法规、法人章程，或者决定内容违反法人章程的，捐助人等利害关系人或者主管机关可以请求人民法院撤销该决定。但是，捐助法人依据该决定与善意相对人形成的民事法律关系不受影响。

第九十五条 【公益性非营利法人剩余财产的处理】为公益目的成立的非营利法人终止时，不得向出资人、设立人或者会员分配剩余财产。剩余财产应当按照法人章程的规定或者权力机构的决议用于公益目的；无法按照法人章程的规定或者权力机构的决议处理的，由主管机关主持转给宗旨相同或者相近的法人，并向社会公告。

第四节　特别法人

第九十六条 【特别法人的类型】本节规定的机关法人、农村集体经济组织法人、城镇农村的合作经济组织法人、基层群众性自治组织法人，为特别法人。

第九十七条 【机关法人】有独立经费的机关和承担行政职能的法定机构从成立之日起，具有机关法人资格，可以从事为履行职能所需要的民事活动。

第九十八条 【机关法人的终止】机关法人被撤销的，法人终止，其民事权利和义务由继任的机关法人享有和承担；没有继任的机关法人的，由作出撤销决定的机关法人享有和承担。

第九十九条　【农村集体经济组织法人】农村集体经济组织依法取得法人资格。

法律、行政法规对农村集体经济组织有规定的，依照其规定。

第一百条　【合作经济组织法人】城镇农村的合作经济组织依法取得法人资格。

法律、行政法规对城镇农村的合作经济组织有规定的，依照其规定。

第一百零一条　【基层群众性自治组织法人】居民委员会、村民委员会具有基层群众性自治组织法人资格，可以从事为履行职能所需要的民事活动。

未设立村集体经济组织的，村民委员会可以依法代行村集体经济组织的职能。

第四章　非法人组织

第一百零二条　【非法人组织的定义】非法人组织是不具有法人资格，但是能够依法以自己的名义从事民事活动的组织。

非法人组织包括个人独资企业、合伙企业、不具有法人资格的专业服务机构等。

第一百零三条　【非法人组织的设立程序】非法人组织应当依照法律的规定登记。

设立非法人组织，法律、行政法规规定须经有关机关批准的，依照其规定。

第一百零四条　【非法人组织的债务承担】非法人组织的财产不足以清偿债务的，其出资人或者设立人承担无限责任。法律另有规定的，依照其规定。

第一百零五条 【非法人组织的代表人】非法人组织可以确定一人或者数人代表该组织从事民事活动。

第一百零六条 【非法人组织的解散】有下列情形之一的，非法人组织解散：

（一）章程规定的存续期间届满或者章程规定的其他解散事由出现；

（二）出资人或者设立人决定解散；

（三）法律规定的其他情形。

第一百零七条 【非法人组织的清算】非法人组织解散的，应当依法进行清算。

第一百零八条 【非法人组织的参照适用规定】非法人组织除适用本章规定外，参照适用本编第三章第一节的有关规定。

第五章 民事权利

第一百零九条 【一般人格权】自然人的人身自由、人格尊严受法律保护。

第一百一十条 【民事主体的人格权】自然人享有生命权、身体权、健康权、姓名权、肖像权、名誉权、荣誉权、隐私权、婚姻自主权等权利。

法人、非法人组织享有名称权、名誉权和荣誉权。

民法典新解新案

新案

安徽某医疗科技公司诉安徽某健康科技公司名誉权纠纷案[1]

原告安徽某医疗科技公司与被告安徽某健康科技公司均生产防护口罩。2021年7月，安徽某健康科技公司向安徽省商务厅投诉称，安徽某医疗科技公司盗取其公司防护口罩的产品图片等宣传资料，并冒用其公司名义在国际电商平台上公开销售产品。随后，安徽某医疗科技公司收到安徽省商务厅的约谈通知。与此同时，该公司不断接到客户电话反映称，安徽某健康科技公司在公司官网、微信公众号上发布指责其盗用防护口罩名称、包装的文章，被各大网络平台转载。经查，涉案国际电商平台设立在东南亚某国，安徽某医疗科技公司从未在该平台上注册企业用户信息，也不是该平台的卖家商户，虽然平台上确有安徽某健康科技公司防护口罩的产品信息，但网页配图中安徽某医疗科技公司的厂房和车间图片系被盗用和嫁接。为了维护自身合法权益，安徽某医疗科技公司诉至法院，请求判令安徽某健康科技公司立即停止侵犯名誉权行为并赔礼道歉。安徽某健康科技公司提起反诉，要求安徽某医疗科技公司立即停止在国际电商平台销售和宣传侵权产品，并赔礼道歉。

生效裁判认为，涉案国际电商平台上涉及两家公司的商品信息均为网站用户在其个人终端上自主上传，安徽某医疗科技公司没有在该平台上注册过企业用户信息，不具备在该电商平台上销售产品的前提条件，网页配图系被他人盗用。安徽某健康科技公司发现平台用户存在侵权行为后，应当第一时间向该电商平台要求采取删除、屏蔽、断开链接等必要措施，并查清实际侵权人。但安徽某健康科技公司未核实信息来源，仅凭配发的安徽某医疗科技公司图片即向有关部门投诉。在投诉尚无结论时，安徽某健康科技公司即在公司官网及微信公众号发布不实言论，主观认定安徽某医疗科技公司假冒、仿冒其公司产品，文章和声明被各大网络平台大量转载和传播，足以引导阅读者对安徽某医疗科技公司产生误解，致使公司的商业信誉降低，社会评价

---

[1] 参见《人民法院贯彻实施民法典典型案例（第二批）》（2023年1月12日发布），载最高人民法院网，https://www.court.gov.cn/zixun/xiangqing/386521.html，最后访问日期：2025年8月11日。

下降。安徽某健康科技公司的行为严重侵犯安徽某医疗科技公司的企业名誉，构成侵权，应当承担相应的民事责任。据此，依法判决安徽某健康科技公司停止侵害、删除发布在网站上的不实信息并登报赔礼道歉，驳回安徽某健康科技公司的反诉。

> **第一百一十一条　【个人信息受法律保护】** 自然人的个人信息受法律保护。任何组织或者个人需要获取他人个人信息的，应当依法取得并确保信息安全，不得非法收集、使用、加工、传输他人个人信息，不得非法买卖、提供或者公开他人个人信息。

新解

　　本条是关于自然人的个人信息受法律保护的规定，适应了信息化时代对个人信息保护的需求，与《刑法》《网络安全法》《全国人民代表大会常务委员会关于加强网络信息保护的决定》做到体系上的衔接。

　　理解本条应当注意，个人信息是以电子或者其他方式记录的与已识别或者可识别的自然人有关的各种信息，包括姓名、身份证件号码、通讯联系方式、住址、账号密码、财产状况、行踪轨迹等，但不包括匿名化处理后的信息。《刑法》第253条之一规定："违反国家有关规定，向他人出售或者提供公民个人信息，情节严重的，处三年以下有期徒刑或者拘役，并处或者单处罚金；情节特别严重的，处三年以上七年以下有期徒刑，并处罚金。违反国家有关规定，将在履行职责或者提供服务过程中获得的公民个人信息，出售或者提供给他人的，依照前款的规定从重处罚。窃取或者以其他方法非法获取公民个人信息的，依照第一款的规定处罚。单位犯前三款罪的，对单位判处罚金，并对其直接负责的主管人员和其他直接责任人员，依照各该款的规定处罚。"另外，个人信息与作为隐私权保护客体的隐私有所差异，个人信息分为敏感信息和非敏感信息，其中敏感信息与隐私权所保护的私生活秘密相重叠。

第一百一十二条 【婚姻家庭关系等产生的人身权利】自然人因婚姻家庭关系等产生的人身权利受法律保护。

第一百一十三条 【财产权受法律平等保护】民事主体的财产权利受法律平等保护。

第一百一十四条 【物权的定义及类型】民事主体依法享有物权。

物权是权利人依法对特定的物享有直接支配和排他的权利，包括所有权、用益物权和担保物权。

第一百一十五条 【物权的客体】物包括不动产和动产。法律规定权利作为物权客体的，依照其规定。

第一百一十六条 【物权法定原则】物权的种类和内容，由法律规定。

第一百一十七条 【征收与征用】为了公共利益的需要，依照法律规定的权限和程序征收、征用不动产或者动产的，应当给予公平、合理的补偿。

第一百一十八条 【债权的定义】民事主体依法享有债权。

债权是因合同、侵权行为、无因管理、不当得利以及法律的其他规定，权利人请求特定义务人为或者不为一定行为的权利。

第一百一十九条 【合同之债】依法成立的合同，对当事人具有法律约束力。

第一百二十条 【侵权之债】民事权益受到侵害的，被侵权人有权请求侵权人承担侵权责任。

第一百二十一条 【无因管理之债】没有法定的或者约定的义务，为避免他人利益受损失而进行管理的人，有权请求受益人偿还由此支出的必要费用。

第一百二十二条 【不当得利之债】因他人没有法律根据，取得不当利益，受损失的人有权请求其返还不当利益。

第一百二十三条 【知识产权及其客体】民事主体依法享有知识产权。

知识产权是权利人依法就下列客体享有的专有的权利：

（一）作品；

（二）发明、实用新型、外观设计；

（三）商标；

（四）地理标志；

（五）商业秘密；

（六）集成电路布图设计；

（七）植物新品种；

（八）法律规定的其他客体。

第一百二十四条　【继承权及其客体】自然人依法享有继承权。

自然人合法的私有财产，可以依法继承。

第一百二十五条　【投资性权利】民事主体依法享有股权和其他投资性权利。

第一百二十六条　【其他民事权益】民事主体享有法律规定的其他民事权利和利益。

新解

本条是关于民事主体享有的民事权益的兜底性规定。

随着社会的发展，新的民事权益还会不断出现，为了适应社会的发展，并且为未来新的民事权益的保护提供法律依据，本条作了兜底性规定，即民事主体享有法律规定的其他民事权利和利益。但是，民事主体享有的其他民事权益必须由法律作明确规定，这样是为了防止民事权益的泛化，影响民事主体的行为自由。

第一百二十七条　【对数据和网络虚拟财产的保护】法律对数据、网络虚拟财产的保护有规定的，依照其规定。

> **第一百二十八条 【对弱势群体的特别保护】**法律对未成年人、老年人、残疾人、妇女、消费者等的民事权利保护有特别规定的，依照其规定。
>
> **第一百二十九条 【民事权利的取得方式】**民事权利可以依据民事法律行为、事实行为、法律规定的事件或者法律规定的其他方式取得。
>
> **第一百三十条 【权利行使的自愿原则】**民事主体按照自己的意愿依法行使民事权利，不受干涉。

新案

任某诉李某合同纠纷案[①]

任某系李某之母。2022年2月，双方签订协议，约定任某将其存款存入李某账户，该款仅用于任某养老；任某生养死葬由李某负责。协议签订后，任某将13万元存款转入李某账户。李某从该存款中为任某支付医疗费800余元。后任某提出从该存款中支取3000元用于生活，被李某拒绝。任某遂起诉请求判决解除双方协议，并由李某立即返还剩余款项。

审理法院认为，《民法典》第130条规定，民事主体按照自己的意愿依法行使民事权利，不受干涉。老年人对个人财产依法享有占有、使用、收益和处分的权利，子女不得干涉，不得侵犯老年人财产权益。任某将其剩余存款交由李某保管并安排供其养老使用，双方形成保管合同关系。李某不履行相应义务，干涉任某对个人财产的自主处分，损害了任某的权利，任某有权要求李某向其返还所保管的剩余款项。判决解除协议并判令李某返还任某剩余款项。

老年人对个人财产依法享有占有、使用、收益和处分的权利，子女不得侵犯老年人财产权益。近年来，子女以"为父母好"为由监管掌控父母财产

[①] 参见《人民法院老年人权益保护第三批典型案例》（2023年4月27日发布），载最高人民法院网，https://www.court.gov.cn/zixun/xiangqing/398342.html，最后访问日期：2025年8月11日。

的情况时有出现。老年人经济上的不自由,影响了老年人生活的便利程度及幸福感。本案就老年人对自身财产享有的合法权益予以保护,明确了子女不得以任何形式违法干涉老年人对个人财产处分的规则导向。

第一百三十一条　【权利人的义务履行】民事主体行使权利时,应当履行法律规定的和当事人约定的义务。

第一百三十二条　【禁止权利滥用】民事主体不得滥用民事权利损害国家利益、社会公共利益或者他人合法权益。

关联指引

《最高人民法院关于适用〈中华人民共和国民法典〉总则编若干问题的解释》第3条

第六章　民事法律行为

第一节　一般规定

第一百三十三条　【民事法律行为的定义】民事法律行为是民事主体通过意思表示设立、变更、终止民事法律关系的行为。

第一百三十四条　【民事法律行为的成立】民事法律行为可以基于双方或者多方的意思表示一致成立,也可以基于单方的意思表示成立。

法人、非法人组织依照法律或者章程规定的议事方式和表决程序作出决议的,该决议行为成立。

关联指引

《最高人民法院关于适用〈中华人民共和国民法典〉有关担保制度的解释》第 8 条

> **第一百三十五条　【民事法律行为的形式】**民事法律行为可以采用书面形式、口头形式或者其他形式；法律、行政法规规定或者当事人约定采用特定形式的，应当采用特定形式。

新解

本条是关于民事法律行为形式的规定。

书面形式是指以文字等可以以有形形式再现民事法律行为内容的形式。书面形式的种类很多，根据《民法典》第 469 条的规定，书面形式是指合同书、信件、电报、电传、传真等可以有形地表现所载内容的形式。以电子数据交换、电子邮件等方式能够有形地表现所载内容，并可以随时调取查用的数据电文，视为书面形式。口头形式是指当事人以面对面的谈话或者以电话交流等方式形成民事法律行为的形式。除书面形式和口头形式外，本条还规定民事法律行为可以采用其他形式。根据《最高人民法院关于适用〈中华人民共和国民法典〉总则编若干问题的解释》第 18 条的规定，当事人未采用书面形式或者口头形式，但是实施的行为本身表明已经作出相应意思表示，并符合民事法律行为成立条件的，人民法院可以认定为本条规定的采用其他形式实施的民事法律行为。

> **第一百三十六条　【民事法律行为的生效】**民事法律行为自成立时生效，但是法律另有规定或者当事人另有约定的除外。
>
> 行为人非依法律规定或者未经对方同意，不得擅自变更或者解除民事法律行为。

第二节　意思表示

第一百三十七条　【有相对人的意思表示的生效时间】以对话方式作出的意思表示,相对人知道其内容时生效。

以非对话方式作出的意思表示,到达相对人时生效。以非对话方式作出的采用数据电文形式的意思表示,相对人指定特定系统接收数据电文的,该数据电文进入该特定系统时生效;未指定特定系统的,相对人知道或者应当知道该数据电文进入其系统时生效。当事人对采用数据电文形式的意思表示的生效时间另有约定的,按照其约定。

第一百三十八条　【无相对人的意思表示的生效时间】无相对人的意思表示,表示完成时生效。法律另有规定的,依照其规定。

第一百三十九条　【公告的意思表示的生效时间】以公告方式作出的意思表示,公告发布时生效。

第一百四十条　【意思表示的方式】行为人可以明示或者默示作出意思表示。

沉默只有在有法律规定、当事人约定或者符合当事人之间的交易习惯时,才可以视为意思表示。

第一百四十一条　【意思表示的撤回】行为人可以撤回意思表示。撤回意思表示的通知应当在意思表示到达相对人前或者与意思表示同时到达相对人。

第一百四十二条　【意思表示的解释】有相对人的意思表示的解释,应当按照所使用的词句,结合相关条款、行为的性质和目的、习惯以及诚信原则,确定意思表示的含义。

无相对人的意思表示的解释,不能完全拘泥于所使用的词句,而应当结合相关条款、行为的性质和目的、习惯以及诚信原则,确定行为人的真实意思。

第三节　民事法律行为的效力

> **第一百四十三条　【民事法律行为的有效条件】**具备下列条件的民事法律行为有效：
> （一）行为人具有相应的民事行为能力；
> （二）意思表示真实；
> （三）不违反法律、行政法规的强制性规定，不违背公序良俗。

新案

某文化传播公司诉某信息技术公司网络服务合同纠纷案[①]

原告某文化传播公司为某新能源电池品牌提供搜索引擎优化及线上传播服务。被告某信息技术公司与原告系合作关系，双方于2020年11月签订《委托合同》，该《委托合同》附件具体列明了被告应提供的各项服务内容。其中"软文优化"服务项目中的"负面压制"条款约定：被告对某新能源电池品牌方指定的关键词搜索引擎优化，实现某搜索引擎前5页无明显关于该品牌的负面内容，以及负面压制期为30天等。后原告以被告未按约完成负面压制服务为由诉请解除合同。

审理法院认为，提供网络"负面压制"服务之约定是否有效，应当结合合同目的、行为方式、社会危害依法作出认定。从缔约目的看，负面压制目的违反诚实信用原则；从履行方式看，负面压制实质是掩饰了部分公众本可以获取的信息，影响公众对事物的客观和全面的认知；从行为危害性来看，负面压制行为损害消费者权益及市场竞争秩序，有损社会公共利益，违背公序良俗；从社会效果来看，负面压制行为扰乱互联网空间管理秩序，影响互

[①] 参见《网络消费典型案例》（2023年3月15日发布），载最高人民法院网，https：//www.court.gov.cn/zixun/xiangqing/393481.html，最后访问日期：2025年8月11日。

联网公共空间的有序发展。综上，诉争"负面压制"条款具有违法性，依据《民法典》第 143 条、《最高人民法院关于适用〈中华人民共和国民法典〉时间效力的若干规定》第 1 条规定，应认定为无效。

互联网时代，搜索引擎是重要流量来源以及流量分发渠道，搜索结果排序是搜索引擎最核心的部分。"负面内容压制"服务以营利为目的，通过算法技术等手段人为干预搜索结果排名，以实现正面前置，负面后置，严重影响消费者正常、客观、全面地获取信息，侵害消费者知情权，破坏公平有序市场竞争秩序，依法应认定为无效。本案裁判对于维护网络消费者知情权及互联网空间公共秩序具有积极意义。

第一百四十四条 【无民事行为能力人实施的民事法律行为】无民事行为能力人实施的民事法律行为无效。

第一百四十五条 【限制民事行为能力人实施的民事法律行为】限制民事行为能力人实施的纯获利益的民事法律行为或者与其年龄、智力、精神健康状况相适应的民事法律行为有效；实施的其他民事法律行为经法定代理人同意或者追认后有效。

相对人可以催告法定代理人自收到通知之日起三十日内予以追认。法定代理人未作表示的，视为拒绝追认。民事法律行为被追认前，善意相对人有撤销的权利。撤销应当以通知的方式作出。

第一百四十六条 【虚假表示与隐藏行为效力】行为人与相对人以虚假的意思表示实施的民事法律行为无效。

以虚假的意思表示隐藏的民事法律行为的效力，依照有关法律规定处理。

第一百四十七条 【重大误解】基于重大误解实施的民事法律行为，行为人有权请求人民法院或者仲裁机构予以撤销。

新解

本条是关于基于重大误解实施的民事法律行为的效力的规定。

行为人对行为的性质、对方当事人或者标的物的品种、质量、规格、价格、数量等产生错误认识,按照通常理解如果不发生该错误认识,行为人就不会作出相应意思表示的,可以认定为本条规定的重大误解。行为人能够证明自己实施民事法律行为时存在重大误解,并请求撤销该民事法律行为的,人民法院依法予以支持;但是,根据交易习惯等认定行为人无权请求撤销的除外。

第一百四十八条 【欺诈】一方以欺诈手段,使对方在违背真实意思的情况下实施的民事法律行为,受欺诈方有权请求人民法院或者仲裁机构予以撤销。

新解

本条是关于行为人以欺诈手段实施的民事法律行为的效力的规定。

欺诈,是指一方当事人故意告知对方虚假情况,或者故意隐瞒真实情况,诱使对方当事人作出错误意思表示的行为。欺诈的构成并不需要受欺诈人客观上遭受损害后果的事实,只要受欺诈人因欺诈行为作出了实施民事法律行为的意思表示,即可成立欺诈。欺诈的法律后果为可撤销,享有撤销权的是受欺诈人。

第一百四十九条 【第三人欺诈】第三人实施欺诈行为,使一方在违背真实意思的情况下实施的民事法律行为,对方知道或者应当知道该欺诈行为的,受欺诈方有权请求人民法院或者仲裁机构予以撤销。

第一百五十条 【胁迫】一方或者第三人以胁迫手段,使对方在违背真实意思的情况下实施的民事法律行为,受胁迫方有权请求人民法院或者仲裁机构予以撤销。

新解

本条是关于以胁迫手段实施的民事法律行为的效力的规定。

胁迫，是指行为人通过威胁、恐吓等不法手段对他人思想上施加强制，由此使他人产生恐惧心理并基于恐惧心理作出意思表示的行为。以给自然人及其近亲属等的人身权利、财产权利以及其他合法权益造成损害或者以给法人、非法人组织的名誉、荣誉、财产权益等造成损害为要挟，迫使其基于恐惧心理作出意思表示的，可以认定为本条规定的胁迫。

第一百五十一条　【乘人之危导致的显失公平】一方利用对方处于危困状态、缺乏判断能力等情形，致使民事法律行为成立时显失公平的，受损害方有权请求人民法院或者仲裁机构予以撤销。

第一百五十二条　【撤销权的消灭期间】有下列情形之一的，撤销权消灭：

（一）当事人自知道或者应当知道撤销事由之日起一年内、重大误解的当事人自知道或者应当知道撤销事由之日起九十日内没有行使撤销权；

（二）当事人受胁迫，自胁迫行为终止之日起一年内没有行使撤销权；

（三）当事人知道撤销事由后明确表示或者以自己的行为表明放弃撤销权。

当事人自民事法律行为发生之日起五年内没有行使撤销权的，撤销权消灭。

第一百五十三条　【违反强制性规定及违背公序良俗的民事法律行为的效力】违反法律、行政法规的强制性规定的民事法律行为无效。但是，该强制性规定不导致该民事法律行为无效的除外。

违背公序良俗的民事法律行为无效。

第一百五十四条　【恶意串通】行为人与相对人恶意串通，损害他人合法权益的民事法律行为无效。

第一百五十五条　【无效或者被撤销民事法律行为自始无效】无效的或者被撤销的民事法律行为自始没有法律约束力。

第一百五十六条　【民事法律行为部分无效】民事法律行为部分无效，不影响其他部分效力的，其他部分仍然有效。

第一百五十七条　【民事法律行为无效、被撤销、不生效力的法律后果】民事法律行为无效、被撤销或者确定不发生效力后，行为人因该行为取得的财产，应当予以返还；不能返还或者没有必要返还的，应当折价补偿。有过错的一方应当赔偿对方由此所受到的损失；各方都有过错的，应当各自承担相应的责任。法律另有规定的，依照其规定。

第四节　民事法律行为的附条件和附期限

第一百五十八条　【附条件的民事法律行为】民事法律行为可以附条件，但是根据其性质不得附条件的除外。附生效条件的民事法律行为，自条件成就时生效。附解除条件的民事法律行为，自条件成就时失效。

新解

本条是关于附条件的民事法律行为的规定。

在附条件的民事法律行为中，所附条件的出现与否将直接决定民事法律行为的效力状态。附生效条件的民事法律行为，自条件成就时生效。附解除条件的民事法律行为，自条件成就时失效。需要特别指出的是，民事法律行为所附条件不可能发生，当事人约定为生效条件的，应当认定民事法律行为不发生效力；当事人约定为解除条件的，应当认定未附条件，民事法律行为是否失效，依照民法典和相关法律、行政法规的规定认定。

第一百五十九条　【条件成就或不成就的拟制】附条件的民事法律行为，当事人为自己的利益不正当地阻止条件成就的，视为条件已经成就；不正当地促成条件成就的，视为条件不成就。

第一百六十条 【附期限的民事法律行为】民事法律行为可以附期限,但是根据其性质不得附期限的除外。附生效期限的民事法律行为,自期限届至时生效。附终止期限的民事法律行为,自期限届满时失效。

第七章 代 理

第一节 一般规定

第一百六十一条 【代理的适用范围】民事主体可以通过代理人实施民事法律行为。

依照法律规定、当事人约定或者民事法律行为的性质,应当由本人亲自实施的民事法律行为,不得代理。

第一百六十二条 【代理的效力】代理人在代理权限内,以被代理人名义实施的民事法律行为,对被代理人发生效力。

第一百六十三条 【代理的类型】代理包括委托代理和法定代理。

委托代理人按被代理人的委托行使代理权。法定代理人依照法律的规定行使代理权。

第一百六十四条 【不当代理的民事责任】代理人不履行或者不完全履行职责,造成被代理人损害的,应当承担民事责任。

代理人和相对人恶意串通,损害被代理人合法权益的,代理人和相对人应当承担连带责任。

第二节　委托代理

第一百六十五条　【授权委托书】委托代理授权采用书面形式的，授权委托书应当载明代理人的姓名或者名称、代理事项、权限和期限，并由被代理人签名或者盖章。

第一百六十六条　【共同代理】数人为同一代理事项的代理人的，应当共同行使代理权，但是当事人另有约定的除外。

第一百六十七条　【违法代理的责任承担】代理人知道或者应当知道代理事项违法仍然实施代理行为，或者被代理人知道或者应当知道代理人的代理行为违法未作反对表示的，被代理人和代理人应当承担连带责任。

第一百六十八条　【禁止自己代理和双方代理】代理人不得以被代理人的名义与自己实施民事法律行为，但是被代理人同意或者追认的除外。

代理人不得以被代理人的名义与自己同时代理的其他人实施民事法律行为，但是被代理的双方同意或者追认的除外。

第一百六十九条　【复代理】代理人需要转委托第三人代理的，应当取得被代理人的同意或者追认。

转委托代理经被代理人同意或者追认的，被代理人可以就代理事务直接指示转委托的第三人，代理人仅就第三人的选任以及对第三人的指示承担责任。

转委托代理未经被代理人同意或者追认的，代理人应当对转委托的第三人的行为承担责任；但是，在紧急情况下代理人为了维护被代理人的利益需要转委托第三人代理的除外。

新解

本条是关于复代理的规定。

复代理，又称再代理、转代理或者次代理，是指代理人为了实施其代理权限内的行为，而以自己的名义为被代理人选任代理人的代理。

本条明确规定只有在两种情况下才允许复代理：（1）被代理人允许。被代理人的允许，包括事先同意和事后追认。（2）出现紧急情况。由于急病、通讯联络中断等特殊原因，委托代理人自己不能办理代理事项，又不能与被代理人及时取得联系，如不及时转委托第三人代理，就会给被代理人的利益造成损失或者扩大损失的，应当认定为本条规定的紧急情况。

第一百七十条　【职务代理】执行法人或者非法人组织工作任务的人员，就其职权范围内的事项，以法人或者非法人组织的名义实施的民事法律行为，对法人或者非法人组织发生效力。

法人或者非法人组织对执行其工作任务的人员职权范围的限制，不得对抗善意相对人。

第一百七十一条　【无权代理】行为人没有代理权、超越代理权或者代理权终止后，仍然实施代理行为，未经被代理人追认的，对被代理人不发生效力。

相对人可以催告被代理人自收到通知之日起三十日内予以追认。被代理人未作表示的，视为拒绝追认。行为人实施的行为被追认前，善意相对人有撤销的权利。撤销应当以通知的方式作出。

行为人实施的行为未被追认的，善意相对人有权请求行为人履行债务或者就其受到的损害请求行为人赔偿。但是，赔偿的范围不得超过被代理人追认时相对人所能获得的利益。

相对人知道或者应当知道行为人无权代理的，相对人和行为人按照各自的过错承担责任。

第一百七十二条　【表见代理】行为人没有代理权、超越代理权或者代理权终止后，仍然实施代理行为，相对人有理由相信行为人有代理权的，代理行为有效。

新解

本条是关于表见代理的规定。

所谓表见代理，是指行为人虽无代理权但实施代理行为，如果相对人有理由相信其有代理权，该代理行为有效。构成表见代理需要满足以下条件：（1）存在代理权的外观，即行为人并没有获得被代理人的授权就以被代理人的名义与相对人实施民事法律行为。本条规定了没有代理权、超越代理权或者代理权终止三种情形。（2）相对人不知道行为人行为时没有代理权，且无过失。

第三节　代理终止

第一百七十三条　【委托代理的终止】有下列情形之一的，委托代理终止：

（一）代理期限届满或者代理事务完成；

（二）被代理人取消委托或者代理人辞去委托；

（三）代理人丧失民事行为能力；

（四）代理人或者被代理人死亡；

（五）作为代理人或者被代理人的法人、非法人组织终止。

第一百七十四条　【委托代理终止的例外】被代理人死亡后，有下列情形之一的，委托代理人实施的代理行为有效：

（一）代理人不知道且不应当知道被代理人死亡；

（二）被代理人的继承人予以承认；

（三）授权中明确代理权在代理事务完成时终止；

（四）被代理人死亡前已经实施，为了被代理人的继承人的利益继续代理。

作为被代理人的法人、非法人组织终止的，参照适用前款规定。

第一百七十五条　【法定代理的终止】有下列情形之一的，法定代理终止：

（一）被代理人取得或者恢复完全民事行为能力；

（二）代理人丧失民事行为能力；

（三）代理人或者被代理人死亡；

（四）法律规定的其他情形。

第八章　民事责任

第一百七十六条　【民事责任】民事主体依照法律规定或者按照当事人约定，履行民事义务，承担民事责任。

第一百七十七条　【按份责任】二人以上依法承担按份责任，能够确定责任大小的，各自承担相应的责任；难以确定责任大小的，平均承担责任。

第一百七十八条　【连带责任】二人以上依法承担连带责任的，权利人有权请求部分或者全部连带责任人承担责任。

连带责任人的责任份额根据各自责任大小确定；难以确定责任大小的，平均承担责任。实际承担责任超过自己责任份额的连带责任人，有权向其他连带责任人追偿。

连带责任，由法律规定或者当事人约定。

第一百七十九条　【民事责任的承担方式】承担民事责任的方式主要有：

（一）停止侵害；

（二）排除妨碍；

（三）消除危险；

（四）返还财产；

（五）恢复原状；

（六）修理、重作、更换；

（七）继续履行；

（八）赔偿损失；

（九）支付违约金；

（十）消除影响、恢复名誉；

（十一）赔礼道歉。

法律规定惩罚性赔偿的，依照其规定。

本条规定的承担民事责任的方式，可以单独适用，也可以合并适用。

第一百八十条 【不可抗力】 因不可抗力不能履行民事义务的，不承担民事责任。法律另有规定的，依照其规定。

不可抗力是不能预见、不能避免且不能克服的客观情况。

新案

王某某等诉龚某名誉权纠纷案[①]

王某某、高某夫妇与龚某系邻居，双方因邻里琐事产生矛盾。2022年6月，龚某在成员百余人的"互帮互助群"和"邻里互助群"小区微信群内，发布针对王某某夫妇家庭生活、子女教育及道德品行方面的言论。王某某、高某认为龚某的言论给其造成了精神痛苦，导致了其社会评价降低、名誉受损等后果，向法院提起名誉权纠纷诉讼，请求判令龚某在上述微信群内公开赔礼道歉并赔偿精神损害抚慰金。

上海市闵行区人民法院判决认为：龚某在近百人的小区微信群内发布的针对王某某、高某夫妇的涉案言论，易使涉案微信群内的其他成员陷入错误判断，造成其人格受贬损、名誉被诋毁及社会评价降低的后果，故认定龚某发表的涉案言论构成侵犯王某某、高某名誉权，判决龚某在涉案两个微信群

---

① 参见《依法惩治网络暴力违法犯罪典型案例》（2023年9月25日发布），载最高人民法院网，https://www.court.gov.cn/zixun/xiangqing/413002.html，最后访问日期：2025年8月11日。

内以书面形式公开赔礼道歉,并赔偿精神损害抚慰金1000元。判决生效后,因涉案微信群之一已解散,在执行法官见证下,龚某逐户上门说明情况,同时在楼道口张贴致歉公告。

网络暴力信息往往具有传播范围广、持续时间长、社会危害大、影响消除难的特点。办案机关根据案件进展情况,及时澄清事实真相,有效消除不良影响,是遏制网络暴力危害、保障受害人权益的重要方面。对于相关民事案件,除让被告承担相应的侵权赔偿责任外,还可以判令其通过公开道歉等方式,及时消除不良影响,实现对受害人人格权的有效保护。

本案即是判令行为人公开道歉的案例,被告涉案言论在小区微信群传播,影响受害人的日常生活,对其社会评价造成不良影响。基于此,为受害人及时消除不良影响不仅必要,而且可行。人民法院结合具体案情,在涉案微信群解散、不具备线上执行条件的情况下,由执行法官全程陪同被告逐户上门说明情况、澄清事实,不仅为受害人有效消除影响、恢复名誉,还教育引导社会公众自觉守法,引领社会文明风尚。

第一百八十一条 【正当防卫】 因正当防卫造成损害的,不承担民事责任。

正当防卫超过必要的限度,造成不应有的损害的,正当防卫人应当承担适当的民事责任。

新解

本条是关于正当防卫的规定。

正当防卫,是指本人、他人的人身权利、财产权利遭受不法侵害时,行为人所采取的一种防卫措施。为了使国家利益、社会公共利益、本人或者他人的人身权利、财产权利以及其他合法权益免受正在进行的不法侵害,而针对实施侵害行为的人采取的制止不法侵害的行为,应当认定为本条规定的正当防卫。

正当防卫应当同时具备以下六个要件:(1)必须是为了使本人、他人的人身、财产权利免受不法侵害而实施的。（2）必须有不法侵害行为发生。（3）必须是正在进行的不法侵害。（4）必须是本人、他人的人身权利、财产权利遭受不法侵害，在来不及请求有关国家机关救助的情况下实施的防卫行为。（5）必须是针对不法侵害者本人实行。（6）不能明显超过必要限度造成损害。

对于正当防卫是否超过必要的限度，人民法院应当综合不法侵害的性质、手段、强度、危害程度和防卫的时机、手段、强度、损害后果等因素判断。经审理，正当防卫没有超过必要限度的，人民法院应当认定正当防卫人不承担责任。正当防卫超过必要限度的，人民法院应当认定正当防卫人在造成不应有的损害范围内承担部分责任；实施侵害行为的人请求正当防卫人承担全部责任的，人民法院不予支持。实施侵害行为的人不能证明防卫行为造成不应有的损害，仅以正当防卫人采取的反击方式和强度与不法侵害不相当为由主张防卫过当的，人民法院不予支持。

关联指引

《最高人民法院关于适用〈中华人民共和国民法典〉总则编若干问题的解释》第 30 条、第 31 条

第一百八十二条　【紧急避险】因紧急避险造成损害的，由引起险情发生的人承担民事责任。

危险由自然原因引起的，紧急避险人不承担民事责任，可以给予适当补偿。

紧急避险采取措施不当或者超过必要的限度，造成不应有的损害的，紧急避险人应当承担适当的民事责任。

第一百八十三条　【因保护他人民事权益而受损的责任承担】因保护他人民事权益使自己受到损害的，由侵权人承担民事责任，受益人可以给予适当补偿。没有侵权人、侵权人逃逸或者无力承担民事责任，受害人请求补偿的，受益人应当给予适当补偿。

新案

李某良、钟某梅诉吴某闲等生命权纠纷案[①]

2020年6月2日晚，李某林与吴某闲等四人一同就餐后，前往重庆市江津区几江长江大桥下江边码头散步。因琐事发生争执，吴某闲跳入长江，李某林跳江施救，此后吴某闲抓住岸上连接船只的钢丝线后获救，李某林不幸溺亡。吴某闲垫付打捞尸体费用6000元。后李某林的父母李某良、钟某梅以吴某闲等人为被告诉至法院，请求判令吴某闲等赔偿因李某林死亡产生的各项赔偿款800000元。

生效裁判认为，因保护他人民事权益使自己受到损害，没有侵权人、侵权人逃逸或者无力承担民事责任，受害人请求补偿的，受益人应当给予适当补偿。本案中，李某林在没有法定或者约定义务的前提下，下水救助吴某闲而不幸溺亡，属于见义勇为。吴某闲系因发生争执情绪激动主动跳水，本案没有侵权人，吴某闲作为受益人应当给予适当补偿。遂综合考虑李某林救助行为及所起作用、原告受损情况等，判令吴某闲补偿李某良、钟某梅40000元，吴某闲垫付的打捞尸体费用亦作为吴某闲的补偿费用，不再进行抵扣。

> **第一百八十四条　【紧急救助的责任豁免】** 因自愿实施紧急救助行为造成受助人损害的，救助人不承担民事责任。

新解

本条是对紧急救助人责任豁免的规定。

本条通过免除紧急救助人的责任，为救助人免除后顾之忧，进而鼓励此种救助行为，弘扬社会主义核心价值观，故此本条又被称为"好人法"。

[①] 参见《人民法院贯彻实施民法典典型案例（第二批）》（2023年1月12日发布），载最高人民法院网，https://www.court.gov.cn/zixun/xiangqing/386521.html，最后访问日期：2025年8月11日。

新案

齐某某诉孙某某健康权纠纷案[①]

2017年9月7日晚8时左右，齐某某因感觉头晕到孙某某经营的药店买药。齐某某服下硝酸甘油药片后出现心脏骤停现象，孙某某即实施心肺复苏进行抢救。齐某某恢复意识后，由120救护车送往康平县人民医院住院治疗，被诊断为双侧多发肋骨骨折、右肺挫伤、低钾血症，共计住院18天。齐某某提起本案诉讼，请求孙某某赔偿医疗费、护理费、交通费、住院伙食补助费共计9千余元。

辽宁省康平县人民法院认为，孙某某系自愿实施紧急救助行为，虽然救助过程中导致齐某某身体损害，但没有证据证明齐某某心脏骤停与服用的硝酸甘油药物有关。且孙某某具有医学从业资质，给老人进行心肺复苏造成肋骨骨折及肺挫伤无法完全避免，其救助行为没有过错，不违反诊疗规范，故孙某某作为救助人对齐某某的损害不承担民事责任。

善意施助，救死扶伤，是中华民族的传统美德。然而近年来，因助人为乐而惹上"官司"，为救济他人而招致自身受损等情况并不罕见，"扶不扶""救不救"已然成为社会热议话题。《民法典》第184条规定，因自愿实施紧急救助行为造成受助人损害的，救助人不承担民事责任。本案判决符合立法本意及价值观导向，为救助人保驾护航，无需因顾虑承担责任而放弃救助，倡导社会公众互帮互助，调动民间力量，在危急关头第一时间开展救助，为挽救人民生命安全争取时间，使"救不救"的问题不再成为拷问人心的艰难抉择，对弘扬社会主义道德风尚、践行社会主义核心价值观具有积极引导意义。

第一百八十五条　【英雄烈士人格利益的保护】侵害英雄烈士等的姓名、肖像、名誉、荣誉，损害社会公共利益的，应当承担民事责任。

[①] 参见《人民法院抓实公正与效率践行社会主义核心价值观典型案例》（2023年8月2日发布），载最高人民法院网，https://www.court.gov.cn/zixun/xiangqing/408162.html，最后访问日期：2025年8月11日。

新解

本条明确了侵害英雄烈士等的人格利益的特殊民事责任,进一步强化了对英雄烈士等的人格利益的特殊保护。本条适用前提包括两项:一是侵害英雄烈士等的姓名、肖像、名誉、荣誉;二是损害社会公共利益。其中,损害社会公共利益是本条适用最为实质的要件,在民事责任上,甚至可以不完全与保护民事权益相关,必要时可直接以社会公共利益为基础,彰显《民法典》具有高度社会化的色彩。

新案

杭州市临平区人民检察院诉陈某英雄烈士保护民事公益诉讼案[①]

2020年6月15日,戍边烈士肖思远在边境冲突中誓死捍卫祖国领土,突围后又义无反顾返回营救战友,遭敌围攻壮烈牺牲,于2021年2月被中央军委追记一等功。2021年2月至4月间,陈某在人民日报、央视新闻、头条新闻等微博账号发布的纪念、缅怀肖思远烈士的文章下,发表针对肖思远烈士的不当评论内容共计20条,诋毁其形象和荣誉。公益诉讼起诉人认为,陈某的行为侵害戍边烈士肖思远的名誉和荣誉,损害社会公共利益,故向人民法院提起民事公益诉讼,请求判令陈某在全国性的新闻媒体上公开赔礼道歉、消除影响。

生效裁判认为,《民法典》第185条侧重保护的是已经成为社会公共利益重要组成部分的英雄烈士的人格利益。英雄烈士是中华民族最优秀群体的代表,英雄烈士和他们所体现的爱国主义、英雄主义精神,是我们党魂、国魂、军魂、民族魂的不竭源泉和重要支撑,是中华民族精神的集中反映。英雄烈士的事迹和精神是中华民族的共同记忆,是社会主义核心价值观的重要体现。抹黑英雄烈士,既是对社会主义核心价值观的否定和瓦解,也容易对人民群众的价值观念造成恶劣影响。陈某在互联网空间多次公开发表针对肖

[①] 参见《人民法院贯彻实施民法典典型案例(第二批)》(2023年1月12日发布),载最高人民法院网,https://www.court.gov.cn/zixun/xiangqing/386521.html,最后访问日期:2025年8月11日。

思远烈士名誉、荣誉的严重侮辱、诋毁、贬损、亵渎言论，伤害了国民的共同情感和民族精神，污染了社会风气，不利于民族共同记忆的赓续、传承，更是对社会主义核心价值观的严重背离，已构成对社会公共利益的侵害。故判决陈某在全国性的新闻媒体上向社会公众公开赔礼道歉、消除影响。

> **第一百八十六条　【违约责任与侵权责任的竞合】**因当事人一方的违约行为，损害对方人身权益、财产权益的，受损害方有权选择请求其承担违约责任或者侵权责任。
>
> **第一百八十七条　【民事责任优先】**民事主体因同一行为应当承担民事责任、行政责任和刑事责任的，承担行政责任或者刑事责任不影响承担民事责任；民事主体的财产不足以支付的，优先用于承担民事责任。

第九章　诉讼时效

> **第一百八十八条　【普通诉讼时效】**向人民法院请求保护民事权利的诉讼时效期间为三年。法律另有规定的，依照其规定。
>
> 诉讼时效期间自权利人知道或者应当知道权利受到损害以及义务人之日起计算。法律另有规定的，依照其规定。但是，自权利受到损害之日起超过二十年的，人民法院不予保护，有特殊情况的，人民法院可以根据权利人的申请决定延长。

新解

本条是关于普通诉讼时效期间及起算规则、最长权利保护期间的规定。

本条第 1 款规定了普通诉讼时效期间为 3 年，但同时明确"法律另有规定的，依照其规定"，这是允许特别法对诉讼时效作出不同于普通诉讼时效期间的规定。本条第 2 款规定了普通诉讼时效期间的起算。本款规定采取普通诉讼时效期间的主观主义起算模式，即从权利人知道或者应当知道权利受侵害时，诉讼时效期间开始起算。

另外，普通诉讼时效期间（3 年），可以适用民法典有关诉讼时效中止、中断的规定，但不适用延长的规定。最长权利保护期间（20 年）不适用中止、中断的规定。

关联指引

《最高人民法院关于适用〈中华人民共和国民法典〉总则编若干问题的解释》第 35 条、第 37 条

第一百八十九条　【分期履行债务诉讼时效的起算】 当事人约定同一债务分期履行的，诉讼时效期间自最后一期履行期限届满之日起计算。

新解

本条是关于同一债务分期履行时诉讼时效的起算的规定。

本条仅适用于当事人之间就同一笔债务约定了分期履行的情形，此种情形应当就约定期限的最后一期的最后一日开始起算诉讼时效，且并不限定何种诉讼时效。

第一百九十条　【对法定代理人请求权诉讼时效的起算】 无民事行为能力人或者限制民事行为能力人对其法定代理人的请求权的诉讼时效期间，自该法定代理终止之日起计算。

新解

本条规定了受监护人对其监护人的请求权的诉讼时效期间计算发生停

止的效果，属于时效停止的一种规定。本条限于受监护人对其监护人的请求权，前述请求权基于两种情形产生：一种是基于《民法典》第 34 条规定监护人对于本身违反监护职责产生的特殊监护责任；另一种是监护人对被监护人的加害，如侵害健康权、财产所有权。

> **第一百九十一条　【未成年人遭受性侵害的损害赔偿诉讼时效的起算】** 未成年人遭受性侵害的损害赔偿请求权的诉讼时效期间，自受害人年满十八周岁之日起计算。

新解

本条是关于未成年人遭受性侵的诉讼时效期间的规定，系对遭受性侵害的未成年人的一种特殊的诉讼时效利益保护，通过成年之前停止计算的方法予以照顾。

理解本条应当注意，本条没有将受性侵害的未成年人局限于女性，不区分该种损害赔偿请求权是针对监护人还是其他人，不区分未成年人是否精神健全。如受害人在成年之前已经由其法定代理人作为诉讼代理人在刑事附带民事诉讼或者单独的民事诉讼中向性侵实施人、责任人请求过人身损害赔偿，并经人民法院出具判决书、调解书，成年后的受害人纵使在诉讼时效内，也不能再就同一事实重复起诉。

第一百九十二条　【诉讼时效届满的法律效果】 诉讼时效期间届满的，义务人可以提出不履行义务的抗辩。

诉讼时效期间届满后，义务人同意履行的，不得以诉讼时效期间届满为由抗辩；义务人已经自愿履行的，不得请求返还。

第一百九十三条　【诉讼时效援用】 人民法院不得主动适用诉讼时效的规定。

第一百九十四条　【诉讼时效的中止】 在诉讼时效期间的最后六个月内，因下列障碍，不能行使请求权的，诉讼时效中止：

（一）不可抗力；

（二）无民事行为能力人或者限制民事行为能力人没有法定代理人，或者法定代理人死亡、丧失民事行为能力、丧失代理权；

（三）继承开始后未确定继承人或者遗产管理人；

（四）权利人被义务人或者其他人控制；

（五）其他导致权利人不能行使请求权的障碍。

自中止时效的原因消除之日起满六个月，诉讼时效期间届满。

第一百九十五条 【诉讼时效的中断】有下列情形之一的，诉讼时效中断，从中断、有关程序终结时起，诉讼时效期间重新计算：

（一）权利人向义务人提出履行请求；

（二）义务人同意履行义务；

（三）权利人提起诉讼或者申请仲裁；

（四）与提起诉讼或者申请仲裁具有同等效力的其他情形。

第一百九十六条 【不适用诉讼时效的情形】下列请求权不适用诉讼时效的规定：

（一）请求停止侵害、排除妨碍、消除危险；

（二）不动产物权和登记的动产物权的权利人请求返还财产；

（三）请求支付抚养费、赡养费或者扶养费；

（四）依法不适用诉讼时效的其他请求权。

第一百九十七条 【诉讼时效法定】诉讼时效的期间、计算方法以及中止、中断的事由由法律规定，当事人约定无效。

当事人对诉讼时效利益的预先放弃无效。

新解

本条是关于诉讼时效强制性与时效利益抛弃无效的规定。

时效利益抛弃是指义务人在诉讼时效期间完成之前，以明示或默示的方式放弃其时效利益的行为。当事人违反法律规定约定延长或者缩短诉讼时效期间，预先放弃时效利益的相关约定均属无效。由于当事人在合同中约定放弃时效抗辩权属于无效条款，承诺放弃时效抗辩权的当事人仍可行使该权利而无须承担违约责任，如当事人故意约定放弃时效利益却在发生纠纷后反悔以此故意牟利，受害人可依照《民法典》第 147 条、第 148 条、第 506 条向人民法院申请撤销合同，并要求牟利者返还已经履行的合同对价，支付补偿与赔偿。

第一百九十八条　【仲裁时效】 法律对仲裁时效有规定的，依照其规定；没有规定的，适用诉讼时效的规定。

新解

本条是关于诉讼时效制度可以适用仲裁时效制度的规定。

原则上，仲裁时效适用专门的法律规定，特别法对于仲裁时效没有规定的，则以诉讼时效规定为其一般法，适用诉讼时效的规定，与民事诉讼时效的期间、起算、中止、中断保持一致。

第一百九十九条　【除斥期间】 法律规定或者当事人约定的撤销权、解除权等权利的存续期间，除法律另有规定外，自权利人知道或者应当知道权利产生之日起计算，不适用有关诉讼时效中止、中断和延长的规定。存续期间届满，撤销权、解除权等权利消灭。

第十章　期间计算

第二百条　【期间的计算单位】 民法所称的期间按照公历年、月、日、小时计算。

第二百零一条 【期间的起算】按照年、月、日计算期间的,开始的当日不计入,自下一日开始计算。

按照小时计算期间的,自法律规定或者当事人约定的时间开始计算。

第二百零二条 【期间结束】按照年、月计算期间的,到期月的对应日为期间的最后一日;没有对应日的,月末日为期间的最后一日。

第二百零三条 【期间计算的特殊规定】期间的最后一日是法定休假日的,以法定休假日结束的次日为期间的最后一日。

期间的最后一日的截止时间为二十四时;有业务时间的,停止业务活动的时间为截止时间。

第二百零四条 【期间法定或约定】期间的计算方法依照本法的规定,但是法律另有规定或者当事人另有约定的除外。

第二编

物　权

第二编 物　权

第一分编　通　则

第一章　一般规定

第二百零五条　【物权编的调整范围】本编调整因物的归属和利用产生的民事关系。

第二百零六条　【我国基本经济制度与社会主义市场经济原则】国家坚持和完善公有制为主体、多种所有制经济共同发展，按劳分配为主体、多种分配方式并存，社会主义市场经济体制等社会主义基本经济制度。

国家巩固和发展公有制经济，鼓励、支持和引导非公有制经济的发展。

国家实行社会主义市场经济，保障一切市场主体的平等法律地位和发展权利。

第二百零七条　【平等保护原则】国家、集体、私人的物权和其他权利人的物权受法律平等保护，任何组织或者个人不得侵犯。

第二百零八条　【物权公示原则】不动产物权的设立、变更、转让和消灭，应当依照法律规定登记。动产物权的设立和转让，应当依照法律规定交付。

第二章　物权的设立、变更、转让和消灭

第一节　不动产登记

第二百零九条　【不动产物权的登记生效原则及其例外】不动产物权的设立、变更、转让和消灭，经依法登记，发生效力；未经登记，不发生效力，但是法律另有规定的除外。

依法属于国家所有的自然资源，所有权可以不登记。

第二百一十条　【不动产登记机构和不动产统一登记】不动产登记，由不动产所在地的登记机构办理。

国家对不动产实行统一登记制度。统一登记的范围、登记机构和登记办法，由法律、行政法规规定。

第二百一十一条　【申请不动产登记应提供的必要材料】当事人申请登记，应当根据不同登记事项提供权属证明和不动产界址、面积等必要材料。

第二百一十二条　【不动产登记机构应当履行的职责】登记机构应当履行下列职责：

（一）查验申请人提供的权属证明和其他必要材料；

（二）就有关登记事项询问申请人；

（三）如实、及时登记有关事项；

（四）法律、行政法规规定的其他职责。

申请登记的不动产的有关情况需要进一步证明的，登记机构可以要求申请人补充材料，必要时可以实地查看。

第二百一十三条　【不动产登记机构的禁止行为】登记机构不得有

下列行为：

（一）要求对不动产进行评估；

（二）以年检等名义进行重复登记；

（三）超出登记职责范围的其他行为。

第二百一十四条 【不动产物权变动的生效时间】不动产物权的设立、变更、转让和消灭，依照法律规定应当登记的，自记载于不动产登记簿时发生效力。

第二百一十五条 【合同效力和物权效力区分】当事人之间订立有关设立、变更、转让和消灭不动产物权的合同，除法律另有规定或者当事人另有约定外，自合同成立时生效；未办理物权登记的，不影响合同效力。

第二百一十六条 【不动产登记簿效力及管理机构】不动产登记簿是物权归属和内容的根据。

不动产登记簿由登记机构管理。

第二百一十七条 【不动产登记簿与不动产权属证书的关系】不动产权属证书是权利人享有该不动产物权的证明。不动产权属证书记载的事项，应当与不动产登记簿一致；记载不一致的，除有证据证明不动产登记簿确有错误外，以不动产登记簿为准。

第二百一十八条 【不动产登记资料的查询、复制】权利人、利害关系人可以申请查询、复制不动产登记资料，登记机构应当提供。

第二百一十九条 【利害关系人的非法利用不动产登记资料禁止义务】利害关系人不得公开、非法使用权利人的不动产登记资料。

新解

本条是关于规制不动产利害关系人义务的规定。根据《民法典》第218条之规定，利害关系人可以申请查询、复制不动产登记资料，而不动产物权作为民事主体个人财产的重要组成部分，属于隐私权的保护范畴，故此课以不动产利害关系人不公开和合理使用的义务，以防止权利人的信息被泄露。

第二百二十条　【更正登记和异议登记】权利人、利害关系人认为不动产登记簿记载的事项错误的，可以申请更正登记。不动产登记簿记载的权利人书面同意更正或者有证据证明登记确有错误的，登记机构应当予以更正。

不动产登记簿记载的权利人不同意更正的，利害关系人可以申请异议登记。登记机构予以异议登记，申请人自异议登记之日起十五日内不提起诉讼的，异议登记失效。异议登记不当，造成权利人损害的，权利人可以向申请人请求损害赔偿。

关联指引

《最高人民法院关于适用〈中华人民共和国民法典〉物权编的解释（一）》第3条

第二百二十一条　【预告登记】当事人签订买卖房屋的协议或者签订其他不动产物权的协议，为保障将来实现物权，按照约定可以向登记机构申请预告登记。预告登记后，未经预告登记的权利人同意，处分该不动产的，不发生物权效力。

预告登记后，债权消灭或者自能够进行不动产登记之日起九十日内未申请登记的，预告登记失效。

关联指引

《最高人民法院关于适用〈中华人民共和国民法典〉物权编的解释（一）》第4条、第5条

第二百二十二条　【不动产登记错误损害赔偿责任】当事人提供虚假材料申请登记，造成他人损害的，应当承担赔偿责任。

因登记错误，造成他人损害的，登记机构应当承担赔偿责任。登记机构赔偿后，可以向造成登记错误的人追偿。

第二百二十三条　【不动产登记收费标准的确定】不动产登记费按件收取，不得按照不动产的面积、体积或者价款的比例收取。

第二节　动产交付

第二百二十四条　【动产物权变动生效时间】动产物权的设立和转让，自交付时发生效力，但是法律另有规定的除外。

第二百二十五条　【船舶、航空器和机动车物权变动采取登记对抗主义】船舶、航空器和机动车等的物权的设立、变更、转让和消灭，未经登记，不得对抗善意第三人。

关 联 指 引

《最高人民法院关于适用〈中华人民共和国民法典〉物权编的解释（一）》第 6 条

第二百二十六条　【简易交付】动产物权设立和转让前，权利人已经占有该动产的，物权自民事法律行为生效时发生效力。

第二百二十七条　【指示交付】动产物权设立和转让前，第三人占有该动产的，负有交付义务的人可以通过转让请求第三人返还原物的权利代替交付。

第二百二十八条　【占有改定】动产物权转让时，当事人又约定由出让人继续占有该动产的，物权自该约定生效时发生效力。

第三节　其他规定

第二百二十九条　【法律文书、征收决定导致物权变动效力发生时间】因人民法院、仲裁机构的法律文书或者人民政府的征收决定等,导致物权设立、变更、转让或者消灭的,自法律文书或者征收决定等生效时发生效力。

第二百三十条　【因继承取得物权的生效时间】因继承取得物权的,自继承开始时发生效力。

第二百三十一条　【因事实行为设立或者消灭物权的生效时间】因合法建造、拆除房屋等事实行为设立或者消灭物权的,自事实行为成就时发生效力。

第二百三十二条　【非依民事法律行为享有的不动产物权变动】处分依照本节规定享有的不动产物权,依照法律规定需要办理登记的,未经登记,不发生物权效力。

第三章　物权的保护

第二百三十三条　【物权保护争讼程序】物权受到侵害的,权利人可以通过和解、调解、仲裁、诉讼等途径解决。

第二百三十四条　【物权确认请求权】因物权的归属、内容发生争议的,利害关系人可以请求确认权利。

第二百三十五条　【返还原物请求权】无权占有不动产或者动产的,权利人可以请求返还原物。

第二百三十六条　【排除妨害、消除危险请求权】妨害物权或者可能妨害物权的,权利人可以请求排除妨害或者消除危险。

第二百三十七条 【修理、重作、更换或者恢复原状请求权】造成不动产或者动产毁损的，权利人可以依法请求修理、重作、更换或者恢复原状。

第二百三十八条 【物权损害赔偿请求权】侵害物权，造成权利人损害的，权利人可以依法请求损害赔偿，也可以依法请求承担其他民事责任。

第二百三十九条 【物权保护方式的单用和并用】本章规定的物权保护方式，可以单独适用，也可以根据权利被侵害的情形合并适用。

第二分编　所有权

第四章　一般规定

第二百四十条　【所有权的定义】所有权人对自己的不动产或者动产，依法享有占有、使用、收益和处分的权利。

第二百四十一条　【所有权人设立他物权】所有权人有权在自己的不动产或者动产上设立用益物权和担保物权。用益物权人、担保物权人行使权利，不得损害所有权人的权益。

第二百四十二条　【国家专有】法律规定专属于国家所有的不动产和动产，任何组织或者个人不能取得所有权。

第二百四十三条　【征收】为了公共利益的需要，依照法律规定的权限和程序可以征收集体所有的土地和组织、个人的房屋以及其他不动产。

征收集体所有的土地，应当依法及时足额支付土地补偿费、安置补助费以及农村村民住宅、其他地上附着物和青苗等的补偿费用，并安排被征地农民的社会保障费用，保障被征地农民的生活，维护被征地农民的合法权益。

征收组织、个人的房屋以及其他不动产，应当依法给予征收补偿，维护被征收人的合法权益；征收个人住宅的，还应当保障被征收人的居住条件。

任何组织或者个人不得贪污、挪用、私分、截留、拖欠征收补偿费等费用。

第二百四十四条 【保护耕地与禁止违法征地】国家对耕地实行特殊保护，严格限制农用地转为建设用地，控制建设用地总量。不得违反法律规定的权限和程序征收集体所有的土地。

第二百四十五条 【征用】因抢险救灾、疫情防控等紧急需要，依照法律规定的权限和程序可以征用组织、个人的不动产或者动产。被征用的不动产或者动产使用后，应当返还被征用人。组织、个人的不动产或者动产被征用或者征用后毁损、灭失的，应当给予补偿。

第五章　国家所有权和集体所有权、私人所有权

第二百四十六条 【国家所有权】法律规定属于国家所有的财产，属于国家所有即全民所有。

国有财产由国务院代表国家行使所有权。法律另有规定的，依照其规定。

第二百四十七条 【矿藏、水流和海域的国家所有权】矿藏、水流、海域属于国家所有。

第二百四十八条 【无居民海岛的国家所有权】无居民海岛属于国家所有，国务院代表国家行使无居民海岛所有权。

新解

本条明确了无居民海岛的归属。无居民海岛作为一种自然资源，法律没有规定其的所有权属于集体，因此应当归属于国家。本条旨在进一步加强公法与私法的衔接，加强对于无居民海岛的管理与利用。

第二百四十九条 【国家所有土地的范围】城市的土地，属于国家所有。法律规定属于国家所有的农村和城市郊区的土地，属于国家所有。

第二百五十条 【国家所有的自然资源】森林、山岭、草原、荒地、滩涂等自然资源，属于国家所有，但是法律规定属于集体所有的除外。

第二百五十一条 【国家所有的野生动植物资源】法律规定属于国家所有的野生动植物资源，属于国家所有。

第二百五十二条 【无线电频谱资源的国家所有权】无线电频谱资源属于国家所有。

第二百五十三条 【国家所有的文物的范围】法律规定属于国家所有的文物，属于国家所有。

第二百五十四条 【国防资产、基础设施的国家所有权】国防资产属于国家所有。

铁路、公路、电力设施、电信设施和油气管道等基础设施，依照法律规定为国家所有的，属于国家所有。

第二百五十五条 【国家机关的物权】国家机关对其直接支配的不动产和动产，享有占有、使用以及依照法律和国务院的有关规定处分的权利。

第二百五十六条 【国家举办的事业单位的物权】国家举办的事业单位对其直接支配的不动产和动产，享有占有、使用以及依照法律和国务院的有关规定收益、处分的权利。

第二百五十七条 【国有企业出资人制度】国家出资的企业，由国务院、地方人民政府依照法律、行政法规规定分别代表国家履行出资人职责，享有出资人权益。

第二百五十八条 【国有财产的保护】国家所有的财产受法律保护，禁止任何组织或者个人侵占、哄抢、私分、截留、破坏。

第二百五十九条 【国有财产管理法律责任】 履行国有财产管理、监督职责的机构及其工作人员,应当依法加强对国有财产的管理、监督,促进国有财产保值增值,防止国有财产损失;滥用职权,玩忽职守,造成国有财产损失的,应当依法承担法律责任。

违反国有财产管理规定,在企业改制、合并分立、关联交易等过程中,低价转让、合谋私分、擅自担保或者以其他方式造成国有财产损失的,应当依法承担法律责任。

第二百六十条 【集体财产范围】 集体所有的不动产和动产包括：

（一）法律规定属于集体所有的土地和森林、山岭、草原、荒地、滩涂；

（二）集体所有的建筑物、生产设施、农田水利设施；

（三）集体所有的教育、科学、文化、卫生、体育等设施；

（四）集体所有的其他不动产和动产。

第二百六十一条 【农民集体所有财产归属及重大事项集体决定】 农民集体所有的不动产和动产,属于本集体成员集体所有。

下列事项应当依照法定程序经本集体成员决定：

（一）土地承包方案以及将土地发包给本集体以外的组织或者个人承包；

（二）个别土地承包经营权人之间承包地的调整；

（三）土地补偿费等费用的使用、分配办法；

（四）集体出资的企业的所有权变动等事项；

（五）法律规定的其他事项。

第二百六十二条 【行使集体所有权的主体】 对于集体所有的土地和森林、山岭、草原、荒地、滩涂等,依照下列规定行使所有权：

（一）属于村农民集体所有的,由村集体经济组织或者村民委员会依法代表集体行使所有权；

（二）分别属于村内两个以上农民集体所有的,由村内各该集体经济组织或者村民小组依法代表集体行使所有权；

（三）属于乡镇农民集体所有的，由乡镇集体经济组织代表集体行使所有权。

第二百六十三条 【城镇集体财产权利】城镇集体所有的不动产和动产，依照法律、行政法规的规定由本集体享有占有、使用、收益和处分的权利。

第二百六十四条 【集体财产状况的公布】农村集体经济组织或者村民委员会、村民小组应当依照法律、行政法规以及章程、村规民约向本集体成员公布集体财产的状况。集体成员有权查阅、复制相关资料。

第二百六十五条 【集体财产的保护】集体所有的财产受法律保护，禁止任何组织或者个人侵占、哄抢、私分、破坏。

农村集体经济组织、村民委员会或者其负责人作出的决定侵害集体成员合法权益的，受侵害的集体成员可以请求人民法院予以撤销。

第二百六十六条 【私人所有权】私人对其合法的收入、房屋、生活用品、生产工具、原材料等不动产和动产享有所有权。

第二百六十七条 【私有财产的保护】私人的合法财产受法律保护，禁止任何组织或者个人侵占、哄抢、破坏。

第二百六十八条 【企业出资人的权利】国家、集体和私人依法可以出资设立有限责任公司、股份有限公司或者其他企业。国家、集体和私人所有的不动产或者动产投到企业的，由出资人按照约定或者出资比例享有资产收益、重大决策以及选择经营管理者等权利并履行义务。

第二百六十九条 【法人财产权】营利法人对其不动产和动产依照法律、行政法规以及章程享有占有、使用、收益和处分的权利。

营利法人以外的法人，对其不动产和动产的权利，适用有关法律、行政法规以及章程的规定。

第二百七十条 【社会团体法人、捐助法人合法财产的保护】社会团体法人、捐助法人依法所有的不动产和动产，受法律保护。

第六章 业主的建筑物区分所有权

第二百七十一条 【建筑物区分所有权】 业主对建筑物内的住宅、经营性用房等专有部分享有所有权,对专有部分以外的共有部分享有共有和共同管理的权利。

关联指引

《最高人民法院关于审理建筑物区分所有权纠纷案件适用法律若干问题的解释》第 1 条至第 4 条

第二百七十二条 【业主对专有部分的专有权】 业主对其建筑物专有部分享有占有、使用、收益和处分的权利。业主行使权利不得危及建筑物的安全,不得损害其他业主的合法权益。

关联指引

《物业管理条例》第 52 条

第二百七十三条 【业主对共有部分的共有权及义务】 业主对建筑物专有部分以外的共有部分,享有权利,承担义务;不得以放弃权利为由不履行义务。

业主转让建筑物内的住宅、经营性用房,其对共有部分享有的共有和共同管理的权利一并转让。

第二百七十四条　【建筑区划内的道路、绿地等场所和设施属于业主共有财产】建筑区划内的道路，属于业主共有，但是属于城镇公共道路的除外。建筑区划内的绿地，属于业主共有，但是属于城镇公共绿地或者明示属于个人的除外。建筑区划内的其他公共场所、公用设施和物业服务用房，属于业主共有。

第二百七十五条　【车位、车库的归属规则】建筑区划内，规划用于停放汽车的车位、车库的归属，由当事人通过出售、附赠或者出租等方式约定。

占用业主共有的道路或者其他场地用于停放汽车的车位，属于业主共有。

第二百七十六条　【车位、车库优先满足业主需求】建筑区划内，规划用于停放汽车的车位、车库应当首先满足业主的需要。

第二百七十七条　【设立业主大会和选举业主委员会】业主可以设立业主大会，选举业主委员会。业主大会、业主委员会成立的具体条件和程序，依照法律、法规的规定。

地方人民政府有关部门、居民委员会应当对设立业主大会和选举业主委员会给予指导和协助。

新解

本条是关于设立业主大会和选举业主委员会的规定。

房屋的所有权人为业主，业主是建筑区划内的主人。业主大会是业主的自治组织，是基于业主的建筑物区分所有权的行使产生的，由全体业主组成，是建筑区划内建筑物及其附属设施的管理机构。因此，只要是建筑区划内的业主，就有权参加业主大会，行使专有部分以外共有部分的共有以及共同管理的权利，并对小区内的业主行使专有部分的所有权作出限制性规定，以维护建筑区划内全体业主的合法权益。

关联指引

《物业管理条例》第 8 条至第 10 条、第 12 条、第 13 条、第 15 条、第 16 条

> **第二百七十八条　【由业主共同决定的事项以及表决规则】** 下列事项由业主共同决定：
> （一）制定和修改业主大会议事规则；
> （二）制定和修改管理规约；
> （三）选举业主委员会或者更换业主委员会成员；
> （四）选聘和解聘物业服务企业或者其他管理人；
> （五）使用建筑物及其附属设施的维修资金；
> （六）筹集建筑物及其附属设施的维修资金；
> （七）改建、重建建筑物及其附属设施；
> （八）改变共有部分的用途或者利用共有部分从事经营活动；
> （九）有关共有和共同管理权利的其他重大事项。
> 业主共同决定事项，应当由专有部分面积占比三分之二以上的业主且人数占比三分之二以上的业主参与表决。决定前款第六项至第八项规定的事项，应当经参与表决专有部分面积四分之三以上的业主且参与表决人数四分之三以上的业主同意。决定前款其他事项，应当经参与表决专有部分面积过半数的业主且参与表决人数过半数的业主同意。

新解

本条是关于业主共同决定的重大事项及表决程序的规定。

本条规定的应当由业主共同决定的事项分为四大类：一是涉及确定业主行使民主管理权利的方式和依据的事项；二是涉及区分建筑物及其附属设施的维修资金的变动事项；三是改建、改变建筑物共有部分的用途或者利用共有部分从事经营活动的事项；四是兜底性条款。关于参与表决的人数与比

例，本着以保护业主财产权为基础，遵循利益平衡保护的原则，考虑现实情况，对于参与表决的人数与比例设计了"双重多数决"的投票程序。

新案

苏某、吴某诉谌某等十人排除妨碍纠纷案①

原告苏某、吴某和被告谌某等十人为某小区某栋楼某单元业主。该单元共6层12户，苏某、吴某为一层住户。2021年3月，该单元业主商议增设电梯，除吴某未签名同意外，其余11位业主均同意在本单元出入口前空地增设电梯。在商议时，十被告同意在单元出入口顶板延伸处设置电梯停靠点供苏某、吴某进出。2021年5月，案涉电梯取得《建设工程规划许可证》开始施工，因建筑结构特点，新增电梯与建筑物连接处均为楼梯中间转角平台，业主出停靠点后走半层楼梯方能入户，未在单元出入口顶板延伸处设置停靠点。案涉电梯竣工验收后已取得特种设备使用登记证并投入使用。因案涉电梯实际停靠点设置与原商定方案不一致，原告提起诉讼，请求依法判令各被告停止侵害，拆除已违法建设完成的电梯，并在保障其加装电梯平等使用权的前提下重新委托设计、申请规划审批及依法加装电梯。

福建省漳州市南靖县人民法院经审理认为，根据《民法典》第278条规定，案涉房屋增设电梯属于应由业主共同决定的事项，应当由专有部分面积占比三分之二以上的业主且人数占比三分之二以上的业主参与表决，并应当经参与表决专有部分面积四分之三以上的业主且参与表决人数四分之三以上的业主同意。案涉单元楼共计12户业主，11户业主同意增设电梯，电梯施工中10户业主同意现有的该电梯设置停靠点的方案，表决程序及建设程序符合法律规定。苏某、吴某在电梯建设前后均需走半层楼梯入户，案涉电梯建设并未对其出行构成妨碍，其关于拆除案涉电梯并重新设计、建设的主张未经业主合法表决通过，不应予以支持，遂驳回其诉讼请求。苏某、吴某上诉后，经二审法院耐心细致做调解工作，案涉单元楼业主互相达成谅解，同意

---

① 参见《老旧小区既有住宅加装电梯典型案例》（2023年11月8日发布），载最高人民法院网，https://www.court.gov.cn/zixun/xiangqing/417032.html，最后访问日期：2025年8月11日。

按照既有设计、建设方案继续使用电梯，苏某、吴某撤回上诉。

本案中，由于案涉楼栋建筑结构特点，电梯的增设虽无法满足业主平层入户，但从总体效益而言，提高了绝大部分业主的出行便利，提升了居住质量。本案中一楼业主苏某同意增设电梯，但其需求与其他业主的利益发生冲突，一审法院结合实际施工条件及公平原则，权衡各方利益，驳回了苏某、吴某全部诉讼请求。苏某不服提出上诉后，二审法院晓之以理动之以情，促成原告与被告达成和解协议并撤回上诉。该案在坚持依法审理的同时，运用平等协商、互谅互让、与邻为善的理念化解了邻里之间的纠纷，充分发挥已加装电梯的实际效益，从根本上实现案结事了。

第二百七十九条　【业主将住宅转变为经营性用房应当遵循的规则】业主不得违反法律、法规以及管理规约，将住宅改变为经营性用房。业主将住宅改变为经营性用房的，除遵守法律、法规以及管理规约外，应当经有利害关系的业主一致同意。

第二百八十条　【业主大会、业主委员会决定的效力】业主大会或者业主委员会的决定，对业主具有法律约束力。

业主大会或者业主委员会作出的决定侵害业主合法权益的，受侵害的业主可以请求人民法院予以撤销。

第二百八十一条　【建筑物及其附属设施维修资金的归属和处分】建筑物及其附属设施的维修资金，属于业主共有。经业主共同决定，可以用于电梯、屋顶、外墙、无障碍设施等共有部分的维修、更新和改造。建筑物及其附属设施的维修资金的筹集、使用情况应当定期公布。

紧急情况下需要维修建筑物及其附属设施的，业主大会或者业主委员会可以依法申请使用建筑物及其附属设施的维修资金。

第二百八十二条　【业主共有部分产生收入的归属】建设单位、物业服务企业或者其他管理人等利用业主的共有部分产生的收入，在扣除合理成本之后，属于业主共有。

新解

本条是对因共有部分产生的收入属于业主共有的规定。

针对现实中物业服务企业将业主共有部分进行收益而该收入往往不能由业主享有的现象，本条作出明确规定，以强化对业主权益的保障。至于"利用"的方式、程序，"收入"的范围以及如何界定"合理成本"等问题，还有待司法实践统一裁判尺度。

第二百八十三条　【建筑物及其附属设施的费用分摊和收益分配确定规则】建筑物及其附属设施的费用分摊、收益分配等事项，有约定的，按照约定；没有约定或者约定不明确的，按照业主专有部分面积所占比例确定。

第二百八十四条　【建筑物及其附属设施的管理】业主可以自行管理建筑物及其附属设施，也可以委托物业服务企业或者其他管理人管理。

对建设单位聘请的物业服务企业或者其他管理人，业主有权依法更换。

第二百八十五条　【物业服务企业或其他接受业主委托的管理人的管理义务】物业服务企业或者其他管理人根据业主的委托，依照本法第三编有关物业服务合同的规定管理建筑区划内的建筑物及其附属设施，接受业主的监督，并及时答复业主对物业服务情况提出的询问。

物业服务企业或者其他管理人应当执行政府依法实施的应急处置措施和其他管理措施，积极配合开展相关工作。

第二百八十六条　【业主守法义务和业主大会与业主委员会职责】业主应当遵守法律、法规以及管理规约，相关行为应当符合节约资源、保护生态环境的要求。对于物业服务企业或者其他管理人执行政府依法实施的应急处置措施和其他管理措施，业主应当依法予以配合。

业主大会或者业主委员会，对任意弃置垃圾、排放污染物或者噪声、违反规定饲养动物、违章搭建、侵占通道、拒付物业费等损害他人合法权益的行为，有权依照法律、法规以及管理规约，请求行为人停止侵害、排除妨碍、消除危险、恢复原状、赔偿损失。

业主或者其他行为人拒不履行相关义务的，有关当事人可以向有关行政主管部门报告或者投诉，有关行政主管部门应当依法处理。

新解

本条是关于业主有关义务、制止损害他人合法权益行为并追究其法律责任以及向有关行政主管部门报告或者投诉的规定。

业主首先应当遵守法律、法规。根据《物业管理条例》第7条规定，业主在物业管理活动中，履行下列义务：（1）遵守管理规约、业主大会议事规则；（2）遵守物业管理区域内物业共用部位和共用设施设备的使用、公共秩序和环境卫生的维护等方面的规章制度；（3）执行业主大会的决定和业主大会授权业主委员会作出的决定；（4）按照国家有关规定交纳专项维修资金；（5）按时交纳物业服务费用；（6）法律、法规规定的其他义务。

此外，业主还应当遵守管理规约。根据《物业管理条例》第22条规定，建设单位应当在销售物业之前，制定临时管理规约，对有关物业的使用、维护、管理，业主的共同利益，业主应当履行的义务，违反临时管理规约应当承担的责任等事项依法作出约定。第23条规定，建设单位应当在物业销售前将临时管理规约向物业买受人明示，并予以说明。物业买受人在与建设单位签订物业买卖合同时，应当对遵守临时管理规约予以书面承诺。

第二百八十七条　【业主请求权】业主对建设单位、物业服务企业或者其他管理人以及其他业主侵害自己合法权益的行为，有权请求其承担民事责任。

新解

本条是关于当管理人或者其他业主侵权时，受侵害业主的救济权的规定。

从建设单位、物业服务企业或者其他管理人侵害业主权益的性质来看，既属于违约责任，也属于侵权责任。当业主权益被其他业主侵害时，受侵害的业主可以请求建设单位、物业服务企业或者其他管理人行使管理权，也可以自行请求侵害人承担民事责任。行使请求权的方式并不限于向法院起诉，也可以通过调解、和解、提起仲裁等非诉方式。

第七章　相邻关系

第二百八十八条　【处理相邻关系的原则】不动产的相邻权利人应当按照有利生产、方便生活、团结互助、公平合理的原则，正确处理相邻关系。

第二百八十九条　【处理相邻关系的依据】法律、法规对处理相邻关系有规定的，依照其规定；法律、法规没有规定的，可以按照当地习惯。

第二百九十条　【相邻用水、排水、流水关系】不动产权利人应当为相邻权利人用水、排水提供必要的便利。

对自然流水的利用，应当在不动产的相邻权利人之间合理分配。对自然流水的排放，应当尊重自然流向。

第二百九十一条　【相邻关系中的通行权】不动产权利人对相邻权利人因通行等必须利用其土地的，应当提供必要的便利。

第二百九十二条　【相邻土地的利用】不动产权利人因建造、修缮建筑物以及铺设电线、电缆、水管、暖气和燃气管线等必须利用相邻土地、建筑物的，该土地、建筑物的权利人应当提供必要的便利。

第二百九十三条　【相邻建筑物通风、采光、日照】建造建筑物，不得违反国家有关工程建设标准，不得妨碍相邻建筑物的通风、采光和日照。

新案

徐某等六人诉范某排除妨害纠纷案[1]

江苏省无锡市某花园小区某号楼某单元全体业主于2019年一致签字同意本单元增设电梯，于小区主要出入口及单元楼道张贴意见征集单、公示、承诺及图纸等相关材料，公示期间未收到异议。随后该增设电梯项目取得了主管部门的审批手续，于2020年4月正式开工。居住于某号楼北楼的业主范某认为该电梯安装位置影响其采光，侵犯其合法权益，遂多次在加装电梯施工现场阻碍施工，导致项目停工。该小区某号楼业主向人民法院起诉，要求判令范某排除妨碍，停止对加装电梯工程的妨害行为。

江苏省无锡市梁溪区人民法院认为，某号楼加装电梯经过本幢房屋相关业主表决同意，徐某等业主系依据合法有效的既有住宅增设电梯开工备案通知单进行施工，范某实施阻碍加装电梯的行为，侵犯了徐某等合法权益。根据法律关于相邻关系的规定，相邻关系应当按照有利生产、方便生活、团结互助、公平合理的原则处理，案涉住宅增设电梯，将对大多数业主特别是老人、小孩生活带来极大便利。虽然可能会对北楼的房屋采光、通风产生一定影响，但北楼应当本着友睦邻里、互让互谅的原则对待增设电梯工程。人民法院判决范某停止对无锡市某花园小区某号楼加装电梯工程的阻挠行为。范某不服一审判决，提起上诉，江苏省无锡市中级人民法院经审理后判决驳回上诉，维持原判。

本案是一起因老旧小区加装电梯而造成的相邻关系纠纷，增设电梯工程系依法进行，相邻楼栋业主以侵害相邻权提出异议、阻挠施工。某号楼位于小区的中间位置，加装电梯意味着不仅要对该楼外墙进行改建，且电梯井道

---

[1] 参见《老旧小区既有住宅加装电梯典型案例》（2023年11月8日发布），载最高人民法院网，https://www.court.gov.cn/zixun/xiangqing/417032.html，最后访问日期：2025年8月11日。

也需占用紧邻的一部分土地和地上空间，属于影响业主权利、需由业主共同决定的事项。人民法院判决明确该楼加装电梯事宜已经获得该栋楼法定比例以上业主同意，程序合法。关于增设的电梯是否会对相邻楼栋业主通风采光造成影响的问题，某号楼增设电梯可以改善该幢楼业主的居住条件及生活便利程度，电梯井道采用的是玻璃幕墙，在设计时已经考虑了可能给相邻楼栋及低楼层业主造成的采光问题，在保证本楼栋业主出行便利的情况下，尽可能将相邻及低楼层业主通风采光权的影响降到最低。同样，可能受到影响的业主如本案例中的范某，也应对相邻楼栋业主合理合法使用不动产提供一定的便利，即容忍相邻楼栋业主因加装电梯而在合法合理范围内改造建筑物。此外，考虑到增设电梯可能给小区业主造成的影响并非一开始就会全部显露，为充分保障范某的权利，本案二审中也提出，如加装电梯后在采光、通风等方面确对部分业主造成较大影响的，亦可就补偿问题另行协商或通过法律途径解决，既保障了增设电梯工程的顺利完工，也为范某合理合法行使权利指明了路径。

> **第二百九十四条 【相邻不动产之间不得排放、施放污染物】** 不动产权利人不得违反国家规定弃置固体废物，排放大气污染物、水污染物、土壤污染物、噪声、光辐射、电磁辐射等有害物质。

新解

本条是关于相邻不动产之间排放、施放污染物的规定。

适用本条规定应符合以下三个条件：一是不动产权利人排放或施放污染物违反国家规定；二是该种不可量物侵害发生在相邻的不动产权利人之间；三是造成了一定妨害或损害后果，且该种损害后果是不能忍受的，而非一般轻微损害。

对于相邻不动产权利人之间排放污染物的容忍义务，本条虽然没有明确规定，但按照《民法典》第288条规定的处理相邻关系的"有利生产、方便生活、团结互助、公平合理"的原则,已经包含了相邻不动产权利人之间应当互负容忍义务。但互负容忍义务是有限度的,在国家规定的标准以内应当容忍,如果超过国家规定的标准,受害的不动产权利人有权要求侵害人停止侵害、消除危险、排除妨害,以及赔偿损失。

> **第二百九十五条 【维护相邻不动产安全】**不动产权利人挖掘土地、建造建筑物、铺设管线以及安装设备等,不得危及相邻不动产的安全。
>
> **第二百九十六条 【相邻权的限度】**不动产权利人因用水、排水、通行、铺设管线等利用相邻不动产的,应当尽量避免对相邻的不动产权利人造成损害。

第八章 共　　有

> **第二百九十七条 【共有及其形式】**不动产或者动产可以由两个以上组织、个人共有。共有包括按份共有和共同共有。
>
> **第二百九十八条 【按份共有】**按份共有人对共有的不动产或者动产按照其份额享有所有权。
>
> **第二百九十九条 【共同共有】**共同共有人对共有的不动产或者动产共同享有所有权。
>
> **第三百条 【共有物的管理】**共有人按照约定管理共有的不动产或者动产;没有约定或者约定不明确的,各共有人都有管理的权利和义务。
>
> **第三百零一条 【共有人对共有财产重大事项的表决权规则】**处分共有的不动产或者动产以及对共有的不动产或者动产作重大修缮、变更性质或者用途的,应当经占份额三分之二以上的按份共有人或者全体共同共有人同意,但是共有人之间另有约定的除外。

第三百零二条　【共有物管理费用的分担规则】共有人对共有物的管理费用以及其他负担，有约定的，按照其约定；没有约定或者约定不明确的，按份共有人按照其份额负担，共同共有人共同负担。

第三百零三条　【共有物的分割规则】共有人约定不得分割共有的不动产或者动产，以维持共有关系的，应当按照约定，但是共有人有重大理由需要分割的，可以请求分割；没有约定或者约定不明确的，按份共有人可以随时请求分割，共同共有人在共有的基础丧失或者有重大理由需要分割时可以请求分割。因分割造成其他共有人损害的，应当给予赔偿。

第三百零四条　【共有物分割的方式】共有人可以协商确定分割方式。达不成协议，共有的不动产或者动产可以分割且不会因分割减损价值的，应当对实物予以分割；难以分割或者因分割会减损价值的，应当对折价或者拍卖、变卖取得的价款予以分割。

共有人分割所得的不动产或者动产有瑕疵的，其他共有人应当分担损失。

第三百零五条　【按份共有人的优先购买权】按份共有人可以转让其享有的共有的不动产或者动产份额。其他共有人在同等条件下享有优先购买的权利。

第三百零六条　【按份共有人行使优先购买权的规则】按份共有人转让其享有的共有的不动产或者动产份额的，应当将转让条件及时通知其他共有人。其他共有人应当在合理期限内行使优先购买权。

两个以上其他共有人主张行使优先购买权的，协商确定各自的购买比例；协商不成的，按照转让时各自的共有份额比例行使优先购买权。

新解

本条是关于按份共有人转让份额时的通知义务以及多个共有人主张优先购买权的行使方式的规定。

按份共有人转让份额的通知作出时间应当在与第三人协商达成一致意见之前，优先购买权的行使期间应自通知到达时起算。关于未履行通知义务导致共有人未能行使优先购买权的法律后果，本条未作出明确规定，笔者认为，应从转让标的所有权是否登记出发，考量第三人是否善意，进而对于合同效力进行认定。

关联指引

《最高人民法院关于适用〈中华人民共和国民法典〉物权编的解释（一）》第 11 条

> **第三百零七条　【因共有产生的债权债务承担规则】** 因共有的不动产或者动产产生的债权债务，在对外关系上，共有人享有连带债权、承担连带债务，但是法律另有规定或者第三人知道共有人不具有连带债权债务关系的除外；在共有人内部关系上，除共有人另有约定外，按份共有人按照份额享有债权、承担债务，共同共有人共同享有债权、承担债务。偿还债务超过自己应当承担份额的按份共有人，有权向其他共有人追偿。
>
> **第三百零八条　【共有关系不明时对共有关系性质的推定】** 共有人对共有的不动产或者动产没有约定为按份共有或者共同共有，或者约定不明确的，除共有人具有家庭关系等外，视为按份共有。
>
> **第三百零九条　【按份共有人份额不明时份额的确定】** 按份共有人对共有的不动产或者动产享有的份额，没有约定或者约定不明确的，按照出资额确定；不能确定出资额的，视为等额享有。
>
> **第三百一十条　【准共有】** 两个以上组织、个人共同享有用益物权、担保物权的，参照适用本章的有关规定。

第九章　所有权取得的特别规定

第三百一十一条　【善意取得】 无处分权人将不动产或者动产转让给受让人的，所有权人有权追回；除法律另有规定外，符合下列情形的，受让人取得该不动产或者动产的所有权：

（一）受让人受让该不动产或者动产时是善意；

（二）以合理的价格转让；

（三）转让的不动产或者动产依照法律规定应当登记的已经登记，不需要登记的已经交付给受让人。

受让人依据前款规定取得不动产或者动产的所有权的，原所有权人有权向无处分权人请求损害赔偿。

当事人善意取得其他物权的，参照适用前两款规定。

第三百一十二条　【遗失物的善意取得】 所有权人或者其他权利人有权追回遗失物。该遗失物通过转让被他人占有的，权利人有权向无处分权人请求损害赔偿，或者自知道或者应当知道受让人之日起二年内向受让人请求返还原物；但是，受让人通过拍卖或者向具有经营资格的经营者购得该遗失物的，权利人请求返还原物时应当支付受让人所付的费用。权利人向受让人支付所付费用后，有权向无处分权人追偿。

第三百一十三条　【善意取得的动产上原有的权利负担消灭及其例外】 善意受让人取得动产后，该动产上的原有权利消灭。但是，善意受让人在受让时知道或者应当知道该权利的除外。

第三百一十四条　【拾得遗失物的返还】 拾得遗失物，应当返还权利人。拾得人应当及时通知权利人领取，或者送交公安等有关部门。

第三百一十五条 【有关部门收到遗失物的处理】有关部门收到遗失物，知道权利人的，应当及时通知其领取；不知道的，应当及时发布招领公告。

第三百一十六条 【遗失物的妥善保管义务】拾得人在遗失物送交有关部门前，有关部门在遗失物被领取前，应当妥善保管遗失物。因故意或者重大过失致使遗失物毁损、灭失的，应当承担民事责任。

第三百一十七条 【权利人领取遗失物时的费用支付义务】权利人领取遗失物时，应当向拾得人或者有关部门支付保管遗失物等支出的必要费用。

权利人悬赏寻找遗失物的，领取遗失物时应当按照承诺履行义务。

拾得人侵占遗失物的，无权请求保管遗失物等支出的费用，也无权请求权利人按照承诺履行义务。

第三百一十八条 【无人认领的遗失物的处理规则】遗失物自发布招领公告之日起一年内无人认领的，归国家所有。

新解

本条是关于无人认领的遗失物归国家所有的规定。

需注意的是，一年的公告期间届满之前，遗失物始终归权利人所有，这一年为除斥期间，不发生中止、中断。

第三百一十九条 【拾得漂流物、埋藏物或者隐藏物】拾得漂流物、发现埋藏物或者隐藏物的，参照适用拾得遗失物的有关规定。法律另有规定的，依照其规定。

第三百二十条 【从物随主物转让规则】主物转让的，从物随主物转让，但是当事人另有约定的除外。

关联指引

《最高人民法院关于适用〈中华人民共和国民法典〉有关担保制度的解释》第 40 条

> **第三百二十一条 【孳息的归属】** 天然孳息，由所有权人取得；既有所有权人又有用益物权人的，由用益物权人取得。当事人另有约定的，按照其约定。
>
> 法定孳息，当事人有约定的，按照约定取得；没有约定或者约定不明确的，按照交易习惯取得。

关联指引

《民法典》第 573 条、第 630 条

《最高人民法院关于人民法院民事执行中查封、扣押、冻结财产的规定》第 20 条

> **第三百二十二条 【添附】** 因加工、附合、混合而产生的物的归属，有约定的，按照约定；没有约定或者约定不明确的，依照法律规定；法律没有规定的，按照充分发挥物的效用以及保护无过错当事人的原则确定。因一方当事人的过错或者确定物的归属造成另一方当事人损害的，应当给予赔偿或者补偿。

新解

本条确立了添附制度，是对因加工、附合、混合而产生的添附物的归属确定规则的规定。

添附制度的确立旨在解决基于数个不同所有人的物的结合，而有必要对呈现新状态的物或者新物的归属予以明确的问题。添附既可发生在动产与不

动产之间，也可发生在动产与动产之间，鉴于我国对于房屋和土地的权属确定有明确的规则，故添附不发生在不动产与不动产之间。

新案

某金属表面处理公司与某铁塔公司破产债权确认纠纷案[①]

2019年8月，某金属表面处理公司向某铁塔公司租赁厂房及生产线，租赁期限为十年，同时约定某金属表面处理公司经某铁塔公司同意可以对厂房、设备等进行扩建、改造，但其投资建设的一切固定设施、建筑物均归某铁塔公司所有。之后，某金属表面处理公司使用租赁厂房和生产线进行生产经营，并投入大量资金对厂房、生产线进行改造。2020年7月，某铁塔公司进入破产清算程序，人民法院依法指定管理人接管某铁塔公司。2020年9月，管理人通知某金属表面处理公司解除前述租赁合同。某金属表面处理公司诉至法院，请求确认其购买设备及改造车间费用、遣散工人费用、部分停产停业损失为某铁塔公司的共益债务。

生效裁判认为，本案纠纷虽然发生在民法典施行前，但根据《最高人民法院关于适用〈中华人民共和国民法典〉时间效力的若干规定》第3条，本案可以适用民法典关于添附制度的新规定。租赁合同解除后，某金属表面处理公司对租赁标的物所作配套投入形成的添附物所有权依约归某铁塔公司所有。因某铁塔公司进入破产程序而提前解除合同，添附物归属于某铁塔公司导致某金属表面处理公司存在一定损失，依照《民法典》第322条"因一方当事人的过错或者确定物的归属造成另一方当事人损害的，应当给予赔偿或者补偿"的规定精神，某铁塔公司应对某金属表面处理公司的损失承担赔偿责任。由于某铁塔公司对某金属表面处理公司所负赔偿责任并非破产程序开始后为了全体债权人的共同利益而负担的债务，不能认定为共益债务。故判决确认某金属表面处理公司对某铁塔公司享有普通债权334.3万元。

---

① 参见《人民法院贯彻实施民法典典型案例（第二批）》（2023年1月12日发布），载最高人民法院网，https://www.court.gov.cn/zixun/xiangqing/386521.html，最后访问日期：2025年8月11日。

关联指引

《最高人民法院关于适用〈中华人民共和国民法典〉有关担保制度的解释》第 41 条

《最高人民法院关于审理城镇房屋租赁合同纠纷案件具体应用法律若干问题的解释》第 7 条至第 11 条

第三分编　用益物权

第十章　一般规定

第三百二十三条　【用益物权的定义】用益物权人对他人所有的不动产或者动产，依法享有占有、使用和收益的权利。

第三百二十四条　【国家和集体所有的自然资源的使用规则】国家所有或者国家所有由集体使用以及法律规定属于集体所有的自然资源，组织、个人依法可以占有、使用和收益。

第三百二十五条　【自然资源有偿使用制度】国家实行自然资源有偿使用制度，但是法律另有规定的除外。

第三百二十六条　【用益物权的行使规范】用益物权人行使权利，应当遵守法律有关保护和合理开发利用资源、保护生态环境的规定。所有权人不得干涉用益物权人行使权利。

第三百二十七条　【被征收、征用时用益物权人的补偿请求权】因不动产或者动产被征收、征用致使用益物权消灭或者影响用益物权行使的，用益物权人有权依据本法第二百四十三条、第二百四十五条的规定获得相应补偿。

第三百二十八条　【海域使用权】依法取得的海域使用权受法律保护。

第三百二十九条　【特许物权依法保护】依法取得的探矿权、采矿权、取水权和使用水域、滩涂从事养殖、捕捞的权利受法律保护。

第十一章　土地承包经营权

> **第三百三十条**　【农村土地承包经营】农村集体经济组织实行家庭承包经营为基础、统分结合的双层经营体制。
>
> 农民集体所有和国家所有由农民集体使用的耕地、林地、草地以及其他用于农业的土地，依法实行土地承包经营制度。
>
> **第三百三十一条**　【土地承包经营权内容】土地承包经营权人依法对其承包经营的耕地、林地、草地等享有占有、使用和收益的权利，有权从事种植业、林业、畜牧业等农业生产。

新解

本条是土地承包经营权人享有的基本权利的规定。

本条规定了承包人对承包地享有的占有、使用和收益这几项最基本、最重要的权利。这些权利都是法定权利。即使在承包合同中没有约定，承包人也依法享有这些权利，任何组织和个人不得剥夺和侵害。

承包经营权人的占有、使用和收益权利，体现了作为用益物权的承包经营权的最基本的权利，还有一些权利内容也体现了承包经营权的物权性质。这些权利有的是由民法典物权编规定，有些则在农村土地承包法中有进一步的明确规定。主要包括以下内容：（1）承包期及承包期届满后的延期。（2）依法互换、转让土地承包经营权。（3）依法流转土地经营权。（4）承包期内，发包人不得收回承包地。（5）承包地被依法征收、征用、占用的，有权依法获得相应的补偿。（6）法律、行政法规规定的其他权利。

第三百三十二条 【土地的承包期限】 耕地的承包期为三十年。草地的承包期为三十年至五十年。林地的承包期为三十年至七十年。

前款规定的承包期限届满，由土地承包经营权人依照农村土地承包的法律规定继续承包。

第三百三十三条 【土地承包经营权的设立与登记】 土地承包经营权自土地承包经营权合同生效时设立。

登记机构应当向土地承包经营权人发放土地承包经营权证、林权证等证书，并登记造册，确认土地承包经营权。

第三百三十四条 【土地承包经营权的互换、转让】 土地承包经营权人依照法律规定，有权将土地承包经营权互换、转让。未经依法批准，不得将承包地用于非农建设。

新解

本条是关于土地承包经营权互换、转让的规定。

土地承包经营权人有权将土地承包经营权互换、转让，但是必须依照法律规定，且不得将承包地用于非农建设。这里的依照法律规定，主要就是依照农村土地承包法的相关规定。《农村土地承包法》第33条、第34条对土地承包经营权的互换、转让作了明确规定。

土地承包经营权互换，是指土地承包经营权人将自己的土地承包经营权交换给他人行使，自己行使从他人处换来的土地承包经营权。《农村土地承包法》第33条规定，承包方之间为方便耕种或者各自需要，可以对属于同一集体经济组织的土地的土地承包经营权进行互换，并向发包方备案。

土地承包经营权转让，是指土地承包经营权人将其拥有的未到期的土地承包经营权以一定的方式和条件移转给他人的行为。《农村土地承包法》第34条规定，经发包方同意，承包方可以将全部或者部分的土地承包经营权转让给本集体经济组织的其他农户，由该农户同发包方确立新的承包关系，原承包方与发包方在该土地上的承包关系即行终止。

第三百三十五条 【土地承包经营权流转的登记对抗主义】土地承包经营权互换、转让的，当事人可以向登记机构申请登记；未经登记，不得对抗善意第三人。

第三百三十六条 【承包地的调整】承包期内发包人不得调整承包地。

因自然灾害严重毁损承包地等特殊情形，需要适当调整承包的耕地和草地的，应当依照农村土地承包的法律规定办理。

第三百三十七条 【承包地的收回】承包期内发包人不得收回承包地。法律另有规定的，依照其规定。

第三百三十八条 【征收承包地的补偿规则】承包地被征收的，土地承包经营权人有权依据本法第二百四十三条的规定获得相应补偿。

第三百三十九条 【土地经营权的流转】土地承包经营权人可以自主决定依法采取出租、入股或者其他方式向他人流转土地经营权。

新解

本条是关于以出租、入股或者其他方式向他人流转土地经营权的规定。

《民法典》在土地承包经营权之上又创立了土地经营权的概念，与《农村土地承包法》相衔接，也是新一轮农村土地制度改革下"土地所有权、土地承包权、土地经营权"分置的有益尝试。

第三百四十条 【土地经营权人的基本权利】土地经营权人有权在合同约定的期限内占有农村土地，自主开展农业生产经营并取得收益。

第三百四十一条 【土地经营权的设立与登记】流转期限为五年以上的土地经营权，自流转合同生效时设立。当事人可以向登记机构申请土地经营权登记；未经登记，不得对抗善意第三人。

第三百四十二条 【以其他方式承包取得的土地经营权流转】通过招标、拍卖、公开协商等方式承包农村土地，经依法登记取得权属证书的，可以依法采取出租、入股、抵押或者其他方式流转土地经营权。

第三百四十三条　【国有农用地承包经营的法律适用】国家所有的农用地实行承包经营的，参照适用本编的有关规定。

第十二章　建设用地使用权

第三百四十四条　【建设用地使用权的概念】建设用地使用权人依法对国家所有的土地享有占有、使用和收益的权利，有权利用该土地建造建筑物、构筑物及其附属设施。

第三百四十五条　【建设用地使用权的分层设立】建设用地使用权可以在土地的地表、地上或者地下分别设立。

第三百四十六条　【建设用地使用权的设立原则】设立建设用地使用权，应当符合节约资源、保护生态环境的要求，遵守法律、行政法规关于土地用途的规定，不得损害已经设立的用益物权。

第三百四十七条　【建设用地使用权的出让方式】设立建设用地使用权，可以采取出让或者划拨等方式。

工业、商业、旅游、娱乐和商品住宅等经营性用地以及同一土地有两个以上意向用地者的，应当采取招标、拍卖等公开竞价的方式出让。

严格限制以划拨方式设立建设用地使用权。

第三百四十八条　【建设用地使用权出让合同】通过招标、拍卖、协议等出让方式设立建设用地使用权的，当事人应当采用书面形式订立建设用地使用权出让合同。

建设用地使用权出让合同一般包括下列条款：

（一）当事人的名称和住所；

（二）土地界址、面积等；

（三）建筑物、构筑物及其附属设施占用的空间；

（四）土地用途、规划条件；

（五）建设用地使用权期限；

（六）出让金等费用及其支付方式；

（七）解决争议的方法。

新解

本条是对建设用地使用权出让合同内容的规定。

以出让方式设立建设用地使用权的，不论是采取拍卖、招标等公开竞价方式，还是采取协议的方式，双方当事人均应当签订建设用地使用权出让合同，以明确双方当事人的权利和义务。建设用地使用权合同属于民事合同，虽然各级人民政府代表国家，以土地所有人的身份与建设用地使用权人签订出让合同，但是该合同属于国家以民事主体的身份与其他主体从事的交易行为。

第三百四十九条 【建设用地使用权的登记】 设立建设用地使用权的，应当向登记机构申请建设用地使用权登记。建设用地使用权自登记时设立。登记机构应当向建设用地使用权人发放权属证书。

第三百五十条 【土地用途限定规则】 建设用地使用权人应当合理利用土地，不得改变土地用途；需要改变土地用途的，应当依法经有关行政主管部门批准。

第三百五十一条 【建设用地使用权人支付出让金等费用的义务】 建设用地使用权人应当依照法律规定以及合同约定支付出让金等费用。

第三百五十二条 【建设用地使用权人建造的建筑物、构筑物及其附属设施的归属】 建设用地使用权人建造的建筑物、构筑物及其附属设施的所有权属于建设用地使用权人，但是有相反证据证明的除外。

第三百五十三条 【建设用地使用权的流转方式】建设用地使用权人有权将建设用地使用权转让、互换、出资、赠与或者抵押，但是法律另有规定的除外。

第三百五十四条 【建设用地使用权流转的合同形式和期限】建设用地使用权转让、互换、出资、赠与或者抵押的，当事人应当采用书面形式订立相应的合同。使用期限由当事人约定，但是不得超过建设用地使用权的剩余期限。

第三百五十五条 【建设用地使用权流转登记】建设用地使用权转让、互换、出资或者赠与的，应当向登记机构申请变更登记。

第三百五十六条 【建设用地使用权流转之房随地走】建设用地使用权转让、互换、出资或者赠与的，附着于该土地上的建筑物、构筑物及其附属设施一并处分。

第三百五十七条 【建设用地使用权流转之地随房走】建筑物、构筑物及其附属设施转让、互换、出资或者赠与的，该建筑物、构筑物及其附属设施占用范围内的建设用地使用权一并处分。

第三百五十八条 【建设用地使用权的提前收回及其补偿】建设用地使用权期限届满前，因公共利益需要提前收回该土地的，应当依据本法第二百四十三条的规定对该土地上的房屋以及其他不动产给予补偿，并退还相应的出让金。

第三百五十九条 【建设用地使用权期限届满的处理规则】住宅建设用地使用权期限届满的，自动续期。续期费用的缴纳或者减免，依照法律、行政法规的规定办理。

非住宅建设用地使用权期限届满后的续期，依照法律规定办理。该土地上的房屋以及其他不动产的归属，有约定的，按照约定；没有约定或者约定不明确的，依照法律、行政法规的规定办理。

第三百六十条 【建设用地使用权注销登记】建设用地使用权消灭的，出让人应当及时办理注销登记。登记机构应当收回权属证书。

第三百六十一条　【集体土地作为建设用地的法律适用】集体所有的土地作为建设用地的，应当依照土地管理的法律规定办理。

第十三章　宅基地使用权

第三百六十二条　【宅基地使用权内容】宅基地使用权人依法对集体所有的土地享有占有和使用的权利，有权依法利用该土地建造住宅及其附属设施。

第三百六十三条　【宅基地使用权的法律适用】宅基地使用权的取得、行使和转让，适用土地管理的法律和国家有关规定。

第三百六十四条　【宅基地灭失后的重新分配】宅基地因自然灾害等原因灭失的，宅基地使用权消灭。对失去宅基地的村民，应当依法重新分配宅基地。

第三百六十五条　【宅基地使用权的变更登记与注销登记】已经登记的宅基地使用权转让或者消灭的，应当及时办理变更登记或者注销登记。

第十四章　居　住　权

新解

《民法典》新增居住权制度，主要对居住权的概念、居住权合同的内容、居住权的设立、居住权的限制、居住权的消灭和以遗嘱方式设立居住权等内容作出规定。将居住权纳入用益物权范畴，打破了我国传统房屋所有权和租赁二元划分的房屋利用模式，回应了现实需求。

第三百六十六条　【居住权的定义】居住权人有权按照合同约定，对他人的住宅享有占有、使用的用益物权，以满足生活居住的需要。

第三百六十七条　【居住权合同】设立居住权，当事人应当采用书面形式订立居住权合同。

居住权合同一般包括下列条款：

（一）当事人的姓名或者名称和住所；

（二）住宅的位置；

（三）居住的条件和要求；

（四）居住权期限；

（五）解决争议的方法。

第三百六十八条　【居住权的设立】居住权无偿设立，但是当事人另有约定的除外。设立居住权的，应当向登记机构申请居住权登记。居住权自登记时设立。

新案

邱某光与董某军居住权执行案[①]

邱某光与董某峰于2006年登记结婚，双方均系再婚，婚后未生育子女，董某军系董某峰之弟。董某峰于2016年3月去世，生前写下遗嘱，其内容为："我名下位于洪山区珞狮路某房遗赠给我弟弟董某军，在我丈夫邱某光没再婚前拥有居住权，此房是我毕生心血，不许分割、不许转让、不许卖出……"董某峰离世后，董某军等人与邱某光发生遗嘱继承纠纷并诉至法院。法院判决被继承人董某峰名下位于武汉市洪山区珞狮路某房所有权归董某军享有，邱某光在其再婚前享有该房屋的居住使用权。判决生效后，邱某光一直居住在该房屋内。2021年初，邱某光发现所住房屋被董某军挂在某房产中介出售，其担心房屋出售后自己被赶出家门，遂向法院申请居住权强制执行。

生效裁判认为，案涉房屋虽为董某军所有，但是董某峰通过遗嘱方式使得邱某光享有案涉房屋的居住使用权。执行法院遂依照《民法典》第368条等关于居住权的规定，裁定将董某军所有的案涉房屋的居住权登记在邱某光名下。

> **第三百六十九条　【居住权的限制性规定及例外】**居住权不得转让、继承。设立居住权的住宅不得出租，但是当事人另有约定的除外。
>
> **第三百七十条　【居住权的消灭】**居住权期限届满或者居住权人死亡的，居住权消灭。居住权消灭的，应当及时办理注销登记。
>
> **第三百七十一条　【以遗嘱设立居住权的法律适用】**以遗嘱方式设立居住权的，参照适用本章的有关规定。

[①] 参见《人民法院贯彻实施民法典典型案例（第一批）》（2022年2月25日发布），载最高人民法院网，https://www.court.gov.cn/zixun/xiangqing/347181.html，最后访问日期：2025年8月11日。

第十五章　地　役　权

第三百七十二条　【地役权的定义】地役权人有权按照合同约定，利用他人的不动产，以提高自己的不动产的效益。

前款所称他人的不动产为供役地，自己的不动产为需役地。

第三百七十三条　【地役权合同】设立地役权，当事人应当采用书面形式订立地役权合同。

地役权合同一般包括下列条款：

（一）当事人的姓名或者名称和住所；

（二）供役地和需役地的位置；

（三）利用目的和方法；

（四）地役权期限；

（五）费用及其支付方式；

（六）解决争议的方法。

第三百七十四条　【地役权的设立与登记】地役权自地役权合同生效时设立。当事人要求登记的，可以向登记机构申请地役权登记；未经登记，不得对抗善意第三人。

第三百七十五条　【供役地权利人的义务】供役地权利人应当按照合同约定，允许地役权人利用其不动产，不得妨害地役权人行使权利。

第三百七十六条　【地役权人的义务】地役权人应当按照合同约定的利用目的和方法利用供役地，尽量减少对供役地权利人物权的限制。

第三百七十七条　【地役权的期限】地役权期限由当事人约定；但是，不得超过土地承包经营权、建设用地使用权等用益物权的剩余期限。

第三百七十八条　【在享有或者负担地役权的土地上设立用益物权的规则】土地所有权人享有地役权或者负担地役权的，设立土地承包经营权、宅基地使用权等用益物权时，该用益物权人继续享有或者负担已经设立的地役权。

第三百七十九条　【土地所有权人在已设立用益物权的土地上设立地役权的规则】土地上已经设立土地承包经营权、建设用地使用权、宅基地使用权等用益物权的，未经用益物权人同意，土地所有权人不得设立地役权。

第三百八十条　【地役权的转让规则】地役权不得单独转让。土地承包经营权、建设用地使用权等转让的，地役权一并转让，但是合同另有约定的除外。

第三百八十一条　【地役权不得单独抵押】地役权不得单独抵押。土地经营权、建设用地使用权等抵押的，在实现抵押权时，地役权一并转让。

第三百八十二条　【需役地部分转让效果】需役地以及需役地上的土地承包经营权、建设用地使用权等部分转让时，转让部分涉及地役权的，受让人同时享有地役权。

第三百八十三条　【供役地部分转让效果】供役地以及供役地上的土地承包经营权、建设用地使用权等部分转让时，转让部分涉及地役权的，地役权对受让人具有法律约束力。

第三百八十四条　【供役地权利人解除权】地役权人有下列情形之一的，供役地权利人有权解除地役权合同，地役权消灭：

（一）违反法律规定或者合同约定，滥用地役权；

（二）有偿利用供役地，约定的付款期限届满后在合理期限内经两次催告未支付费用。

第三百八十五条　【地役权变动后的登记】已经登记的地役权变更、转让或者消灭的，应当及时办理变更登记或者注销登记。

第四分编　担保物权

第十六章　一般规定

第三百八十六条　【担保物权的定义】担保物权人在债务人不履行到期债务或者发生当事人约定的实现担保物权的情形，依法享有就担保财产优先受偿的权利，但是法律另有规定的除外。

第三百八十七条　【担保物权适用范围及反担保】债权人在借贷、买卖等民事活动中，为保障实现其债权，需要担保的，可以依照本法和其他法律的规定设立担保物权。

第三人为债务人向债权人提供担保的，可以要求债务人提供反担保。反担保适用本法和其他法律的规定。

第三百八十八条　【担保合同及其与主合同的关系】设立担保物权，应当依照本法和其他法律的规定订立担保合同。担保合同包括抵押合同、质押合同和其他具有担保功能的合同。担保合同是主债权债务合同的从合同。主债权债务合同无效的，担保合同无效，但是法律另有规定的除外。

担保合同被确认无效后，债务人、担保人、债权人有过错的，应当根据其过错各自承担相应的民事责任。

第三百八十九条　【担保范围】担保物权的担保范围包括主债权及其利息、违约金、损害赔偿金、保管担保财产和实现担保物权的费用。当事人另有约定的，按照其约定。

第三百九十条 【担保物权的物上代位性】担保期间，担保财产毁损、灭失或者被征收等，担保物权人可以就获得的保险金、赔偿金或者补偿金等优先受偿。被担保债权的履行期限未届满的，也可以提存该保险金、赔偿金或者补偿金等。

第三百九十一条 【债务转让对担保物权的效力】第三人提供担保，未经其书面同意，债权人允许债务人转移全部或者部分债务的，担保人不再承担相应的担保责任。

关 联 指 引

《最高人民法院关于适用〈中华人民共和国民法典〉有关担保制度的解释》第 39 条

第三百九十二条 【人保和物保并存时的处理规则】被担保的债权既有物的担保又有人的担保的，债务人不履行到期债务或者发生当事人约定的实现担保物权的情形，债权人应当按照约定实现债权；没有约定或者约定不明确，债务人自己提供物的担保的，债权人应当先就该物的担保实现债权；第三人提供物的担保的，债权人可以就物的担保实现债权，也可以请求保证人承担保证责任。提供担保的第三人承担担保责任后，有权向债务人追偿。

关 联 指 引

《最高人民法院关于适用〈中华人民共和国民法典〉有关担保制度的解释》第 13 条、第 18 条

《最高人民法院关于适用〈中华人民共和国民事诉讼法〉的解释》第 363 条

第三百九十三条　【担保物权消灭的情形】有下列情形之一的，担保物权消灭：

（一）主债权消灭；

（二）担保物权实现；

（三）债权人放弃担保物权；

（四）法律规定担保物权消灭的其他情形。

关联指引

《最高人民法院关于适用〈中华人民共和国民法典〉有关担保制度的解释》第 16 条

第十七章　抵押权

第一节　一般抵押权

第三百九十四条　【抵押权的定义】为担保债务的履行，债务人或者第三人不转移财产的占有，将该财产抵押给债权人的，债务人不履行到期债务或者发生当事人约定的实现抵押权的情形，债权人有权就该财产优先受偿。

前款规定的债务人或者第三人为抵押人，债权人为抵押权人，提供担保的财产为抵押财产。

第三百九十五条　【可抵押财产的范围】债务人或者第三人有权处分的下列财产可以抵押：

（一）建筑物和其他土地附着物；

（二）建设用地使用权；

（三）海域使用权；

（四）生产设备、原材料、半成品、产品；

（五）正在建造的建筑物、船舶、航空器；

（六）交通运输工具；

（七）法律、行政法规未禁止抵押的其他财产。

抵押人可以将前款所列财产一并抵押。

新解

本条是关于抵押财产范围的规定。

基于抵押权的特定性要求，抵押权的客体应当为法律规定范围内的特定财产。本条列举了六类可以抵押的财产，同时本条还作出概括性规定，即除明确列举的可以抵押的财产外，只要法律、行政法规不禁止抵押的财产，即便不在列举范围内，也可作为抵押财产。

第三百九十六条　【浮动抵押】企业、个体工商户、农业生产经营者可以将现有的以及将有的生产设备、原材料、半成品、产品抵押，债务人不履行到期债务或者发生当事人约定的实现抵押权的情形，债权人有权就抵押财产确定时的动产优先受偿。

关联指引

《最高人民法院关于适用〈中华人民共和国民法典〉有关担保制度的解释》第57条

第三百九十七条 【建筑物和相应的建设用地使用权一并抵押规则】以建筑物抵押的,该建筑物占用范围内的建设用地使用权一并抵押。以建设用地使用权抵押的,该土地上的建筑物一并抵押。

抵押人未依据前款规定一并抵押的,未抵押的财产视为一并抵押。

第三百九十八条 【乡镇、村企业的建设用地使用权与房屋一并抵押规则】乡镇、村企业的建设用地使用权不得单独抵押。以乡镇、村企业的厂房等建筑物抵押的,其占用范围内的建设用地使用权一并抵押。

第三百九十九条 【禁止抵押的财产范围】下列财产不得抵押:

(一)土地所有权;

(二)宅基地、自留地、自留山等集体所有土地的使用权,但是法律规定可以抵押的除外;

(三)学校、幼儿园、医疗机构等为公益目的成立的非营利法人的教育设施、医疗卫生设施和其他公益设施;

(四)所有权、使用权不明或者有争议的财产;

(五)依法被查封、扣押、监管的财产;

(六)法律、行政法规规定不得抵押的其他财产。

新解

本条是关于禁止抵押的财产的规定。

根据本条规定,下列财产不得抵押:

(1)土地所有权。既包括国有土地的所有权,也包括集体所有土地的所有权。

(2)宅基地、自留地、自留山等集体所有土地的使用权,但是法律规定可以抵押的除外。宅基地是农民生活的必需和赖以生存的所在,自留地、自留山是农民作为生活保障的基本生产资料,从保护广大农民根本利益出发,法律禁止宅基地、自留地、自留山的使用权抵押。不过,依据法律规定,以家庭承包方式取得的承包地的土地经营权;以招标、拍卖、公开协商等方式承包农村土地的土地经营权;通过出让等方式取得的集体经营性建设用地使用权等可以抵押。

（3）学校、幼儿园、医疗机构等为公益目的成立的非营利法人的教育设施、医疗卫生设施和其他公益设施。不论是公办的，还是民办的，这些机构都是为社会公益目的而设立的。如果这些机构的设施可以抵押，一旦实现抵押权，不仅公益目的难以达到，严重的还可能影响社会安定。所以应禁止抵押这些机构的设施。

（4）所有权、使用权不明或者有争议的财产。如果抵押这些财产，将有可能引起矛盾和争议，危害交易安全。所以禁止这些财产设置抵押权。

（5）依法被查封、扣押、监管的财产。

（6）法律、行政法规规定不得抵押的其他财产。

关联指引

《最高人民法院关于适用〈中华人民共和国民法典〉有关担保制度的解释》第6条、第37条、第49条

第四百条　【抵押合同】设立抵押权，当事人应当采用书面形式订立抵押合同。

抵押合同一般包括下列条款：

（一）被担保债权的种类和数额；

（二）债务人履行债务的期限；

（三）抵押财产的名称、数量等情况；

（四）担保的范围。

第四百零一条　【流押条款的效力】抵押权人在债务履行期限届满前，与抵押人约定债务人不履行到期债务时抵押财产归债权人所有的，只能依法就抵押财产优先受偿。

第二编 物 权

新解

本条是关于流押条款效力的规定。

本条没有严格否认流押合同的效力，而是强调流押作为一种担保，必须遵守担保变价清偿的本质，只能依法就抵押财产优先受偿。如当事人约定抵押财产归债权人所有，按照本条规定，发生债权人可以就抵押财产优先受偿的法律效果，兼顾债权人和抵押人的利益。

> **第四百零二条 【不动产抵押登记】** 以本法第三百九十五条第一款第一项至第三项规定的财产或者第五项规定的正在建造的建筑物抵押的，应当办理抵押登记。抵押权自登记时设立。
>
> **第四百零三条 【动产抵押的效力】** 以动产抵押的，抵押权自抵押合同生效时设立；未经登记，不得对抗善意第三人。
>
> **第四百零四条 【动产抵押权对抗效力的限制】** 以动产抵押的，不得对抗正常经营活动中已经支付合理价款并取得抵押财产的买受人。

新解

本条是关于买受人优先权的规定。

适用本条的规定应当满足如下条件：一是应当在出卖人的正常经营活动中取得；二是参照市场价格、交易习惯等综合因素，买受人已经支付合理价款；三是买受人已经取得了抵押财产；四是买受人应属善意。

关联指引

《最高人民法院关于适用〈中华人民共和国民法典〉有关担保制度的解释》第 56 条

> **第四百零五条 【抵押权和租赁权的关系】** 抵押权设立前，抵押财产已经出租并转移占有的，原租赁关系不受该抵押权的影响。

新解

本条明确了抵押权设立前抵押财产上已经成立的租赁关系的保护规则。在判断租赁关系受不受抵押权的影响时,要看在抵押权设立前抵押财产是否已出租并转移占有。不动产抵押权在登记时设立,动产抵押权在订立抵押合同时设立,认定抵押权设立的时间分别以登记和订立合同的时间为准。

关联指引

《民法典》第725条

> **第四百零六条　【抵押期间抵押财产转让应当遵循的规则】** 抵押期间,抵押人可以转让抵押财产。当事人另有约定的,按照其约定。抵押财产转让的,抵押权不受影响。
>
> 抵押人转让抵押财产的,应当及时通知抵押权人。抵押权人能够证明抵押财产转让可能损害抵押权的,可以请求抵押人将转让所得的价款向抵押权人提前清偿债务或者提存。转让的价款超过债权数额的部分归抵押人所有,不足部分由债务人清偿。

新解

本条是关于抵押期间转让抵押财产的规定。

本条对抵押人转让抵押财产作了以下的规定:一是抵押人在抵押期间转让抵押财产的,负有对抵押权人的通知义务,但当事人另有约定无须通知的除外;二是只要抵押权的设定经过法定的公示方式,即使抵押人在抵押期间处分抵押财产,抵押权人的抵押权不受影响;三是对抵押人转让抵押财产所得价款。抵押权人能够证明抵押财产转让可能损害抵押权的,可以请求抵押人将转让所得的价款向抵押权人提前清偿债务或者提存,更有利于平衡抵押人和抵押权人的利益。

关 联 指 引

《最高人民法院关于适用〈中华人民共和国民法典〉有关担保制度的解释》第 43 条

第四百零七条　【抵押权的从属性】抵押权不得与债权分离而单独转让或者作为其他债权的担保。债权转让的，担保该债权的抵押权一并转让，但是法律另有规定或者当事人另有约定的除外。

第四百零八条　【抵押财产价值减少时抵押权人的保护措施】抵押人的行为足以使抵押财产价值减少的，抵押权人有权请求抵押人停止其行为；抵押财产价值减少的，抵押权人有权请求恢复抵押财产的价值，或者提供与减少的价值相应的担保。抵押人不恢复抵押财产的价值，也不提供担保的，抵押权人有权请求债务人提前清偿债务。

第四百零九条　【抵押权人放弃抵押权或抵押权顺位的法律后果】抵押权人可以放弃抵押权或者抵押权的顺位。抵押权人与抵押人可以协议变更抵押权顺位以及被担保的债权数额等内容。但是，抵押权的变更未经其他抵押权人书面同意的，不得对其他抵押权人产生不利影响。

债务人以自己的财产设定抵押，抵押权人放弃该抵押权、抵押权顺位或者变更抵押权的，其他担保人在抵押权人丧失优先受偿权益的范围内免除担保责任，但是其他担保人承诺仍然提供担保的除外。

第四百一十条　【抵押权实现的方式和程序】债务人不履行到期债务或者发生当事人约定的实现抵押权的情形，抵押权人可以与抵押人协议以抵押财产折价或者以拍卖、变卖该抵押财产所得的价款优先受偿。协议损害其他债权人利益的，其他债权人可以请求人民法院撤销该协议。

抵押权人与抵押人未就抵押权实现方式达成协议的，抵押权人可以请求人民法院拍卖、变卖抵押财产。

抵押财产折价或者变卖的，应当参照市场价格。

第四百一十一条 【浮动抵押财产的确定】依据本法第三百九十六条规定设定抵押的,抵押财产自下列情形之一发生时确定:

(一)债务履行期限届满,债权未实现;

(二)抵押人被宣告破产或者解散;

(三)当事人约定的实现抵押权的情形;

(四)严重影响债权实现的其他情形。

第四百一十二条 【抵押财产孳息归属】债务人不履行到期债务或者发生当事人约定的实现抵押权的情形,致使抵押财产被人民法院依法扣押的,自扣押之日起,抵押权人有权收取该抵押财产的天然孳息或者法定孳息,但是抵押权人未通知应当清偿法定孳息义务人的除外。

前款规定的孳息应当先充抵收取孳息的费用。

第四百一十三条 【抵押财产变价款的归属原则】抵押财产折价或者拍卖、变卖后,其价款超过债权数额的部分归抵押人所有,不足部分由债务人清偿。

第四百一十四条 【同一财产上多个抵押权的效力顺序】同一财产向两个以上债权人抵押的,拍卖、变卖抵押财产所得的价款依照下列规定清偿:

(一)抵押权已经登记的,按照登记的时间先后确定清偿顺序;

(二)抵押权已经登记的先于未登记的受偿;

(三)抵押权未登记的,按照债权比例清偿。

其他可以登记的担保物权,清偿顺序参照适用前款规定。

第四百一十五条 【既有抵押权又有质权的财产的清偿顺序】同一财产既设立抵押权又设立质权的,拍卖、变卖该财产所得的价款按照登记、交付的时间先后确定清偿顺序。

新解

本条是关于同一财产上既有抵押权又有质权时清偿顺序的规定。

第二编 物 权

本条以法律规范的形式确认了抵押权和质权竞存时按照公示先后确定受偿顺序的标准。因不动产不能设立质权,故本条的适用仅可能发生在同一动产之上。质权设立时间为交付时间,动产抵押权登记产生公示效力,可通过对比登记时间和交付时间以确定清偿顺序。动产抵押权未经登记不能对抗善意第三人,故未登记的动产抵押权清偿顺序应在已登记的抵押权和质权之后。

第四百一十六条 【买卖价款抵押权】动产抵押担保的主债权是抵押物的价款,标的物交付后十日内办理抵押登记的,该抵押权人优先于抵押物买受人的其他担保物权人受偿,但是留置权人除外。

新解

本条是关于买卖价款担保优先权的规定。

适用本条应满足以下三个要件:一是抵押担保的债权应为抵押物的价款;二是价款担保优先顺位的程序要件是抵押物在交付后 10 日内应当办理抵押登记;三是不能优先于留置权。

关联指引

《最高人民法院关于适用〈中华人民共和国民法典〉有关担保制度的解释》第 57 条

第四百一十七条 【抵押权对新增建筑物的效力】建设用地使用权抵押后,该土地上新增的建筑物不属于抵押财产。该建设用地使用权实现抵押权时,应当将该土地上新增的建筑物与建设用地使用权一并处分。但是,新增建筑物所得的价款,抵押权人无权优先受偿。

第四百一十八条 【集体所有土地使用权抵押权的实现效果】以集体所有土地的使用权依法抵押的,实现抵押权后,未经法定程序,不得改变土地所有权的性质和土地用途。

第四百一十九条　【抵押权的存续期间】 抵押权人应当在主债权诉讼时效期间行使抵押权；未行使的，人民法院不予保护。

第二节　最高额抵押权

第四百二十条　【最高额抵押规则】 为担保债务的履行，债务人或者第三人对一定期间内将要连续发生的债权提供担保财产的，债务人不履行到期债务或者发生当事人约定的实现抵押权的情形，抵押权人有权在最高债权额限度内就该担保财产优先受偿。

最高额抵押权设立前已经存在的债权，经当事人同意，可以转入最高额抵押担保的债权范围。

第四百二十一条　【最高额抵押权担保的部分债权转让效力】 最高额抵押担保的债权确定前，部分债权转让的，最高额抵押权不得转让，但是当事人另有约定的除外。

第四百二十二条　【最高额抵押合同条款变更】 最高额抵押担保的债权确定前，抵押权人与抵押人可以通过协议变更债权确定的期间、债权范围以及最高债权额。但是，变更的内容不得对其他抵押权人产生不利影响。

第四百二十三条　【最高额抵押所担保债权的确定事由】 有下列情形之一的，抵押权人的债权确定：

（一）约定的债权确定期间届满；

（二）没有约定债权确定期间或者约定不明确，抵押权人或者抵押人自最高额抵押权设立之日起满二年后请求确定债权；

（三）新的债权不可能发生；

（四）抵押权人知道或者应当知道抵押财产被查封、扣押；

（五）债务人、抵押人被宣告破产或者解散；

（六）法律规定债权确定的其他情形。

关联指引

《最高人民法院关于适用〈中华人民共和国民法典〉有关担保制度的解释》第 30 条

第四百二十四条 【最高额抵押的法律适用】最高额抵押权除适用本节规定外，适用本章第一节的有关规定。

第十八章 质 权

第一节 动产质权

第四百二十五条 【动产质权概念】为担保债务的履行，债务人或者第三人将其动产出质给债权人占有的，债务人不履行到期债务或者发生当事人约定的实现质权的情形，债权人有权就该动产优先受偿。

前款规定的债务人或者第三人为出质人，债权人为质权人，交付的动产为质押财产。

第四百二十六条 【禁止出质的动产范围】法律、行政法规禁止转让的动产不得出质。

第四百二十七条 【质押合同形式及内容】设立质权，当事人应当采用书面形式订立质押合同。

质押合同一般包括下列条款：

（一）被担保债权的种类和数额；

（二）债务人履行债务的期限；

（三）质押财产的名称、数量等情况；

（四）担保的范围；

（五）质押财产交付的时间、方式。

第四百二十八条　【流质条款的效力】质权人在债务履行期限届满前，与出质人约定债务人不履行到期债务时质押财产归债权人所有的，只能依法就质押财产优先受偿。

第四百二十九条　【质权的设立】质权自出质人交付质押财产时设立。

第四百三十条　【质权人的孳息收取权】质权人有权收取质押财产的孳息，但是合同另有约定的除外。

前款规定的孳息应当先充抵收取孳息的费用。

第四百三十一条　【质权人对质押财产处分的限制及其法律责任】质权人在质权存续期间，未经出质人同意，擅自使用、处分质押财产，造成出质人损害的，应当承担赔偿责任。

第四百三十二条　【质物保管义务】质权人负有妥善保管质押财产的义务；因保管不善致使质押财产毁损、灭失的，应当承担赔偿责任。

质权人的行为可能使质押财产毁损、灭失的，出质人可以请求质权人将质押财产提存，或者请求提前清偿债务并返还质押财产。

第四百三十三条　【质押财产保全】因不可归责于质权人的事由可能使质押财产毁损或者价值明显减少，足以危害质权人权利的，质权人有权请求出质人提供相应的担保；出质人不提供的，质权人可以拍卖、变卖质押财产，并与出质人协议将拍卖、变卖所得的价款提前清偿债务或者提存。

第四百三十四条　【转质】质权人在质权存续期间，未经出质人同意转质，造成质押财产毁损、灭失的，应当承担赔偿责任。

第四百三十五条　【放弃质权】质权人可以放弃质权。债务人以自己的财产出质，质权人放弃该质权的，其他担保人在质权人丧失优先受偿权益的范围内免除担保责任，但是其他担保人承诺仍然提供担保的除外。

第四百三十六条 【质物返还与质权实现】债务人履行债务或者出质人提前清偿所担保的债权的,质权人应当返还质押财产。

债务人不履行到期债务或者发生当事人约定的实现质权的情形,质权人可以与出质人协议以质押财产折价,也可以就拍卖、变卖质押财产所得的价款优先受偿。

质押财产折价或者变卖的,应当参照市场价格。

第四百三十七条 【出质人请求质权人及时行使质权】出质人可以请求质权人在债务履行期限届满后及时行使质权;质权人不行使的,出质人可以请求人民法院拍卖、变卖质押财产。

出质人请求质权人及时行使质权,因质权人怠于行使权利造成出质人损害的,由质权人承担赔偿责任。

第四百三十八条 【质押财产变价款归属原则】质押财产折价或者拍卖、变卖后,其价款超过债权数额的部分归出质人所有,不足部分由债务人清偿。

第四百三十九条 【最高额质权】出质人与质权人可以协议设立最高额质权。

最高额质权除适用本节有关规定外,参照适用本编第十七章第二节的有关规定。

第二节 权利质权

第四百四十条 【可出质的权利的范围】债务人或者第三人有权处分的下列权利可以出质:

(一)汇票、本票、支票;

(二)债券、存款单;

(三)仓单、提单;

（四）可以转让的基金份额、股权；

（五）可以转让的注册商标专用权、专利权、著作权等知识产权中的财产权；

（六）现有的以及将有的应收账款；

（七）法律、行政法规规定可以出质的其他财产权利。

第四百四十一条 【有价证券质权】以汇票、本票、支票、债券、存款单、仓单、提单出质的，质权自权利凭证交付质权人时设立；没有权利凭证的，质权自办理出质登记时设立。法律另有规定的，依照其规定。

第四百四十二条 【有价证券质权人行使权利的特别规定】汇票、本票、支票、债券、存款单、仓单、提单的兑现日期或者提货日期先于主债权到期的，质权人可以兑现或者提货，并与出质人协议将兑现的价款或者提取的货物提前清偿债务或者提存。

第四百四十三条 【基金份额质权、股权质权】以基金份额、股权出质的，质权自办理出质登记时设立。

基金份额、股权出质后，不得转让，但是出质人与质权人协商同意的除外。出质人转让基金份额、股权所得的价款，应当向质权人提前清偿债务或者提存。

第四百四十四条 【知识产权质权】以注册商标专用权、专利权、著作权等知识产权中的财产权出质的，质权自办理出质登记时设立。

知识产权中的财产权出质后，出质人不得转让或者许可他人使用，但是出质人与质权人协商同意的除外。出质人转让或者许可他人使用出质的知识产权中的财产权所得的价款，应当向质权人提前清偿债务或者提存。

第四百四十五条 【应收账款质权】以应收账款出质的，质权自办理出质登记时设立。

应收账款出质后，不得转让，但是出质人与质权人协商同意的除外。出质人转让应收账款所得的价款，应当向质权人提前清偿债务或者提存。

第四百四十六条 【权利质权的法律适用】权利质权除适用本节规定外，适用本章第一节的有关规定。

第十九章 留 置 权

第四百四十七条 【留置权的定义】债务人不履行到期债务，债权人可以留置已经合法占有的债务人的动产，并有权就该动产优先受偿。

前款规定的债权人为留置权人，占有的动产为留置财产。

第四百四十八条 【留置财产与债权的关系】债权人留置的动产，应当与债权属于同一法律关系，但是企业之间留置的除外。

第四百四十九条 【留置权适用范围的限制性规定】法律规定或者当事人约定不得留置的动产，不得留置。

第四百五十条 【可分留置物】留置财产为可分物的，留置财产的价值应当相当于债务的金额。

第四百五十一条 【留置权人保管义务】留置权人负有妥善保管留置财产的义务；因保管不善致使留置财产毁损、灭失的，应当承担赔偿责任。

第四百五十二条 【留置财产的孳息收取】留置权人有权收取留置财产的孳息。

前款规定的孳息应当先充抵收取孳息的费用。

第四百五十三条 【留置权的实现】留置权人与债务人应当约定留置财产后的债务履行期限；没有约定或者约定不明确的，留置权人应当给债务人六十日以上履行债务的期限，但是鲜活易腐等不易保管的动产除外。债务人逾期未履行的，留置权人可以与债务人协议以留置财产折价，也可以就拍卖、变卖留置财产所得的价款优先受偿。

留置财产折价或者变卖的,应当参照市场价格。

第四百五十四条 【债务人请求留置权人行使留置权】债务人可以请求留置权人在债务履行期限届满后行使留置权;留置权人不行使的,债务人可以请求人民法院拍卖、变卖留置财产。

第四百五十五条 【留置权实现方式】留置财产折价或者拍卖、变卖后,其价款超过债权数额的部分归债务人所有,不足部分由债务人清偿。

第四百五十六条 【留置权优先于其他担保物权效力】同一动产上已经设立抵押权或者质权,该动产又被留置的,留置权人优先受偿。

第四百五十七条 【留置权消灭】留置权人对留置财产丧失占有或者留置权人接受债务人另行提供担保的,留置权消灭。

第五分编　占　　有

第二十章　占　　有

第四百五十八条　【有权占有法律适用】基于合同关系等产生的占有，有关不动产或者动产的使用、收益、违约责任等，按照合同约定；合同没有约定或者约定不明确的，依照有关法律规定。

第四百五十九条　【恶意占有人的损害赔偿责任】占有人因使用占有的不动产或者动产，致使该不动产或者动产受到损害的，恶意占有人应当承担赔偿责任。

第四百六十条　【权利人的返还请求权和占有人的费用求偿权】不动产或者动产被占有人占有的，权利人可以请求返还原物及其孳息；但是，应当支付善意占有人因维护该不动产或者动产支出的必要费用。

第四百六十一条　【占有物毁损或者灭失时占有人的责任】占有的不动产或者动产毁损、灭失，该不动产或者动产的权利人请求赔偿的，占有人应当将因毁损、灭失取得的保险金、赔偿金或者补偿金等返还给权利人；权利人的损害未得到足够弥补的，恶意占有人还应当赔偿损失。

第四百六十二条　【占有保护的方法】占有的不动产或者动产被侵占的，占有人有权请求返还原物；对妨害占有的行为，占有人有权请求排除妨害或者消除危险；因侵占或者妨害造成损害的，占有人有权依法请求损害赔偿。

占有人返还原物的请求权,自侵占发生之日起一年内未行使的,该请求权消灭。

第三编

合 同

第一分编　通　　则

第一章　一般规定

第四百六十三条　【合同编的调整范围】本编调整因合同产生的民事关系。

第四百六十四条　【合同的定义及身份关系协议的法律适用】合同是民事主体之间设立、变更、终止民事法律关系的协议。

婚姻、收养、监护等有关身份关系的协议，适用有关该身份关系的法律规定；没有规定的，可以根据其性质参照适用本编规定。

第四百六十五条　【依法成立的合同受法律保护及合同相对性原则】依法成立的合同，受法律保护。

依法成立的合同，仅对当事人具有法律约束力，但是法律另有规定的除外。

第四百六十六条　【合同的解释规则】当事人对合同条款的理解有争议的，应当依据本法第一百四十二条第一款的规定，确定争议条款的含义。

合同文本采用两种以上文字订立并约定具有同等效力的，对各文本使用的词句推定具有相同含义。各文本使用的词句不一致的，应当根据合同的相关条款、性质、目的以及诚信原则等予以解释。

第四百六十七条　【非典型合同及特定涉外合同的法律适用】本法或者其他法律没有明文规定的合同，适用本编通则的规定，并可以参照适用本编或者其他法律最相类似合同的规定。

> 在中华人民共和国境内履行的中外合资经营企业合同、中外合作经营企业合同、中外合作勘探开发自然资源合同，适用中华人民共和国法律。
>
> **第四百六十八条 【非合同之债的法律适用】** 非因合同产生的债权债务关系，适用有关该债权债务关系的法律规定；没有规定的，适用本编通则的有关规定，但是根据其性质不能适用的除外。

新解

本条是关于非因合同产生的债的关系的法律适用规则的规定。本条规定的目的在于为非合同之债适用本编通则的一般性规定提供法律依据。

第一，民法典总则编第五章对"债权"的概念作了界定，根据该规定可知，债权的产生原因包括合同、侵权行为、无因管理、不当得利等，对于非因合同产生的债权债务关系，包括无因管理之债、不当得利之债等，应当适用关于该等法律关系的规定。

第二，对于非因合同产生的债权债务关系，若有关该债权债务关系的法律规定没有对相关内容作出特别规定的，则可直接适用合同编通则中的一般性规定，如保全等。

第三，不同原因产生的债权债务关系性质有所区别，非合同之债，根据其性质，不适用于合同编通则中的某些具体规定，此即为"根据其性质不能适用的除外"，如侵权责任之债、无因管理之债、不当得利之债等，均无法适用合同编通则中有关要约与承诺的规定。

第二章 合同的订立

> **第四百六十九条 【合同形式】**当事人订立合同，可以采用书面形式、口头形式或者其他形式。
>
> 书面形式是合同书、信件、电报、电传、传真等可以有形地表现所载内容的形式。
>
> 以电子数据交换、电子邮件等方式能够有形地表现所载内容，并可以随时调取查用的数据电文，视为书面形式。

新解

本条系对合同形式的规定。

订立合同可以采用书面形式、口头形式和其他形式。

口头形式指的是面对面交谈或通过电话交谈等口头语言方式，在无书面语言记录的情形下达成合同的形式。

本条第2款对书面形式予以明确；根据第3款的规定，使用数据电文，包括电报、电传、传真、电子数据交换和电子邮件等订立的合同，都是能够有形地表现所载内容，并且可以随时调取查用的电子数据，具有与纸质版合同书等形式订立的合同相同的属性，因而，法律承认其书面合同的效力。

民法典新解新案

新案

黄某皓与上海某某商务咨询有限公司餐饮服务合同纠纷案[①]

2019年3月30日，黄某皓通过微信联系上海某某商务咨询有限公司（以下简称某某公司）监事张某丰，双方约定：某赛事西餐自助由某某公司负责，为此，某某公司以其为乙方，拟定《配餐协议》一份，约定由其公司为该赛事提供西餐自助配餐服务，约定了餐标、数量、总价款、供餐地点等，并载明了乙方的收款账户，甲方为空白。2019年4月2日，某某公司监事张某丰将该《配餐协议》通过微信发送给黄某皓。2019年4月3日，黄某皓微信告知某某公司"去采购"，并另行告知某某公司在配送西餐自助餐时的一些注意事项。某某公司于2019年4月5日至7日为该赛事提供了三天不间断西餐自助餐服务。后黄某皓未按时付款，某某公司向法院提起诉讼。

生效裁判认为，（一审法院认为）根据《民法典》第469条的规定，某某公司、黄某皓之间通过微信聊天以及发送的《配餐协议》系双方真实意思表示，合法有效，双方之间的餐饮服务合同关系业已依法成立并生效，该合同对双方均具有约束力，且某某公司确已实际为赛事提供了西餐自助餐服务，故某某公司、黄某皓之间餐饮服务合同成立并生效，双方均应按约履行各自的义务。现某某公司已按约履行合同义务，黄某皓理应向某某公司支付相应的价款。现本案餐饮服务费确定为8万元，对此，黄某皓理应予以支付。法院遂判决黄某皓支付餐饮服务费人民币8万元。二审法院认为，一审依据查明的事实认定黄某皓与某某公司之间的餐饮服务合同成立，遂根据在案证据及本案实际酌情判决黄某皓应支付的服务费，并无不当，对此予以维持。

关联指引

《最高人民法院关于审理买卖合同纠纷案件适用法律问题的解释》第1条

[①] 参见上海市第二中级人民法院（2022）沪02民终6883号民事判决书，载中国裁判文书网，最后访问日期：2025年8月11日。

第四百七十条 【合同主要条款及示范文本】合同的内容由当事人约定，一般包括下列条款：

（一）当事人的姓名或者名称和住所；

（二）标的；

（三）数量；

（四）质量；

（五）价款或者报酬；

（六）履行期限、地点和方式；

（七）违约责任；

（八）解决争议的方法。

当事人可以参照各类合同的示范文本订立合同。

第四百七十一条 【订立合同的方式】当事人订立合同，可以采取要约、承诺方式或者其他方式。

第四百七十二条 【要约的定义及其构成】要约是希望与他人订立合同的意思表示，该意思表示应当符合下列条件：

（一）内容具体确定；

（二）表明经受要约人承诺，要约人即受该意思表示约束。

第四百七十三条 【要约邀请】要约邀请是希望他人向自己发出要约的表示。拍卖公告、招标公告、招股说明书、债券募集办法、基金招募说明书、商业广告和宣传、寄送的价目表等为要约邀请。

商业广告和宣传的内容符合要约条件的，构成要约。

第四百七十四条 【要约的生效时间】要约生效的时间适用本法第一百三十七条的规定。

第四百七十五条 【要约的撤回】要约可以撤回。要约的撤回适用本法第一百四十一条的规定。

第四百七十六条 【要约不得撤销情形】要约可以撤销，但是有下列情形之一的除外：

（一）要约人以确定承诺期限或者其他形式明示要约不可撤销；

（二）受要约人有理由认为要约是不可撤销的，并已经为履行合同做了合理准备工作。

第四百七十七条 【要约撤销条件】撤销要约的意思表示以对话方式作出的，该意思表示的内容应当在受要约人作出承诺之前为受要约人所知道；撤销要约的意思表示以非对话方式作出的，应当在受要约人作出承诺之前到达受要约人。

第四百七十八条 【要约失效】有下列情形之一的，要约失效：

（一）要约被拒绝；

（二）要约被依法撤销；

（三）承诺期限届满，受要约人未作出承诺；

（四）受要约人对要约的内容作出实质性变更。

第四百七十九条 【承诺的定义】承诺是受要约人同意要约的意思表示。

第四百八十条 【承诺的方式】承诺应当以通知的方式作出；但是，根据交易习惯或者要约表明可以通过行为作出承诺的除外。

第四百八十一条 【承诺的期限】承诺应当在要约确定的期限内到达要约人。

要约没有确定承诺期限的，承诺应当依照下列规定到达：

（一）要约以对话方式作出的，应当即时作出承诺；

（二）要约以非对话方式作出的，承诺应当在合理期限内到达。

第四百八十二条 【承诺期限的起算】要约以信件或者电报作出的，承诺期限自信件载明的日期或者电报交发之日开始计算。信件未载明日期的，自投寄该信件的邮戳日期开始计算。要约以电话、传真、电子邮件等快速通讯方式作出的，承诺期限自要约到达受要约人时开始计算。

第四百八十三条 【合同成立时间】承诺生效时合同成立，但是法律另有规定或者当事人另有约定的除外。

> **第四百八十四条　【承诺生效时间】**以通知方式作出的承诺,生效的时间适用本法第一百三十七条的规定。
>
> 承诺不需要通知的,根据交易习惯或者要约的要求作出承诺的行为时生效。

新案

某物业管理有限公司与某研究所房屋租赁合同纠纷案[①]

2021年7月8日,某研究所委托招标公司就案涉宿舍项目公开发出投标邀请。2021年7月28日,某物业管理有限公司向招标公司发出《投标文件》,表示对招标文件无任何异议,愿意提供招标文件要求的服务。2021年8月1日,招标公司向物业管理公司送达中标通知书,确定物业管理公司为中标人。2021年8月11日,研究所向物业管理公司致函,要求解除与物业管理公司之间的中标关系,后续合同不再签订。物业管理公司主张中标通知书送达后双方租赁合同法律关系成立,研究所应承担因违约给其造成的损失。研究所辩称双方并未签订正式书面租赁合同,仅成立预约合同关系。

法院生效裁判认为,从合同法律关系成立角度,招投标程序中的招标行为应为要约邀请,投标行为应为要约,经评标后招标人向特定投标人发送中标通知书的行为应为承诺,中标通知书送达投标人后承诺生效,合同成立。预约合同是指约定将来订立本约合同的合同,其主要目的在于将来成立本约合同。《招标投标法》第46条第1款规定:"招标人和中标人应当自中标通知书发出之日起三十日内,按照招标文件和中标人的投标文件订立书面合同。招标人和中标人不得再行订立背离合同实质性内容的其他协议。"从该条可以看出,中标通知书发出后签订的书面合同必须按照招投标文件订立。本案中招投标文件对租赁合同内容已有明确记载,故应认为中标通知书到达

[①] 参见《最高人民法院发布民法典合同编通则司法解释相关典型案例》(2023年12月5日发布),载最高人民法院网,https://www.court.gov.cn/zixun/xiangqing/419392.html,最后访问日期:2025年8月11日。

投标人时双方当事人已就租赁合同内容达成合意。该合意与主要目的为签订本约合同的预约合意存在区别，应认为租赁合同在中标通知书送达时成立。中标通知书送达后签订的书面合同，按照上述法律规定其实质性内容应与招投标文件一致，因此应为租赁合同成立后法律要求的书面确认形式，而非新的合同。由于中标通知书送达后租赁合同法律关系已成立，故研究所不履行合同义务，应承担违约责任。

> **第四百八十五条　【承诺的撤回】** 承诺可以撤回。承诺的撤回适用本法第一百四十一条的规定。
>
> **第四百八十六条　【逾期承诺及效果】** 受要约人超过承诺期限发出承诺，或者在承诺期限内发出承诺，按照通常情形不能及时到达要约人的，为新要约；但是，要约人及时通知受要约人该承诺有效的除外。
>
> **第四百八十七条　【迟到的承诺】** 受要约人在承诺期限内发出承诺，按照通常情形能够及时到达要约人，但是因其他原因致使承诺到达要约人时超过承诺期限的，除要约人及时通知受要约人因承诺超过期限不接受该承诺外，该承诺有效。
>
> **第四百八十八条　【承诺对要约内容的实质性变更】** 承诺的内容应当与要约的内容一致。受要约人对要约的内容作出实质性变更的，为新要约。有关合同标的、数量、质量、价款或者报酬、履行期限、履行地点和方式、违约责任和解决争议方法等的变更，是对要约内容的实质性变更。
>
> **第四百八十九条　【承诺对要约内容的非实质性变更】** 承诺对要约的内容作出非实质性变更的，除要约人及时表示反对或者要约表明承诺不得对要约的内容作出任何变更外，该承诺有效，合同的内容以承诺的内容为准。
>
> **第四百九十条　【采用书面形式订立合同的成立时间】** 当事人采用合同书形式订立合同的，自当事人均签名、盖章或者按指印时合同成立。在签名、盖章或者按指印之前，当事人一方已经履行主要义务，对方接受时，该合同成立。

> 法律、行政法规规定或者当事人约定合同应当采用书面形式订立，当事人未采用书面形式但是一方已经履行主要义务，对方接受时，该合同成立。
>
> **第四百九十一条　【签订确认书的合同及电子合同成立时间】**当事人采用信件、数据电文等形式订立合同要求签订确认书的，签订确认书时合同成立。
>
> 当事人一方通过互联网等信息网络发布的商品或者服务信息符合要约条件的，对方选择该商品或者服务并提交订单成功时合同成立，但是当事人另有约定的除外。

新解

本条系对信件、数据电文等形式签订确认书及网络合同成立时间的规定。

本条第 1 款需与《民法典》第 490 条一起理解。第 490 条规定了合同成立的时间，本条第 1 款是成立时间的例外规定，如当事人之间签订了确认书，且签订确认书的时间早于合同书，那么通常应认为随着确认书的签订，交易人已经作出了订立合同的意思表示，合同此时已经成立，合同订立节点提前。

本条第 2 款规定，通过互联网订立的合同，若当事人无特别约定，当事人一方通过互联网发布的信息符合要约条件的，应当视为要约，而后另一方当事人提交订单成功，即视为作出了承诺，并达到了要约人，双方合同成立。

需要注意的是，有些网站中明确商品或服务的展示仅为要约邀请（在网站方尽到明确提示说明义务时），提交订单、支付价款方为要约，经营者可以选择是否作出承诺，此时合同方成立，此即为"但是当事人另有约定的除外"的情形之一。但是上述情形也存在限制，因为《电子商务法》第 49 条第 2 款规定："电子商务经营者不得以格式条款等方式约定消费者支付价款后合同不成立；格式条款等含有该内容的，其内容无效。"

新案

翟某、北京某某网科技有限公司买卖合同纠纷案[1]

2021年4月3日，翟某通过某平台向北京某某网科技有限公司所有的某某酒业旗舰店下发订单，订单商品为"某款白酒500 ML ×6整箱"，标价61元，数量是12箱，金额732元（免运费），下单时间为19：29：45，支付方式为网络支付。2021年4月5日11：04：58，某平台通知翟某："因商家缺货，为保障您的权益，平台已为您退款，并补偿一张36元无门槛现金券。"4月5日11：04，翟某同意退款，11：05退款成功。4月5日、4月6日，翟某再次通过该网点购置该款白酒各1箱，标价均为618元，翟某于2021年4月8日13：03：23签收商品。翟某起诉要求确认双方之前的网上买卖合同成立并生效，并要求某北京某某网科技有限公司履行合同，交付12箱白酒等。

生效裁判认为，根据《民法典》第491条规定，某某酒业旗舰店发布的商品信息含有品牌型号、数量、单价等信息，符合要约条件，原告予以接受并支付款项，原、被告已达成网络买卖合同关系。遂判决确定双方的网络合同有效，并支持惩罚性赔偿。二审法院维持网络合同有效的判决。

关联指引

《电子商务法》第49条

> **第四百九十二条　【合同成立的地点】** 承诺生效的地点为合同成立的地点。
>
> 采用数据电文形式订立合同的，收件人的主营业地为合同成立的地点；没有主营业地的，其住所地为合同成立的地点。当事人另有约定的，按照其约定。

---

[1] 参见山东省青岛市中级人民法院（2022）鲁02民终10373号民事判决书，载中国裁判文书网，最后访问日期：2025年8月11日。

第四百九十三条 【采用合同书订立合同的成立地点】当事人采用合同书形式订立合同的,最后签名、盖章或者按指印的地点为合同成立的地点,但是当事人另有约定的除外。

第四百九十四条 【强制缔约义务】国家根据抢险救灾、疫情防控或者其他需要下达国家订货任务、指令性任务的,有关民事主体之间应当依照有关法律、行政法规规定的权利和义务订立合同。

依照法律、行政法规的规定负有发出要约义务的当事人,应当及时发出合理的要约。

依照法律、行政法规的规定负有作出承诺义务的当事人,不得拒绝对方合理的订立合同要求。

新解

本条系对国家指令性任务或国家订货任务订立合同的规定的专门规定。

《民法典》将强制缔约义务扩大至所有的有关民事主体,即意味着行政指令也可以令自然人,包括个体工商户、农村承包经营户等也负担缔约义务。

本条规定要点在于:

第一,明确了国家指令性订货合同中"需要"的范围,即根据抢险救灾、疫情防控或者其他需要;

第二,明确了相关主体有依照法律、行政法规的规定及时提出要约和不得拒绝承诺的法律义务。

第四百九十五条 【预约合同】当事人约定在将来一定期限内订立合同的认购书、订购书、预订书等,构成预约合同。

当事人一方不履行预约合同约定的订立合同义务的,对方可以请求其承担预约合同的违约责任。

新解

本条系对预约合同及其效力的规定。

预约合同，是指当事人为将来一定期限内应当订立合同（本约）而达成的预先约定。预约合同也是当事人之间达成的具有法律效力的合意。

预约合同的法律后果有两类：第一类为主给付请求权，即请求相对方作出订立本约合同的意思表示的请求权；第二类为次生请求权，包括损害赔偿请求权和将已履行之给付（最常见的为定金）还原的请求权。虽然主给付请求权在前，但是在预约合同争议实践中，主张次生请求权的却更为普遍。这背后的原因或许是，预约合同涉及的交易种类一般是可替代的，且很容易找到替代性的供给方，因此在发生争议时，当事人双方基础信任丧失，也不愿再行签订本约，而是直接主张取回定金或者请求损害赔偿。

新案

某通讯公司与某实业公司房屋买卖合同纠纷案[①]

2006年9月20日，某实业公司与某通讯公司签订《购房协议书》，对买卖诉争房屋的位置、面积及总价款等事宜作出约定，该协议书第三条约定在本协议原则下磋商确定购房合同及付款方式，第五条约定本协议在双方就诉争房屋签订房屋买卖合同时自动失效。通讯公司向实业公司的股东某纤维公司共转款1000万元，纤维公司为此出具定金收据两张，金额均为500万元。次年1月4日，实业公司向通讯公司交付了诉争房屋，此后该房屋一直由通讯公司使用。2009年9月28日，通讯公司发出《商函》给实业公司，该函的内容为因受金融危机影响，且房地产销售价格整体下调，请求实业公司将诉争房屋的价格下调至6000万元左右。当天，实业公司发函给通讯公司，要求其在30日内派员协商正式的房屋买卖合同。通讯公司于次日回函表示同意商谈购房事宜，商谈时间为同年10月9日。2009年10月10日，

---

① 参见《最高人民法院发布民法典合同编通则司法解释相关典型案例》（2023年12月5日发布），载最高人民法院网，https://www.court.gov.cn/zixun/xiangqing/419392.html，最后访问日期：2025年8月11日。

实业公司发函致通讯公司，要求通讯公司对其拟定的《房屋买卖合同》作出回复。当月12日，通讯公司回函对其已收到上述合同文本作出确认。2009年11月12日，实业公司发函给通讯公司，函件内容为双方因对买卖合同的诸多重大问题存在严重分歧，未能签订《房屋买卖合同》，故双方并未成立买卖关系，通讯公司应支付场地使用费。通讯公司于当月17日回函，称双方已实际履行了房屋买卖义务，其系合法占有诉争房屋，故无须支付场地占用费。2010年3月3日，实业公司发函给通讯公司，解除其与通讯公司签订于2006年9月20日的《购房协议书》，且要求通讯公司腾出诉争房屋并支付场地使用费、退还定金。通讯公司以其与实业公司就诉争房屋的买卖问题签订了《购房协议书》，且其已支付1000万元定金，实业公司亦已将诉争房屋交付给其使用，双方之间的《购房协议书》合法有效，且以已实际履行为由，认为其与实业公司于2006年9月20日签订的《购房协议书》已成立并合法有效，请求判令实业公司向其履行办理房屋产权过户登记的义务。

法院生效裁判认为，判断当事人之间订立的合同系本约还是预约的根本标准应当是当事人的意思表示，即当事人是否有意在将来订立一个新的合同，以最终明确在双方之间形成某种法律关系的具体内容。如果当事人存在明确的将来订立本约的意思，那么，即使预约的内容与本约已经十分接近，且通过合同解释，从预约中可以推导出本约的全部内容，也应当尊重当事人的意思表示，排除这种客观解释的可能性。不过，仅就案涉《购房协议书》而言，虽然其性质应为预约，但结合双方当事人在订立《购房协议书》之后的履行事实，实业公司与通讯公司之间已经成立了房屋买卖法律关系。对于当事人之间存在预约还是本约关系，不能仅凭一份孤立的协议就简单地加以认定，而是应当综合审查相关协议的内容以及当事人嗣后为达成交易进行的磋商甚至具体的履行行为等事实，从中探寻当事人的真实意思，并据此对当事人之间法律关系的性质作出准确的界定。本案中，双方当事人在签订《购房协议书》时，作为买受人的通讯公司已经实际交付了定金并约定在一定条件下自动转为购房款，作为出卖人的实业公司也接受了通讯公司的交付。在签订《购房协议书》的三个多月后，实业公司将合同项下的房屋交付给了通讯公司，通讯公司接受了该交付。而根据《购房协议书》的预约性质，实业公司交付房屋的行为不应视为对该合同的履行，在当事人之间不存在租赁等其他有偿使用房屋的法律关系的情形下，实业公司的该行为应认定为系基于与通讯公司之间的房屋买卖关系而为的交付。据此，可以认定当事人之间达成了买卖房屋的合意，成立了房屋买卖法律关系。

> **第四百九十六条 【格式条款】**格式条款是当事人为了重复使用而预先拟定，并在订立合同时未与对方协商的条款。
>
> 采用格式条款订立合同的，提供格式条款的一方应当遵循公平原则确定当事人之间的权利和义务，并采取合理的方式提示对方注意免除或者减轻其责任等与对方有重大利害关系的条款，按照对方的要求，对该条款予以说明。提供格式条款的一方未履行提示或者说明义务，致使对方没有注意或者理解与其有重大利害关系的条款的，对方可以主张该条款不成为合同的内容。

新解

本条系对格式条款定义以及提供格式条款一方的提示说明义务和未履行该义务的后果的规定。

理解本条，首先应注意对提供格式条款一方义务的把握。提供格式条款一方应当履行如下义务：第一，遵循公平原则确定当事人之间的权利和义务；第二，提示说明义务，一方面需采取合理的方式提示对方注意免除或者减轻提供格式条款一方的责任等与对方有重大利害关系的条款，另一方面也应按照对方的要求，对该条款予以说明。提示说明应当"采取合理的方式"，通常为足以引起对方注意的文字、符号、字体等明显标识，如使用加粗、下划线、显著的区别颜色等。需要注意的是，只有在格式合同提供前进行提示，保证对方理解格式条款，才算是尽到了提示说明义务。

此外，对于提供格式条款一方未履行上述义务的法律后果，本条规定，若提供格式条款提供者违反了提示说明义务，则相应条款"未订入合同"，即不会成为合同条款之一，对各方当事人均无约束力。

新案

中国人民财产保险股份有限公司某某市分公司、谭某发等提供劳务者受害责任纠纷案[①]

周某成在中国人民财产保险股份有限公司某某市分公司（以下简称人保财险某某分公司）投保雇主责任险，其中被保险人包括谭某发，后谭某发提供劳务时受伤，起诉要求周某成、人保财险某某分公司等赔偿医药费等损失。人保财险某某分公司称，人保财险某某分公司就案涉保险合同中的免责条款已向周某成履行了提示和说明义务。周某成签署的投保声明书记载的内容为"贵公司销售人员已将被保险人必须知晓并表示同意的保险事宜相关法律条文，保险合同的条款内容及有关事项向本人作了详细说明。由于本人所雇人员流动频繁，员工众多，操作起来非常烦琐；而且就在贵公司投保保险之事，本人已将保险责任、保险金额、保险费、责任免除、被保险人义务、解除合同、受益人等有关情况告知了各被保险人，各被保险人已同意以投保单及相应条款的约定为准向贵公司投保相应保险。因此，本人承诺：在保险有效期内，凡发生被保险人以未经其本人同意投保为由而引发的法律纠纷，与贵公司无关，本人将承担相关法律责任。"

生效裁判认为，关于应否认定人保财险某某分公司就案涉保险合同中的免责条款及伤残赔偿比例等相关内容向周某成履行了提示和明确说明义务的问题，保险人对保险合同中的格式条款负有主动提示和明确说明的义务，作为格式条款提供方，保险人采取合理方式履行提示义务的标准是"足以引起投保人注意"；保险人对保险合同中免责条款的明确说明义务的履行标准是达到"常人能够理解"的程度，即投保人至少能够理解和接受免责条款等与其有重大利害关系条款的基本含义、对双方当事人责任的影响以及法律后果等。同时，保险人对其是否充分履行明确说明义务负有举证责任。本案中，案涉保险合同中有关责任限额与免赔额的条款，以及该合同附表《伤残赔偿比例表》，均为相关法律规定的免除保险人责任的条款，人保财险某某分公司对上述条款负有向周某成主动提示和明确说明的义务。法院经审查案涉投

[①] 参见新疆维吾尔自治区阿勒泰地区中级人民法院（2022）新43民终413号民事判决书，载中国裁判文书网，最后访问日期：2025年8月11日。

保单、投保声明书和雇主责任保险条款（2015版）原件，可见上述三份文件分别独立装订，投保人周某成在投保单和投保声明书上签字，雇主责任保险条款（2015版）上无周某成签字、盖章或其他确认性标注；投保单的大部分文字内容没有明显提示性标注，仅在"投保人声明"一栏中，使用了相对较小的字号，并作了文字加粗处理；雇主责任保险条款（2015版）中，对"责任免除"部分的全部条款和"投保人、被保险人义务""赔偿处理"等部分的个别条款进行了文字加粗处理，但对与本案具有重要关联的"责任限额与免赔额"部分"第七条"和附表《伤残赔偿比例表》的内容，没有采用"足以引起对方注意"的文字、符号、字体等特别标识作出提示；投保单和投保声明书中均采用了"包括但不限于""其他事项""有关事项"等专业性书面表述方式，且在列举表述的内容中均不包括"责任限额与免赔额"部分条款和附表《伤残赔偿比例表》等内容。结合本案已查明的事实、举证责任的承担及民事诉讼证据"高度盖然性"的证明标准，法院无法确认人保财险某某分公司对案涉保险合同中免除其责任的条款采取足以引起注意的合理方式作出了主动提示，亦无法确认其向周某成作出了充分明确的解释说明。根据《最高人民法院关于适用〈中华人民共和国民法典〉时间效力的若干规定》第9条规定，案涉保险合同虽然订立于《民法典》施行前，但因涉及格式条款提供方未履行提示或者说明义务，导致格式条款效力认定问题，故应当适用《民法典》第496条的规定。因此，案涉保险合同中的有关免责条款应不成为合同的内容，即学理上所称的"未订入合同"。

类案适用提示

格式条款应当具有预先拟定、未经协商等特点。此外，提示方式也应当合理，应当以足以引起对方注意的文字、符号或字体等予以提示。

关联指引

《最高人民法院关于适用〈中华人民共和国民法典〉合同编通则若干问题的解释》第9条、第10条

《最高人民法院关于适用〈中华人民共和国保险法〉若干问题的解释（二）》第11条、第12条

第四百九十七条　【格式条款无效的情形】有下列情形之一的,该格式条款无效:

(一)具有本法第一编第六章第三节和本法第五百零六条规定的无效情形;

(二)提供格式条款一方不合理地免除或者减轻其责任、加重对方责任、限制对方主要权利;

(三)提供格式条款一方排除对方主要权利。

第四百九十八条　【格式条款的解释方法】对格式条款的理解发生争议的,应当按照通常理解予以解释。对格式条款有两种以上解释的,应当作出不利于提供格式条款一方的解释。格式条款和非格式条款不一致的,应当采用非格式条款。

第四百九十九条　【悬赏广告】悬赏人以公开方式声明对完成特定行为的人支付报酬的,完成该行为的人可以请求其支付。

第五百条　【缔约过失责任】当事人在订立合同过程中有下列情形之一,造成对方损失的,应当承担赔偿责任:

(一)假借订立合同,恶意进行磋商;

(二)故意隐瞒与订立合同有关的重要事实或者提供虚假情况;

(三)有其他违背诚信原则的行为。

第五百零一条　【合同缔结人的保密义务】当事人在订立合同过程中知悉的商业秘密或者其他应当保密的信息,无论合同是否成立,不得泄露或者不正当地使用;泄露、不正当地使用该商业秘密或者信息,造成对方损失的,应当承担赔偿责任。

第三章　合同的效力

第五百零二条　【合同生效时间及未办理批准手续的处理规则】依法成立的合同，自成立时生效，但是法律另有规定或者当事人另有约定的除外。

依照法律、行政法规的规定，合同应当办理批准等手续的，依照其规定。未办理批准等手续影响合同生效的，不影响合同中履行报批等义务条款以及相关条款的效力。应当办理申请批准等手续的当事人未履行义务的，对方可以请求其承担违反该义务的责任。

依照法律、行政法规的规定，合同的变更、转让、解除等情形应当办理批准等手续的，适用前款规定。

新解

本条系对合同生效时间的规定。

合同一旦生效，对当事人即具备法律约束力，当事人需按照合同履行相关义务。因此，合同生效时间至关重要。

一般情况下，合同的生效遵循"同时成立原则"，即合同成立即生效。但有两种例外情形：第一种为当事人约定了合同的生效条件，如当事人约定合同经公证后生效，则在公证后合同方具备法律约束力，或当事人约定了合同生效的期限，则到达该期限时合同生效，上述情况即为附条件合同与附期限合同；第二种为法律规定，即为本条第 2 款所述情况。

本条第 2 款规定，若合同需经批准方能生效，在办理批准手续之前，合同并非无效，而是未生效，合同的其他条款虽不能约束当事人，但履行报批等义务条款却具备效力，未能及时如约履行报批义务的一方应当承担相应责任。

本条第 3 款是对第 2 款的延续与补充，如根据规定及合同的性质，合同的变更、转让、解除等情形应当办理批准等手续，此时合同中履行报批等义务条款以及相关条款也具备效力，负有报批义务的一方应当及时按照约定履行报批手续。

新案

吕某、曹某福等房屋买卖合同纠纷案[①]

2021 年 5 月 25 日 16 时 37 分，吕某在中国建设银行股份有限公司某某支行将 100000 元转账至曹某福名下银行账户，曹某福随即从该账户中取现 100000 元，曹某福（甲方）与原告吕某（乙方）随后在该行签订了案外人袁某海提供的《二手房买卖合同》。后吕某诉至法院要求曹某福履行房屋过户手续，并承担违约责任。

生效裁判认为，本案系房屋买卖合同纠纷。双方争议的主要焦点在于：吕某与曹某福签订的《二手房买卖合同》是否生效。案涉房屋土地使用权类型为国有划拨，曹某福虽与吕某签订了《二手房买卖合同》，但转让未经有批准权的人民政府审批，根据《城市房地产管理法》第 40 条第 1 款"以划拨方式取得土地使用权的，转让房地产时，应当按照国务院规定，报有批准权的人民政府审批。有批准权的人民政府准予转让的，应当由受让方办理土地使用权出让手续，并依照国家有关规定缴纳土地使用权出让金"及《民法典》第 502 条第 2 款的规定，合同未生效，不能产生请求对方履行合同主要权利义务的法律效力，故吕某的诉讼请求不能成立，法院不予支持。

第五百零三条　【被代理人以默示方式追认无权代理】 无权代理人以被代理人的名义订立合同，被代理人已经开始履行合同义务或者接受相对人履行的，视为对合同的追认。

[①] 参见湖南省永州市中级人民法院（2022）湘 11 民终 2129 号民事判决书，载中国裁判文书网，最后访问日期：2025 年 8 月 11 日。

第五百零四条 【超越权限订立合同的效力】法人的法定代表人或者非法人组织的负责人超越权限订立的合同，除相对人知道或者应当知道其超越权限外，该代表行为有效，订立的合同对法人或者非法人组织发生效力。

第五百零五条 【超越经营范围订立的合同效力】当事人超越经营范围订立的合同的效力，应当依照本法第一编第六章第三节和本编的有关规定确定，不得仅以超越经营范围确认合同无效。

第五百零六条 【免责条款无效情形】合同中的下列免责条款无效：

（一）造成对方人身损害的；

（二）因故意或者重大过失造成对方财产损失的。

第五百零七条 【争议解决条款的独立性】合同不生效、无效、被撤销或者终止的，不影响合同中有关解决争议方法的条款的效力。

第五百零八条 【合同效力适用指引】本编对合同的效力没有规定的，适用本法第一编第六章的有关规定。

第四章　合同的履行

第五百零九条 【合同履行的原则】当事人应当按照约定全面履行自己的义务。

当事人应当遵循诚信原则，根据合同的性质、目的和交易习惯履行通知、协助、保密等义务。

当事人在履行合同过程中，应当避免浪费资源、污染环境和破坏生态。

新解

本条系对合同履行原则的规定。

本条第 1 款规定的为"全面履行原则",也称适当履行原则,是指当事人按照合同约定的标的物的质量、数量,由适当的主体在适当的履行期限、履行地点,以适当的履行方式,全面完成合同义务的履行原则。

本条第 2 款规范内容为合同履行中的附随义务。附随义务是依据诚信原则而产生的义务。在履行合同时,当事人应当履行通知、协助、保密等附随义务,以辅助主要义务的履行。

本条第 3 款与《民法典》第 9 条的"绿色原则"相呼应。绿色原则是《民法典》的一大亮点,为了可持续发展,为了适应新时代的发展需求,适应我国现阶段基本国情,当事人在履行合同时,均应当"避免浪费资源、污染环境和破坏生态",以践行"绿水青山就是金山银山"的理念。

新案

向某某诉某公司服务合同纠纷案[1]

向某某与某公司签署《养老机构服务合同》,约定某公司为向某某提供养老服务,向某某已预缴养老费 3 万余元。合同签订后,向某某至合同约定的位于重庆的养老基地居住生活。第二年,该基地暂停经营,向某某被安排至云南、四川等地居住。之后,向某某返回重庆,没有再接受养老服务。向某某起诉请求退还未消费的养老服务费用。

审理法院认为,向某某与某公司形成的服务合同合法有效,双方当事人应依约履行。某公司频繁变更提供养老服务的地点,给向某某带来不便,亦违反合同约定,向某某有权解除合同并要求退还剩余的养老服务费用,遂判决某公司退还养老服务费 1 万余元。

《民法典》第 509 条第 1 款规定,当事人应当按照约定全面履行自己

---

[1] 参见《保障老年人合法权益 引导养老产业健康发展 最高法发布涉养老服务民事纠纷典型案例》(2024 年 2 月 20 日发布),载最高人民法院网,https://www.court.gov.cn/zixun/xiangqing/425652.html,最后访问日期:2025 年 8 月 11 日。

的义务。第563条第1款规定:"有下列情形之一的,当事人可以解除合同:……(二)在履行期限届满前,当事人一方明确表示或者以自己的行为表明不履行主要债务。"本案中,养老机构因自身经营不善,在合同约定的养老基地暂停经营后,将老年人安排至云南、四川等地,使得老年人频繁奔波,违背老年人接受养老服务的初衷。养老机构未基于老年人身心特点和实际需求适当履行合同,老年人有权解除合同并要求退还未消费的预付款。审理法院以本案为示范,通过释法说理,诉前成功化解了同类涉众型养老服务合同纠纷百余件,实现了良好的诉源治理效果。

第五百一十条 【约定不明时合同内容的确定】合同生效后,当事人就质量、价款或者报酬、履行地点等内容没有约定或者约定不明确的,可以协议补充;不能达成补充协议的,按照合同相关条款或者交易习惯确定。

第五百一十一条 【质量、价款、履行地点等内容的确定】当事人就有关合同内容约定不明确,依据前条规定仍不能确定的,适用下列规定:

(一)质量要求不明确的,按照强制性国家标准履行;没有强制性国家标准的,按照推荐性国家标准履行;没有推荐性国家标准的,按照行业标准履行;没有国家标准、行业标准的,按照通常标准或者符合合同目的的特定标准履行。

(二)价款或者报酬不明确的,按照订立合同时履行地的市场价格履行;依法应当执行政府定价或者政府指导价的,依照规定履行。

(三)履行地点不明确,给付货币的,在接受货币一方所在地履行;交付不动产的,在不动产所在地履行;其他标的,在履行义务一方所在地履行。

(四)履行期限不明确的,债务人可以随时履行,债权人也可以随时请求履行,但是应当给对方必要的准备时间。

(五)履行方式不明确的,按照有利于实现合同目的的方式履行。

（六）履行费用的负担不明确的，由履行义务一方负担；因债权人原因增加的履行费用，由债权人负担。

第五百一十二条　【电子合同交付时间的认定】通过互联网等信息网络订立的电子合同的标的为交付商品并采用快递物流方式交付的，收货人的签收时间为交付时间。电子合同的标的为提供服务的，生成的电子凭证或者实物凭证中载明的时间为提供服务时间；前述凭证没有载明时间或者载明时间与实际提供服务时间不一致的，以实际提供服务的时间为准。

电子合同的标的物为采用在线传输方式交付的，合同标的物进入对方当事人指定的特定系统且能够检索识别的时间为交付时间。

电子合同当事人对交付商品或者提供服务的方式、时间另有约定的，按照其约定。

第五百一十三条　【执行政府定价或指导价的合同价格确定】执行政府定价或者政府指导价的，在合同约定的交付期限内政府价格调整时，按照交付时的价格计价。逾期交付标的物的，遇价格上涨时，按照原价格执行；价格下降时，按照新价格执行。逾期提取标的物或者逾期付款的，遇价格上涨时，按照新价格执行；价格下降时，按照原价格执行。

第五百一十四条　【金钱之债给付货币的确定规则】以支付金钱为内容的债，除法律另有规定或者当事人另有约定外，债权人可以请求债务人以实际履行地的法定货币履行。

新解

本条系对金钱之债的履行方式的规定。

若当事人对金钱之债的履行货币有所约定或法律有所规定，应当按照约定或法律规定执行，若无上述情况，则债权人可以请求债务人以实际履行地的法定货币履行。本条规定以实际履行地作为金钱之债中币种的联系点，是符合常理的，即便是债权人掌握了选择权，对于债务人而言也不存在履行上的不利。相反，如果债权人选择要求债务人在实际履行地以非当地法定货币履行，反而增加了货币兑换的成本，而且在金钱债务数额较大的情况下，也会受到当地政府外汇管控的影响，甚至进而构成一时履行之不能。

所谓实际履行地，需根据具体情况确定。依据《最高人民法院关于适用〈中华人民共和国民事诉讼法〉的解释》第18条规定，若合同中未约定履行地或者约定不明确，对于金钱之债，实际履行地为接收货币一方。

如实际履行地为我国（不含港澳台），则法定货币为人民币，若实际履行地为其他国家或地区，则债权人可以提出以当地法定货币清偿债务。

第五百一十五条　【选择之债中债务人的选择权】标的有多项而债务人只需履行其中一项的，债务人享有选择权；但是，法律另有规定、当事人另有约定或者另有交易习惯的除外。

享有选择权的当事人在约定期限内或者履行期限届满未作选择，经催告后在合理期限内仍未选择的，选择权转移至对方。

新解

本条系对选择之债定义及选择权归属的规定。

所谓选择之债，是指债的关系成立的时候，确定的标的有多项，当事人可以选定其中一项给付的债。

在无法律规定、当事人约定或者特定交易习惯的情况下，选择权原则上属于债务人。因债务人需实际履行，若将选择权交给债权人，则在选择作出之前，债务人无法知晓自己需要履行的具体标的，从而无法为履行作出准备，难以更好地履行债务。将选择权赋予债务人，更有利于债务的履行。

但是，选择权也可以转移至对方，需满足以下三个条件：第一，在约定期限内或者履行期限届满前，享有选择权的当事人未作选择；第二，对方当事人催告有选择权的当事人；第三，有选择权的当事人经催告后，在合理期限内仍未选择。需要注意的是，本条第 2 款的适用对象为最初享有选择权的一方当事人，并不一定是债务人，也有可能是债权人。

第五百一十六条 【选择权的行使】当事人行使选择权应当及时通知对方，通知到达对方时，标的确定。标的确定后不得变更，但是经对方同意的除外。

可选择的标的发生不能履行情形的，享有选择权的当事人不得选择不能履行的标的，但是该不能履行的情形是由对方造成的除外。

新解

本条系对选择之债中选择权如何行使的规定。

选择权为形成权，选择权一旦行使，选择之债中的标的物即被特定化，选择之债即变为简单之债。享有选择权的当事人行使选择权时应当及时通知对方，当通知到达对方之后，标的物即确定，不需要对方同意。选择权原则上不可撤销，因此标的物一旦确定，原则上不能变更。但合同履行仅涉及当事人之利益，在对方当事人同意的前提下，也可以在选择之后变更债务标的，在学理上也可以归为债的变更。

如果在可选择的数个标的物之中，其中一个或数个标的物因某种原因处于不能履行的状态，享有选择权的当事人即丧失对该一个或数个标的物的选择权，只能就可履行的标的物作出选择。但是，如果该不能履行是对方当事人造成的，选择权人仍可对不能履行的标的物加以选择，这种选择的法律后果有两种：若选择权人为债权人，其可因标的不能履行而解除合同；若选择权人是债务人，其可通过选择不能履行的标的物而免除自己的给付义务。

> **第五百一十七条　【按份债权与按份债务】**债权人为二人以上，标的可分，按照份额各自享有债权的，为按份债权；债务人为二人以上，标的可分，按照份额各自负担债务的，为按份债务。
>
> 按份债权人或者按份债务人的份额难以确定的，视为份额相同。

新解

本条系对按份之债的规定。

按份之债，是指在给付标的可分的前提下，多个债权人按照一定份额享有债权或多个债务人按照一定份额负担债务。在按份之债中，每个债权人或债务人的份额是特定的。对于份额难以确定或当事人未曾约定的情况，本款第2条作了补充规定，明确了处理原则，即各当事人之间平分债权或者债务，这一处理原则符合公平原则。此外，关于份额的约定或确定，只对当事人约定的权利义务有积极意义，对于法定的一些伴随性的义务或者相关的权利而言，份额很难发挥作用。

按份之债因为标的的同一性而联系在一起，但各债权或债务之间是可分的，各债权人或债务人发生的事项，原则上不对其他债权人或债务人产生效力，因此按份之债可以部分免除或抵销。

新案

山东某某工业设备安装有限公司、王某河等民间借贷纠纷案[①]

2009年12月16日，陈某营、刘某来、王某河向山东某某工业设备安装有限公司（以下简称某某公司）出具《借据》一张，内容为："借支人民币壹拾万元整，本金由三人承担，陈某营、王某河分别叁万元，刘某来肆万元整，借支人：陈某营、刘某来、王某河。"某某公司两次与刘某来进行电话联系并录音（2021年4月3日，2021年4月15日），刘某来在录音中认可

[①] 参见山东省枣庄市中级人民法院（2021）鲁04民终3017号民事判决书，载中国裁判文书网，最后访问日期：2025年8月11日。

三人形成的借条,自己该还多少是多少,不会少一分,认可10万元是现金支付。王某河对现金支付不予认可。某某公司起诉要求王某河支付某某公司欠款30000元,刘某来支付某某公司欠款38000元。

生效裁判认为,关于案涉10万元是按份债务还是连带债务,王某河是否应承担30000元的还款责任的问题,《民法典》第517条、第518条规定了按份债权、按份债务、连带债权、连带债务。本案《借据》内容为:"借支人民币壹拾万元整,本金由三人承担,陈某营、王某河分别叁万元,刘某来肆万元整,借支人:陈某营、刘某来、王某河。"从《借据》内容看,陈某营、刘某来、王某河的债务分别是3万元、4万元、3万元,是可分的,为按份债务,三人应按照份额各自负担债务。因此,一审法院认定刘某来的自认对王某河不发生法律效力并无不当。某某公司没有提交有效证据证明已将3万元借款出借给王某河,王某河对此又不予认可,某某公司对王某河的诉请证据不足,应当驳回某某公司对王某河的诉讼请求。某某公司上诉主张案涉借款10万元为连带债务的观点不能成立,法院不予支持。

第五百一十八条　【连带债权与连带债务】债权人为二人以上,部分或者全部债权人均可以请求债务人履行债务的,为连带债权;债务人为二人以上,债权人可以请求部分或者全部债务人履行全部债务的,为连带债务。

连带债权或者连带债务,由法律规定或者当事人约定。

新解

本条系对连带债权和连带债务的规定。

连带之债,是指在一个债的关系中,债权人或债务人一方有数人,各债权人均可请求债务人履行全部债务,或各债务人均负有履行全部债务的义务,该债的关系因一次全部履行而归于消灭。具有连带关系的数个债权人(债务人)为连带债权人(债务人)。

理解连带之债,应把握其如下特征:第一,债权人或债务人为2人以上，每个债权人均可请求债务人履行全部债务，或各债务人均负有清偿全部债务的义务；第二，连带债权或连带债务具有同一性；第三，对于数个债权人或者债务人中的一人发生的非关于个人利益的事项，对于其他债权人或者债务人也发生同样的效力。

根据本条第 2 款的规定，连带之债的产生原因有两种：一为法定连带之债，如因共同侵权行为产生的连带损害赔偿责任、代理中的连带之债等；二为意定连带之债，即当事人通过约定形成的连带债权或连带债务，如数个借款人就同一借贷关系约定为连带债务人，债权人有权要求任一债务人清偿全部债务。此外，基于债务标的的不可分割性也可能产生连带之债，如默认实行法定财产制的夫妻之间往往容易产生连带之债。

新案

马某君、杜某帅等民间借贷纠纷案[①]

2020 年 7 月 6 日，马某君、杜某帅及徐某红以做生意为由，从徐某某处借款 20 万元，约定借期半年，即自 2020 年 7 月 6 日起至 2021 年 1 月 5 日止，借期内利息 3 万元。借款到期后，三人于 2021 年 1 月 23 日偿还徐某某借款本金 2 万元，2021 年 1 月 24 日偿还 6 万元，2021 年 3 月偿还 5 万元，2021 年 7 月偿还 3.5 万元，共计偿还徐某某借款本金 16.5 万元，尚欠本金 3.5 万元，对借期内的利息 3 万元未予支付。徐某某起诉马某君、杜某帅偿还上述欠款，一审法院予以支持。后马某君、杜某帅上诉称，马某君、杜某帅和徐某某的弟弟徐某红是共同借款人，该事实已为徐某某自认。一审庭审过程中，马某君、杜某帅申请追加徐某红为被告，共同承担偿还借款 3.5 万元的义务，一审法院忽视案件事实，遗漏本案必要共同诉讼当事人。

生效裁判认为，关于一审是否遗漏当事人的问题，《最高人民法院关于适用〈中华人民共和国民法典〉时间效力的若干规定》第 20 条规定："民法典施行前成立的合同，依照法律规定或者当事人约定该合同的履行持续至民法典施行后，因民法典施行前履行合同发生争议的，适用当时的法律、司

---

① 参见甘肃省平凉市中级人民法院（2022）甘 08 民终 907 号民事判决书，载中国裁判文书网，最后访问日期：2025 年 8 月 11 日。

法解释的规定；因民法典施行后履行合同发生争议的，适用民法典第三编第四章和第五章的相关规定。"本案借款合同成立于2020年7月6日，但合同约定的借款期限为2020年7月6日至2021年1月5日，而徐某某起诉的时间为2022年1月，故本案应适用《民法典》第三编第四章和第五章的相关规定。《民法典》第518条第1款规定："债权人为二人以上，部分或者全部债权人均可以请求债务人履行债务的，为连带债权；债务人为二人以上，债权人可以请求部分或者全部债务人履行全部债务的，为连带债务。"本案借款的借款人虽然为马某君、杜某帅和徐某红，但三人并未与徐某某约定每人的借款份额，故徐某某有权请求三人中的任何一人、两人或三人偿还借款。马某君、杜某帅要求追加徐某红为共同被告，一审不予准许，程序并不违法。

> **第五百一十九条　【连带债务份额的确定及追偿】** 连带债务人之间的份额难以确定的，视为份额相同。
>
> 实际承担债务超过自己份额的连带债务人，有权就超出部分在其他连带债务人未履行的份额范围内向其追偿，并相应地享有债权人的权利，但是不得损害债权人的利益。其他连带债务人对债权人的抗辩，可以向该债务人主张。
>
> 被追偿的连带债务人不能履行其应分担份额的，其他连带债务人应当在相应范围内按比例分担。

新解

本条系对连带债务人内部份额的确定、连带债务人之间的追偿权的规定。该规则与《民法典》第178条第2款规定的连带责任规则基本相同，但本条对连带债权人之间的内部追偿规则进行了额外的详细规定。

连带债务人虽对外不区分份额，但内部也应厘清关系，在内部对自己的份额承担最终责任。

连带债务人之间的份额可以根据约定、法律规定或者债务性质、各方责任等予以确定，难以确定时，则适用本条第1款规定，视为份额相同。

本条第2款系对连带债务人之间追偿权的规定，若连带债务人对外清偿的债务超过其内部应承担的份额，其可以向其他连带债务人追偿，此追偿以其他连带债务人未履行的份额范围为限。履行债务的连带债务人可以视为新的"债权人"，享有债权人的权利，但其他连带债务人对债权人的抗辩，也可以向该债务人主张。

本条第3款规定了部分被追偿的债务人履行不能的分担方式，即比例分担原则。此条款是为在连带债务人之间分担履行风险。

> **第五百二十条　【连带债务人之一所生事项涉他效力】** 部分连带债务人履行、抵销债务或者提存标的物的，其他债务人对债权人的债务在相应范围内消灭；该债务人可以依据前条规定向其他债务人追偿。
>
> 部分连带债务人的债务被债权人免除的，在该连带债务人应当承担的份额范围内，其他债务人对债权人的债务消灭。
>
> 部分连带债务人的债务与债权人的债权同归于一人的，在扣除该债务人应当承担的份额后，债权人对其他债务人的债权继续存在。
>
> 债权人对部分连带债务人的给付受领迟延的，对其他连带债务人发生效力。

新解

本条系对连带债务中部分连带债务人与债权人之间发生履行、抵销债务、提存标的物、免除、混同等消灭原因或债权人迟延受领时，对其他连带债务人的效力的规定。因连带债务具有同一性，部分连带债务人所发生的本条所规定的事项，效力及于其他债务人，故本条所规定的均为具有涉他效力的事项。

本条第1款为部分连带债务人履行、抵销债务或者提存标的物的法律效果，此效力及于其他连带债务人，债权人和其他连带债务人之间的债务在相应范围内消灭。但应当注意的是，此消灭为对外效力，在连带债权人内部，应当按照《民法典》第519条的规定追偿。

本条第2款为部分连带债务人的债务被债权人免除的法律效果，即在该连带债务人应当承担的份额范围内，其他债务人对债权人的债务消灭。

本条第3款为部分连带债务人和债权人发生混同后的法律效果，即在该债务人应承担的份额之内，债权因混同而消灭，但在该债务人应承担的份额之外，其成为实际债权人，可以要求其他连带债务人予以清偿。

本条第4款为针对债权人不利的法律后果，即受领迟延的情形下债权人可能要承担的风险和费用补偿问题。一旦债权人对于少数连带债务人的给付没有按时或在合理期限内接受履行，就意味着对于全体债务人而言构成了受领迟延，任何一个连带债务人都可以向债权人主张其不利益，这也是连带债务人外部利益整体性的表现之一。

新案

石某琳、凌某丽等民间借贷纠纷案[1]

凌某丽与凌某颢系兄妹关系。凌某颢、石某琳系夫妻关系，凌某颢、石某琳于1980年9月29日登记结婚，后离婚。2009年3月15日，凌某颢、石某琳共计向凌某丽借款46.5万元，并向凌某丽出具借条明确本金及利息。2021年2月21日，凌某颢、凌某丽签订还款协议一份，约定凌某丽不再要求凌某颢支付借款的利息等事宜。后凌某丽起诉凌某颢与石某琳要求偿还借款及利息。

生效裁判认为，关于利息问题，《民法典》第520条第2款规定，部分连带债务人的债务被债权人免除的，在该连带债务人应当承担的份额范围内，其他债务人对债权人的债务消灭。本案中，凌某颢、凌某丽于2021年2月21日签订还款协议，就还款事宜达成一致，该协议系各方当事人真实意思表示，合法有效。协议约定，凌某丽不再要求凌某颢支付借款利息，仅要求凌某颢在48万元范围内承担还款责任，该48万元中包含凌某丽未在本案中主张的1.5万元，即凌某丽免除了凌某颢的利息，该效力及于连带债务人石

---

[1] 参见江苏省南通市中级人民法院（2021）苏06民终2226号民事判决书，载中国裁判文书网，最后访问日期：2025年8月11日。

某琳。根据上述法律规定，本案中，凌某丽仅能就 46.5 万元本金向凌某颢、石某琳主张权利。

> **第五百二十一条　【连带债权内外部关系】**连带债权人之间的份额难以确定的，视为份额相同。
>
> 实际受领债权的连带债权人，应当按比例向其他连带债权人返还。
>
> 连带债权参照适用本章连带债务的有关规定。

新解

本条系连带债权内外部关系的规定。

本条第 1 款规定了连带债权人的份额问题。连带债权人的连带性一般仅具有外部意义，即对外作为一个整体。在内部，连带债权人之间则完全可以通过约定的方式分别享有一定份额，在约定不明或没有约定的情形下，可以推定为当事人均分债权。这与连带债务人的内部份额确定的法理依据相同。

本条第 2 款规定了实际受领人的返还义务。在连带债权中，债务人可选择向任何一个债权人履行债务以消灭债权债务关系，此等履行效果在外部上及于全体连带债权人。在连带债权人内部，实际受领人受领的给付归属于债权人整体，其应当按照比例向其他连带债权人返还。

本条第 3 款系对连带债权的法律适用的规定。因连带债权与连带债务具有相似性，因此有关连带债务部分规定，连带债权也可参照适用。

> **第五百二十二条　【向第三人履行】**当事人约定由债务人向第三人履行债务，债务人未向第三人履行债务或者履行债务不符合约定的，应当向债权人承担违约责任。
>
> 法律规定或者当事人约定第三人可以直接请求债务人向其履行债务，第三人未在合理期限内明确拒绝，债务人未向第三人履行债务或者履行债务不符合约定的，第三人可以请求债务人承担违约责任；债务人对债权人的抗辩，可以向第三人主张。

新解

本条系对向第三人履行合同的规定。

合同的履行一般发生在合同当事人之间，不影响第三人利益。但若合同当事人订立的合同仅是为了增加第三人的利益，约定由合同一方当事人向第三人履行一定义务，并未为第三人设置负担，此合同并不严重侵犯第三人的私域自治，也不违反外部之法秩序，该合同原则上应当有效。此类合同即为向第三人履行的合同，又称第三人利益合同。

在本条第 1 款规定的合同中，第三人只是接受履行的主体，不享有履行请求权及违约责任请求权。

第 2 款系对本条第 1 款规定的延伸，如果法律规定或者当事人约定第三人可以直接请求债务人向其履行债务，第三人未在合理期限内明确拒绝，第三人即享有履行请求权及违约责任请求权。对于该款需要明确的是，虽然第三人取得了履行请求权及违约责任请求权，但合同的相对性并未完全消失。首先，第 2 款并未排除债权人的履行请求权，尽管债权人的履行请求权或违约责任请求权可能属于后位或候补性的请求权。其次，第三人并没有完全取代债权人的法律地位，判断合同的效力仍需基于合同双方当事人的情况确定。最后，合同约定的权利义务有时也会限制第三人的请求权，如双务合同之下具有对称性的履行抗辩权。

新案

资阳某某车业有限公司、刘某修理合同纠纷案[①]

刘某所有的小汽车发生交通事故，经刘某向案外人某某保险公司报险，某某保险公司与资阳某某车业有限公司（以下简称某某公司）签订《包干修复协议书》，约定以包干价形式将该车辆交由某某公司维修，某某保险公司与某某公司成立合同关系，某某公司履行的合同义务是修复好刘某的受损车辆。

生效裁判认为，刘某虽与某某公司之间未签订修理合同，但《包干修

[①] 参见四川省资阳市中级人民法院（2022）川 20 民终 98 号民事判决书，载中国裁判文书网，最后访问日期：2025 年 8 月 11 日。

复协议书》中明确载明"因维修质量等引起的一切责任与甲方（某某保险公司）无关，均应由乙方（某某公司）解决和承担"，刘某在使用案涉车辆中发现变速器存在问题，曾到某某公司处返修，后双方因维修质量发生本次纠纷，故刘某与某某公司虽未签订修理合同，但依照《民法典》第522条规定，刘某有权根据《包干修复协议书》请求某某公司承担违约责任。

> **第五百二十三条　【第三人履行】**当事人约定由第三人向债权人履行债务，第三人不履行债务或者履行债务不符合约定的，债务人应当向债权人承担违约责任。
>
> **第五百二十四条　【第三人代为履行】**债务人不履行债务，第三人对履行该债务具有合法利益的，第三人有权向债权人代为履行；但是，根据债务性质、按照当事人约定或者依照法律规定只能由债务人履行的除外。
>
> 债权人接受第三人履行后，其对债务人的债权转让给第三人，但是债务人和第三人另有约定的除外。

新解

本条系对第三人单方自愿代为履行的规定。

当债务人不履行债务时，第三人在无合同约定的情况下也可自愿代债务人履行合同义务，但该第三人对履行该债务需具有合法利益。因为从债务人角度而言，第三人代为履行并非均对其有利，若第三人出于友善的角度代为解困，法律自不必禁止；但若第三人系为了让债务人受制于自己而代为履行，此类行为不符合"合法利益"的要件，不为法律所允许。如果债务性质决定、当事人约定或者法律规定只能由债务人本人履行债务（如具有人身专属性），第三人则不能代为履行债务。

本条第2款规定了第三人单方自愿代为履行的法律效力。第三人代为履行后，若债权人接受履行且未提出异议，债权人的债权即转让给第三人，但债务人和第三人的另有约定的除外。

需要注意的是，第三人代为履行并非债务承担，第三人代为履行消灭了原债权债务关系，原则上并不需要债权人同意，但债务承担仅是债务人的变化，必须经债权人同意才能够发生效力。此外，第三人代为履行也不同于债务加入，债务加入的法律效果上仅是债务人一方增加了履行主体，债权债务关系并未消灭。

新案

某物流有限公司诉吴某运输合同纠纷案[①]

某物流有限公司（甲方）与吴某（乙方）于2020年签订《货物运输合同》，约定该公司的郑州运输业务由吴某承接。合同还约定调运车辆、雇佣运输司机的费用由吴某结算，与某物流有限公司无关。某物流有限公司与吴某之间已结清大部分运费，但因吴某未及时向承运司机结清运费，2020年11月某日，承运司机在承运货物时对货物进行扣留。基于运输货物的时效性，某物流有限公司向承运司机垫付了吴某欠付的46万元，并通知吴某，吴某当时对此无异议。后吴某仅向某物流有限公司支付了6万元。某物流有限公司向吴某追偿余款未果，遂提起诉讼。

生效裁判认为，某物流有限公司与吴某存在运输合同关系，在吴某未及时向货物承运司机结清费用，致使货物被扣留时，某物流有限公司对履行该债务具有合法利益，有权代吴某向承运司机履行。某物流有限公司代为履行后，承运司机对吴某的债权即转让给该公司，故依照《民法典》第524条规定，判决支持某物流有限公司请求吴某支付剩余运费的诉讼请求。

> **第五百二十五条　【同时履行抗辩权】** 当事人互负债务，没有先后履行顺序的，应当同时履行。一方在对方履行之前有权拒绝其履行请求。一方在对方履行债务不符合约定时，有权拒绝其相应的履行请求。

[①] 参见《人民法院贯彻实施民法典典型案例（第一批）》（2022年2月25日发布），载最高人民法院网站，https://www.court.gov.cn/zixun/xiangqing/347181.html，最后访问日期：2025年8月11日。

> **第五百二十六条　【先履行抗辩权】** 当事人互负债务，有先后履行顺序，应当先履行债务一方未履行的，后履行一方有权拒绝其履行请求。先履行一方履行债务不符合约定的，后履行一方有权拒绝其相应的履行请求。
>
> **第五百二十七条　【不安抗辩权】** 应当先履行债务的当事人，有确切证据证明对方有下列情形之一的，可以中止履行：
>
> （一）经营状况严重恶化；
>
> （二）转移财产、抽逃资金，以逃避债务；
>
> （三）丧失商业信誉；
>
> （四）有丧失或者可能丧失履行债务能力的其他情形。
>
> 当事人没有确切证据中止履行的，应当承担违约责任。
>
> **第五百二十八条　【不安抗辩权的行使】** 当事人依据前条规定中止履行的，应当及时通知对方。对方提供适当担保的，应当恢复履行。中止履行后，对方在合理期限内未恢复履行能力且未提供适当担保的，视为以自己的行为表明不履行主要债务，中止履行的一方可以解除合同并可以请求对方承担违约责任。

新解

本条系对不安抗辩权的行使及行使后的效果的规定。

虽然不安抗辩权旨在保障先履行给付义务一方的利益，但仍应对合同双方利益有所平衡。为了防止先履行一方滥用不安抗辩权，其行使不安抗辩权时必须负有两项义务：第一，证明义务，先履行的一方必须有证据证明对方具有《民法典》规定之不能或危及对等履行的情形；第二，通知义务，先履行的一方在行使不安抗辩权时无须征得对方同意，而不安抗辩的行使又会导致先履行的一方暂时中止合同的履行，因而如果在中止合同履行以后，不及时通知对方，对方有可能会蒙受各种损失（如对方已为接受履行做好了各种准备，或者已经履行）。上述两种义务并不是先履行一方承担的附随义务，而是其负有的法定义务。

后履行一方在收到通知后，若及时提供适当担保，证明己方履行能力，消除对方不安，则合同应当继续履行，主张不安抗辩权的一方应当先履行己方义务；若后履行一方未能及时提供担保，且在合理期限内未恢复履行能力，则应视为以自己的行为表明不履行主要债务，此时先履行一方当事人对合同享有法定解除权，同时还可要求对方承担违约责任。

新案

张家界某某国际旅行社有限责任公司、贵州某某集游文化产业开发有限责任公司合同纠纷案[①]

贵州某某集游文化产业开发有限责任公司（以下简称贵州某某集游文化公司）与张家界某某国际旅行社有限责任公司（以下简称张家界某某国旅）签订的《龙宫夜游及一码通合作协议》的约定，贵州某某集游文化公司有"门票产品销售时间不迟于春节前（2021年2月11日）"的合同义务，张家界某某国旅有在"2021年1月20日前再次支付预付款300万元"的合同义务，双方当事人均未按期履行上述合同义务。张家界某某国旅应当履行支付第二笔预付款300万元的合同义务的时间，在贵州某某集游文化公司应当履行门票产品销售的时间之前，张家界某某国旅系应当先履行债务的一方，贵州某某集游文化公司属于后履行一方。张家界某某国旅认为其未付款是正常行使不安抗辩权。

生效裁判认为，《民法典》第527条规定，应当先履行债务的当事人有确切证据证明对方有丧失或者可能丧失履行债务能力的情形时，可以行使不安抗辩权，中止义务的履行，但应当按照《民法典》第528条的规定及时通知对方。因此，将不安抗辩权的事实与理由及中止履行的意思及时通知对方，是行使不安抗辩权的必经程序。先履行一方仅仅向对方表达中止履行的意思，或者只是债务履行期届满后拒绝履行义务的行为，均不能认定为行使不安抗辩权。本案中，张家界某某国旅没有提交证据证实已经依法履行了行使不安抗辩权的及时通知义务，即没有证据证实其在第二笔预付款支付期限

[①] 参见湖南省张家界市中级人民法院（2022）湘08民终340号民事判决书，载中国裁判文书网，最后访问日期：2025年8月11日。

的 2021 年 1 月 20 日前，已经将不安抗辩权的事实与理由及中止履行的意思及时通知了贵州某某集游文化公司，故张家界某某国旅没有支付第二笔预付款 300 万元的行为，不能认定为行使不安抗辩权。

> **第五百二十九条　【因债权人原因致债务履行困难的处理】**债权人分立、合并或者变更住所没有通知债务人，致使履行债务发生困难的，债务人可以中止履行或者将标的物提存。
>
> **第五百三十条　【债务人提前履行债务】**债权人可以拒绝债务人提前履行债务，但是提前履行不损害债权人利益的除外。
>
> 债务人提前履行债务给债权人增加的费用，由债务人负担。
>
> **第五百三十一条　【债务人部分履行债务】**债权人可以拒绝债务人部分履行债务，但是部分履行不损害债权人利益的除外。
>
> 债务人部分履行债务给债权人增加的费用，由债务人负担。
>
> **第五百三十二条　【当事人变化不影响合同效力】**合同生效后，当事人不得因姓名、名称的变更或者法定代表人、负责人、承办人的变动而不履行合同义务。
>
> **第五百三十三条　【情势变更】**合同成立后，合同的基础条件发生了当事人在订立合同时无法预见的、不属于商业风险的重大变化，继续履行合同对于当事人一方明显不公平的，受不利影响的当事人可以与对方重新协商；在合理期限内协商不成的，当事人可以请求人民法院或者仲裁机构变更或者解除合同。
>
> 人民法院或者仲裁机构应当结合案件的实际情况，根据公平原则变更或者解除合同。

新解

本条系对情势变更制度的规定。

情势变更的构成需具备如下条件：（1）须导致合同应变更或解除的变化发生，此类变化必须是客观的、具体的；（2）此类变化发生于合同成立之后，但在合同义务履行完成前；（3）该重大变化在当事人订立合同时无法预见、不属于商业风险；（4）情势变更的发生具有不可归责性，当事人无主观过错；（5）继续维持合同效力将会产生显失公平的结果。

情势变更后的法律效果为：当事人应当先重新协商，即当事人有再交涉义务，若再协商可以重新达成协议，则按照重新达成的协议履行；若重新协商后在合理期限内无法达成合意，可以变更或解除合同；人民法院或仲裁机构应根据公平原则并结合案件实际情况，确定变更或者解除合同。

不可抗力与情势变更类似，两者都具有客观性、偶然性、订约时的不可预见性以及当事人的不可归责性，且使得合同继续履行产生不公或困难。因此，本条并未将不可抗力排除在情势变更事由之外，即便发生了不可抗力，也可以成为情势变更的事由，从而适用本条款的规定。

新案

肖某诉刘某峰房屋租赁合同纠纷案[①]

肖某租赁刘某峰的房屋用于经营儿童机器人教育培训机构，双方签订自2018年3月15日至2028年3月15日的10年期租赁合同，约定月租5500元，并约定提前解约方应赔偿另一方经济损失。协议生效时，肖某一次性支付16500元作为履约押金，肖某按约定支付租金至2021年6月15日。2021年5月5日，肖某联系刘某峰表示因人手不够不再租赁刘某峰房屋，自愿多支付一个月房租并要求刘某峰退回押金，刘某峰认为肖某违约不同意退押金，肖某以受"双减"政策影响，存在情势变更为由向法院起诉，要求解除与刘某峰签订的《房屋租赁合同》，并要求刘某峰返还其房屋租赁押金16500元。

生效裁判认为原告肖某提出解除租赁合同时间为"双减"政策发布之前，当时的理由并非受"双减"政策影响无法继续经营，且原告肖某经营教育培训机构范围为非学科类培训，不会因为"双减"政策而必然关停，不符合适用情势变更条款的时间和结果要件，因此未支持原告肖某以"双减"政

[①] 参见《江西高院发布2021年度全省法院贯彻实施民法典十大典型案例》（2022年1月10日），载江西法院网，https://jxgy.jxfy.gov.cn/article/detail/2022/01/id/6476558.shtml，最后访问日期：2025年8月11日。

策作为情势变更事由要求免除违约责任的主张，结合肖某违约提前解除合同给刘某峰造成的损失情况，判决被告刘某峰在判决生效之日起十日内退还原告肖某房屋押金8250元。宣判后，双方均未提出上诉，判决已生效。

类案适用提示

《民法典》第533条首次以法律条文形式规定情势变更，本案紧扣该条文立法背景和目的，从时间和结果两个维度比较分析，对提出解除租赁合同时间发生于"双减"政策之前、可开展非学科类培训的教育培训机构不会因为"双减"政策必然关停的情形，不认定"双减"政策为教育培训机构履行租赁合同的情势变更情形。该案既为同类案件的审理提供了清晰的裁判思路，也为该类型纠纷的化解提供了借鉴参考，避免教育培训机构以"双减"政策为由提出解除合同时扩大适用情势变更条款，过多以法律突破合同的相对约束力，维护市场主体平等契约中的信赖利益和交易稳定。

> **第五百三十四条　【合同监督】** 对当事人利用合同实施危害国家利益、社会公共利益行为的，市场监督管理和其他有关行政主管部门依照法律、行政法规的规定负责监督处理。

第五章　合同的保全

> **第五百三十五条　【债权人代位权】** 因债务人怠于行使其债权或者与该债权有关的从权利，影响债权人的到期债权实现的，债权人可以向人民法院请求以自己的名义代位行使债务人对相对人的权利，但是该权利专属于债务人自身的除外。
>
> 代位权的行使范围以债权人的到期债权为限。债权人行使代位权的必要费用，由债务人负担。
>
> 相对人对债务人的抗辩，可以向债权人主张。

新解

本条系对债权人对债务人的到期债权行使代位权的规定。

代位权的行使需符合如下条件：（1）债权人对债务人的债权合法有效且债务人对相对人的债权合法有效；（2）债务人怠于行使其债权或者与该债权有关的从权利；（3）债务人怠于行使权利的行为影响债权人的到期债权实现，但当诉讼时效期间即将届满或债务人未及时申报破产债权等特殊情况下，债权人可以提前行使代位权。

此外，行使代位权时还应当注意三点：第一，代债务人行使的权利不可是专属于债务人自身的权利；第二，债权人对债务人的债权应当到期，代位权的行使范围以债权人到期债权为限；第三，在债权人行使代位权时，若相对人对债权人享有抗辩权，如超过诉讼时效等，此抗辩权可以直接向债权人主张。

因债权人行使代位权系债务人怠于行使权利之故，所以行使代位权的必要费用，由债务人负担。

关联指引

《最高人民法院关于审理建设工程施工合同纠纷案件适用法律问题的解释（一）》第44条

第五百三十六条　【保存行为】债权人的债权到期前，债务人的债权或者与该债权有关的从权利存在诉讼时效期间即将届满或者未及时申报破产债权等情形，影响债权人的债权实现的，债权人可以代位向债务人的相对人请求其向债务人履行、向破产管理人申报或者作出其他必要的行为。

新解

本条系对债权人提前行使代位权的规定。

代位权制度存在的目的是保障债权人的债权实现，若债权人仅能在其债权到期后行使代位权,则有可能导致债权到期之前债务人的责任财产大幅减少,从而难以保证债权顺利实现。本条规定即为解决上述问题,在债权人的债权到期前,在特殊情形下,如债务人的债权或者与该债权有关的从权利存在诉讼时效期间即将届满或者未及时申报破产债权等情形,影响债权人的债权实现的,债权人为保全债权,可以代位作出一些必要的行为,如代位要求债务人的相对人向债务人履行义务或者向破产管理人申报等。

本条与《民法典》第535条代位权存在如下重要区别:第一,债权人依据本条可在债权到期前行使权利;《民法典》第535条规定债权到期后债权人方可行使代位权。第二,债权人依据本条行使代位权的法律效果为债务人的相对人向债务人履行,而非向债权人履行,即本条遵循"入库原则";依据《民法典》第535条,债权人可以直接请求债务人的相对人向自己履行债务,即遵循"优先受偿原则"。

第五百三十七条 【代位权行使后的法律效果】人民法院认定代位权成立的,由债务人的相对人向债权人履行义务,债权人接受履行后,债权人与债务人、债务人与相对人之间相应的权利义务终止。债务人对相对人的债权或者与该债权有关的从权利被采取保全、执行措施,或者债务人破产的,依照相关法律的规定处理。

新解

本条系对债权人行使代位权的法律效果的规定。

理论界和实务界对债权人行使代位权后获得履行的财产的最终归属是采用"入库规则",还是采用"代位权人优先受偿原则",存在较大争议。"入库规则",是指债权人行使代位权所取得的财产应当先归入债务人的财产范围,此后债权人应遵循债的清偿规则清偿债务。"代位权人优先受偿原则",是指债权人行使代位权所取得的财产直接用于实现债权人的债权,行使代位权的债权人获得的清偿优先于其他债权人。《民法典》采取了后一观点,即代位权成立后,债务人的相对人直接向债权人履行义务,该义务履行后，债权人与债务人、债务人与相对人之间相应的权利义务终止。

本条规定了债务人对相对人的权利被采取保全、执行措施，或者债务人破产时的处理方式：第一，若债务人的责任财产已被债务人的其他债权人采取了保全措施或执行措施，即便此时债权人行使代位权主张得到人民法院确认，也无法依照"代位权人优先受偿原则"使债权得以即时清偿。代位权人只能待对债务人财产权益采取保全的财产措施或者执行措施的权利人的权利得到必要满足后，才得以针对其申请的债权范围得以清偿。第二，若债务人已进入破产程序，此时债权人行使代位权所得的财产应当作为破产财产由全体债权人按比例分配，代位权人无法获得优先受偿。

> **第五百三十八条　【撤销债务人无偿行为】** 债务人以放弃其债权、放弃债权担保、无偿转让财产等方式无偿处分财产权益，或者恶意延长其到期债权的履行期限，影响债权人的债权实现的，债权人可以请求人民法院撤销债务人的行为。

新案

周某与丁某、薛某债权人撤销权纠纷案[①]

周某因丁某未能履行双方订立的加油卡买卖合同，于 2020 年 8 月提起诉讼，请求解除买卖合同并由丁某返还相关款项。生效判决对周某的诉讼请求予以支持，但未能执行到位。执行中，周某发现丁某于 2020 年 6 月至 7 月间向其母亲薛某转账 87 万余元，遂提起债权人撤销权诉讼，请求撤销丁某无偿转让财产的行为并同时主张薛某向丁某返还相关款项。

生效裁判认为，丁某在其基于加油卡买卖合同关系形成的债务未能履行的情况下，将名下银行卡中的款项无偿转账给其母亲薛某的行为客观上影响了债权人周某债权的实现。债权人周某在法定期限内提起撤销权诉讼，

---

① 参见《最高人民法院发布民法典合同编通则司法解释相关典型案例》（2023 年 12 月 5 日发布），载最高人民法院网，https://www.court.gov.cn/zixun/xiangqing/419392.html，最后访问日期：2025 年 8 月 11 日。

符合法律规定。丁某的行为被撤销后，薛某即丧失占有案涉款项的合法依据，应当负有返还义务，遂判决撤销丁某的行为、薛某向丁某返还相关款项。

> **第五百三十九条** 【撤销债务人有偿行为】债务人以明显不合理的低价转让财产、以明显不合理的高价受让他人财产或者为他人的债务提供担保，影响债权人的债权实现，债务人的相对人知道或者应当知道该情形的，债权人可以请求人民法院撤销债务人的行为。
>
> **第五百四十条** 【撤销权的行使范围】撤销权的行使范围以债权人的债权为限。债权人行使撤销权的必要费用，由债务人负担。
>
> **第五百四十一条** 【撤销权的行使期间】撤销权自债权人知道或者应当知道撤销事由之日起一年内行使。自债务人的行为发生之日起五年内没有行使撤销权的，该撤销权消灭。
>
> **第五百四十二条** 【债务人行为被撤销的法律效果】债务人影响债权人的债权实现的行为被撤销的，自始没有法律约束力。

新解

本条系对债权人的撤销权成立后的效果的规定。

需要注意的是，债权人行使撤销权的目的在于保全债务人的财产，以保证债务人的清偿能力，而不是用撤销后的财产直接清偿债权人的债务，因此本条采用了"入库规则"，债权人行使撤销权后，被处分的财产回归到债务人手中，成为债务人履行所有债务的资产之一，撤销权人并不享有优先受偿的权利，

第三编 合 同

第六章　合同的变更和转让

> **第五百四十三条**　【协议变更合同】当事人协商一致，可以变更合同。
>
> **第五百四十四条**　【合同变更不明确推定为未变更】当事人对合同变更的内容约定不明确的，推定为未变更。
>
> **第五百四十五条**　【债权转让】债权人可以将债权的全部或者部分转让给第三人，但是有下列情形之一的除外：
>
> （一）根据债权性质不得转让；
>
> （二）按照当事人约定不得转让；
>
> （三）依照法律规定不得转让。
>
> 当事人约定非金钱债权不得转让的，不得对抗善意第三人。当事人约定金钱债权不得转让的，不得对抗第三人。

新解

本条系对债权转让的规定。

债权转让，是指在不改变债权客体和内容的基础上，通过协议变更债权主体的一种债务转移制度。为实现债权流通性和合同当事人权益保护的平衡，本条第1款对债权转让自由进行了限制：

第一，依据债权性质不得转让的债权不得转让。此类债权包括：（1）具有人身专属性的债权不得转让，如父母对子女的赡养请求权；（2）不作为的债权不得转让，如企业对于员工的竞业禁止请求权；（3）主债权之上的从权利不得单独转让，如抵押权；（4）债权人变更将会使得给付内容完全变更的债权不得转让。

第二，按照当事人约定不得转让的债权不得转让。此项规定体现了契约自由，但是若债权人执意转让此类债权，转让的法律效果需根据债权性质及受让的第三人是否善意予以判断。本条第 2 款系对第 1 款第 2 项中约定不得转让的限制，即便当事人约定金钱债权不能转让，但债权人将其转让给第三人，无论第三人善意与否，该转让有效；若当事人约定不得转让的为非金钱债权，但债权人将其转让给第三人，若第三人为善意的，则该转让有效。

第三，依照法律规定不得转让的债权不得转让，转让该类债权的法律行为因违反法律、法规的强制性规定而无效。需要注意的是，《民法典》并未规定最高额抵押担保的主合同债权不得转让，在最高额抵押担保的债权确定之前，法律允许所担保的部分债权转让，但是最高额抵押则不随之转让，除非当事人另有约定。

新案

东营银行股份有限公司某支行、李某海等案外人执行异议之诉案[①]

李某海于 2021 年 2 月 27 日与张某珍就涉案债权的转让问题签订有《权利转让协议书》、于 2021 年 3 月 9 日签订有相关补充协议，约定张某珍将其对某某公司享有的金钱债权转让给李某海。李某海起诉要求确认张某珍对某某公司的 770 万元债权归李某海所有。

生效裁判认为，上述协议是李某海与张某珍的真实意思表示，依法具有相应法律约束力。李某海与张某珍合意转让的合同标的为债权，依据《民法典》第 545 条的规定，张某珍对某某公司享有的债权可以依法转让给李某海，该转让不以张某珍的债务人即某某公司的同意为条件，李某海与张某珍达成转让合意后，李某海即有权依据其与张某珍的合同向某某公司主张权利，由此可知，相应的债权自当事人达成转让合意时即转移。

---

① 参见山东省东营市中级人民法院（2022）鲁 05 民终 749 号民事判决书，载中国裁判文书网，最后访问日期：2025 年 8 月 11 日。

关联指引

《最高人民法院关于适用〈中华人民共和国民法典〉有关担保制度的解释》第 39 条

> **第五百四十六条　【债权转让的通知义务】**债权人转让债权，未通知债务人的，该转让对债务人不发生效力。
>
> 债权转让的通知不得撤销，但是经受让人同意的除外。
>
> **第五百四十七条　【债权转让从权利一并转让】**债权人转让债权的，受让人取得与债权有关的从权利，但是该从权利专属于债权人自身的除外。
>
> 受让人取得从权利不因该从权利未办理转移登记手续或者未转移占有而受到影响。

新解

本条系对债权转让中从权利跟随主权利一并转让的规定。

债权的从权利与主债权相关联，但其自身不能单独存在，部分从权利产生于从合同的约定，如借贷关系中的抵押权、质权等；部分从权利依照法律规定所产生，如违约金债权、损害赔偿请求权、留置权、债权解除权、债权人撤销权、债权人代位权等。

本条第 1 款规定，除去专属于债权人自身的从权利外，其他从权利均随着债权的转让而一并转移。债权让与后，继续拥有从属性的担保权对原始债权人而言已没有利益，因此从属性的担保权，如抵押权、质权、保证等，跟随主请求权一并移转到新债权人处。

本条第 2 款规定，债权转让中从权利的随之转让具有法定性。如果受让人取得了从权利，该从权利未办理权利变更登记，或者未转移占有的，不影响债权转让引发从权利转移的效力，该从权利归属于受让人这一事实不因未办理转移登记手续或者未转移占有而受到影响。

新案

杜某斌、杜某莉等金融借款合同纠纷案[①]

招商银行股份有限公司某某分行已向债务人杜某斌、杜某莉、张某德、青岛某某商务有限公司发放贷款，因债务人违约行为而导致合同解除，债务人需返还贷款人本金和约定利息。原债权人招商银行股份有限公司某某分行曾于2014年提起诉讼，要求债务人支付本金及至判决确认给付之日止的利息，招商银行股份有限公司某某分行享有对于之后的利息等费用再行主张的权利。其后，招商银行股份有限公司某某分行将涉案的合同项下以及法律文书确认的债权转让给任某远，任某远提起诉讼，要求杜某斌、杜某莉、张某德、青岛某某商务有限公司支付自2015年2月23日起计算至2021年4月26日的欠息。

生效裁判认为，《民法典》第547条规定，债权人转让债权的，受让人取得与债权有关的从权利，但是该从权利专属于债权人自身的除外。本案中，任某远自招商银行股份有限公司某某分行取得涉案债权，由于收取复利是金融机构依法享有的专有权利，任某远无权享有该权利。原审判决确认杜某斌按原《个人授信及担保协议》《个人贷款借款合同》约定应向任某远支付的利率并无不当，但该利率不包含复利，法院予以明确。

关联指引

《最高人民法院关于适用〈中华人民共和国民法典〉有关担保制度的解释》第39条

> **第五百四十八条　【债权转让中债务人抗辩】** 债务人接到债权转让通知后，债务人对让与人的抗辩，可以向受让人主张。
>
> **第五百四十九条　【债权转让中债务人的抵销权】** 有下列情形之一的，债务人可以向受让人主张抵销：

[①] 参见山东省青岛市中级人民法院（2022）鲁02民终10653号民事判决书，载中国裁判文书网，最后访问日期：2025年8月11日。

（一）债务人接到债权转让通知时，债务人对让与人享有债权，且债务人的债权先于转让的债权到期或者同时到期；

（二）债务人的债权与转让的债权是基于同一合同产生。

新解

本条系对债权转让后债务人抵销权仍有效的规定。

抵销是债的消灭方式之一，在债权转让后也同样适用。因抵销需向债权人主张，转让后的受让人即为新的债权人，故债务人的抵销应向受让人主张。本条规定了两种抵销情形：

第一，在债务人接到转让通知时，即债权转让已经完成，此时债务人与让与人互负债务，互相享有债权，且债务人对让与人的债权优先于转让债权到期或同时到期，此时债务人可以主张抵销，未到期债权被排除在外。

第二，若债务人的债权与转让的债权是基于同一合同产生，具有债权关联性，无论该债权是否到期或两债权是否属于同一种类，此时均可抵销。可适用本款规定的典型情形为交互计算契约，即当事人之间约定以其相互之间交易所生之债权、债务为定期计算，互相抵销，而仅支付其差额的契约。

第五百五十条　【债权转让费用的承担】 因债权转让增加的履行费用，由让与人负担。

新解

本条系对债权转让履行费用负担情况的规定。

在债权转让中，因转让债权无须债务人同意，仅需通知债务人即可，此时债务人需向新的债权人履行债务，增加的履行费用系因原债权人（让与人）转让债权所产生，故应由让与人负担。

需要注意的是，本条规定为任意性规范，可以通过当事人之间的约定排除，如果让与人与受让人约定由受让人承担增加的履行费用，该约定亦有效，债务人在知悉该约定后也可以向受让人主张所增加的履行费用。

在债权完全转让的情况下，若债务人因让与人已经完全退出债务关系而向受让人主张增加的履行费用，若受让人选择承担，在承担后可以依据本条规定向让与人追偿。若债权为部分转让，当事人未明确约定转让费用的承担问题，此时对于履行该部分债务增加的费用，债务人应当向让与人主张。

> **第五百五十一条　【债务转移】**债务人将债务的全部或者部分转移给第三人的，应当经债权人同意。
>
> 债务人或者第三人可以催告债权人在合理期限内予以同意，债权人未作表示的，视为不同意。
>
> **第五百五十二条　【债务加入】**第三人与债务人约定加入债务并通知债权人，或者第三人向债权人表示愿意加入债务，债权人未在合理期限内明确拒绝的，债权人可以请求第三人在其愿意承担的债务范围内和债务人承担连带债务。

新解

本条系对并存的债务加入的规定。

并存的债务加入，是指在原债权债务关系仍然存在的基础上，第三人加入债权债务关系中，与债务人共同清偿债务。

构成债务加入的要件是：（1）第三人与债务人约定，第三人加入债务，与债务人共同承担债务；（2）第三人或者债务人通知债权人或者向债权人表示其加入意思；（3）债权人在合理期限内未明确表示拒绝，需注意的是，债务加入并不需要债权人同意。

债务加入的法律效果为：对债权人而言，其可以向债务人主张债权，也可以向第三人主张债权；对债务人而言，其仍负有履行债务的义务；对第三人而言，其成为债务人，与原债务人并列承担偿还债务的责任，二者为连带责任关系，第三人承担债务的范围以其愿意承担的范围为限。

新案

某某加油站、战某梅等船舶物料和备品供应合同纠纷案[①]

某某加油站系债权人，王某义为债务人，战某梅系某某加油站的实际经营人。2019年9月15日，在战某梅、王某义、王某刚三人均在场的情况下，王某刚、王某义分别在战某梅的记录本上书写欠条，其中，王某刚在王某义书写欠据下方接着书写欠据的内容为："代王某义欠，今欠战某梅油款441728元。"王某刚作为船舶物料和备品供应合同外的第三人，向战某梅出具欠条，承诺"代王某义欠"战某梅（实为某某加油站）油款。后某某加油站起诉要求王某刚、王某义偿还钱款。

生效裁判认为，王某刚的行为并非创设新的债权债务关系，而是通过加入某某加油站与王某义之间原有的债权债务关系中，以保证某某加油站债权的实现。根据《最高人民法院关于适用〈中华人民共和国民法典〉时间效力的若干规定》第3条以及《民法典》第552条规定，某某加油站未在合理期限内拒绝王某刚债务加入，王某刚应当对王某义所欠涉案油款承担连带责任。

关联指引

《最高人民法院关于适用〈中华人民共和国民法典〉有关担保制度的解释》第12条、第36条

> **第五百五十三条 【债务转移时新债务人抗辩】** 债务人转移债务的，新债务人可以主张原债务人对债权人的抗辩；原债务人对债权人享有债权的，新债务人不得向债权人主张抵销。

[①] 参见山东省高级人民法院（2022）鲁民终41号民事判决书，载中国裁判文书网，最后访问日期：2025年8月11日。

新解

本条系对债务转移中抗辩权和抵销权能否转移的规定。

债务人转移债务后,新的债务人承接其法律地位,原债务人享有的抗辩权,新的债务人也享有,抗辩权不因债务转移而消灭。新的债务人受让的抗辩权主要包括:(1)法定的抗辩事由,如不可抗力等;(2)债的关系发生后所产生的抗辩事由,如诉讼时效经过抗辩、同时履行抗辩权、债务未成立或被撤销、原债务人已经部分履行等。

根据"原债务人对债权人享有债权的,新债务人不得向债权人主张抵销"的规定,抵销权不可直接随债务转移。因抵销权的产生原因是原债务人对债权人享有债权,而债务转移是债务人的主体变更,原债务人的债权并未转移,该债权仍由原债务人向债权人主张,而非新债务人,故新债务人并不直接享有抵销权。

> **第五百五十四条　【从债务随主债务转移】**债务人转移债务的,新债务人应当承担与主债务有关的从债务,但是该从债务专属于原债务人自身的除外。
>
> **第五百五十五条　【合同权利义务的一并转让】**当事人一方经对方同意,可以将自己在合同中的权利和义务一并转让给第三人。
>
> **第五百五十六条　【一并转让的法律适用】**合同的权利和义务一并转让的,适用债权转让、债务转移的有关规定。

第七章　合同的权利义务终止

> **第五百五十七条　【债权债务终止的法定情形】**有下列情形之一的,债权债务终止:

（一）债务已经履行；

（二）债务相互抵销；

（三）债务人依法将标的物提存；

（四）债权人免除债务；

（五）债权债务同归于一人；

（六）法律规定或者当事人约定终止的其他情形。

合同解除的，该合同的权利义务关系终止。

第五百五十八条 【后合同义务】债权债务终止后，当事人应当遵循诚信等原则，根据交易习惯履行通知、协助、保密、旧物回收等义务。

第五百五十九条 【从权利消灭】债权债务终止时，债权的从权利同时消灭，但是法律另有规定或者当事人另有约定的除外。

第五百六十条 【数项债务的清偿抵充顺序】债务人对同一债权人负担的数项债务种类相同，债务人的给付不足以清偿全部债务的，除当事人另有约定外，由债务人在清偿时指定其履行的债务。

债务人未作指定的，应当优先履行已经到期的债务；数项债务均到期的，优先履行对债权人缺乏担保或者担保最少的债务；均无担保或者担保相等的，优先履行债务人负担较重的债务；负担相同的，按照债务到期的先后顺序履行；到期时间相同的，按照债务比例履行。

新解

本条系对债务人清偿债务抵充顺序的规定。

清偿抵充，是指债务人欠付同一债权人多项同种类债务，债务人清偿的债务数额不足以清偿全部债务时，决定先行抵充哪一项债务的制度。例如，借款人曾向出借人多次借款，设置担保、利息高低各不相同，在其给付不能清偿全部债务时，就应当用本条规定确定该次清偿应偿还哪笔欠款。

根据本条规定，抵充的优先顺序如下：

第一，约定抵充。在当事人之间就债务人的清偿系抵充哪一项债务有约定时，应从其约定。

第二，指定抵充。当事人无约定时，债务人在清偿时指定其履行抵充的为何种债务。指定抵充应当具备两个条件：（1）指定的意思表示应于清偿时作出，并且一经指定不得撤回；（2）指定权人为债务人。

第三，法定抵充。在无约定也无指定的情况下，根据法律规定，债务人的履行按照如下顺序抵充：（1）优先履行已经到期的债务；（2）数项债务均到期的，优先履行对债权人缺乏担保或者担保最少的债务；（3）均无担保或者担保相等的，优先履行债务人负担较重的债务；（4）负担相同的，按照债务到期的先后顺序履行；（5）到期时间相同的，按照债务比例履行。

新案

张某玉、范某川等民间借贷纠纷案[1]

张某玉于2021年4月17日、6月22日、7月1日三次向范某川借款，借款数额分别是20万元、10万元、10万元，合计40万元人民币。双方签订了借款（担保）合同，合同约定了借款期限，利息按照年利率10%计算，如有逾期还款则按照利息加倍支付逾期利息。合同第八条约定了担保方式及范围。案涉2021年4月17日、6月22日、7月1日三笔借款，约定的还款日期分别为：2021年4月27日、2021年8月21日、2021年8月21日。2021年7月7日张某玉及原审被告池某、池某某作为借款人向范某川借款10万元用于其公司招投标的保证金，出具借条一张，并约定于2021年7月13日全部归还。范某川于2021年7月7日通过其尾号1662的中信银行账户向原审被告池某尾号8251的广发银行账户分二笔转账支付借款共计10万元。2021年7月13日、7月19日，张某玉向范某川各转款5万元。范某川起诉要求张某玉偿还借款40万元，张某玉辩称已经归还的10万元系归还本案借款，范某川认为张某玉已归还的为2021年7月7日的借款，该借款并未在本案中起诉。

---

[1] 参见辽宁省大连市中级人民法院（2022）辽02民终4781号民事判决书，载中国裁判文书网，最后访问日期：2025年8月11日。

生效裁判认为，在张某玉于2021年7月13日、7月19日，分两次向范某川转款10万元进行还款时，未明确约定系偿还哪一笔借款，故应按《民法典》第560条的规定确定偿还款项的顺序。因此时到期的债务共两笔：一笔是2021年4月17日的20万元借款；另一笔是2021年7月7日的10万元借款，因2021年4月17日的借款既约定有物的担保，也约定有公司及个人的保证担保，而2021年7月7日的10万元借款未设定任何形式的担保，故依据上述法律规定，应当认定张某玉于2021年7月13日、7月19日分两次向范某川转款10万元的还款系偿还范某川本案并未起诉的2021年7月7日的10万元借款。

第五百六十一条　【费用、利息和主债务的清偿抵充顺序】债务人在履行主债务外还应当支付利息和实现债权的有关费用，其给付不足以清偿全部债务的，除当事人另有约定外，应当按照下列顺序履行：

（一）实现债权的有关费用；

（二）利息；

（三）主债务。

第五百六十二条　【合同的约定解除】当事人协商一致，可以解除合同。

当事人可以约定一方解除合同的事由。解除合同的事由发生时，解除权人可以解除合同。

新案

孙某与某房地产公司合资、合作开发房地产合同纠纷案[①]

2014年5月，某房地产开发有限公司（以下简称房地产公司）与孙某签订《合作开发协议》。协议约定：房地产公司负有证照手续办理、项目招

---

① 参见《最高人民法院发布民法典合同编通则司法解释相关典型案例》（2023年12月5日发布），载最高人民法院网，https://www.court.gov.cn/zixun/xiangqing/419392.html，最后访问日期：2025年8月11日。

商、推广销售的义务，孙某承担全部建设资金的投入；房地产公司拟定的《项目销售整体推广方案》，应当与孙某协商并取得孙某书面认可；孙某投入500万元（保证金）资金后，如果销售额不足以支付工程款，孙某再投入500万元，如不到位按违约处理；孙某享有全权管理施工项目及承包商、施工场地权利，房地产公司支付施工方款项必须由孙某签字认可方能转款。

同年10月，房地产公司向孙某发出协调函，双方就第二笔500万元投资款是否达到支付条件产生分歧。2015年1月20日，房地产公司向孙某发出《关于履行的通知》，告知孙某5日内履行合作义务，向该公司支付500万元投资款，否则将解除《合作开发协议》。孙某在房地产公司发出协调函后，对其中提及的需要支付的工程款并未提出异议，亦未要求该公司提供依据，并于2015年1月23日向该公司发送回复函，要求该公司近日内尽快推出相关楼栋销售计划并取得其签字认可，尽快择期开盘销售，并尽快按合同约定设立项目资金管理共同账户。房地产公司于2015年3月13日向孙某发出《解除合同告知函》，通知解除《合作开发协议》。孙某收到该函后，未对其形式和内容提出异议。2015年7月17日，孙某函告房地产公司，请该公司严格执行双方合作协议约定，同时告知"销售已近半月，望及时通报销售进展实况"。后孙某诉至法院，要求房地产公司支付合作开发房地产收益分红总价值3000万元；房地产公司提出反诉，要求孙某给付违约金300万元。一审、二审法院认为，孙某收到解除通知后，未对通知的形式和内容提出异议，亦未在法律规定期限内请求人民法院或者仲裁机构确认解除合同的效力，故认定双方的合同已经解除。孙某不服二审判决，向最高人民法院申请再审。

生效裁判认为，房地产公司于2015年3月13日向孙某发送《解除合同告知函》，通知解除双方签订的《合作开发协议》，但该《解除合同告知函》产生解除合同的法律效果须以该公司享有法定或者约定解除权为前提。从案涉《合作开发协议》的约定看，孙某第二次投入500万元资金附有前置条件，即房地产公司应当对案涉项目进行销售，只有在销售额不足以支付工程款时，才能要求孙某投入第二笔500万元。结合《合作开发协议》的约定，能否认定房地产公司作为守约方，享有法定解除权，应当审查该公司是否依约履行了己方合同义务。包括案涉项目何时开始销售，销售额是否足以支付工程款；房地产公司在房屋销售前后，是否按照合同约定，将《项目销售整体推广方案》报孙某审批；工程款的支付是否经由孙某签字等一系列事实。一审、二审法院未对上述涉及房地产公司是否享有法定解除权的事实进行审理，即以孙某"未在法律规定期限内请求人民法院或者仲裁机构确认解除合同的效力"为由，认定《合作开发协议》已经解除，属于认定事实不清，适用法律错误。

> **第五百六十三条　【合同的法定解除】** 有下列情形之一的，当事人可以解除合同：
> （一）因不可抗力致使不能实现合同目的；
> （二）在履行期限届满前，当事人一方明确表示或者以自己的行为表明不履行主要债务；
> （三）当事人一方迟延履行主要债务，经催告后在合理期限内仍未履行；
> （四）当事人一方迟延履行债务或者有其他违约行为致使不能实现合同目的；
> （五）法律规定的其他情形。
> 以持续履行的债务为内容的不定期合同，当事人可以随时解除合同，但是应当在合理期限之前通知对方。

新解

本条系对合同法定解除的规定。

合同法定解除，是指合同成立后，履行完毕前，因法律规定事由的出现，当事人可享有解除权，并行使该项权利解除合同关系。而法律对合同解除事由的列举主要旨在弥补当事人意思表述的不足。实践中，法定解除与约定解除在行使上并不互相排斥。

本条第1款规定了在因不可抗力致使合同目的不能实现、预期违约、迟延履行、违约致使合同目的不能实现等情形下守约方的法定解除权。

本条第2款系对不定期继续性合同的"预告解除"的规定。不定期继续性合同具有无限延续性的特点，债的内容非一次给付可完结，如不定期租赁合同等。此类合同的持续依赖于双方的信赖关系，为避免双方丧失信赖基础或合同不具备履行基础后合同仍难以终止的问题，法律赋予双方当事人均可无理由随时解除合同的权利。但为平衡合同严守和个人自决两种价值，法律对上述解除权进行了一定的限制，任何一方单方面结束合同均应当在合理期限之前通知相对人，以便给对方作出必要的准备的时间。

新案

马某中、邓州市湍河街道办事处八里王社区某某组土地承包经营权纠纷案[①]

马某中与八里王社区某某组1994年12月30日签订了《协议书》，该协议载明："某某组村民马某中，自愿承包营南坑塘，经和小组协商，特立协议如下：一、每年向组交纳承包费贰拾元整；二、交费时间为自协议后开始计算；三、每年年底承包费必须交清。"某某组提出调整承包费，马某中提出异议。某某组遂向法院提起诉讼。

生效裁判认为，《民法典》第563条第2款规定："以持续履行的债务为内容的不定期合同，当事人可以随时解除合同，但是应当在合理期限之前通知对方。"案涉承包地并非以家庭承包方式承包，而是以公开协商的方式承包，不适用《农村土地承包法》关于家庭承包方式承包有关期限的规定。因双方未约定承包期限，应视为不定期合同，当事人在合理期限之前通知对方的情况下，可以随时解除合同。某某组提出调整承包金，马某中提出异议，在双方就继续承包案涉土地未达成一致意见的情况下，马某中主张继续履行《协议书》依据不足。

关联指引

《最高人民法院关于审理买卖合同纠纷案件适用法律问题的解释》

---

① 参见河南省高级人民法院（2021）豫民申9386号民事裁定书，载中国裁判文书网，最后访问日期：2025年8月11日。

第 19 条

《最高人民法院关于审理期货纠纷案件若干问题的规定》第 44 条

《最高人民法院关于审理技术合同纠纷案件适用法律若干问题的解释》第 15 条、第 23 条

> **第五百六十四条 【解除权行使期限】**法律规定或者当事人约定解除权行使期限，期限届满当事人不行使的，该权利消灭。
>
> 法律没有规定或者当事人没有约定解除权行使期限，自解除权人知道或者应当知道解除事由之日起一年内不行使，或者经对方催告后在合理期限内不行使的，该权利消灭。

新解

本条系对合同解除权行使期限的规定。

合同解除权系形成权，享有解除权的当事人可以基于自己的单方意志来决定合同是否解除。为避免该解除权无限期存在给交易带来严重的不确定性，《民法典》对解除权的行使期限予以规制。正确理解本条，应掌握以下两点。

第一，解除权行使期限属于除斥期间。（1）就期间的起算而言，在必要时，必须考虑起算时当事人的主观因素，使除斥期间像时效一样也可以从权利能够行使时开始计算。（2）除斥期间属于绝对不变期间，不适用有关诉讼时效的中止、中断和延长的规定。（3）从法律效果来看，期限届满当事人不行使的，该权利消灭，当事人不再享有仅凭其单方意思表示解除合同的权利。

第二，关于解除权行使期限的确定。法律已有明确规定或当事人已作约定的，自然应当依其规定或从其约定，其中对于"法律规定"应作扩大性理解，将司法解释囊括其内。当无法律规定或当事人约定时，解除权行使期限需根据对方当事人是否催告分别处理：（1）对方当事人未作催告的，该期限为"解除权人知道或者应当知道解除事由之日一年内"；（2）对方已作

催告的，则解除权应在催告后的"合理期限"内行使。

关联指引

《最高人民法院关于审理商品房买卖合同纠纷案件适用法律若干问题的解释》第 11 条

> **第五百六十五条　【合同解除权的行使规则】**当事人一方依法主张解除合同的，应当通知对方。合同自通知到达对方时解除；通知载明债务人在一定期限内不履行债务则合同自动解除，债务人在该期限内未履行债务的，合同自通知载明的期限届满时解除。对方对解除合同有异议的，任何一方当事人均可以请求人民法院或者仲裁机构确认解除行为的效力。
>
> 当事人一方未通知对方，直接以提起诉讼或者申请仲裁的方式依法主张解除合同，人民法院或者仲裁机构确认该主张的，合同自起诉状副本或者仲裁申请书副本送达对方时解除。

新解

本条系对合同解除权的生效时间的规定。

解除权是形成权，行使解除权需通知对方当事人，合同解除权的生效时间的确定方式如下。

第一，解除权人行使解除权时通知对方当事人，若通知未附期限，则通知到达对方时，合同即解除。

第二，若解除权人发出通知时，通知上明确债务人在一定期限内不履行债务则合同自动解除，债务人在该期限内未履行债务的，合同自通知载明的期限届满时解除。

第三，若意欲解除合同的一方当事人未通知对方，直接以提起诉讼或者申请仲裁的方式依法主张解除合同，且人民法院或者仲裁机构确认该主张的，对方当事人收到起诉状副本或者仲裁申请书副本，即视为收到了未附期限的解除通知，故合同解除时间为起诉状副本或者仲裁申请书副本送达对方之时。

此外，若对方当事人对解除合同有异议，任何一方当事人均可向人民法院或仲裁机构请求确认解除合同的效力。一方面，对方当事人可能就主张解除一方是否享有解除权以及解除权行使方式是否合法等提出异议，而解除合同的效力也不可长期处于不确定状态，因此对方当事人可以向人民法院或仲裁机构请求确认解除合同的效力；另一方面，有可能发生的是，在解除权人通知相对人解除合同，相对人对此不予回应，或者虽提出异议，但却不请求人民法院或者仲裁机构确认解除合同的效力，此时解除权人也可成为向人民法院或仲裁机构请求确认解除合同效力的主体。

新案

胡某前、南京某某油运有限公司船舶共有纠纷案[①]

胡某前通过参与南京某某油运有限公司（以下简称某某公司）的投资，与其他案外人共同投资建造"某某"轮，其与某某公司之间形成船舶合伙经营关系，其目的是从"某某"轮运营利润中分配取得利益，当然也应承担亏损。虽然双方在合伙协议中没有约定具体的利润分配时间和方式，但"某某"轮投入营运后，某某公司作为合伙船舶的经营方，有义务对"某某"轮营运收支情况定期或者不定期进行核算，如有利润，应向有关合伙人进行通报或者进行分配。某某公司只在2016年9月19日前向胡某前支付了分红款，其后一直未再向胡某前分配利润。胡某前向法院提起诉讼，请求法院判令某某公司退还胡某前"某某6500吨一级油轮"出资款300万元，并承担资金占用期间的利息。

生效裁判认为，胡某前的该项诉讼请求虽然没有明确写明要求解除与某某公司的合伙关系，但是合伙关系存续的特点是共同出资、共享利益、共担风险，胡某前明确要求某某公司退还其合伙建造船舶的出资款，表明其不愿意再与某某公司合伙经营船舶，已表达了要求退伙即解除合伙关系的意思，

---

① 参见湖北省高级人民法院（2021）鄂民终862号民事判决书，载中国裁判文书网，最后访问日期：2025年8月11日。

该意思表示明确。胡某前与某某公司的合伙合同没有约定合伙期限，属不定期合伙，根据《民法典》第 576 条的规定，胡某前享有随时提出退伙的权利，其要求解除合伙关系的意思表示自到达某某公司时即发生效力。《最高人民法院关于适用〈中华人民共和国民法典〉时间效力的若干规定》第 10 条规定："民法典实施前，当事人一方未通知对方而直接以提起诉讼方式依法主张解除合同的，适用民法典第五百六十五条第二款的规定。"根据《民法典》第 565 条第 2 款的规定，一审法院于 2018 年 9 月 7 日向某某公司送达了应诉通知书及起诉状副本，因此，胡某前与某某公司的船舶合伙经营关系自 2018 年 9 月 7 日起解除。

> **第五百六十六条　【合同解除的法律后果】** 合同解除后，尚未履行的，终止履行；已经履行的，根据履行情况和合同性质，当事人可以请求恢复原状或者采取其他补救措施，并有权请求赔偿损失。
>
> 合同因违约解除的，解除权人可以请求违约方承担违约责任，但是当事人另有约定的除外。
>
> 主合同解除后，担保人对债务人应当承担的民事责任仍应当承担担保责任，但是担保合同另有约定的除外。

新解

本条系对合同解除后果的规定。

合同解除后最直接的法律后果是合同关系消灭，合同未履行的，终止履行。但是对于已经履行的部分应当如何处理，则涉及解除的行为是否有溯及力的问题。根据本条第 1 款，对于已经履行的部分，需考虑履行情况、合同性质以及当事人的请求态度确定，当事人可以请求恢复原状，此时解除合同即具有溯及力；当事人也可以请求采取其他补救措施，并有权请求赔偿损失，此时损失应当以当事人的信赖利益为上限。

本条第 2 款系对违约解除合同后果的规定，即合同因违约而解除，违约责任与合同解除可以并存。需要注意的是：（1）在因不可抗力导致合同目的不能实现导致的合同解除、当事人行使任意解除权导致的合同解除等情形中，合同解除与违约行为无关，违约责任难以适用；（2）"违约责任"应作广义理解，除实际履行与解除本旨相悖而不适用外，原则上包含《民法典》第三编第一分编第八章规定的责任方式，主要包括违约损害赔偿以及《民法典》第585条规定的"违约金"责任。

本条第3款规定了主合同解除并不当然免除担保人的担保责任。合同解除后，要求担保人承担担保责任需要两个基本的条件：一是债务人仍应承担民事责任，即不免责；二是债务人承担的民事责任在担保人的担保范围之内。对于合同解除中的担保责任，允许当事人采取约定的方式予以排除。

新案

永州某某公司、邮政银行某某支行等金融借款合同纠纷案[①]

黄某军、永州某某公司及邮政银行某某支行于2019年7月26日签订了《个人购房/购车借款及担保合同》，黄某军向邮政银行某某支行贷款690000元，并约定了归还借款本金、支付利息的期限及利息的计算方式，但黄某军未在约定的期限内向邮政银行某某支行偿还借款本金并支付利息。截至2021年9月6日，黄某军累计拖欠邮政银行某某支行本金共计672971.23元，利息及罚息共计13579.38元。经邮政银行某某支行多次催收，黄某军未偿还欠付的贷款本息。据此，邮政银行某某支行起诉要求解除其与黄某军签订的《个人购房/购车借款及担保合同》，并要求黄某军立即偿还上述贷款本息。永州某某公司在《个人购房/购车借款及担保合同》保证人一栏盖章，愿意对黄某军的贷款承担连带保证责任，邮政银行某某支行亦起诉要求永州某某公司承担连带清偿责任。

生效裁判认为，依据《民法典》第566条的规定，主合同解除后，担保人对债务人应当承担的民事责任仍应当承担担保责任，但是担保合同另有约定的除外。现黄某军逾期偿还贷款，构成违约，邮政银行某某支行起诉要求

---

① 参见湖南省永州市中级人民法院（2022）湘11民终1140号民事判决书，载中国裁判文书网，最后访问日期：2025年8月11日。

解除合同，担保人永州某某公司对债务人黄某军应当承担的民事责任仍应当承担担保责任。

第五百六十七条 【结算、清理条款效力的独立性】合同的权利义务关系终止，不影响合同中结算和清理条款的效力。

第五百六十八条 【法定抵销】当事人互负债务，该债务的标的物种类、品质相同的，任何一方可以将自己的债务与对方的到期债务抵销；但是，根据债务性质、按照当事人约定或者依照法律规定不得抵销的除外。

当事人主张抵销的，应当通知对方。通知自到达对方时生效。抵销不得附条件或者附期限。

第五百六十九条 【约定抵销】当事人互负债务，标的物种类、品质不相同的，经协商一致，也可以抵销。

第五百七十条 【提存的条件】有下列情形之一，难以履行债务的，债务人可以将标的物提存：

（一）债权人无正当理由拒绝受领；

（二）债权人下落不明；

（三）债权人死亡未确定继承人、遗产管理人，或者丧失民事行为能力未确定监护人；

（四）法律规定的其他情形。

标的物不适于提存或者提存费用过高的，债务人依法可以拍卖或者变卖标的物，提存所得的价款。

第五百七十一条 【提存的成立】债务人将标的物或者将标的物依法拍卖、变卖所得价款交付提存部门时，提存成立。

提存成立的，视为债务人在其提存范围内已经交付标的物。

第五百七十二条 【提存的通知】标的物提存后，债务人应当及时通知债权人或者债权人的继承人、遗产管理人、监护人、财产代管人。

第五百七十三条 【提存期间风险、孳息和提存费用负担】标的物提存后,毁损、灭失的风险由债权人承担。提存期间,标的物的孳息归债权人所有。提存费用由债权人负担。

第五百七十四条 【提存物的领取与取回】债权人可以随时领取提存物。但是,债权人对债务人负有到期债务的,在债权人未履行债务或者提供担保之前,提存部门根据债务人的要求应当拒绝其领取提存物。

债权人领取提存物的权利,自提存之日起五年内不行使而消灭,提存物扣除提存费用后归国家所有。但是,债权人未履行对债务人的到期债务,或者债权人向提存部门书面表示放弃领取提存物权利的,债务人负担提存费用后有权取回提存物。

新解

本条系对提存物受取与取回的规定。

标的物提存仅是消灭债务的措施,在双务合同中,只有合同当事人双方均履行了各自的义务,合同才会终止。但有时债务人虽然将标的物提存,按照合同履行了己方债务,但负有对待给付义务的相对方并未履行义务。此种情况下,债务人可以对提存部门交付标的物的行为附条件,即只有在债权人履行了对债务人的对待义务或者为履行提供相应的担保后,才能领取提存物。不符合所附条件的,提存部门应当拒绝债权人领取提存物。

一般情况下债权人可以随时领取提存物,但该权利长期不行使,将给提存部门增加负担,同时也违背物的有效利用的原则。因此,本条规定了领取提存物的时效期间,即债权人领取提存物的权利,自提存之日起5年内不行使而消灭。需要注意的是,该时效期间是除斥期间,一般不会中止、中断,该权利会因时间的经过不复存在。提存物领取请求权消灭的法律后果为提存物扣除提存费用后归国家所有,债权人不能再对提存物主张权利。

根据本条第 2 款的规定，债务人行使取回提存物权利的前提是符合以下两种情形之一：（1）债权人未履行对债务人的到期债务，债务人取回提存物。此时，债务人的履行利益并未得到满足，其行使取回权实质上是不通过提存部门而自己行使履行抗辩权，且此时并无保护债权人利益的必要。如果债权人已经履行了对债务人的到期债务，债务人就没有取回权，避免造成对债权人利益的损害。（2）债权人领取提存物的权利也可能因为债权人向提存部门书面放弃领取提存物权利而消灭，此时，债务人享有取回提存物的权利。符合上述条件，债务人行使取回提存物的权利，取回提存物的，视为未提存。因此，产生的费用由债务人承担。

> **第五百七十五条　【债的免除】** 债权人免除债务人部分或者全部债务的，债权债务部分或者全部终止，但是债务人在合理期限内拒绝的除外。
>
> **第五百七十六条　【债权债务混同的处理】** 债权和债务同归于一人的，债权债务终止，但是损害第三人利益的除外。

第八章　违约责任

> **第五百七十七条　【违约责任的种类】** 当事人一方不履行合同义务或者履行合同义务不符合约定的，应当承担继续履行、采取补救措施或者赔偿损失等违约责任。
>
> **第五百七十八条　【预期违约责任】** 当事人一方明确表示或者以自己的行为表明不履行合同义务的，对方可以在履行期限届满前请求其承担违约责任。

新案

王某与某投资公司劳动合同纠纷案[①]

2016年12月，王某入职某投资公司。某投资公司自2019年起欠付王某工资。双方于2020年12月签署的《欠款担保约定》载明："某投资公司因出现经营困难，暂时无法正常支付员工工资等费用。承诺欠付王某的2020年9月至12月基本工资于2021年12月前付清、2019年11月至2020年12月的其他工资于2023年12月前付清。"2020年12月，某投资公司与王某解除劳动合同，但一直未按照《欠款担保约定》支付王某2020年12月基本工资。王某于2022年3月申请劳动争议仲裁，后不服仲裁裁决诉至法院，请求某投资公司支付2020年12月工资（含基本工资、其他工资）、2019年11月至2020年11月的其他工资。某投资公司在审理中明确表示不认可《欠款担保约定》中的债务，拒绝履行。

审理法院认为，当事人在解除劳动关系前签署的《欠款担保约定》合法有效，双方均应全面履行。虽《欠款担保约定》约定某投资公司于2023年12月前支付王某2019年11月至2020年12月期间的其他工资，但某投资公司未按照约定时限支付王某2020年12月基本工资的行为已构成违约，且在审理中明确表示不认可《欠款担保约定》确认的债务、拒绝履行约定的义务，故王某有权在履行期限届满前要求某投资公司承担法律责任。审理法院判令，某投资公司支付王某2020年12月工资、2019年11月至2020年11月的其他工资。

用人单位与劳动者协商解除劳动合同时，经常就支付工资、经济补偿等订立协议。《民法典》第578条规定："当事人一方明确表示或者以自己的行为表明不履行合同义务的，对方可以在履行期限届满前请求其承担违约责任。"本案中，虽然劳动者起诉时，双方约定的用人单位支付欠付其他工资的履行期限尚未到期，但用人单位已存在违约行为且明确拒绝履行支付工资的义务，人民法院依法判决用人单位承担支付全部工资的责任。人民法院通过个案裁判既一揽子化解了矛盾纠纷，又引领了社会法治意识养成，倡导用

[①] 参见《依法惩治欠薪！最高人民法院发布涉欠薪纠纷典型案例》（2024年12月23日发布），载最高人民法院网，https://www.court.gov.cn/zixun/xiangqing/450661.html，最后访问日期：2025年8月11日。

人单位诚信履约、引导用人单位规范用工、保障劳动者合法权益，彰显了诚信的社会主义核心价值观。

> **第五百七十九条　【金钱债务的继续履行】** 当事人一方未支付价款、报酬、租金、利息，或者不履行其他金钱债务的，对方可以请求其支付。
>
> **第五百八十条　【非金钱债务的继续履行】** 当事人一方不履行非金钱债务或者履行非金钱债务不符合约定的，对方可以请求履行，但是有下列情形之一的除外：
> （一）法律上或者事实上不能履行；
> （二）债务的标的不适于强制履行或者履行费用过高；
> （三）债权人在合理期限内未请求履行。
> 有前款规定的除外情形之一，致使不能实现合同目的的，人民法院或者仲裁机构可以根据当事人的请求终止合同权利义务关系，但是不影响违约责任的承担。
>
> **第五百八十一条　【替代履行】** 当事人一方不履行债务或者履行债务不符合约定，根据债务的性质不得强制履行的，对方可以请求其负担由第三人替代履行的费用。

新案

北京某旅游公司诉北京某村民委员会等合同纠纷案[①]

2019年2月26日，北京某村民委员会、北京某经济合作社、北京某旅游公司就北京某村域范围内旅游资源开发建设签订经营协议，经营面积595.88公顷，经营范围内有河沟、山谷、民宅等旅游资源，经营期限50年。

---

① 参见《人民法院贯彻实施民法典典型案例（第二批）》（2023年1月12日发布），载最高人民法院网，https://www.court.gov.cn/zixun/xiangqing/386521.html，最后访问日期：2025年8月11日。

北京某旅游公司交纳合作费用 300 万元。2018 年年中，区水务局开始进行城市蓝线规划工作，至 2019 年底形成正式稿，将涉案经营范围内河沟两侧划定为城市蓝线。2019 年 11 月左右，北京某旅游公司得知河沟两侧被划定为城市蓝线，于 2020 年 5 月 11 日通知要求解除相关协议，后北京某旅游公司撤场。区水务局提供的城市蓝线图显示，城市蓝线沿着河沟两侧划定，大部分村民旧宅在城市蓝线范围外。区水务局陈述，城市蓝线是根据标准不同以及河道防洪等级不同划定的，开发建设必须保证不影响防洪，如果影响，需要对河道进行治理，治理验收合格后则能正常开发建设。庭审中，北京某旅游公司未提交证据证明其对经营范围内区域进行旅游开发时，曾按照政策要求报请相关审批手续，也未提交证据证明因城市蓝线的划定相关政府部门向其出具禁止开展任何活动的通知。

  生效裁判认为，本案中城市蓝线的划定不属于情势变更。城市蓝线划定不属于无法预见的重大变化，不会导致一方当事人无法履约。经营协议确定的绝大部分经营区域并不在城市蓝线范围内，对于在城市蓝线范围内的经营区域，北京某旅游公司亦可在履行相应行政审批手续、符合政策文件具体要求的情况下继续进行开发活动，城市蓝线政策不必然导致其履约困难。北京某村民委员会、北京某经济合作社并不存在违约行为，北京某旅游公司明确表示不再对经营范围进行民宿及旅游资源开发，属于违约一方，不享有合同的法定解除权。本案中，北京某旅游公司已撤场，且明确表示不再对经营范围进行民宿及旅游资源开发，要求解除或终止合同，而北京某村民委员会不同意解除或终止合同，要求北京某旅游公司继续履行合同。双方签订的经营协议系具有合作性质的长期性合同，北京某旅游公司是否对民宿及旅游资源进行开发建设必将影响北京某村民委员会的后期收益，北京某旅游公司的开发建设既属权利，也系义务，该不履行属"不履行非金钱债务"情形，且该债务不适合强制履行。同时，长期性合作合同须以双方自愿且相互信赖为前提，在涉案经营协议已丧失继续履行的现实可行性情形下，如不允许双方权利义务终止，既不利于充分发挥土地等资源的价值，又不利于双方利益的平衡保护。因此，涉案经营协议履行已陷入僵局，故对于当事人依据《民法典》第 580 条请求终止合同权利义务关系的主张，人民法院予以支持。本案中，旅游开发建设未实际开展，合同权利义务关系终止后，产生恢复原状的法律后果，但合同权利义务关系终止不影响违约责任的承担。综合考虑北京某村民委员会前期费用支出、双方合同权利义务约定、北京某旅游公司的违约情形、合同实际履行期间等因素，酌定北京某村民委员会、北京某经济合作社退还北京某旅游公司部分合作费 120 万元。

第五百八十二条　【瑕疵履行违约责任】履行不符合约定的，应当按照当事人的约定承担违约责任。对违约责任没有约定或者约定不明确，依据本法第五百一十条的规定仍不能确定的，受损害方根据标的的性质以及损失的大小，可以合理选择请求对方承担修理、重作、更换、退货、减少价款或者报酬等违约责任。

第五百八十三条　【违约损害赔偿责任】当事人一方不履行合同义务或者履行合同义务不符合约定的，在履行义务或者采取补救措施后，对方还有其他损失的，应当赔偿损失。

第五百八十四条　【法定的违约赔偿损失】当事人一方不履行合同义务或者履行合同义务不符合约定，造成对方损失的，损失赔偿额应当相当于因违约所造成的损失，包括合同履行后可以获得的利益；但是，不得超过违约一方订立合同时预见到或者应当预见到的因违约可能造成的损失。

第五百八十五条　【违约金的约定】当事人可以约定一方违约时应当根据违约情况向对方支付一定数额的违约金，也可以约定因违约产生的损失赔偿额的计算方法。

约定的违约金低于造成的损失的，人民法院或者仲裁机构可以根据当事人的请求予以增加；约定的违约金过分高于造成的损失的，人民法院或者仲裁机构可以根据当事人的请求予以适当减少。

当事人就迟延履行约定违约金的，违约方支付违约金后，还应当履行债务。

第五百八十六条　【定金】当事人可以约定一方向对方给付定金作为债权的担保。定金合同自实际交付定金时成立。

定金的数额由当事人约定；但是，不得超过主合同标的额的百分之二十，超过部分不产生定金的效力。实际交付的定金数额多于或者少于约定数额的，视为变更约定的定金数额。

第五百八十七条　【定金罚则】债务人履行债务的，定金应当抵作价款或者收回。给付定金的一方不履行债务或者履行债务不符合约定，致使不能实现合同目的的，无权请求返还定金；收受定金的一方不履行债务或者履行债务不符合约定，致使不能实现合同目的的，应当双倍返还定金。

第五百八十八条　【违约金与定金竞合选择权】当事人既约定违约金，又约定定金的，一方违约时，对方可以选择适用违约金或者定金条款。

定金不足以弥补一方违约造成的损失的，对方可以请求赔偿超过定金数额的损失。

第五百八十九条　【债权人受领迟延】债务人按照约定履行债务，债权人无正当理由拒绝受领的，债务人可以请求债权人赔偿增加的费用。

在债权人受领迟延期间，债务人无须支付利息。

新解

本条系对债权人拒绝受领或迟延受领债务的法律后果的规定。本规定旨在明确债权人按时受领的义务。

受领迟延，是指债权人对债务人的给付行为未能受领或未为对方完成给付提供必要协助的违约行为。受领迟延的法律后果有两个：一是债权人拒绝受领，且无正当理由，若债务人因此增加了履行费用，可以请求债权人赔偿；二是在债权人迟延受领期间，债务人无须支付利息，这是因为债务人未及时履行是债权人迟延受领导致的。

债权人迟延受领期间，标的物可能损坏或者灭失，若债权人迟延受领无正当理由，此类风险由债权人承担，但前提为债务人尽到了适当的保管义务，对标的物的毁损灭失并非故意也无重大过失；若债权人迟延受领具有正当理由，则应根据正当理由的成因确定风险负担，若该正当理由具有可归责性，则风险由责任方承担，若为不可抗力，则根据风险分配的一般原理予以确定。

此外，债权人拒绝受领时，债务人可以采取提存的方式履行债务，以尽早从债权债务关系中解脱。

新案

曹某莲、某某房地产公司房屋买卖合同纠纷案[①]

某某房地产公司向法院申请执行，法院向曹某莲发出执行通知书，责令曹某莲履行义务。异议人（被执行人）曹某莲在本案执行依据生效后，多次前往某某房地产公司的售楼处向其工作人员表示要清偿生效法律文书所确定的义务，但某某房地产公司工作人员未受领。某某房地产公司亦未主动联系曹某莲收取差价款。某某房地产公司主张曹某莲可以通过转账等其他方式进行清偿，但未提供相应证据证明其曾向曹某莲告知还款账户或其他合理的清偿方式。曹某莲请求法院驳回某某房地产公司要求其给付房屋差价款的利息和承担执行费的请求。

生效裁判认为，《民法典》第589条第2款规定："在债权人受领迟延期间，债务人无须支付利息。"曹某莲在本案执行依据生效后作出了积极向某某房地产公司履行生效法律文书确定义务的行为，而某某房地产公司无正当理由迟延受领。参照上述法律规定，在债权人某某房地产公司受领迟延期间，曹某莲不应向某某房地产公司支付相应的迟延履行利息。

第五百九十条　【因不可抗力不能履行合同】 当事人一方因不可抗力不能履行合同的，根据不可抗力的影响，部分或者全部免除责任，但是法律另有规定的除外。因不可抗力不能履行合同的，应当及时通知对方，以减轻可能给对方造成的损失，并应当在合理期限内提供证明。

[①] 参见吉林省长春市二道区人民法院（2021）吉0105执异91号民事裁定书，载中国裁判文书网，最后访问日期：2025年8月11日。

当事人迟延履行后发生不可抗力的，不免除其违约责任。

第五百九十一条　【非违约方防止损失扩大义务】当事人一方违约后，对方应当采取适当措施防止损失的扩大；没有采取适当措施致使损失扩大的，不得就扩大的损失请求赔偿。

当事人因防止损失扩大而支出的合理费用，由违约方负担。

新案

柴某与某管理公司房屋租赁合同纠纷案[1]

2018年7月21日，柴某与某管理公司签订《资产管理服务合同》，约定：柴某委托某管理公司管理运营涉案房屋，用于居住；管理期限自2018年7月24日起至2021年10月16日止。合同签订后，柴某依约向某管理公司交付了房屋。某管理公司向柴某支付了服务质量保证金，以及至2020年10月16日的租金。后某管理公司与柴某协商合同解除事宜，但未能达成一致，某管理公司向柴某邮寄解约通知函及该公司单方签章的结算协议，通知柴某该公司决定于2020年11月3日解除《资产管理服务合同》。柴某对某管理公司的单方解除行为不予认可。2020年12月29日，某管理公司向柴某签约时留存并认可的手机号码发送解约完成通知及房屋密码锁的密码。2021年10月8日，法院判决终止双方之间的合同权利义务关系。柴某起诉请求某管理公司支付2020年10月17日至2021年10月16日房屋租金114577.2元及逾期利息、违约金19096.2元、未履行租期年度对应的空置期部分折算金额7956.75元等。

生效裁判认为，当事人一方违约后，对方应当采取适当措施防止损失的扩大；没有采取适当措施致使损失扩大的，不得就扩大的损失请求赔偿。合同终止前，某管理公司应当依约向柴某支付租金。但鉴于某管理公司已经通过多种途径向柴某表达解除合同的意思表示，并向其发送房屋密码锁密码，

---

[1] 参见《最高人民法院发布民法典合同编通则司法解释相关典型案例》（2023年12月5日发布），载最高人民法院网，https://www.court.gov.cn/zixun/xiangqing/419392.html，最后访问日期：2025年8月11日。

而柴某一直拒绝接收房屋，造成涉案房屋的长期空置。因此，柴某应当对其扩大损失的行为承担相应责任。法院结合双方当事人陈述、合同实际履行情况、在案证据等因素，酌情支持柴某主张的房屋租金至某管理公司向其发送电子密码后一个月，即 2021 年 1 月 30 日，应付租金为 33418.35 元。

> **第五百九十二条** 【双方违约和与有过错规则】当事人都违反合同的，应当各自承担相应的责任。
>
> 当事人一方违约造成对方损失，对方对损失的发生有过错的，可以减少相应的损失赔偿额。

新解

本条系对双方违约和违约过失相抵规则的规定。

本条第 1 款规定了"双方违约"的违约责任。在同一双务合同中，合同双方都违反了合同义务，且双方均无正当的抗辩理由或免责事由，此时双方应各自承担相应责任。

本条第 2 款规定了"过错相抵"规则。因当事人一方违约给相对方造成损失，相对方对损失的发生有过错的，可以减少违约方相应的损失赔偿金额。适用本款应注意，本款规定的是"可以"减少，而非"应当"减少。因当事人违约在先，为合同的正常履行造成障碍，所以，即便相对方对损失的发生存在过错，也非必然减免违约方的责任，还应考虑违约方在债务履行中的主客观情况以及相对方的过错程度。

需要注意的是，本条并非仅限于双务合同，单务合同也存在适用空间。在某些单务合同中，虽然只有一方负有履行义务，但是另一方也应负担配合对方履行的不真正义务，若履行义务一方履行不合格，而相对方亦未对其履行义务予以配合，使得合同标的物的保管成本或者运输成本增加，此情形即为双方违反合同，因此，适用本条时不应盲目将单务合同排除在外。

关联指引

《最高人民法院关于审理买卖合同纠纷案件适用法律问题的解释》第22条

第五百九十三条 【因第三人原因造成违约情况下的责任承担】 当事人一方因第三人的原因造成违约的,应当依法向对方承担违约责任。当事人一方和第三人之间的纠纷,依照法律规定或者按照约定处理。

第五百九十四条 【国际贸易合同诉讼时效和仲裁时效】 因国际货物买卖合同和技术进出口合同争议提起诉讼或者申请仲裁的时效期间为四年。

第二分编　典型合同

第九章　买卖合同

第五百九十五条　【买卖合同的概念】买卖合同是出卖人转移标的物的所有权于买受人，买受人支付价款的合同。

第五百九十六条　【买卖合同条款】买卖合同的内容一般包括标的物的名称、数量、质量、价款、履行期限、履行地点和方式、包装方式、检验标准和方法、结算方式、合同使用的文字及其效力等条款。

第五百九十七条　【无权处分的违约责任】因出卖人未取得处分权致使标的物所有权不能转移的，买受人可以解除合同并请求出卖人承担违约责任。

法律、行政法规禁止或者限制转让的标的物，依照其规定。

第五百九十八条　【出卖人基本义务】出卖人应当履行向买受人交付标的物或者交付提取标的物的单证，并转移标的物所有权的义务。

第五百九十九条　【出卖人义务：交付单证、交付资料】出卖人应当按照约定或者交易习惯向买受人交付提取标的物单证以外的有关单证和资料。

第六百条　【买卖合同知识产权保留条款】出卖具有知识产权的标的物的，除法律另有规定或者当事人另有约定外，该标的物的知识产权不属于买受人。

第六百零一条　【出卖人义务：交付期间】出卖人应当按照约定的时间交付标的物。约定交付期限的，出卖人可以在该交付期限内的任何时间交付。

第六百零二条　【标的物交付期限不明时的处理】当事人没有约定标的物的交付期限或者约定不明确的，适用本法第五百一十条、第五百一十一条第四项的规定。

第六百零三条　【买卖合同标的物的交付地点】出卖人应当按照约定的地点交付标的物。

当事人没有约定交付地点或者约定不明确，依据本法第五百一十条的规定仍不能确定的，适用下列规定：

（一）标的物需要运输的，出卖人应当将标的物交付给第一承运人以运交给买受人；

（二）标的物不需要运输，出卖人和买受人订立合同时知道标的物在某一地点的，出卖人应当在该地点交付标的物；不知道标的物在某一地点的，应当在出卖人订立合同时的营业地交付标的物。

第六百零四条　【标的物的风险承担】标的物毁损、灭失的风险，在标的物交付之前由出卖人承担，交付之后由买受人承担，但是法律另有规定或者当事人另有约定的除外。

第六百零五条　【迟延交付标的物的风险负担】因买受人的原因致使标的物未按照约定的期限交付的，买受人应当自违反约定时起承担标的物毁损、灭失的风险。

第六百零六条　【路货买卖中的标的物风险转移】出卖人出卖交由承运人运输的在途标的物，除当事人另有约定外，毁损、灭失的风险自合同成立时起由买受人承担。

第六百零七条　【需要运输的标的物风险负担】出卖人按照约定将标的物运送至买受人指定地点并交付给承运人后，标的物毁损、灭失的风险由买受人承担。

当事人没有约定交付地点或者约定不明确，依据本法第六百零三条第二款第一项的规定标的物需要运输的，出卖人将标的物交付给第一承运人后，标的物毁损、灭失的风险由买受人承担。

第六百零八条 【买受人不履行接受标的物义务的风险负担】出卖人按照约定或者依据本法第六百零三条第二款第二项的规定将标的物置于交付地点，买受人违反约定没有收取的，标的物毁损、灭失的风险自违反约定时起由买受人承担。

第六百零九条 【未交付单证、资料的风险负担】出卖人按照约定未交付有关标的物的单证和资料的，不影响标的物毁损、灭失风险的转移。

第六百一十条 【根本违约】因标的物不符合质量要求，致使不能实现合同目的的，买受人可以拒绝接受标的物或者解除合同。买受人拒绝接受标的物或者解除合同的，标的物毁损、灭失的风险由出卖人承担。

第六百一十一条 【买受人承担风险与出卖人违约责任关系】标的物毁损、灭失的风险由买受人承担的，不影响因出卖人履行义务不符合约定，买受人请求其承担违约责任的权利。

第六百一十二条 【出卖人的权利瑕疵担保义务】出卖人就交付的标的物，负有保证第三人对该标的物不享有任何权利的义务，但是法律另有规定的除外。

第六百一十三条 【权利瑕疵担保责任之免除】买受人订立合同时知道或者应当知道第三人对买卖的标的物享有权利的，出卖人不承担前条规定的义务。

第六百一十四条 【买受人的中止支付价款权】买受人有确切证据证明第三人对标的物享有权利的，可以中止支付相应的价款，但是出卖人提供适当担保的除外。

第六百一十五条 【买卖标的物的质量瑕疵担保】出卖人应当按照约定的质量要求交付标的物。出卖人提供有关标的物质量说明的，交付的标的物应当符合该说明的质量要求。

第六百一十六条 【标的物法定质量担保义务】当事人对标的物的质量要求没有约定或者约定不明确，依据本法第五百一十条的规定仍不能确定的，适用本法第五百一十一条第一项的规定。

第六百一十七条 【质量瑕疵担保责任】出卖人交付的标的物不符合质量要求的，买受人可以依据本法第五百八十二条至第五百八十四条的规定请求承担违约责任。

第六百一十八条 【标的物瑕疵担保责任减免的特约效力】当事人约定减轻或者免除出卖人对标的物瑕疵承担的责任，因出卖人故意或者重大过失不告知买受人标的物瑕疵的，出卖人无权主张减轻或者免除责任。

第六百一十九条 【标的物的包装方式】出卖人应当按照约定的包装方式交付标的物。对包装方式没有约定或者约定不明确，依据本法第五百一十条的规定仍不能确定的，应当按照通用的方式包装；没有通用方式的，应当采取足以保护标的物且有利于节约资源、保护生态环境的包装方式。

第六百二十条 【买受人的检验义务】买受人收到标的物时应当在约定的检验期限内检验。没有约定检验期限的，应当及时检验。

第六百二十一条 【买受人检验标的物的异议通知】当事人约定检验期限的，买受人应当在检验期限内将标的物的数量或者质量不符合约定的情形通知出卖人。买受人怠于通知的，视为标的物的数量或者质量符合约定。

当事人没有约定检验期限的，买受人应当在发现或者应当发现标的物的数量或者质量不符合约定的合理期限内通知出卖人。买受人在合理期限内未通知或者自收到标的物之日起二年内未通知出卖人的，视为标的物的数量或者质量符合约定；但是，对标的物有质量保证期的，适用质量保证期，不适用该二年的规定。

出卖人知道或者应当知道提供的标的物不符合约定的，买受人不受前两款规定的通知时间的限制。

第六百二十二条 【检验期限或质量保证期过短的处理】当事人约定的检验期限过短，根据标的物的性质和交易习惯，买受人在检验期限内难以完成全面检验的，该期限仅视为买受人对标的物的外观瑕疵提出异议的期限。

约定的检验期限或者质量保证期短于法律、行政法规规定期限的，应当以法律、行政法规规定的期限为准。

第六百二十三条 【标的物数量和外观瑕疵检验】当事人对检验期限未作约定，买受人签收的送货单、确认单等载明标的物数量、型号、规格的，推定买受人已经对数量和外观瑕疵进行检验，但是有相关证据足以推翻的除外。

第六百二十四条 【向第三人履行情形的检验标准】出卖人依照买受人的指示向第三人交付标的物，出卖人和买受人约定的检验标准与买受人和第三人约定的检验标准不一致的，以出卖人和买受人约定的检验标准为准。

第六百二十五条 【出卖人的回收义务】依照法律、行政法规的规定或者按照当事人的约定，标的物在有效使用年限届满后应予回收的，出卖人负有自行或者委托第三人对标的物予以回收的义务。

新解

本条系对标的物有效使用年限届满后出卖人回收义务的规定。

旧物回收义务系生产者延伸责任，即生产者除应当负担产品质量责任等传统责任外，还应当承担产品的回收、循环利用与最终处理的责任，以遵循《民法典》规定的"绿色原则"，保护环境、节约资源。

根据本条规定，出卖人为旧物回收义务人，在两种情况下，出卖人应当回收有效使用期限届满的标的物：一是"自愿回收"，即当事人之间有此约定；二是"强制回收"，即依照法律、行政法规的规定，出卖人对标的物负有回收义务。需要注意的是，本条所指的标的物包括两部分内容，既包括产品（如《固体废物污染环境防治法》中被列入强制回收目录的产品和包装物等），也包括废品（如《水污染防治法》与《海洋环境保护法》中提及废油、残油等）。

新案

南充市高坪区景某商贸有限公司、中山榄某销售有限公司等买卖合同纠纷案[①]

2018年1月20日，中山榄某销售有限公司（以下简称榄某公司）及南充市高坪区景某商贸有限公司（以下简称景某公司）、袁某云分别盖章、签名的《协议书》载："截止2017年12月18日，乙方（景某公司）欠甲方（榄某公司）总额1927882.37元，其中包括乙方欠丙方（榄某公司法定代表人罗某康）210000元借款和欠甲方1717882.37元货款。双方就合作及欠款归还达成如下协议：1.库存：乙方于2018年1月20日前发出退货（2017年生产、原箱装产品）约42万元，运费由乙方承担，具体退货明细及货值以甲方确认为准，相应退货金额甲方将对应扣除已兑现的销售奖励和商业折扣，欠款差额部分乙方在2019年8月10日前现金归还甲方并经双方确认后最终冲抵欠款。2.还款：乙方同意按以下方式偿还上述部分欠款，还款日期为每月10日前（具体还款情况详见下表）2018年1月10日17882.37元，2018年2月10日10000元……2019年9月10日90000元，合计1507882.37元……"双方还约定了其他事项。其后，景某公司未按时支付货款。榄某公司起诉要求景某公司支付货款及利息，景某公司主张现库存货物应当退货及相应价款应当抵扣货款。

生效裁判认为，根据上述双方签署并确认的2018年1月20日的协议书，就库存退货的货款仅约定为2017年生产、原箱装产品，价值约42万元。双方陈述自签署上述协议书未再进行进货交易，即应当无2018年生产的产品，若属2017年生产的上述范畴产品，在2018年1月20日对账签订协议书时应一并处理。双方之间成立的并非单纯的产品买卖/销售关系，还包

[①] 参见广东省中山市中级人民法院（2020）粤20民终3450号民事判决书，载中国裁判文书网，最后访问日期：2025年8月11日。

括特定区域授权经销、专营、专销等，授信赊销等产销合作关系，根据产品经营协议及相关授信协议中关于双方权利、责任、义务等的约定，榄某公司确有对越区域销售、低价销售进行管理处置，且有协助经销商盘点产品，防止产品积存过大，终止合同时收回库存产品的合同义务。同时，本案涉及销售榄某公司的日用化工产品，属于有害且对环境可能造成污染的产品，一旦超过使用期限即不能继续销售使用，亦不能就地倾倒、填埋或者销毁处理，只能退回生产厂家回收作无公害生化处理，否则，将造成巨大的环境污染损害。由生产厂家榄某公司集中销毁处理，既是合作经销合同赋予经销商的合同权利，也是生产厂家的义务。且根据《民法典》第625条的规定，无论是出于环保安全考虑，还是合同的约定或法律的规定，在双方终止经销合同关系后，就库存的有效使用年限届满或临近的产品，景某公司有权主张向榄某公司退货。但因景某公司未在本案就该部分退货权利提出反诉，榄某公司亦不确认该部分产品属于应回收退回的产品，且景某公司未提交充分证据证明该部分产品属于上述应当退货回收的范畴，故法院不予以审查处理。就其自行制作库存单要求扣减货款的抗辩不予支持，建议景某公司另行法律路径解决。

第六百二十六条　【买受人支付价款及方式】买受人应当按照约定的数额和支付方式支付价款。对价款的数额和支付方式没有约定或者约定不明确的，适用本法第五百一十条、第五百一十一条第二项和第五项的规定。

第六百二十七条　【买受人支付价款的地点】买受人应当按照约定的地点支付价款。对支付地点没有约定或者约定不明确，依据本法第五百一十条的规定仍不能确定的，买受人应当在出卖人的营业地支付；但是，约定支付价款以交付标的物或者交付提取标的物单证为条件的，在交付标的物或者交付提取标的物单证的所在地支付。

第六百二十八条　【买受人支付价款的时间】买受人应当按照约定的时间支付价款。对支付时间没有约定或者约定不明确，依据本法第五百一十条的规定仍不能确定的，买受人应当在收到标的物或者提取标的物单证的同时支付。

第六百二十九条　【出卖人多交标的物的处理】出卖人多交标的物的，买受人可以接收或者拒绝接收多交的部分。买受人接收多交部分的，按照约定的价格支付价款；买受人拒绝接收多交部分的，应当及时通知出卖人。

第六百三十条　【买卖合同标的物孳息的归属】标的物在交付之前产生的孳息，归出卖人所有；交付之后产生的孳息，归买受人所有。但是，当事人另有约定的除外。

第六百三十一条　【主物与从物在解除合同时的效力】因标的物的主物不符合约定而解除合同的，解除合同的效力及于从物。因标的物的从物不符合约定被解除的，解除的效力不及于主物。

第六百三十二条　【数物买卖合同的解除】标的物为数物，其中一物不符合约定的，买受人可以就该物解除。但是，该物与他物分离使标的物的价值显受损害的，买受人可以就数物解除合同。

第六百三十三条　【分批交付标的物的情况下解除合同的情形】出卖人分批交付标的物的，出卖人对其中一批标的物不交付或者交付不符合约定，致使该批标的物不能实现合同目的的，买受人可以就该批标的物解除。

出卖人不交付其中一批标的物或者交付不符合约定，致使之后其他各批标的物的交付不能实现合同目的的，买受人可以就该批以及之后其他各批标的物解除。

买受人如果就其中一批标的物解除，该批标的物与其他各批标的物相互依存的，可以就已经交付和未交付的各批标的物解除。

第六百三十四条　【分期付款买卖】分期付款的买受人未支付到期价款的数额达到全部价款的五分之一，经催告后在合理期限内仍未支付到期价款的，出卖人可以请求买受人支付全部价款或者解除合同。

出卖人解除合同的，可以向买受人请求支付该标的物的使用费。

第六百三十五条　【凭样品买卖合同】凭样品买卖的当事人应当封存样品，并可以对样品质量予以说明。出卖人交付的标的物应当与样品及其说明的质量相同。

第六百三十六条　【凭样品买卖合同样品存在隐蔽瑕疵的处理】凭样品买卖的买受人不知道样品有隐蔽瑕疵的，即使交付的标的物与样品相同，出卖人交付的标的物的质量仍然应当符合同种物的通常标准。

第六百三十七条　【试用买卖的试用期限】试用买卖的当事人可以约定标的物的试用期限。对试用期限没有约定或者约定不明确，依据本法第五百一十条的规定仍不能确定的，由出卖人确定。

第六百三十八条　【试用买卖合同买受人对标的物购买选择权】试用买卖的买受人在试用期内可以购买标的物，也可以拒绝购买。试用期限届满，买受人对是否购买标的物未作表示的，视为购买。

试用买卖的买受人在试用期内已经支付部分价款或者对标的物实施出卖、出租、设立担保物权等行为的，视为同意购买。

第六百三十九条　【试用买卖使用费】试用买卖的当事人对标的物使用费没有约定或者约定不明确的，出卖人无权请求买受人支付。

第六百四十条　【试用买卖中的风险承担】标的物在试用期内毁损、灭失的风险由出卖人承担。

新解

本条系对试用买卖合同中试用期间标的物毁损、灭失风险承担的规定。

所谓"风险"，是指标的物因不可归责于任何一方当事人的事由而遭受的意外损坏或灭失，如盗窃、碰撞、火灾等。风险不能是当事人的故意或过失造成的，而应当是意外原因或自然灾害等造成的。

我国是以标的物交付时间作为风险转移的时间，交付主义是标的物风险转移的一般规则。但试用买卖合同的风险转移时间为上述原则的例外，即试用买卖中试用期内标的物毁损、灭失风险的转移不以交付为原则，而仍由出卖人承担，属于法律特殊规定。一般的动产买卖合同中，标的物的交付意味着所有权的转移，所有权的转移则伴随着风险的转移，此条作为标的物风险转移原则例外规定的原因在于，试用买卖合同的模式是出卖人先交付标的物给买受人试用，在买受人试用满意或认可标的物之前，买卖合同尚未生效，标的物的所有权并未转移，故标的物灭失、毁损的风险也未转移。此条规定的目的是保障买受人的试用权利。

> **第六百四十一条 【标的物所有权保留条款】**当事人可以在买卖合同中约定买受人未履行支付价款或者其他义务的，标的物的所有权属于出卖人。
>
> 出卖人对标的物保留的所有权，未经登记，不得对抗善意第三人。

新解

本条系对所有权保留买卖合同的规定。

所有权保留买卖合同是出卖人保留标的物所有权的一种特殊形式的买卖合同，出卖人通过在买受人履行支付价款或者其他义务之前保留所有权的方式规避不能取得标的物价款等风险，此种买卖合同具有一定的担保性质。适用本条时应注意，当事人之间不能随意约定出卖人保留标的物所有权的条件，只能约定在买受人不履行主要义务的情况下出卖人保留标的物。

一般而言，动产以交付作为所有权转移标志，不需要登记，交付和占有的外观即为买受人获得标的物所有权的凭证，该凭证可以对抗善意第三人。但在所有权保留买卖合同中，"交付和占有"并不代表所有权的转移，但"交付和占有"的外观却让买受人可以在未取得标的物所有权的情况下"处分"该标的物。为规范上述行为，保护第三人的合法权益，《民法典》设置本款规定，若所有权保留买卖合同未登记，则只能在合同相对人之间产生效力，若要取得可以对抗善意第三人的效力，则需要登记。

关联指引

《最高人民法院关于适用〈中华人民共和国企业破产法〉若干问题的规定（二）》第 37 条

《最高人民法院关于适用〈中华人民共和国民法典〉有关担保制度的解释》第 1 条、第 54 条、第 67 条

> **第六百四十二条　【所有权保留中出卖人的取回权】**当事人约定出卖人保留合同标的物的所有权，在标的物所有权转移前，买受人有下列情形之一，造成出卖人损害的，除当事人另有约定外，出卖人有权取回标的物：
> （一）未按照约定支付价款，经催告后在合理期限内仍未支付；
> （二）未按照约定完成特定条件；
> （三）将标的物出卖、出质或者作出其他不当处分。
> 出卖人可以与买受人协商取回标的物；协商不成的，可以参照适用担保物权的实现程序。

新解

本条系对所有权保留买卖合同出卖人的取回权的行使条件和程序的规定。

根据本条第 1 款的规定，当买受人出现违约情形，并且该违约情形对出卖人的利益造成损害时，出卖人可以取回标的物，该项权利即为取回权。可以触发取回权的违约情形包括：（1）买受人未按照约定支付价款，为避免取回权的滥用，本款规定了买受人未及时支付价款时出卖人的催告程序，即在出卖人催告后的合理期限内买受人仍未支付价款时，出卖人方能行使取回权；（2）买受人未按照约定完成特定条件；（3）买受人将标的物出卖出质，或作出其他不当处分。

本条第 2 款规定了取回权的实现程序。当买受人违约触发取回权时，出

卖人应当先通过与买受人协商的方式将标的物取回，如协商不成，则参照担保物权的实现程序行使取回权。

取回权是出卖人行使违约救济权利的有效手段。所有权保留是出卖人能够行使取回权的物权依据。在司法实践中，要注意区分取回权与合同解除权的区别。出卖人在行使取回权后，买卖合同并不自然解除，出卖人基于原合同获得的价款也无须返还。

关联指引

《最高人民法院关于适用〈中华人民共和国民法典〉有关担保制度的解释》第 64 条

《最高人民法院关于审理买卖合同纠纷案件适用法律问题的解释》第 26 条

《最高人民法院关于适用〈中华人民共和国企业破产法〉若干问题的规定（二）》第 2 条

第六百四十三条　【买受人回赎权及出卖人再出卖权】 出卖人依据前条第一款的规定取回标的物后，买受人在双方约定或者出卖人指定的合理回赎期限内，消除出卖人取回标的物的事由的，可以请求回赎标的物。

买受人在回赎期限内没有回赎标的物，出卖人可以以合理价格将标的物出卖给第三人，出卖所得价款扣除买受人未支付的价款以及必要费用后仍有剩余的，应当返还买受人；不足部分由买受人清偿。

第六百四十四条　【招标投标买卖的法律适用】 招标投标买卖的当事人的权利和义务以及招标投标程序等，依照有关法律、行政法规的规定。

第六百四十五条　【拍卖的法律适用】 拍卖的当事人的权利和义务以及拍卖程序等，依照有关法律、行政法规的规定。

第六百四十六条　【买卖合同准用于有偿合同】法律对其他有偿合同有规定的，依照其规定；没有规定的，参照适用买卖合同的有关规定。

第六百四十七条　【易货交易的法律适用】当事人约定易货交易，转移标的物的所有权的，参照适用买卖合同的有关规定。

第十章　供用电、水、气、热力合同

第六百四十八条　【供用电合同概念及强制缔约义务】供用电合同是供电人向用电人供电，用电人支付电费的合同。

向社会公众供电的供电人，不得拒绝用电人合理的订立合同要求。

新解

本条系对供用电合同的定义及供电人强制缔约义务的规定。

本条第1款是关于供用电合同的规定。供用电、水、气、热力合同虽然是一种典型合同，但就法律性质而言，其实质为买卖合同的一种，是一方转移财产所有权，另一方支付价款的双务有偿合同。因此，本章没有规定的内容，应当适用《民法典》第三编第九章关于买卖合同的相关规定。此类合同具有一定的特殊性，主要表现在：（1）供电人具有自然垄断性；（2）用电人具有广泛性；（3）合同标的具有特殊性，与人类正常的、基本的生活息息相关；（4）供电时间具有连续性，不能随意停止。

本条第2款明确了供电人的强制缔约义务。之所以要求供电人不得拒绝用电人订立合同的要求，有两方面考虑：一是为了保障用电人的合法权益，根据我国现行法律规定，供电企业只能在批准的供电营业区内向用户供电，且一个供电营业区内只设立一个供电营业机构，本供电营业区内的用电人想要使用电力，只能与该区域内的供电企业签订供用电合同，别无其他选择；二是为了保障社会整体利益，供电具有社会公益性质、电力不仅是居民生活的必需品，也是国家发展的必需品，供电是作为国家提供的公共产品的必然要求。

关联指引

《电力法》第 26 条至第 28 条、第 35 条

第六百四十九条　【供用电合同的内容】供用电合同的内容一般包括供电的方式、质量、时间，用电容量、地址、性质，计量方式，电价、电费的结算方式，供用电设施的维护责任等条款。

第六百五十条　【供用电合同的履行地点】供用电合同的履行地点，按照当事人约定；当事人没有约定或者约定不明确的，供电设施的产权分界处为履行地点。

第六百五十一条　【供电人的安全供电义务】供电人应当按照国家规定的供电质量标准和约定安全供电。供电人未按照国家规定的供电质量标准和约定安全供电，造成用电人损失的，应当承担赔偿责任。

第六百五十二条　【供电人中断供电时的通知义务】供电人因供电设施计划检修、临时检修、依法限电或者用电人违法用电等原因，需要中断供电时，应当按照国家有关规定事先通知用电人；未事先通知用电人中断供电，造成用电人损失的，应当承担赔偿责任。

第六百五十三条　【供电人抢修义务】因自然灾害等原因断电，供电人应当按照国家有关规定及时抢修；未及时抢修，造成用电人损失的，应当承担赔偿责任。

第六百五十四条　【用电人支付电费的义务】用电人应当按照国家有关规定和当事人的约定及时支付电费。用电人逾期不支付电费的，应当按照约定支付违约金。经催告用电人在合理期限内仍不支付电费和违约金的，供电人可以按照国家规定的程序中止供电。

供电人依据前款规定中止供电的，应当事先通知用电人。

新解

本条系对用电人支付电费义务的规定。

及时支付电费是用电人的基本合同义务。用电人若逾期未支付电费,应当支付违约金。违约金的具体标准《民法典》中并未规定,而是要求"按照约定"支付。实践中,供用电合同一般是供电人事先拟订的格式合同,其中的违约金条款一般按照《供电营业规则》第100条设置,即"用户在供电企业规定的期限内未交清电费时,应当承担电费滞纳的违约责任。电费违约金从逾期之日起计算至交纳日止。每日电费违约金按照下列规定计算,双方另有约定的除外:(一)居民用户每日按照欠费总额的千分之一计算;(二)其他用户:1. 当年欠费部分,每日按照欠费总额的千分之二计算;2. 跨日历年欠费部分,每日按照欠费总额的千分之三计算。电费违约金收取总额按日累加计收。"

若用电人一直拒绝支付电费,供电人为保护自己的合法权益,可以中止供电,但应当先催告用电人,用电人收到催告后,若在合理期限内仍未支付电费及违约金,供电人才可以正式中止供电。

本条第2款规定了在用电人未及时支付电费导致供电人中止供电时,供电人的事先通知义务。电力的供应与正常的生产生活紧密相关,虽然是用电人违约在先,但为了充分保障用电人的正常生产生活,供电人在中止供电前也应当履行事先通知义务。

关联指引

《电力法》第33条、第35条

第六百五十五条　【用电人安全用电义务】用电人应当按照国家有关规定和当事人的约定安全、节约和计划用电。用电人未按照国家有关规定和当事人的约定用电,造成供电人损失的,应当承担赔偿责任。

第六百五十六条　【供用水、气、热力合同参照适用供用电合同】供用水、供用气、供用热力合同,参照适用供用电合同的有关规定。

新案

段某、高台县某某热力有限责任公司供用热力合同纠纷案[①]

高台县某某热力有限责任公司系从事热力供应的企业，自2018年11月为段某居住的小区供暖，因段某连续两年未支付暖气费，高台县某某热力有限责任公司于2020年5月25日采取断管措施，停止向段某供暖。现高台县某某热力有限责任公司诉至法院要求段某支付拖欠的供暖费。

生效裁判认为，根据《民法典》第648条、第654条、第656条的规定，可以确认供用热力合同为双务合同，即供热人和用热人均负有义务。供热人的主要义务是保质保量在供热期间向用热人供热，用热人的主要义务是按标准向供热人支付供热费用。从本案查明的事实来看，段某拖欠高台县某某热力有限责任公司2018年、2019年的供热费用4875元，且2020年11月第三个采暖期即将到来时仍不支付，段某已严重违约，按照上述法律规定，高台县某某热力有限责任公司向段某张贴了交费通知，并采取中止供暖的措施，督促段某履行交费义务并无不当，段某应当支付上述供暖费。

第十一章　赠与合同

第六百五十七条　【赠与合同的概念】 赠与合同是赠与人将自己的财产无偿给予受赠人，受赠人表示接受赠与的合同。

第六百五十八条　【赠与的任意撤销及限制】 赠与人在赠与财产的权利转移之前可以撤销赠与。

经过公证的赠与合同或者依法不得撤销的具有救灾、扶贫、助残等公益、道德义务性质的赠与合同，不适用前款规定。

[①] 参见甘肃省张掖市中级人民法院（2021）甘07民终1489号民事判决书，载中国裁判文书网，最后访问日期：2025年8月11日。

第六百五十九条 【赠与特殊财产需要办理有关法律手续】赠与的财产依法需要办理登记或者其他手续的，应当办理有关手续。

第六百六十条 【法定不得撤销赠与的赠与人不交付赠与财产的责任】经过公证的赠与合同或者依法不得撤销的具有救灾、扶贫、助残等公益、道德义务性质的赠与合同，赠与人不交付赠与财产的，受赠人可以请求交付。

依据前款规定应当交付的赠与财产因赠与人故意或者重大过失致使毁损、灭失的，赠与人应当承担赔偿责任。

第六百六十一条 【附义务的赠与合同】赠与可以附义务。

赠与附义务的，受赠人应当按照约定履行义务。

第六百六十二条 【赠与财产的瑕疵担保责任】赠与的财产有瑕疵的，赠与人不承担责任。附义务的赠与，赠与的财产有瑕疵的，赠与人在附义务的限度内承担与出卖人相同的责任。

赠与人故意不告知瑕疵或者保证无瑕疵，造成受赠人损失的，应当承担赔偿责任。

第六百六十三条 【赠与人的法定撤销情形及撤销权行使期间】受赠人有下列情形之一的，赠与人可以撤销赠与：

（一）严重侵害赠与人或者赠与人近亲属的合法权益；

（二）对赠与人有扶养义务而不履行；

（三）不履行赠与合同约定的义务。

赠与人的撤销权，自知道或者应当知道撤销事由之日起一年内行使。

第六百六十四条 【赠与人的继承人或法定代理人的撤销权】因受赠人的违法行为致使赠与人死亡或者丧失民事行为能力的，赠与人的继承人或者法定代理人可以撤销赠与。

赠与人的继承人或者法定代理人的撤销权，自知道或者应当知道撤销事由之日起六个月内行使。

第六百六十五条 【撤销赠与的效力】撤销权人撤销赠与的，可以向受赠人请求返还赠与的财产。

第六百六十六条 【赠与义务的免除】赠与人的经济状况显著恶化，严重影响其生产经营或者家庭生活的，可以不再履行赠与义务。

第十二章 借款合同

第六百六十七条 【借款合同的定义】借款合同是借款人向贷款人借款，到期返还借款并支付利息的合同。

第六百六十八条 【借款合同的形式和内容】借款合同应当采用书面形式，但是自然人之间借款另有约定的除外。

借款合同的内容一般包括借款种类、币种、用途、数额、利率、期限和还款方式等条款。

第六百六十九条 【借款合同借款人的告知义务】订立借款合同，借款人应当按照贷款人的要求提供与借款有关的业务活动和财务状况的真实情况。

第六百七十条 【借款利息不得预先扣除】借款的利息不得预先在本金中扣除。利息预先在本金中扣除的，应当按照实际借款数额返还借款并计算利息。

第六百七十一条 【提供及收取借款迟延责任】贷款人未按照约定的日期、数额提供借款，造成借款人损失的，应当赔偿损失。

借款人未按照约定的日期、数额收取借款的，应当按照约定的日期、数额支付利息。

第六百七十二条 【贷款人对借款使用情况检查、监督的权利】贷款人按照约定可以检查、监督借款的使用情况。借款人应当按照约定向贷款人定期提供有关财务会计报表或者其他资料。

第六百七十三条 【借款人违约使用借款的后果】借款人未按照约定的借款用途使用借款的，贷款人可以停止发放借款、提前收回借款或者解除合同。

第六百七十四条 【借款利息支付期限的确定】借款人应当按照约定的期限支付利息。对支付利息的期限没有约定或者约定不明确，依据本法第五百一十条的规定仍不能确定，借款期间不满一年的，应当在返还借款时一并支付；借款期间一年以上的，应当在每届满一年时支付，剩余期间不满一年的，应当在返还借款时一并支付。

第六百七十五条 【还款期限的确定】借款人应当按照约定的期限返还借款。对借款期限没有约定或者约定不明确，依据本法第五百一十条的规定仍不能确定的，借款人可以随时返还；贷款人可以催告借款人在合理期限内返还。

第六百七十六条 【借款合同违约责任承担】借款人未按照约定的期限返还借款的，应当按照约定或者国家有关规定支付逾期利息。

第六百七十七条 【提前偿还借款】借款人提前返还借款的，除当事人另有约定外，应当按照实际借款的期间计算利息。

第六百七十八条 【借款展期】借款人可以在还款期限届满前向贷款人申请展期；贷款人同意的，可以展期。

第六百七十九条 【自然人之间借款合同的成立】自然人之间的借款合同，自贷款人提供借款时成立。

第六百八十条 【借款利率和利息】禁止高利放贷，借款的利率不得违反国家有关规定。

借款合同对支付利息没有约定的，视为没有利息。

借款合同对支付利息约定不明确，当事人不能达成补充协议的，按照当地或者当事人的交易方式、交易习惯、市场利率等因素确定利息；自然人之间借款的，视为没有利息。

新解

本条是关于借款利息的规定。

本条第 1 款对高利放贷进行了限制。高利放贷是暴利行为，有悖于公平原则，损害借款人的利益，因此借款合同中约定的利息高于国家规定标准的部分归于无效。需注意的是，国家对最高利息限额的规定不仅约束借款利息，还约束逾期利息、罚金等。借款人可以同时支付违约金及利息，但违约金及利息的总额上限也不得超过国家规定的最高利息限额。

本条第 2 款、第 3 款对民事借款合同和商事借款合同进行了区分，考虑到非自然人之间的借款合同一般为商事借款合同，而商事合同具有一定的营利性，非自然人之间的借款合同一般应支付利息。因此，对于非自然人之间的借款合同，若未约定利息，则不应支付；若对利息约定不明，而且当事人针对利息不能达成补充协议的，应当按照当地或者当事人的交易方式、交易习惯、市场利率等因素确定利息。

关联指引

《最高人民法院关于审理民间借贷案件适用法律若干问题的规定》第 24 条、第 25 条、第 27 条

第十三章 保证合同

第一节 一般规定

第六百八十一条 【保证合同的概念】 保证合同是为保障债权的实现，保证人和债权人约定，当债务人不履行到期债务或者发生当事人约定的情形时，保证人履行债务或者承担责任的合同。

第六百八十二条 【保证合同的附从性及被确认无效后的责任分配】 保证合同是主债权债务合同的从合同。主债权债务合同无效的，保证合同无效，但是法律另有规定的除外。

保证合同被确认无效后，债务人、保证人、债权人有过错的，应当根据其过错各自承担相应的民事责任。

新解

本条系对保证合同与主债权债务合同的关系及保证合同无效后的责任分配的规定。

保证合同对主债权债务合同的从属性体现在五个方面：（1）成立：保证合同以主合同的成立为前提；（2）消灭：主债权债务合同债务消灭的，保证债务也消灭；（3）抗辩：保证人因从属地位取得债务人的抗辩权，即使债务人放弃对债权人的抗辩权，保证人仍然可以主张行使该抗辩权；（4）变更：债权人将全部或者部分债权转让给第三人，通知保证人后，保证人对受让人承担相应的保证责任，保证合同不得单独转让；（5）效力：主债权债务合同无效的，保证合同也无效，但是法律另有规定的除外。

本条第1款第2句的但书条款，主是防止债权人利用保证独立性进行欺诈滥用权利而获得利益，故此处对独立保证的适用范围进行了限制。

本条第2款规定了保证合同无效后的法律责任。保证合同无效的情形主要有两种：（1）主合同有效，保证合同因自身欠缺生效要件而归于无效，此时保证人或债权人因过错而承担的民事责任的性质是缔约过失责任；（2）主合同无效导致担保合同无效，此时保证人无须承担保证责任，但是要承担自己在订立保证合同时的过错责任。

新案

黄某姬、刘某东等民间借贷纠纷案[①]

2015年9月30日，刘某东与廖某伟、黄某某签订了《借款合同》，约定借款本金300万元，借款用途是资金周转，借款期限10个月。2015年9月30日，李某文、李某英、黄某姬、吴某品、许某发、吕某华、李某阳、福建省南安市某某石业有限公司与刘某东签订《保证合同》，对上述《借款合同》的债务提供不可撤销连带责任保证，保证期间自主合同履行期限届满之日起两年止。后廖某伟未按期还款，刘某东起诉要求廖某伟、黄某某归还本金及利息等，要求李某文、李某英、黄某姬、吴某品、许某发、吕某华、李某阳、福建省南安市某某石业有限公司承担连带保证责任。经查，刘某东自2015年以来，在法院提起多起民间借贷纠纷诉讼，被法院认定为职业放贷人。

生效裁判认为，关于案涉《保证合同》的效力问题，依据《最高人民法院关于审理民间借贷案件适用法律若干问题的规定》第13条第3项规定，未依法取得放贷资格的出借人，以营利为目的向社会不特定对象提供借款的，认定借贷合同无效。刘某东在一定期间内多次反复从事民间借贷行为，属于职业放贷人，故认定案涉《借款合同》无效正确。根据《民法典》第682条的规定，在没有法律另有规定的情况下，主合同《借款合同》无效，从合同《保证合同》也应无效，保证人无须承担相应的保证责任。且刘某东亦未举证证明保证人有相应过错，故保证人也无须承担其他的民事责任。

关联指引

《最高人民法院关于适用〈中华人民共和国民法典〉有关担保制度的解释》第2条、第3条、第17条

第六百八十三条　【保证人的资格】 机关法人不得为保证人，但是经国务院批准为使用外国政府或者国际经济组织贷款进行转贷的除外。

[①] 参见福建省厦门市中级人民法院（2021）闽02民终3407号民事判决书，载中国裁判文书网，最后访问日期：2025年8月11日。

以公益为目的的非营利法人、非法人组织不得为保证人。

第六百八十四条　【保证合同的一般内容】保证合同的内容一般包括被保证的主债权的种类、数额，债务人履行债务的期限，保证的方式、范围和期间等条款。

第六百八十五条　【保证合同的订立】保证合同可以是单独订立的书面合同，也可以是主债权债务合同中的保证条款。

第三人单方以书面形式向债权人作出保证，债权人接收且未提出异议的，保证合同成立。

新解

本条系对保证合同形式的规定。

保证合同为要式合同，有三种签订方式：第一种为单独订立的书面合同；第二种为主债权债务合同中的保证条款；第三种为第三人以书面形式作出的单方保证。需要注意的是，在第二种方式中，若主债权债务合同中没有保证条款，但当事人有承担保证责任的意思并以保证人的身份在主债权债务合同上签字或者盖章的，保证合同也可成立。

本条第2款规定的即为第三种方式，即第三人以书面形式作出的单方保证，债权人收到书面保证承诺书且未提出异议的，保证合同即成立。实践中，应当注意保证承诺书与安慰函的区别。安慰函，又称为赞助信、安慰信，是发函人为安抚债权人而出具的一种函件，表明当事人会对债务人清偿债务承担道义上的义务，或者督促债务人清偿债务等。原则上不应将安慰函视为保证，因其内容一般为"密切关注债务人的财务状况"等安慰性话语，但若安慰函中出现代债务人清偿或承担担保义务、保证债务人还款等内容的，可以将其视为保证合同。

新案

平凉市崆峒区某小额贷款有限责任公司、朱某等金融借款合同纠纷案[①]

2021年1月7日，某管业公司向平凉市崆峒区某小额贷款有限责任公司（以下简称某小额贷公司）出具《还款及担保承诺书》。该《还款及担保承诺书》载明："我公司因经营周转需要，于2014年8月15日向贵公司借款300万元；因购买设备及资金流动于2015年2月12日向贵公司借款1000万元，现两笔贷款均逾期，现就上述贷款偿还承诺如下：1. 上述两笔贷款承诺于2020年12月31日前还款30万元；2021年1月31日前还款30万元；2021年2月28日前还款30万元；剩余本息再与贵公司协商。2. 由我公司股东朱某、代某就该上述两笔贷款向贵公司承担连带责任保证担保，担保的范围为主债权本金、利息、罚息、复利、违约金、损害赔偿金、债权人实现债权一切费用。"某管业公司在借款人处盖章，朱某在法定代表人处签字捺印，代某在担保人（股东）处签字捺印。后某管业公司未按承诺归还借款，酿成纠纷，某小额贷公司诉至法院，要求某管业公司归还借款及利息，朱某、代某承担连带责任。

生效裁判认为，某小额贷公司向朱某、代某主张承担连带保证责任的依据为2021年1月7日出具的《还款及担保承诺书》，故本案应适用民法典的相关规定。《民法典》第685条第2款规定："第三人单方以书面形式向债权人作出保证，债权人接收且未提出异议的，保证合同成立。"案涉承诺书虽以某管业公司名义出具，但该要约内容包括朱某、代某愿意担保债权人的债权，有具体的债权数额及担保范围。保证合同作为单务合同，在某小额贷公司收到后未提出异议的情况下，保证合同即成立，代某在该承诺书担保人处签字捺印，承担连带责任保证的意思表示明确。关于朱某在法定代表人处签字是否应承担保证责任的问题。虽然朱某在法定代表人处签字，但其作为持有某管业公司80%股份的控股股东，在以某管业公司名义出具的承诺书中既包含公司对债务的确认，也载明由股东承担保证责任的情况下，其对自身

[①] 参见甘肃省高级人民法院（2021）甘民终594号民事判决书，载中国裁判文书网，最后访问日期：2025年8月11日。

将承担保证责任应是明知的，故可以认定其具有提供连带责任保证的意思表示，朱某、代某应当承担连带责任。

关联指引

《最高人民法院关于适用〈中华人民共和国民法典〉有关担保制度的解释》第 36 条

> **第六百八十六条　【保证方式】**保证的方式包括一般保证和连带责任保证。
>
> 当事人在保证合同中对保证方式没有约定或者约定不明确的，按照一般保证承担保证责任。

新解

本条是关于保证方式的规定。

本条第 1 款明确了承担保证责任的两种方式，即一般保证和连带责任保证。两种方式的主要区别在于承担责任的位阶不同。一般保证具有补充性，保证人只有在主债务人不履行债务时，有代为履行的义务，一般保证人享有先诉抗辩权，债权人应当先就主债务人的财产诉请强制执行，若执行后仍有未能清偿部分，方可请求一般保证人承担责任；连带责任保证中，保证人与主债务人处于同等位置，债权人可以选择先向债务人求偿，也可以选择先向保证人求偿，连带保证人无先诉抗辩权。

本条第 2 款是关于保证方式的推定的规定。如此规定的主要原因在于，第一，保证责任是一种补充责任，除非当事人有特别约定，否则若推定为连带保证责任，将使得保证人与债务人处于同等位置，背离了保证责任作为补充制度的初衷；第二，从逻辑角度分析，一般保证应为常态或一般情况，连带保证应为例外或特殊情况，对于特殊情况，应当明确约定，在没有约定或约定不明时，应当推定为一般情况。因此，由于保证责任具有单务性和无偿性，为保证法的公平和正义，避免打击当事人承担保证人角色的积极性，在主债权有保证的情况下，应倾向于保护保证人的利益，将保证方式推定为更有利于保证人的一般保证。

新案

方某、湖南某某医疗科技有限公司民间借贷纠纷案[①]

2021年9月10日，借款人湖南某某医疗科技有限公司（以下简称某某公司）（甲方）、贷款人方某（乙方）、担保人陈某蕙（丙方）共同签订《借款合同书》，约定："五、保证金额及责任。1.丙方愿意就上述借款本金加利息向乙方提供担保，保证金额为250万元（大写：人民币贰佰伍拾万元整）。2.丙方保证甲方能够按照上述借款的规定就丙方保证金额内的款项到期向乙方偿还。"某某公司未按期还款，方某起诉某某公司还款，一审法院支持方某部分诉讼请求，后某某公司上诉称一审法院遗漏了案件重要的共同被告，陈某蕙作为保证人，方某起诉时应当将陈某蕙列为共同被告一并起诉。

生效裁判认为，《民法典》第686条第2款规定："当事人在保证合同中对保证方式没有约定或者约定不明确的，按照一般保证承担保证责任。"《最高人民法院关于适用〈中华人民共和国民事诉讼法〉的解释》第66条规定："因保证合同纠纷提起的诉讼，债权人向保证人和被保证人一并主张权利的，人民法院应当将保证人和被保证人列为共同被告。保证合同约定为一般保证，债权人仅起诉保证人的，人民法院应当通知被保证人作为共同被告参加诉讼；债权人仅起诉被保证人的，可以只列被保证人为被告。"《最高人民法院关于审理民间借贷案件适用法律若干问题的规定》第4条规定："保证人为借款人提供连带责任保证，出借人仅起诉借款人的，人民法院可以不追加保证人为共同被告；出借人仅起诉保证人的，人民法院可以追加借款人为共同被告。保证人为借款人提供一般保证，出借人仅起诉保证人的，人民法院应当追加借款人为共同被告；出借人仅起诉借款人的，人民法院可以不追加保证人为共同被告。"某某公司、方某、

[①] 参见湖南省长沙市中级人民法院（2022）湘01民终10594号民事判决书，载中国裁判文书网，最后访问日期：2025年8月11日。

陈某蕙在《借款合同书》中对保证方式未进行约定，债权人方某在一审时仅起诉被保证人某某公司，故一审法院仅列某某公司为被告并无不当，并未遗漏共同被告。

> **第六百八十七条　【一般保证及先诉抗辩权】** 当事人在保证合同中约定，债务人不能履行债务时，由保证人承担保证责任的，为一般保证。
>
> 一般保证的保证人在主合同纠纷未经审判或者仲裁，并就债务人财产依法强制执行仍不能履行债务前，有权拒绝向债权人承担保证责任，但是有下列情形之一的除外：
>
> （一）债务人下落不明，且无财产可供执行；
>
> （二）人民法院已经受理债务人破产案件；
>
> （三）债权人有证据证明债务人的财产不足以履行全部债务或者丧失履行债务能力；
>
> （四）保证人书面表示放弃本款规定的权利。

新解

本条系对一般保证及一般保证人先诉抗辩权的规定。

一般保证，是指在债权人和债务人的主合同纠纷经过了人民法院的审理或者仲裁机构的仲裁，并且人民法院依法对债务人的财产执行后，仍然不能清偿债务的，保证人对未能清偿的部分承担责任的保证方式。若主合同纠纷未经过审判或者仲裁，并就债务人财产依法强制执行仍不能履行的，此时债权人要求一般保证人承担保证责任，保证人有权拒绝，此即为先诉抗辩权。

先诉抗辩权的适用存在例外规定：（1）债务人下落不明，且无财产可供执行，此项解决了实务中对于"住所变更"和"重大困难"认定不一的问题；（2）人民法院已经受理债务人破产案件，如债权人对于主债务人享有物权担保，且可以满足其债权的，保证人仍享有先诉抗辩权；（3）债权人有证据证明债务人的财产不足以履行全部债务或者丧失履行债务能力，此项为兜底条款，前三项本质均为债权人已经无力履行债务，先诉抗辩权作为延缓性抗辩权，其延缓效果已无存在必要；（4）保证人书面表示放弃先诉抗辩权，应注意，由于放弃先诉抗辩权相当于保证人承担的为连带责任，保证人的放弃承诺一定要采取书面形式。

新案

未约定保证方式，该承担何种保证责任？[①]

2021年1月9日，王某找钱某借钱，钱某担心王某到期不能还钱，要求王某找人担保。王某找来郭某担保，郭某在借条落款"担保人"上签了字，双方没有约定保证方式是一般保证还是连带保证。到期后，王某果然不能还钱。钱某找郭某承担保证责任，郭某说自己是一般保证，让钱某先找王某还，王某还不了才能找他。但是钱某不同意，认为双方没有约定保证方式，应该是连带担保，自己有权找王某或郭某要。双方争执不下，钱某将王某与郭某均诉至法院，请求王某和郭某承担连带还款责任。

根据《民法典》的规定，当事人在保证合同中对保证方式没有约定或者约定不明确的，按照一般保证承担保证责任。一般保证和连带保证的区别在于，一般保证债权人要先找债务人，债务人无力偿还之后才能找保证人。故债权人向法院仅起诉一般保证人的，法院应当驳回起诉。此时债权人可以只起诉债务人，待债权人与债务人之间的主债务合同纠纷经过审判或者仲裁，并就债务人财产依法强制执行仍不能履行债务的，再找一般保证人。或者债权人一并起诉债务人和保证人，但法院在作出判决时，会在判决书主文中明确，保证人仅对债务人财产依法强制执行后仍不能履行的部分承担保证责任。而连带保证无须先找债务人，可以直接找保证人。而根据原《担保法》第19条规定，当事人对保证方式没有约定或者约定不明确的，按照连带责任保证承担保证责任。本案中，如果按照原《担保法》第19条的规定，是连带保证，但是按照《民法典》规定是一般保证，这是原《担保法》和《民法

[①] 参见郭花、郭东波：《未约定保证方式，该承担何种保证责任？》，载最高人民检察院网，https://www.spp.gov.cn/spp/llyj/202105/t20210519_518602.shtml，最后访问日期：2025年8月11日。

典》的最大区别。

类案适用提示

实践中，担保人作出保证的形式多样，有的是担保人与债权人、债务人签订三方的借款担保协议，有的是担保人与债权人签订单独的保证合同，还有的是担保人单方以承诺函或保证书等书面形式向债权人作出保证，甚至有的是担保人在借据上以保证人身份签字。但无论采取何种形式，为避免将来债权人和担保人就如何承担保证责任产生争议，担保人要明确提供的保证方式是一般保证还是连带保证以及保证的金额和范围，最后要签字或盖章。

关联指引

《最高人民法院关于适用〈中华人民共和国民法典〉有关担保制度的解释》第25条至第28条

第六百八十八条　【连带责任保证】 当事人在保证合同中约定保证人和债务人对债务承担连带责任的，为连带责任保证。

连带责任保证的债务人不履行到期债务或者发生当事人约定的情形时，债权人可以请求债务人履行债务，也可以请求保证人在其保证范围内承担保证责任。

第六百八十九条　【反担保】 保证人可以要求债务人提供反担保。

第六百九十条　【最高额保证合同】 保证人与债权人可以协商订立最高额保证的合同，约定在最高债权额限度内就一定期间连续发生的债权提供保证。

最高额保证除适用本章规定外，参照适用本法第二编最高额抵押权的有关规定。

第二节 保证责任

第六百九十一条 【保证责任的范围】 保证的范围包括主债权及其利息、违约金、损害赔偿金和实现债权的费用。当事人另有约定的，按照其约定。

第六百九十二条 【保证期间】 保证期间是确定保证人承担保证责任的期间，不发生中止、中断和延长。

债权人与保证人可以约定保证期间，但是约定的保证期间早于主债务履行期限或者与主债务履行期限同时届满的，视为没有约定；没有约定或者约定不明确的，保证期间为主债务履行期限届满之日起六个月。

债权人与债务人对主债务履行期限没有约定或者约定不明确的，保证期间自债权人请求债务人履行债务的宽限期届满之日起计算。

新解

本条系对保证期间的规定。

本条第1款对保证期间的定义进行了规定。保证期间是一种不同于诉讼时效和除斥期间的特殊期间，若债权人在保证期间内提起诉讼或仲裁，保证期间的作用即已发挥，因此保证期间不会中止、中断和延长。

本条第2款规定了保证期间的时长。保证期间有两种：第一种为约定保证期间，当事人可以对保证期间进行约定，但该约定必须明确且晚于主债务履行期限；第二种为法定保证期间，若当事人对保证期间没有约定或约定不明，不能允许保证期间无休止存在，如此对保证人不公，因此需要法定保证期间予以限制。根据本款规定，没有约定或者约定不明确的，保证期间均为6个月，起算时间均为主债务履行期限届满之日起。

本条第3款系对第2款保证期间起算时间的补充。因保证合同起算期间为主债务履行期限届满之日，因此当主债务履行期限没有约定或者约定不明确时如何确定保证期间起算日期尤为重要。根据本款规定，此种情况下保证期间的起算时间应当为债权人请求债务人履行债务的宽限期届满之日，这也与《民法典》第 511 条相呼应。

新案

姚某、王某亭等民间借贷纠纷案[①]

2017 年 6 月 12 日，姚某和安丘某某公司签订借贷协议，其中第 3 条第 3 款约定的王某亭承担连带保证责任的 141.9894 万元的付款期限为：乙方（安丘某某公司）保证于 2017 年 8 月 12 日前将欠款支付给姚某。因此，债务履行期限为 2017 年 8 月 12 日起。合同另约定双方协商期间为 18 个月，未约定保证期间。2021 年 8 月姚某起诉要求安丘某某公司还款，王某亭承担连带保证责任。

生效裁判认为，主债务履行期限届满之日为 2019 年 2 月 12 日，根据《民法典》第 692 条、第 693 条的规定，姚某要求王某亭承担担保责任，最迟应当在 2019 年 8 月 12 日前主张权利，但姚某未在该期限内主张权利，直到 2021 年 8 月才主张权利，显然已经超出保证期间，故王某亭主张姚某在保证期间内未依法行使权利，保证责任灭失，其不应承担连带清偿责任，符合法律规定，依法应予支持。

关联指引

《最高人民法院关于适用〈中华人民共和国民法典〉有关担保制度的解释》第 32 条、第 33 条

第六百九十三条　【保证期间届满的法律效果】一般保证的债权人未在保证期间对债务人提起诉讼或者申请仲裁的，保证人不再承担保证责任。

[①] 参见山东省潍坊市中级人民法院（2022）鲁 07 民终 815 号民事判决书，载中国裁判文书网，最后访问日期：2025 年 8 月 11 日。

连带责任保证的债权人未在保证期间请求保证人承担保证责任的，保证人不再承担保证责任。

第六百九十四条　【保证债务的诉讼时效】一般保证的债权人在保证期间届满前对债务人提起诉讼或者申请仲裁的，从保证人拒绝承担保证责任的权利消灭之日起，开始计算保证债务的诉讼时效。

连带责任保证的债权人在保证期间届满前请求保证人承担保证责任的，从债权人请求保证人承担保证责任之日起，开始计算保证债务的诉讼时效。

新解

本条系对保证合同诉讼时效的规定。

关于保证期间和诉讼时效的关系，如果债权人未在保证期间内向保证人主张权利，保证合同消灭，保证人无须再履行保证责任，此情况与诉讼时效问题无关；但当债权人在保证期间内根据法律规定的方式向保证人主张权利，此时保证债权开始受诉讼时效的规制，即保证期间制度发挥的作用结束，诉讼时效开始发挥功能，在此后诉讼时效内（现行规定为3年），若债权人未向保证人要求其承担保证责任，诉讼时效经过，保证人开始享有诉讼时效届满的抗辩权。

本条属于《民法典》第188条第2款关于诉讼时效起算时间的例外规定。一般诉讼时效期间是自权利人知道或者应当知道权利受到损害以及义务人之日起计算，而在保证合同中，需区分不同情形。本条第1款规定的为一般保证的诉讼时效起算时间，对一般保证人的先诉抗辩权予以考虑，从保证人拒绝承担保证责任的权利消灭之日起，开始计算保证债务的诉讼时效。连带保证并无先诉抗辩权的问题，故本条第2款规定，诉讼时效的起算时间为债权人请求保证人承担保证责任之日。

关联指引

《最高人民法院关于适用〈中华人民共和国民法典〉有关担保制度的解释》第 28 条

> **第六百九十五条　【主合同变更对保证责任的影响】** 债权人和债务人未经保证人书面同意，协商变更主债权债务合同内容，减轻债务的，保证人仍对变更后的债务承担保证责任；加重债务的，保证人对加重的部分不承担保证责任。
>
> 债权人和债务人变更主债权债务合同的履行期限，未经保证人书面同意的，保证期间不受影响。
>
> **第六百九十六条　【债权转让时保证人的保证责任】** 债权人转让全部或者部分债权，未通知保证人的，该转让对保证人不发生效力。
>
> 保证人与债权人约定禁止债权转让，债权人未经保证人书面同意转让债权的，保证人对受让人不再承担保证责任。

新解

本条系关于主债权转让对保证责任影响的规定。

本条第 1 款体现了保证合同的从属性。当主债权转让时，应当通知保证人，通知后保证担保与主债权一并转让，未通知保证人的转让对保证人不发生效力。这一要求与《民法典》第 546 条规定的债权让与通知要求相同。

一般情况下，债权转让仅需通知保证人，无须征得保证人的同意。但本条第 2 款规定，若保证人与债权人事先约定了禁止债权转让，此时若希望保证担保一并转让，需征得保证人的书面同意。需注意的是，因本条的目的在于规范保证人承担责任的问题，当事人"禁止债权转让"的约定，应理解为是对保证债权禁止转让的约定，而非对债权人主债权禁止转让的约定。允许保证人与债权人有此约定是因为保证担保基于当事人之间的信用关系而建立，属于信用担保，保证人有权要求对与债权人之间的关系予以固定。

关联指引

《最高人民法院关于适用〈中华人民共和国民法典〉有关担保制度的解释》第 20 条

> **第六百九十七条　【债务承担对保证责任的影响】**债权人未经保证人书面同意,允许债务人转移全部或者部分债务,保证人对未经其同意转移的债务不再承担保证责任,但是债权人和保证人另有约定的除外。
>
> 第三人加入债务的,保证人的保证责任不受影响。

新解

本条系对主债务转移后保证人承担责任情况的规定。

保证人愿意提供担保往往基于对主债务人的信任、情谊等原因,主债务人发生变化,保证人承担保证责任的风险也会随之变化,从而影响保证人的担保意愿,因此虽然保证合同具有从属性,但在主债务转让时,保证担保并不自然而然随之转让,而是应经过保证人书面同意,除非保证人与债权人另有约定。需要注意的是,即便是债务人部分转让债务,对于转让的部分,也应当经过保证人的书面同意,否则保证人对转让的部分不承担责任。

当第三人加入债务时,主债务的履行增加了一重保障,不仅对保证人无不利影响,保证人承担保证责任的风险概率还有可能减小,因此在此情况下,保证人的保证责任不受影响。

关联指引

《最高人民法院关于适用〈中华人民共和国民法典〉有关担保制度的解释》第 20 条、第 36 条

第六百九十八条　【一般保证人免责】一般保证的保证人在主债务履行期限届满后,向债权人提供债务人可供执行财产的真实情况,债权人放弃或者怠于行使权利致使该财产不能被执行的,保证人在其提供可供执行财产的价值范围内不再承担保证责任。

第六百九十九条　【共同保证】同一债务有两个以上保证人的,保证人应当按照保证合同约定的保证份额,承担保证责任;没有约定保证份额的,债权人可以请求任何一个保证人在其保证范围内承担保证责任。

第七百条　【保证人的追偿权】保证人承担保证责任后,除当事人另有约定外,有权在其承担保证责任的范围内向债务人追偿,享有债权人对债务人的权利,但是不得损害债权人的利益。

新解

本条是关于保证人的追偿权的规定。

保证人在承担保证责任后,其可以向保证人追偿。该追偿权的请求权基础有两种解释路径:一为保证人在承担保证责任后,对于其承担责任的部分取得债权人的地位,享有债权人对债务人的权利;二为基于基础关系,保证人通常是因主债务人的请托而向债权人提供保证,具体而言,保证人与债务人之间的基础关系,常见的有委托合同、赠与合同和无因管理三种情形,保证人之所以为债务人的债务提供保证,是因为受债务人的委托,或保证人以赠与的意思提供保证,如果既没有委托,也没有赠与意思,那么保证人和债务人之间可能构成无因管理的法律关系。

保证人追偿权的成立,须满足以下三个要件:(1)保证人实际承担了保证责任;(2)保证人承担责任的范围内主债务人因而免责,如主债务已经诉讼时效届满,保证人即便进行清偿,也对债务人不享有追偿权;(3)保证人无赠与的意思,债务人主张因为存在赠与意思而保证人不享有追偿权的,需要对此负举证责任。

新案

湖南某某置业投资有限责任公司、赵某波追偿权纠纷案[①]

赵某波（借款人）、某某置业（保证人）与中国建设银行股份有限公司某某市分行（贷款人）签订《个人住房（商业用房）借款合同》，赵某波未按约还款，某某置业为其向债权人承担保证责任，后诉至法院向赵某波追偿。

生效裁判认为，依法成立的合同，对当事人具有法律约束力。上述合同系当事人真实意思表示，其内容不违反相关法律法规强制性规定，合同合法有效，各方当事人均应依约履行合同义务。依照《民法典》第700条"保证人承担保证责任后，除当事人另有约定外，有权在其承担保证责任的范围内向债务人追偿，享有债权人对债务人的权利，但是不得损害债权人的利益"之规定，某某置业为赵某波向债权人承担保证责任后，依法享有对赵某波的追偿权，故对某某置业要求赵某波支付代偿款83930.50元的诉讼请求，法院予以支持。

关联指引

《最高人民法院关于适用〈中华人民共和国民法典〉有关担保制度的解释》第14条、第18条、第20条、第23条、第24条、第35条

> **第七百零一条　【保证人的抗辩权】** 保证人可以主张债务人对债权人的抗辩。债务人放弃抗辩的，保证人仍有权向债权人主张抗辩。
>
> **第七百零二条　【抵销权或撤销权范围内的免责】** 债务人对债权人享有抵销权或者撤销权的，保证人可以在相应范围内拒绝承担保证责任。

[①] 参见湖南省常德市中级人民法院（2022）湘07民终1410号民事判决书，载中国裁判文书网，最后访问日期：2025年8月11日。

新解

本条系对保证人享有债务人的抵销权和撤销权的规定。

保证责任具有从属性，保证债务与主债务具有一体性，因此，当债务人对债权人享有抵销权或者撤销权时，保证人也应当享有相应权利，即当债权人向保证人主张保证债权时，保证人可以在债务人享有的抵销权和撤销权相应的范围内，拒绝承担保证责任。

适用本条时应注意以下几点：第一，保证人享有的是一般抗辩权，保证人不能直接向债权人主张债务人享有撤销权；第二，"债务人对债权人享有抵销权和撤销权"所指的应当是满足法律对抵销权和撤销权的相关规定，具备相应构成要件后，保证人才可以主张这一抗辩权；第三，如主债权债务合同因债权人的欺诈等行为而得以撤销，此时作为从合同，保证合同也不再具有效力，此条也无适用余地。

关联指引

《最高人民法院关于适用〈中华人民共和国民法典〉有关担保制度的解释》第20条

第十四章　租赁合同

第七百零三条　【租赁合同的概念】租赁合同是出租人将租赁物交付承租人使用、收益，承租人支付租金的合同。

第七百零四条　【租赁合同的内容】租赁合同的内容一般包括租赁物的名称、数量、用途、租赁期限、租金及其支付期限和方式、租赁物维修等条款。

第七百零五条　【租赁期限的最高限制】租赁期限不得超过二十年。超过二十年的，超过部分无效。

租赁期限届满，当事人可以续订租赁合同；但是，约定的租赁期限自续订之日起不得超过二十年。

第七百零六条 【租赁合同登记对合同效力影响】当事人未依照法律、行政法规规定办理租赁合同登记备案手续的，不影响合同的效力。

第七百零七条 【租赁合同形式】租赁期限六个月以上的，应当采用书面形式。当事人未采用书面形式，无法确定租赁期限的，视为不定期租赁。

第七百零八条 【出租人义务】出租人应当按照约定将租赁物交付承租人，并在租赁期限内保持租赁物符合约定的用途。

第七百零九条 【承租人义务】承租人应当按照约定的方法使用租赁物。对租赁物的使用方法没有约定或者约定不明确，依据本法第五百一十条的规定仍不能确定的，应当根据租赁物的性质使用。

第七百一十条 【承租人合理使用租赁物的免责】承租人按照约定的方法或者根据租赁物的性质使用租赁物，致使租赁物受到损耗的，不承担赔偿责任。

第七百一十一条 【承租人未合理使用租赁物的责任】承租人未按照约定的方法或者未根据租赁物的性质使用租赁物，致使租赁物受到损失的，出租人可以解除合同并请求赔偿损失。

第七百一十二条 【出租人的维修义务】出租人应当履行租赁物的维修义务，但是当事人另有约定的除外。

第七百一十三条 【租赁物的维修和维修费负担】承租人在租赁物需要维修时可以请求出租人在合理期限内维修。出租人未履行维修义务的，承租人可以自行维修，维修费用由出租人负担。因维修租赁物影响承租人使用的，应当相应减少租金或者延长租期。

因承租人的过错致使租赁物需要维修的，出租人不承担前款规定的维修义务。

新解

本条系对出租人的维修义务以及出租人未尽维修义务时承租人的救济手段的规定。

承租人在租赁物需要维修时，对出租人享有维修请求权。此为根据《民法典》第 708 条规定的出租人应维持租赁物符合使用、收益状态义务的自然延伸。若出租人未在合理期限内履行维修义务，且承租人不愿终止租赁合同的，承租人可以替出租人履行维修义务，其可自行修缮，而请求出租人偿还其费用或从租金中扣除。根据对价原则，若因维修租赁物影响承租人使用的，承租人可以要求减免租金或者延长租赁期限。在司法实践中，应当由承租人承担证明出租人存在违反义务以致影响承租人使用租赁物的举证证明责任。

根据本条第 2 款规定，若租赁物需维修是因承租人所致，此时出租人的维修义务可免除，出租人无须维修、无须负担维修费用，也无须因此为承租人减少租金或延长租期。

新案

黄某敏、杜某佳等房屋租赁合同纠纷案[①]

905 房的所有人是杜某佳、杜某棠。2017 年 3 月 24 日，杜某佳、杜某棠（甲方）与黄某敏（乙方）签订了一份《写字楼租赁合同》。杜某佳、杜某棠将涉案 905 房以毛坯形式出租，黄某敏在接收了 905 房后对其进行了装修并使用该房屋。黄某敏起诉要求杜某佳、杜某棠支付黄某敏装修费、水电费、物业费等费用，主要理由为黄某敏在涉案 905 房发生漏水事件后，第一时间通知了物业公司并让物业公司转告杜某佳、杜某棠，之后黄某敏也多次与杜某佳、杜某棠协商物业费交纳问题和漏水赔偿问题。

生效裁判认为，根据《民法典》第 713 条的规定，出租人固然对其所出租的租赁物负有合法适租的义务，但承租人同样负有按照约定的方法或者根

[①] 参见广东省佛山市中级人民法院（2022）粤 06 民终 1604 号民事判决书，载中国裁判文书网，最后访问日期：2025 年 8 月 11 日。

据租赁物的性质使用租赁物的义务，即出租人对租赁物应尽的维修义务并非绝对，其应仅限于租赁物本身的瑕疵，出租人只对租赁物自身的瑕疵负担维修的义务，如果承租人因自己的行为导致租赁物出现瑕疵，出租人没有维修义务。根据已查明事实，虽然黄某敏所提交的照片及视频确实反映了905房在拍摄时点存在漏水情况，但黄某敏未能提交充分的证据证明905房存在漏水问题系因杜某佳、杜某棠交付的租赁物在交付之时即存有瑕疵所导致，此其一。在905房实际交付给黄某敏使用后，黄某敏直接占有、管理905房，905房是否出现漏水的问题并不当然被出租人杜某佳、杜某棠知晓，故黄某敏作为905房的实际占有使用人应当履行必要的协助义务，即应向杜某佳、杜某棠及时通知905房需要维修的情况，但黄某敏提交的证据同样无法证明其已及时向杜某佳、杜某棠反映905房的漏水问题且杜某佳、杜某棠拒绝履行维修义务的事实，此其二。综上，黄某敏提供的证据不足以证明其主张的事实，应当对此承担举证不能的法律后果，对黄某敏的主张，法院不予支持。

关 联 指 引

《商品房屋租赁管理办法》第9条

第七百一十四条　【承租人的租赁物妥善保管义务】 承租人应当妥善保管租赁物，因保管不善造成租赁物毁损、灭失的，应当承担赔偿责任。

第七百一十五条　【承租人对租赁物进行改善或增设他物】 承租人经出租人同意，可以对租赁物进行改善或者增设他物。

承租人未经出租人同意，对租赁物进行改善或者增设他物的，出租人可以请求承租人恢复原状或者赔偿损失。

第七百一十六条　【转租】 承租人经出租人同意，可以将租赁物转租给第三人。承租人转租的，承租人与出租人之间的租赁合同继续有效；第三人造成租赁物损失的，承租人应当赔偿损失。

承租人未经出租人同意转租的，出租人可以解除合同。

第七百一十七条 【转租期限】承租人经出租人同意将租赁物转租给第三人，转租期限超过承租人剩余租赁期限的，超过部分的约定对出租人不具有法律约束力，但是出租人与承租人另有约定的除外。

第七百一十八条 【出租人同意转租的推定】出租人知道或者应当知道承租人转租，但是在六个月内未提出异议的，视为出租人同意转租。

第七百一十九条 【次承租人的代为清偿权】承租人拖欠租金的，次承租人可以代承租人支付其欠付的租金和违约金，但是转租合同对出租人不具有法律约束力的除外。

次承租人代为支付的租金和违约金，可以充抵次承租人应当向承租人支付的租金；超出其应付的租金数额的，可以向承租人追偿。

第七百二十条 【租赁物的收益归属】在租赁期限内因占有、使用租赁物获得的收益，归承租人所有，但是当事人另有约定的除外。

第七百二十一条 【租金支付期限】承租人应当按照约定的期限支付租金。对支付租金的期限没有约定或者约定不明确，依据本法第五百一十条的规定仍不能确定，租赁期限不满一年的，应当在租赁期限届满时支付；租赁期限一年以上的，应当在每届满一年时支付，剩余期限不满一年的，应当在租赁期限届满时支付。

第七百二十二条 【承租人的租金支付义务】承租人无正当理由未支付或者迟延支付租金的，出租人可以请求承租人在合理期限内支付；承租人逾期不支付的，出租人可以解除合同。

第七百二十三条 【出租人的权利瑕疵担保责任】因第三人主张权利，致使承租人不能对租赁物使用、收益的，承租人可以请求减少租金或者不支付租金。

第三人主张权利的，承租人应当及时通知出租人。

第七百二十四条 【承租人解除合同的法定情形】有下列情形之一，非因承租人原因致使租赁物无法使用的，承租人可以解除合同：

（一）租赁物被司法机关或者行政机关依法查封、扣押；

（二）租赁物权属有争议；

（三）租赁物具有违反法律、行政法规关于使用条件的强制性规定情形。

第七百二十五条 【买卖不破租赁】租赁物在承租人按照租赁合同占有期限内发生所有权变动的，不影响租赁合同的效力。

第七百二十六条 【房屋承租人的优先购买权】出租人出卖租赁房屋的，应当在出卖之前的合理期限内通知承租人，承租人享有以同等条件优先购买的权利；但是，房屋按份共有人行使优先购买权或者出租人将房屋出卖给近亲属的除外。

出租人履行通知义务后，承租人在十五日内未明确表示购买的，视为承租人放弃优先购买权。

第七百二十七条 【承租人对拍卖房屋的优先购买权】出租人委托拍卖人拍卖租赁房屋的，应当在拍卖五日前通知承租人。承租人未参加拍卖的，视为放弃优先购买权。

第七百二十八条 【妨害承租人优先购买权的赔偿责任】出租人未通知承租人或者有其他妨害承租人行使优先购买权情形的，承租人可以请求出租人承担赔偿责任。但是，出租人与第三人订立的房屋买卖合同的效力不受影响。

第七百二十九条 【租赁物毁损、灭失的法律后果】因不可归责于承租人的事由，致使租赁物部分或者全部毁损、灭失的，承租人可以请求减少租金或者不支付租金；因租赁物部分或者全部毁损、灭失，致使不能实现合同目的的，承租人可以解除合同。

第七百三十条 【租期不明的处理】当事人对租赁期限没有约定或者约定不明确，依据本法第五百一十条的规定仍不能确定的，视为不定期租赁；当事人可以随时解除合同，但是应当在合理期限之前通知对方。

253

第七百三十一条　【租赁物质量不合格时承租人的解除权】租赁物危及承租人的安全或者健康的，即使承租人订立合同时明知该租赁物质量不合格，承租人仍然可以随时解除合同。

第七百三十二条　【房屋承租人死亡时租赁关系的处理】承租人在房屋租赁期限内死亡的，与其生前共同居住的人或者共同经营人可以按照原租赁合同租赁该房屋。

第七百三十三条　【租赁物的返还】租赁期限届满，承租人应当返还租赁物。返还的租赁物应当符合按照约定或者根据租赁物的性质使用后的状态。

第七百三十四条　【租赁期限届满的续租及优先承租权】租赁期限届满，承租人继续使用租赁物，出租人没有提出异议的，原租赁合同继续有效，但是租赁期限为不定期。

租赁期限届满，房屋承租人享有以同等条件优先承租的权利。

新解

本条系对租赁期满后租赁合同继续有效的条件及承租人优先承租权的规定。

根据本条第1款规定，租赁合同继续有效，且成立不定期租赁合同的要件包括：（1）原租赁合同租赁期限届满；（2）承租人自租赁期限届满之日起继续占有、使用租赁物；（3）出租人既未请求归还租赁物，也未以任何意思表示方式对承租人继续使用租赁物的行为提出异议。

为鼓励房屋承租人与出租人之间的长期租赁关系，《民法典》设置了"优先承租权"。此为承租人可以选择的权利，但在同等条件下出租人负有与原承租人建立租赁合同的义务。房屋优先承租权的成立条件在于：（1）承租人与出租人存在一个合法的租赁期限届满的房屋租赁关系；（2）出租人与第三人已经就房屋租赁条件达成一致，包括租金、租赁期限等；（3）承租人在合理期限内决定以与第三人同等的房屋租赁条件继续租赁房屋。

新案

济南某某公司、青岛某某公司房屋租赁合同纠纷案[①]

青岛某某公司与济南某某公司于 2020 年 9 月 20 日签订房屋租赁合同，约定租赁期限截止至 2021 年 5 月 1 日。2021 年 3 月 19 日租期届满前，青岛某某公司即向济南某某公司邮寄《租赁合同续约沟通函》，表明其有续租的意愿。2021 年 4 月 26 日，济南某某公司与案外人王某签订关于涉案房屋的租赁合同，将涉案房屋出租给案外人王某。青岛某某公司认为济南某某公司侵犯其优先承租权，遂提起诉讼。

生效裁判认为，根据《民法典》第 734 条第 2 款的规定，优先承租权是承租人的一项法定权利，对于出租人而言，依法保障先期承租人的优先承租权系其应负的一项法定义务。根据关于优先承租权法律规定的理解，人民法院审查出租人是否保障了优先承租权应主要考虑以下两个基本因素：一是审查出租人是否履行了提前通知承租人的义务，即出租人有意愿继续出租房屋时，是否以合理方式通知承租人，征询其是否主张优先承租的权利；二是审查出租人是否履行了告知同等租赁条件的义务，即出租人应将其与案外人租赁合同的同等条件告知原承租人。2021 年 4 月 26 日，济南某某公司在未征询青岛某某公司是否主张优先承租权的情况下，就与案外人王某就涉案房屋签订租赁合同。故济南某某公司侵犯了青岛某某公司的优先承租权。济南某某公司主张其曾与青岛某某公司就续约事宜磋商，青岛某某公司无法接受续约条件，不愿续租，但济南某某公司对此未提供有效的证据证明其主张，法院不予采信。

[①] 参见山东省济南市中级人民法院（2022）鲁 01 民终 5278 号民事判决书，载中国裁判文书网，最后访问日期：2025 年 8 月 11 日。

第十五章　融资租赁合同

第七百三十五条　【融资租赁合同的概念】融资租赁合同是出租人根据承租人对出卖人、租赁物的选择，向出卖人购买租赁物，提供给承租人使用，承租人支付租金的合同。

第七百三十六条　【融资租赁合同的内容】融资租赁合同的内容一般包括租赁物的名称、数量、规格、技术性能、检验方法，租赁期限，租金构成及其支付期限和方式、币种，租赁期限届满租赁物的归属等条款。

融资租赁合同应当采用书面形式。

第七百三十七条　【融资租赁通谋虚伪表示】当事人以虚构租赁物方式订立的融资租赁合同无效。

新解

本条系对融资租赁合同无效事由的特别规定。

融资租赁合同作为一种融资方式，最大的特点是有租赁物的存在，此为其与银行信贷在法律上的最大区别。如果没有租赁物，当事人之间无法成立融资租赁法律关系。

如果当事人以虚构租赁物方式订立融资租赁合同，虽然有资金流动，但该资金没有以物的融通为载体，此类合同的本质与借款合同类似。此类合同在现实之中存在的目的是当事人想进行以金钱为载体的融资行为（借款），但"出借人"没有发放贷款的资质，为了规避此风险，当事人之间虚构租赁物，签订虚假的融资租赁合同，掩盖实质的借款合同。此行为属于"通谋虚伪",因此应当无效。

新案

某国际租赁有限公司、某制药股份有限公司等民间借贷纠纷案[①]

2020年12月30日,某公司(出租人)与某某制药公司(承租人)签订《融资租赁合同》,约定承租人为与出租人往来融资性租赁之回租义务,特将附表一租赁事项所载的标的物出售予出租人,再立即向出租人租回。某某制药公司制作并向某公司提交了财产目录,列明了各项设备的资产名称、厂牌、型号、数量、价格等,某公司对设备进行了清点、查核并收取了购置发票。某某制药公司2021年1月至5月按合同约定支付了第1期至第5期租金,第6期租金仅支付50000元,合计支付1030967.15元,之后未能如约支付。经催告无果后,某公司以融资租赁合同关系为由提起诉讼,某某制药公司、梁某伦、某某集团公司则主张某公司所诉纠纷的法律关系性质为民间借贷关系。

生效裁判认为,本案的处理关键是某公司与某某制药公司基于《融资租赁合同》而产生的法律关系的性质识别及《融资租赁合同》的效力认定。售后回租的当事人之间是否成立真实合法的融资租赁关系,根据《最高人民法院关于审理融资租赁合同纠纷案件适用法律问题的解释》第1条第1款关于"人民法院应当根据民法典第七百三十五条的规定,结合标的物的性质、价值、租金的构成以及当事人的合同权利和义务,对是否构成融资租赁法律关系作出认定"的规定,应当考察租赁物是否真实存在、承租人与出租人之间是否办理租赁物的所有权转移手续、承租人是否实际占有使用租赁物以实现融物目的、租赁物是否存在低值高买非法融资、租赁物价值(融资价格)与租金之间是否合理匹配等具体因素进行综合判断。针对本案中某公司与某某制药公司之间基于《融资租赁合同》而产生的法律关系性质,作为双方融资租赁标的物真实存在,并非虚构,双方之间的融资租赁合同不具有《民法典》第737条规定的无效情形。

---

① 参见广东省中山市中级人民法院(2022)粤20民终533号民事判决书,载中国裁判文书网,最后访问日期:2025年8月11日。

关联指引

《最高人民法院关于审理融资租赁合同纠纷案件适用法律问题的解释》第 1 条

第七百三十八条　【特定租赁物经营许可对合同效力影响】依照法律、行政法规的规定，对于租赁物的经营使用应当取得行政许可的，出租人未取得行政许可不影响融资租赁合同的效力。

第七百三十九条　【融资租赁标的物的交付】出租人根据承租人对出卖人、租赁物的选择订立的买卖合同，出卖人应当按照约定向承租人交付标的物，承租人享有与受领标的物有关的买受人的权利。

第七百四十条　【承租人的拒绝受领权】出卖人违反向承租人交付标的物的义务，有下列情形之一的，承租人可以拒绝受领出卖人向其交付的标的物：

（一）标的物严重不符合约定；

（二）未按照约定交付标的物，经承租人或者出租人催告后在合理期限内仍未交付。

承租人拒绝受领标的物的，应当及时通知出租人。

第七百四十一条　【承租人的索赔权】出租人、出卖人、承租人可以约定，出卖人不履行买卖合同义务的，由承租人行使索赔的权利。承租人行使索赔权利的，出租人应当协助。

第七百四十二条　【承租人行使索赔权的租金支付义务】承租人对出卖人行使索赔权利，不影响其履行支付租金的义务。但是，承租人依赖出租人的技能确定租赁物或者出租人干预选择租赁物的，承租人可以请求减免相应租金。

第七百四十三条　【承租人索赔不能的违约责任承担】出租人有下列情形之一，致使承租人对出卖人行使索赔权利失败的，承租人有权请求出租人承担相应的责任：

（一）明知租赁物有质量瑕疵而不告知承租人；

（二）承租人行使索赔权利时，未及时提供必要协助。

出租人怠于行使只能由其对出卖人行使的索赔权利，造成承租人损失的，承租人有权请求出租人承担赔偿责任。

第七百四十四条　【出租人不得擅自变更买卖合同内容】出租人根据承租人对出卖人、租赁物的选择订立的买卖合同，未经承租人同意，出租人不得变更与承租人有关的合同内容。

第七百四十五条　【租赁物的登记对抗效力】出租人对租赁物享有的所有权，未经登记，不得对抗善意第三人。

第七百四十六条　【租金的确定规则】融资租赁合同的租金，除当事人另有约定外，应当根据购买租赁物的大部分或者全部成本以及出租人的合理利润确定。

第七百四十七条　【租赁物瑕疵担保责任】租赁物不符合约定或者不符合使用目的的，出租人不承担责任。但是，承租人依赖出租人的技能确定租赁物或者出租人干预选择租赁物的除外。

第七百四十八条　【出租人保证承租人占有和使用租赁物】出租人应当保证承租人对租赁物的占有和使用。

出租人有下列情形之一的，承租人有权请求其赔偿损失：

（一）无正当理由收回租赁物；

（二）无正当理由妨碍、干扰承租人对租赁物的占有和使用；

（三）因出租人的原因致使第三人对租赁物主张权利；

（四）不当影响承租人对租赁物占有和使用的其他情形。

第七百四十九条　【租赁物致人损害的责任承担】承租人占有租赁物期间，租赁物造成第三人人身损害或者财产损失的，出租人不承担责任。

第七百五十条　【租赁物的保管、使用、维修】承租人应当妥善保管、使用租赁物。

承租人应当履行占有租赁物期间的维修义务。

第七百五十一条　【承租人占有租赁物毁损、灭失的租金承担】承租人占有租赁物期间，租赁物毁损、灭失的，出租人有权请求承租人继续支付租金，但是法律另有规定或者当事人另有约定的除外。

第七百五十二条　【承租人支付租金的义务】承租人应当按照约定支付租金。承租人经催告后在合理期限内仍不支付租金的，出租人可以请求支付全部租金；也可以解除合同，收回租赁物。

第七百五十三条　【承租人擅自处分租赁物时出租人的解除权】承租人未经出租人同意，将租赁物转让、抵押、质押、投资入股或者以其他方式处分的，出租人可以解除融资租赁合同。

第七百五十四条　【出租人或承租人均可解除融资租赁合同情形】有下列情形之一的，出租人或者承租人可以解除融资租赁合同：

　　（一）出租人与出卖人订立的买卖合同解除、被确认无效或者被撤销，且未能重新订立买卖合同；

　　（二）租赁物因不可归责于当事人的原因毁损、灭失，且不能修复或者确定替代物；

　　（三）因出卖人的原因致使融资租赁合同的目的不能实现。

第七百五十五条　【承租人承担出租人损失赔偿责任情形】融资租赁合同因买卖合同解除、被确认无效或者被撤销而解除，出卖人、租赁物系由承租人选择的，出租人有权请求承租人赔偿相应损失；但是，因出租人原因致使买卖合同解除、被确认无效或者被撤销的除外。

出租人的损失已经在买卖合同解除、被确认无效或者被撤销时获得赔偿的，承租人不再承担相应的赔偿责任。

第七百五十六条　【租赁物意外毁损灭失】融资租赁合同因租赁物交付承租人后意外毁损、灭失等不可归责于当事人的原因解除的，出租人可以请求承租人按照租赁物折旧情况给予补偿。

第七百五十七条　【租赁期满租赁物的归属】出租人和承租人可以约定租赁期限届满租赁物的归属；对租赁物的归属没有约定或者约定不明确，依据本法第五百一十条的规定仍不能确定的，租赁物的所有权归出租人。

第七百五十八条　【承租人请求部分返还租赁物价值】当事人约定租赁期限届满租赁物归承租人所有，承租人已经支付大部分租金，但是无力支付剩余租金，出租人因此解除合同收回租赁物，收回的租赁物的价值超过承租人欠付的租金以及其他费用的，承租人可以请求相应返还。

当事人约定租赁期限届满租赁物归出租人所有，因租赁物毁损、灭失或者附合、混合于他物致使承租人不能返还的，出租人有权请求承租人给予合理补偿。

新解

本条系对承租人请求返还租赁物相应价值及承租人无法返还租赁物时的处理方式的规定。

在融资租赁合同中，若约定租赁期限届满租赁物归承租人所有，基于此，在承租人不能履行给付剩余小部分租金的义务时，出租有权解除合同并收回租赁物，但是租赁物多出的剩余价值应当向承租人返还。对于"收回的租赁物的价值"确定问题，根据《最高人民法院关于审理融资租赁合同纠纷案件适用法律问题的解释》第12条的规定，在诉讼阶段可以采用以下三种办法，且存在先后顺序：（1）根据合同约定来确定；（2）参照租赁物的折旧及到期残值来确定租赁物的价值；（3）上述方式严重偏离租赁物实际价值的，请求法院启动评估或拍卖程序。

> **第七百五十九条　【支付象征性价款时的租赁物归属】**当事人约定租赁期限届满，承租人仅需向出租人支付象征性价款的，视为约定的租金义务履行完毕后租赁物的所有权归承租人。

新解

本条系对融资租赁期限届满后租赁物归属的拟制规定。

在融资租赁实践中，以象征性价款支付对价以获得租赁物所有权的约定普遍存在。因租赁物的使用方为承租人，在一般情况下，融资租赁期限内出租人收取的租金基本可以满足其收回本金并获取合理利润的需要，因此，合同可以约定在租赁期限届满后，承租人支付与租赁物价值完全不相符的价格即可获得租赁物所有权。此类约定的合理性源于对价制度，约定象征性对价是为了确保合同约定内容成立并有效，法律也应尊重当事人的意思自治，认定此情况下租赁物所有权归属于承租人。

新案

罗某、李某华等借款合同纠纷执行异议执行案[①]

法院在执行申请执行人李某华与被执行人湖南天某汽车销售服务有限公司、湖南某某投资有限责任公司、某某公司、湖南某某汽车销售服务有限公司、徐某劳民间借贷纠纷一案过程中，查封了登记在被执行人某某公司名下的车牌为湘A8××××的小型轿车。另查明，罗某于2016年4月13日与某某公司签订了《融资租赁合同》，合同约定乙方（罗某）融资租赁标的车辆为湘A8××××的小型轿车一辆，约定在乙方履行完融资租赁合同的义务并结清所有应付款项后，租赁车辆可由乙方留购，留购价只需人民币1元整。乙方依约留购的，租赁车辆的所有权转移给乙方。截至2019年4月10日止，罗某按约支付了所有租金，并向某某公司书面申请留购标的

[①] 参见湖南省宁乡市人民法院（2022）湘0182执异67号民事裁定书，载中国裁判文书网，最后访问日期：2025年8月11日。

车辆，某某公司于2019年4月11日出具所有权转移证明，证明车牌为湘A8×××××的小型轿车的所有权自该证明出具之日起转移至罗某名下。案涉车辆被查封后，罗某向法院提出执行异议。

生效裁判认为，本案的争议焦点在于异议人罗某对涉案的车牌为湘A8×××××的小型轿车是否享有足以排除法院强制执行的权益。从异议人罗某向法院所提交的证据材料以及异议人对涉案车辆的占有及使用情况来判断，异议人已经支付了全部租金并按照合同的约定象征性地支付留购价要求取得涉案车辆的所有权，且被执行人某某公司亦向异议人出具了所有权转移的证明，该情形符合《民法典》第759条的规定，故异议人的异议理由足以排除法院对涉案车辆的执行，对异议人要求解除对登记在某某公司名下的车牌为湘A8×××××的小型轿车的查封，中止对该车辆的执行的异议理由成立，法院予以支持。

> **第七百六十条　【融资租赁合同无效时租赁物的归属】**融资租赁合同无效，当事人就该情形下租赁物的归属有约定的，按照其约定；没有约定或者约定不明确的，租赁物应当返还出租人。但是，因承租人原因致使合同无效，出租人不请求返还或者返还后会显著降低租赁物效用的，租赁物的所有权归承租人，由承租人给予出租人合理补偿。

第十六章　保理合同

> **第七百六十一条　【保理合同的概念】**保理合同是应收账款债权人将现有的或者将有的应收账款转让给保理人，保理人提供资金融通、应收账款管理或者催收、应收账款债务人付款担保等服务的合同。

新解

本条系对保理合同概念的规定。

保理业务是新型的贸易融资方式,《民法典》对保理合同的规定,解决了司法实践中对保理纠纷"无法可依"的难题,将大幅促进我国保理业务的发展。

保理合同的法律特征包括:第一,保理合同以应收账款的转让为前提,应收账款的债权人将应收账款转让给保理人;第二,保理人作为受让方,为转让方提供综合的金融服务;第三,保理人提供的金融服务包括资金融通、应收账款管理或者催收、应收账款债务人付款担保等。

根据保理人对应收账款是否有追索权,可以将保理合同分为有追索权保理和无追索权保理。

未来应收账款,是指卖方对买方的应收账款尚未形成的情形。根据本条规定,未来应收账款也可以作为保理合同的合法基础。但未来应收账款具有不确定性,如果卖方的履行存在瑕疵,买方可以将对卖方的抗辩及于受让方,即保理人。

新案

某某船务公司,某某保理公司普通破产债权确认纠纷案[①]

2015年3月25日,某某保理公司作为乙方、某某船务公司作为甲方,双方签订保理合同。法院于2015年9月7日受理对某某船务公司的破产重整。某某保理公司向法院请求:依法确认某某船务公司于2015年9月12日至2016年6月24日期间,收取的中国外运重庆有限公司等12家船务运输公司的全部账款中的30059900元为共益债务,并立即向某某保理公司清偿。

生效裁判认为,关于破产受理前已经产生的应收账款的归属问题,根据《民法典》第761条的规定,"将有的应收账款"也可以进行转让。"将有的应收账款"是指保理合同订立时尚未产生的应收账款,也被称为未来应

---

① 参见重庆市第五中级人民法院(2021)渝05民终1665号民事判决书,载中国裁判文书网,最后访问日期:2025年8月11日。

收账款。案涉保理合同中，对于具体的应收账款债务人即中国外运重庆有限公司等 12 家船务运输公司是明确的，除保理合同明确的商务合同外，还明确转让的标的包括对上述买家（应收账款债务人）截止 2015 年 12 月 30 日/2016 年 6 月 24 日的所有应收账款。对于将有的应收账款债务人、截止时间段明确，即该将有的应收账款是明确的。因此，某某船务公司转让的应收账款应当包括两份保理合同所确定的 12 家债务人，在不限定于 38 份商务合同项下，某某船务公司与 12 家债务人发生交易，形成于破产受理日前的债权。某某船务公司关于转让的应收账款仅限于 38 份商务合同项下的应收账款的意见，法院不予采纳。

关联指引

《最高人民法院关于适用〈中华人民共和国民法典〉有关担保制度的解释》第 1 条

> **第七百六十二条　【保理合同的内容与形式】** 保理合同的内容一般包括业务类型、服务范围、服务期限、基础交易合同情况、应收账款信息、保理融资款或者服务报酬及其支付方式等条款。
>
> 保理合同应当采用书面形式。

新解

本条系对保理合同主要内容及形式的规定。

就形式而言，保理合同为要式合同，应当采用书面形式。

就内容而言，保理合同的内容主要包括：第一，业务类型，主要分为国内保理或国际保理，有追索权的保理或无追索权的保理等；第二，服务范围，需明确保理人提供的是何种保理服务，是融资、对应收账款管理或者催收，还是为应收账款债务人的付款担保等；第三，基础交易合同情况，即应收账款产生的基础合同；第四，应收账款信息，即应收账款债权的总额、到期时间、债务人等；第五，保理融资款，即应收账款债权人将应收账款债权转让给保理人后可获得的融资款；第六，服务报酬及支付方式，即保理人提供保理服务应得的报酬数额及债权人如何支付。

第七百六十三条　【虚构应收账款】应收账款债权人与债务人虚构应收账款作为转让标的，与保理人订立保理合同的，应收账款债务人不得以应收账款不存在为由对抗保理人，但是保理人明知虚构的除外。

新解

本条系对利用虚假应收账款设置保理的法律后果的规定，本规定的目的旨在保护保理人对虚构应收账款债权外观所产生的信赖利益，维护交易安全。

保理合同设置的基础关系即为真实的应收账款，应收账款债权人与债务人虚构应收账款与保理人签订保理合同，此时保理人可能知情，也可能不知情。

若保理人不知情，应收账款债权人与债务人虚构应收账款设置保理的目的即为骗取保理人的融资等服务，此时保理人善意且无过失，其在保理合同生效后就取得了对应收账款的债权，有权对债务人主张权利，若债务人主张应收账款为虚构的，将会使保理人的债权落空，使保理人受到损失，故此时债务人不能以应收账款虚构为由对抗保理人，债务人应当清偿应收账款。

若保理人知晓应收账款为虚构，仍签订保理合同，此时其缺少善意要件，不受此条规则保护。

第七百六十四条　【保理人发出转让通知的表明身份义务】保理人向应收账款债务人发出应收账款转让通知的，应当表明保理人身份并附有必要凭证。

新解

本条系对保理人通知债务人关于应收账款转让事宜的规定。

保理人通过保理合同受让应收账款,取得应收账款债权后,向债务人主张债权之前,应当先向其发出通知,具体包括三部分:第一,应当告知债务人债权转让事宜,说明将对其行使债权;第二,应表明自己的保理人身份;第三,附有必要凭证。

必要凭证的内容一般包括两类:第一类为保理人与债权人之间形成的书面文件,如保理合同,债权转让确认书等;第二类为应收账款基础关系交易合同或单据等。

若缺少上述必要条件,应收账款债务人有权拒绝向保理人履行债务。

关于通知的主体,赋予保理人之外的其他债权受让人向债务人进行通知的权利具备一定的妥当性,因此可以依据《民法典》第467条而类推适用本条规定,允许非属保理人的受让人向债务人作出债权让与通知。

新案

某某保理公司与中铁某某局项目部等合同纠纷案[①]

2018年3月15日,甲方(采购方)平凉某某公司与乙方(供货方)中铁某某局项目部就碎石物资采购事宜签订碎石买卖合同一份,双方对物资名称、规格型号、价格、交货方式、结算及货款支付等作了约定。同时约定:未经甲方书面同意,乙方不得转让本合同项下任何权利或义务。2018年8月14日,某某保理公司向中铁某某局项目部出具应收账款确认函一份,载明:"我司与平凉某某公司签订的商业保理合同,平凉某某公司拟将与贵公司签订的采购合同项下的应收账款转让至我司……"同日,中铁某某局项目部与平凉某某公司回函某某保理公司,称上述应收账款转让事宜我司已知悉。2018年8月16日,甲方某某保理公司与乙方平凉某某公司签订商业保理合同一份,合同约定:"乙方将应收账款债权及相关权利转让甲方,甲方审查

---

① 参见甘肃省兰州市中级人民法院(2021)甘01民终2172号民事判决书,载中国裁判文书网,最后访问日期:2025年8月11日。

确认后，给予乙方总额人民币 4000000 元的保理融资；甲方给予乙方的保理融资期限自 2018 年 8 月 16 日至 2019 年 2 月 15 日等。"

生效裁判认为，某某保理公司与平凉某某公司于 2018 年 8 月 16 日签订商业保理合同，从平凉某某公司处受让对中铁某某局项目部享有的案涉应收账款债权，即某某保理公司于 2018 年 8 月 14 日向中铁某某局项目部出具应收账款确认函时，其尚未取得应收账款债权，应收账款确认函仅是告知中铁某某局项目部，某某保理公司与平凉某某公司正在商谈债权转让事宜。某某保理公司提交的证据不能证明已按上述法律规定向应收账款债务人中铁某某局项目部通知了债权转让事宜，某某保理公司应对其主张承担举证不利的法律后果，根据《民法典》第 764 条、第 546 条的规定，案涉应收账款债权转让对债务人中铁某某局项目部不发生效力。

> **第七百六十五条　【无正当理由变更、终止基础交易合同对保理人的效力】** 应收账款债务人接到应收账款转让通知后，应收账款债权人与债务人无正当理由协商变更或者终止基础交易合同，对保理人产生不利影响的，对保理人不发生效力。

新解

本条系对应收账款转让发出通知后对债务人发生效果的规定，本条规定旨在协调保理人和债务人之间的利益冲突。

应收账款债权人与保理人签订保理合同，保理人将应收账款债权转让事宜通知债务人之后，应收账款转让行为即完成。此后原债权人与债务人之间若无正当理由变更或终止基础交易合同，对保理人不发生效力，保理人仍可按照保理合同行使权利。

本条规定一方面保护保理人的利益和抽象的交易安全，限制应收账款债权人和债务人对基础合同的变动，另一方面通过"正当理由"这一需要解释的概念为债权人和债务人协商变更或终止基础合同留下一定空间。需要注意的是，本条所限制的是应收账款债务人接到应收账款转让通知之后，对基础交易合同的协商变更或终止，在应收账款债务人接到应收账款转让通知前，债务人与债权人协商变更或终止基础交易合同的，原则上不受限制。此外，本条所限制的仅为债务人与债权人协商变更或终止基础交易合同的情形。债务人基于法定或约定的权利单方面对基础交合同的内容进行变更或解除合同的，不受此条限制。

> **第七百六十六条　【有追索权保理】**当事人约定有追索权保理的，保理人可以向应收账款债权人主张返还保理融资款本息或者回购应收账款债权，也可以向应收账款债务人主张应收账款债权。保理人向应收账款债务人主张应收账款债权，在扣除保理融资款本息和相关费用后有剩余的，剩余部分应当返还给应收账款债权人。

新解

本条系对有追索权的保理合同中保理人对应收账款债权人或债务人可行使的权利及范围的规定。

约定保理人享有追索权，保理人有权选择向应收账款债权人主张返还保理的融资款，或者主张应收账款债权人回购应收账款债权。因此在保理人有追索权的情况下，其不承担应收账款无法收回的风险，保障自己的合法权益不受损害。

在有追索权的保理合同中，保理人能得到清偿的最大限额为融资款的本息和相关费用之和，为防止保理人获得不当得利，若其所收到的款项在扣除上述费用之和后仍有剩余，剩余部分应当返还给应收账款债权人。

从上述内容可知，保理人未获得完整的债权（风险、收益均未完全转移），只是在债权价值范围内获得优先受偿权。在风险方面，债权人仍然承担着债务人无力清偿的风险，保理人可在债权人和债务人二者之间选择受偿；在利益方面，保理人所获得的只是就应收账款债权优先受偿的利益。

第七百六十七条 【无追索权保理】当事人约定无追索权保理的,保理人应当向应收账款债务人主张应收账款债权,保理人取得超过保理融资款本息和相关费用的部分,无需向应收账款债权人返还。

新解

本条与《民法典》第 766 条相对应,系对无追索权的保理合同中保理人对应收账款债务人可行使的权利及范围的规定。

若保理人与应收账款债权人约定无追索权保理,则保理人只能向债务人主张归还应收账款。在无追索权保理中,保理人实现应收账款债权取得的利益,可以超过保理融资款本息和相关费用,超过的部分,也无须返还。

与有追索权保理相比,无追索权保理属于应收账款买卖,应收账款的完整利益和风险均已完全从债权人处转移至保理人。需要注意的是,所谓的"无追索权",并不是说在任何情况下保理人都无权向债权人追偿,而是仅指在债务人无力清偿时保理人不得向债权人追偿,若当保理人所受让的债权因债务人提出抗辩或基于《民法典》第 549 条主张抵销权而无法实现时,保理人仍然可以向债权人追偿,保理合同对上述风险另有约定的除外。

第七百六十八条 【多重保理的清偿顺序】应收账款债权人就同一应收账款订立多个保理合同,致使多个保理人主张权利的,已经登记的先于未登记的取得应收账款;均已经登记的,按照登记时间的先后顺序取得应收账款;均未登记的,由最先到达应收账款债务人的转让通知中载明的保理人取得应收账款;既未登记也未通知的,按照保理融资款或者服务报酬的比例取得应收账款。

新解

本条系对多个保理人同时主张权利时的清偿顺序的规定。

应收账款债权人订立多个保理合同，将同一应收债权多次重复转让，到期后多个保理人主张权利时，应按照如下顺序确定应收账款的归属：

1. 已经登记的保理人的债权优先于未登记的；

2. 均已登记的，登记时间在先的优于登记时间在后的；

3. 均未登记的，应收账款转让通知最先到达债务人的保理人的债权优先于其他保理人；

4. 既未登记，也未通知，则按照融资款或保理服务报酬比例取得应收账款。

需要注意的是，本条所解决的仅仅是应收账款债权利益归属优先性问题，与保理合同项下的债权转让对债务人是否生效无关，债权转让对债务人是否生效仍应以是否存在有效的通知为判断标准。

关联指引

《最高人民法院关于适用〈中华人民共和国民法典〉有关担保制度的解释》第 66 条

第七百六十九条　【参照适用债权转让的规定】 本章没有规定的，适用本编第六章债权转让的有关规定。

新解

本条系对保理合同一章未规定内容适用《民法典》债权转让规则的规定。

我国之前对于保理合同并无明确规定，《民法典》虽对保理合同设置了专门章节，但对于一些细节的法律问题，仍未能详尽规定。因保理合同的基础为应收账款的债权转让，故可以适用《民法典》合同编第六章关于合同债权转让的详细规则，以补充立法的不足。

第十七章　承揽合同

第七百七十条　【承揽合同的定义及类型】承揽合同是承揽人按照定作人的要求完成工作，交付工作成果，定作人支付报酬的合同。

承揽包括加工、定作、修理、复制、测试、检验等工作。

第七百七十一条　【承揽合同的主要条款】承揽合同的内容一般包括承揽的标的、数量、质量、报酬，承揽方式，材料的提供，履行期限，验收标准和方法等条款。

第七百七十二条　【承揽人独立完成主要工作】承揽人应当以自己的设备、技术和劳力，完成主要工作，但是当事人另有约定的除外。

承揽人将其承揽的主要工作交由第三人完成的，应当就该第三人完成的工作成果向定作人负责；未经定作人同意的，定作人也可以解除合同。

第七百七十三条　【承揽人对辅助性工作的责任】承揽人可以将其承揽的辅助工作交由第三人完成。承揽人将其承揽的辅助工作交由第三人完成的，应当就该第三人完成的工作成果向定作人负责。

第七百七十四条　【承揽人提供材料时的主要义务】承揽人提供材料的，应当按照约定选用材料，并接受定作人检验。

第七百七十五条　【定作人提供材料时双方当事人的义务】定作人提供材料的，应当按照约定提供材料。承揽人对定作人提供的材料应当及时检验，发现不符合约定时，应当及时通知定作人更换、补齐或者采取其他补救措施。

承揽人不得擅自更换定作人提供的材料，不得更换不需要修理的零部件。

第七百七十六条　【定作人要求不合理时双方当事人的义务】承揽人发现定作人提供的图纸或者技术要求不合理的，应当及时通知定作人。因定作人怠于答复等原因造成承揽人损失的，应当赔偿损失。

第七百七十七条　【中途变更工作要求的责任】定作人中途变更承揽工作的要求，造成承揽人损失的，应当赔偿损失。

第七百七十八条　【定作人的协助义务】承揽工作需要定作人协助的，定作人有协助的义务。定作人不履行协助义务致使承揽工作不能完成的，承揽人可以催告定作人在合理期限内履行义务，并可以顺延履行期限；定作人逾期不履行的，承揽人可以解除合同。

第七百七十九条　【定作人监督检验承揽工作】承揽人在工作期间，应当接受定作人必要的监督检验。定作人不得因监督检验妨碍承揽人的正常工作。

第七百八十条　【工作成果交付】承揽人完成工作的，应当向定作人交付工作成果，并提交必要的技术资料和有关质量证明。定作人应当验收该工作成果。

第七百八十一条　【工作成果质量不符合约定的责任】承揽人交付的工作成果不符合质量要求的，定作人可以合理选择请求承揽人承担修理、重作、减少报酬、赔偿损失等违约责任。

第七百八十二条　【支付报酬期限】定作人应当按照约定的期限支付报酬。对支付报酬的期限没有约定或者约定不明确，依据本法第五百一十条的规定仍不能确定的，定作人应当在承揽人交付工作成果时支付；工作成果部分交付的，定作人应当相应支付。

第七百八十三条　【承揽人的留置权及同时履行抗辩权】定作人未向承揽人支付报酬或者材料费等价款的，承揽人对完成的工作成果享有留置权或者有权拒绝交付，但是当事人另有约定的除外。

第七百八十四条　【承揽人保管义务】承揽人应当妥善保管定作人提供的材料以及完成的工作成果，因保管不善造成毁损、灭失的，应当承担赔偿责任。

第七百八十五条 【承揽人的保密义务】承揽人应当按照定作人的要求保守秘密，未经定作人许可，不得留存复制品或者技术资料。

第七百八十六条 【共同承揽】共同承揽人对定作人承担连带责任，但是当事人另有约定的除外。

第七百八十七条 【定作人的任意解除权】定作人在承揽人完成工作前可以随时解除合同，造成承揽人损失的，应当赔偿损失。

第十八章　建设工程合同

第七百八十八条 【建设工程合同的定义】建设工程合同是承包人进行工程建设，发包人支付价款的合同。

建设工程合同包括工程勘察、设计、施工合同。

第七百八十九条 【建设工程合同形式】建设工程合同应当采用书面形式。

第七百九十条 【工程招标投标】建设工程的招标投标活动，应当依照有关法律的规定公开、公平、公正进行。

第七百九十一条 【总包与分包】发包人可以与总承包人订立建设工程合同，也可以分别与勘察人、设计人、施工人订立勘察、设计、施工承包合同。发包人不得将应当由一个承包人完成的建设工程支解成若干部分发包给数个承包人。

总承包人或者勘察、设计、施工承包人经发包人同意，可以将自己承包的部分工作交由第三人完成。第三人就其完成的工作成果与总承包人或者勘察、设计、施工承包人向发包人承担连带责任。承包人不得将其承包的全部建设工程转包给第三人或者将其承包的全部建设工程支解以后以分包的名义分别转包给第三人。

禁止承包人将工程分包给不具备相应资质条件的单位。禁止分包单位将其承包的工程再分包。建设工程主体结构的施工必须由承包人自行完成。

第七百九十二条 【国家重大建设工程合同的订立】国家重大建设工程合同，应当按照国家规定的程序和国家批准的投资计划、可行性研究报告等文件订立。

第七百九十三条 【建设工程施工合同无效的处理】建设工程施工合同无效，但是建设工程经验收合格的，可以参照合同关于工程价款的约定折价补偿承包人。

建设工程施工合同无效，且建设工程经验收不合格的，按照以下情形处理：

（一）修复后的建设工程经验收合格的，发包人可以请求承包人承担修复费用；

（二）修复后的建设工程经验收不合格的，承包人无权请求参照合同关于工程价款的约定折价补偿。

发包人对因建设工程不合格造成的损失有过错的，应当承担相应的责任。

第七百九十四条 【勘察、设计合同主要内容】勘察、设计合同的内容一般包括提交有关基础资料和概预算等文件的期限、质量要求、费用以及其他协作条件等条款。

第七百九十五条 【施工合同主要内容】施工合同的内容一般包括工程范围、建设工期、中间交工工程的开工和竣工时间、工程质量、工程造价、技术资料交付时间、材料和设备供应责任、拨款和结算、竣工验收、质量保修范围和质量保证期、相互协作等条款。

第七百九十六条 【建设工程监理】建设工程实行监理的，发包人应当与监理人采用书面形式订立委托监理合同。发包人与监理人的权利和义务以及法律责任，应当依照本编委托合同以及其他有关法律、行政法规的规定。

第七百九十七条　【发包人检查权】发包人在不妨碍承包人正常作业的情况下，可以随时对作业进度、质量进行检查。

第七百九十八条　【隐蔽工程】隐蔽工程在隐蔽以前，承包人应当通知发包人检查。发包人没有及时检查的，承包人可以顺延工程日期，并有权请求赔偿停工、窝工等损失。

第七百九十九条　【竣工验收】建设工程竣工后，发包人应当根据施工图纸及说明书、国家颁发的施工验收规范和质量检验标准及时进行验收。验收合格的，发包人应当按照约定支付价款，并接收该建设工程。

建设工程竣工经验收合格后，方可交付使用；未经验收或者验收不合格的，不得交付使用。

第八百条　【勘察、设计人质量责任】勘察、设计的质量不符合要求或者未按照期限提交勘察、设计文件拖延工期，造成发包人损失的，勘察人、设计人应当继续完善勘察、设计，减收或者免收勘察、设计费并赔偿损失。

第八百零一条　【施工人的质量责任】因施工人的原因致使建设工程质量不符合约定的，发包人有权请求施工人在合理期限内无偿修理或者返工、改建。经过修理或者返工、改建后，造成逾期交付的，施工人应当承担违约责任。

第八百零二条　【质量保证责任】因承包人的原因致使建设工程在合理使用期限内造成人身损害和财产损失的，承包人应当承担赔偿责任。

第八百零三条　【发包人违约责任】发包人未按照约定的时间和要求提供原材料、设备、场地、资金、技术资料的，承包人可以顺延工程日期，并有权请求赔偿停工、窝工等损失。

第八百零四条　【发包人原因致工程停建、缓建的责任】因发包人的原因致使工程中途停建、缓建的，发包人应当采取措施弥补或者减少损失，赔偿承包人因此造成的停工、窝工、倒运、机械设备调迁、材料和构件积压等损失和实际费用。

第八百零五条 【发包人原因致勘察、设计返工、停工或修改设计的责任】 因发包人变更计划，提供的资料不准确，或者未按照期限提供必需的勘察、设计工作条件而造成勘察、设计的返工、停工或者修改设计，发包人应当按照勘察人、设计人实际消耗的工作量增付费用。

第八百零六条 【建设工程合同的法定解除】 承包人将建设工程转包、违法分包的，发包人可以解除合同。

发包人提供的主要建筑材料、建筑构配件和设备不符合强制性标准或者不履行协助义务，致使承包人无法施工，经催告后在合理期限内仍未履行相应义务的，承包人可以解除合同。

合同解除后，已经完成的建设工程质量合格的，发包人应当按照约定支付相应的工程价款；已经完成的建设工程质量不合格的，参照本法第七百九十三条的规定处理。

第八百零七条 【工程价款的支付】 发包人未按照约定支付价款的，承包人可以催告发包人在合理期限内支付价款。发包人逾期不支付的，除根据建设工程的性质不宜折价、拍卖外，承包人可以与发包人协议将该工程折价，也可以请求人民法院将该工程依法拍卖。建设工程的价款就该工程折价或者拍卖的价款优先受偿。

第八百零八条 【参照适用承揽合同的规定】 本章没有规定的，适用承揽合同的有关规定。

第十九章　运输合同

第一节　一般规定

第八百零九条　【运输合同的定义】 运输合同是承运人将旅客或者货物从起运地点运输到约定地点，旅客、托运人或者收货人支付票款或者运输费用的合同。

第八百一十条　【公共运输承运人的强制缔约义务】 从事公共运输的承运人不得拒绝旅客、托运人通常、合理的运输要求。

第八百一十一条　【承运人安全运输义务】 承运人应当在约定期限或者合理期限内将旅客、货物安全运输到约定地点。

第八百一十二条　【承运人合理运输义务】 承运人应当按照约定的或者通常的运输路线将旅客、货物运输到约定地点。

第八百一十三条　【支付票款或运输费用】 旅客、托运人或者收货人应当支付票款或者运输费用。承运人未按照约定路线或者通常路线运输增加票款或者运输费用的，旅客、托运人或者收货人可以拒绝支付增加部分的票款或者运输费用。

第二节　客运合同

第八百一十四条　【客运合同的成立】 客运合同自承运人向旅客出具客票时成立，但是当事人另有约定或者另有交易习惯的除外。

新案

王某、锦州某客运公司、赵某某等公路旅客运输合同纠纷案[①]

2023年5月21日，原告王某与被告锦州某客运公司达成口头约定，其将乘坐司机田某驾驶的大型普通客车（车辆是锦州某客运公司对外承包挂靠的车辆，实际车主是被告赵某某）前往辽阳。原告在双方约定的地点上车，客车行驶至某路段时，因道路颠簸，致使原告在大客车上受伤。原告被送往某市人民医院检查，诊断为腰椎骨折，故住院治疗。2023年6月6日，因原告一般状况良好，疼痛减轻，要求自动出院，出院医嘱：有情况随诊。出院后原告与各被告协商赔偿事宜未果，诉至法院。

法院认为，原告与被告锦州某客运公司口头达成公路客运运输协议，且已实际履行，客车按约定地点接原告上车，虽尚未交钱，但也是按被告的交易习惯，人先上车，车上收钱购票。根据《民法典》第814条规定，本案的公路客运运输合同成立并生效。故承运人应当严格履行安全运输义务，对运输过程中旅客的伤亡承担赔偿责任。本案中，客运运输合同成立并已实际履行，原告在运输过程中因车辆颠簸，造成腰椎骨折，客车司机在运输过程中无重大过错，不应承担民事赔偿责任；被告赵某某是涉案车辆的实际车主，作为承运人应对原告的损害承担赔偿责任；锦州某客运公司是涉案车辆的挂靠公司，依据法律规定，应承担赔偿责任。

第八百一十五条　【按有效客票记载内容乘坐义务】旅客应当按照有效客票记载的时间、班次和座位号乘坐。旅客无票乘坐、超程乘坐、越级乘坐或者持不符合减价条件的优惠客票乘坐的，应当补交票款，承运人可以按照规定加收票款；旅客不支付票款的，承运人可以拒绝运输。

实名制客运合同的旅客丢失客票的，可以请求承运人挂失补办，承运人不得再次收取票款和其他不合理费用。

[①] 参见辽宁省锦州市中级人民法院（2024）辽07民终2333号民事判决书，载中国裁判文书网，最后访问日期：2025年8月11日。

民法典
新解新案

新解

本条系对客运合同中旅客持有效客票乘车的规定。

有效客票是旅客运输合同的证明，符合减价条件的优惠客票，如半价学生票等，也属于有效客票，但前提是旅客需符合减价条件。旅客持有客票意味着其与承运人之间有运输关系的存在，旅客凭客票就可以要求承运人履行运输的义务，但是因为客票具有流通性和一次性的特点，如铁路运输中的火车票，所以旅客也必须履行持有效的客票，按照有效客票记载的时间、班次和座位号乘坐的义务。若旅客无票乘坐、超程乘坐、越级乘坐或者持不符合减价条件的优惠客票乘坐，承运人有权要求旅客补交票款；若旅客拒不支付，承运人可拒绝为其提供运输服务。此规定为解决现实生活中出现的无票霸座、买短乘长等问题提供了法律依据。

为保护旅客合法权益，本条第 2 款规定了在实名制客运合同中，旅客可以凭借有效身份信息或购票电子凭证等要求承运人补办客票，承运人不得再次收取票款和其他不合理费用。

关联指引

《铁路法》第 14 条

第八百一十六条　【退票与变更】旅客因自己的原因不能按照客票记载的时间乘坐的，应当在约定的期限内办理退票或者变更手续；逾期办理的，承运人可以不退票款，并不再承担运输义务。

第八百一十七条　【按约定携带行李义务】旅客随身携带行李应当符合约定的限量和品类要求；超过限量或者违反品类要求携带行李的，应当办理托运手续。

第八百一十八条　【危险物品或者违禁物品的携带禁止】旅客不得随身携带或者在行李中夹带易燃、易爆、有毒、有腐蚀性、有放射性以及可能危及运输工具上人身和财产安全的危险物品或者违禁物品。

旅客违反前款规定的，承运人可以将危险物品或者违禁物品卸下、销毁或者送交有关部门。旅客坚持携带或者夹带危险物品或者违禁物品的，承运人应当拒绝运输。

第八百一十九条　【承运人告知义务和旅客协助配合义务】 承运人应当严格履行安全运输义务，及时告知旅客安全运输应当注意的事项。旅客对承运人为安全运输所作的合理安排应当积极协助和配合。

新解

本条系对承运人的告知义务及旅客的协助配合义务的规定。

安全运送旅客是承运人的义务，告知义务是承运人运送义务的一个附随性义务。在运输中为保障旅客的人身、财产安全，承运人应当及时告知旅客安全运输应当注意的事项，如在飞机起飞过程中旅客不要随意走动，以及飞机上安全设施的所在位置和使用方法等。如果由于承运人的过错没有告知旅客安全运输应当注意的事项，造成旅客的人身或者财产损害的，承运人应当负赔偿责任。

本条第 2 款系对旅客的协助和配合义务的规定。在运输过程中，旅客应按照承运人的要求规范己方行为，积极协助和配合承运人为安全运输所作的合理安排。

关联指引

《城市公共汽车和电车客运管理规定》第 48 条

第八百二十条　【承运人迟延运输或者有其他不能正常运输情形】
承运人应当按照有效客票记载的时间、班次和座位号运输旅客。承运人迟延运输或者有其他不能正常运输情形的，应当及时告知和提醒旅客，采取必要的安置措施，并根据旅客的要求安排改乘其他班次或者退票；由此造成旅客损失的，承运人应当承担赔偿责任，但是不可归责于承运人的除外。

新解

本条系对承运人基本义务及迟延运输后处理方式的规定。

有效客票是承运人和旅客之间订立运输合同的凭证，客票所记载内容，如时间、班次、座位号等，也是承运人和旅客之间运输合同的内容，承运人有义务按照记载的内容履行运输合同。若承运人未能按照客票记载时间履行运输义务，构成迟延运输或不能正常履行，无论原因可否归责于承运人，承运人均负有告知和提醒旅客并采取必要的安置措施的义务。发生上述情况后，本条为旅客提供了两种处理方式：（1）旅客可与承运人协议变更合同，改乘其他班次，变更后的运送工具所能提供的条件原则上不应低于原旅客运输合同约定的要求。（2）旅客可以要求承运人退票。承运人应当返还运费，并且不能收取退票费等其他费用。

因迟延运输或者有其他不能正常运输造成旅客损失的，承运人应当承担赔偿责任，但该赔偿范围主要包括因为迟延运输而导致旅客滞留增加的费用，不包括旅客的期待利益，如旅客因飞机迟延起飞而错过签合同时间，导致其产生的利益损失，不在赔偿范围内。此外，若迟延或不能运输不可归责于承运人，如因不可抗力等，承运人可免除部分赔偿责任。

关联指引

《铁路法》第12条

第八百二十一条　【承运人变更服务标准的后果】承运人擅自降低服务标准的，应当根据旅客的请求退票或者减收票款；提高服务标准的，不得加收票款。

第八百二十二条　【承运人尽力救助义务】承运人在运输过程中，应当尽力救助患有急病、分娩、遇险的旅客。

第八百二十三条　【旅客伤亡的赔偿责任】承运人应当对运输过程中旅客的伤亡承担赔偿责任；但是，伤亡是旅客自身健康原因造成的或者承运人证明伤亡是旅客故意、重大过失造成的除外。

前款规定适用于按照规定免票、持优待票或者经承运人许可搭乘的无票旅客。

第八百二十四条 【对行李的赔偿责任】在运输过程中旅客随身携带物品毁损、灭失，承运人有过错的，应当承担赔偿责任。

旅客托运的行李毁损、灭失的，适用货物运输的有关规定。

第三节　货运合同

第八百二十五条 【托运人如实申报情况义务】托运人办理货物运输，应当向承运人准确表明收货人的姓名、名称或者凭指示的收货人，货物的名称、性质、重量、数量、收货地点等有关货物运输的必要情况。

因托运人申报不实或者遗漏重要情况，造成承运人损失的，托运人应当承担赔偿责任。

第八百二十六条 【托运人办理审批、检验等手续义务】货物运输需要办理审批、检验等手续的，托运人应当将办理完有关手续的文件提交承运人。

第八百二十七条 【托运人的包装义务】托运人应当按照约定的方式包装货物。对包装方式没有约定或者约定不明确的，适用本法第六百一十九条的规定。

托运人违反前款规定的，承运人可以拒绝运输。

第八百二十八条 【托运人运送危险货物时的义务】托运人托运易燃、易爆、有毒、有腐蚀性、有放射性等危险物品的，应当按照国家有关危险物品运输的规定对危险物品妥善包装，做出危险物品标志和标签，并将有关危险物品的名称、性质和防范措施的书面材料提交承运人。

托运人违反前款规定的，承运人可以拒绝运输，也可以采取相应措施以避免损失的发生，因此产生的费用由托运人负担。

第八百二十九条 【托运人变更或解除的权利】在承运人将货物交付收货人之前，托运人可以要求承运人中止运输、返还货物、变更到达地或者将货物交给其他收货人，但是应当赔偿承运人因此受到的损失。

第八百三十条 【提货】货物运输到达后，承运人知道收货人的，应当及时通知收货人，收货人应当及时提货。收货人逾期提货的，应当向承运人支付保管费等费用。

第八百三十一条 【收货人对货物的检验】收货人提货时应当按照约定的期限检验货物。对检验货物的期限没有约定或者约定不明确，依据本法第五百一十条的规定仍不能确定的，应当在合理期限内检验货物。收货人在约定的期限或者合理期限内对货物的数量、毁损等未提出异议的，视为承运人已经按照运输单证的记载交付的初步证据。

第八百三十二条 【承运人对货损的赔偿责任】承运人对运输过程中货物的毁损、灭失承担赔偿责任。但是，承运人证明货物的毁损、灭失是因不可抗力、货物本身的自然性质或者合理损耗以及托运人、收货人的过错造成的，不承担赔偿责任。

第八百三十三条 【确定货损额的方法】货物的毁损、灭失的赔偿额，当事人有约定的，按照其约定；没有约定或者约定不明确，依据本法第五百一十条的规定仍不能确定的，按照交付或者应当交付时货物到达地的市场价格计算。法律、行政法规对赔偿额的计算方法和赔偿限额另有规定的，依照其规定。

第八百三十四条 【相继运输的责任承担】两个以上承运人以同一运输方式联运的，与托运人订立合同的承运人应当对全程运输承担责任；损失发生在某一运输区段的，与托运人订立合同的承运人和该区段的承运人承担连带责任。

第八百三十五条 【货物因不可抗力灭失的运费处理】货物在运输过程中因不可抗力灭失，未收取运费的，承运人不得请求支付运费；已经收取运费的，托运人可以请求返还。法律另有规定的，依照其规定。

第八百三十六条 【承运人留置权】托运人或者收货人不支付运费、保管费或者其他费用的，承运人对相应的运输货物享有留置权，但是当事人另有约定的除外。

第八百三十七条 【货物的提存】收货人不明或者收货人无正当理由拒绝受领货物的，承运人依法可以提存货物。

第四节 多式联运合同

第八百三十八条 【多式联运经营人的权利义务】多式联运经营人负责履行或者组织履行多式联运合同，对全程运输享有承运人的权利，承担承运人的义务。

第八百三十九条 【多式联运经营人的责任承担】多式联运经营人可以与参加多式联运的各区段承运人就多式联运合同的各区段运输约定相互之间的责任；但是，该约定不影响多式联运经营人对全程运输承担的义务。

第八百四十条 【多式联运单据】多式联运经营人收到托运人交付的货物时，应当签发多式联运单据。按照托运人的要求，多式联运单据可以是可转让单据，也可以是不可转让单据。

第八百四十一条 【托运人的过错赔偿责任】因托运人托运货物时的过错造成多式联运经营人损失的，即使托运人已经转让多式联运单据，托运人仍然应当承担赔偿责任。

第八百四十二条 【赔偿责任的法律适用】货物的毁损、灭失发生于多式联运的某一运输区段的，多式联运经营人的赔偿责任和责任限额，适用调整该区段运输方式的有关法律规定；货物毁损、灭失发生的运输区段不能确定的，依照本章规定承担赔偿责任。

第二十章 技术合同

第一节 一般规定

第八百四十三条 【技术合同的定义】技术合同是当事人就技术开发、转让、许可、咨询或者服务订立的确立相互之间权利和义务的合同。

第八百四十四条 【订立技术合同的原则】订立技术合同,应当有利于知识产权的保护和科学技术的进步,促进科学技术成果的研发、转化、应用和推广。

关联指引

《最高人民法院关于审理技术合同纠纷案件适用法律若干问题的解释》第1条

第八百四十五条 【技术合同的主要条款】技术合同的内容一般包括项目的名称,标的的内容、范围和要求,履行的计划、地点和方式,技术信息和资料的保密,技术成果的归属和收益的分配办法,验收标准和方法,名词和术语的解释等条款。

与履行合同有关的技术背景资料、可行性论证和技术评价报告、项目任务书和计划书、技术标准、技术规范、原始设计和工艺文件,以及其他技术文档,按照当事人的约定可以作为合同的组成部分。

技术合同涉及专利的,应当注明发明创造的名称、专利申请人和专利权人、申请日期、申请号、专利号以及专利权的有效期限。

第八百四十六条 【技术合同价款、报酬或使用费的支付方式】技术合同价款、报酬或者使用费的支付方式由当事人约定,可以采取一次总算、一次总付或者一次总算、分期支付,也可以采取提成支付或者提成支付附加预付入门费的方式。

约定提成支付的,可以按照产品价格、实施专利和使用技术秘密后新增的产值、利润或者产品销售额的一定比例提成,也可以按照约定的其他方式计算。提成支付的比例可以采取固定比例、逐年递增比例或者逐年递减比例。

约定提成支付的,当事人可以约定查阅有关会计账目的办法。

关联指引

《最高人民法院关于审理技术合同纠纷案件适用法律若干问题的解释》第 14 条

第八百四十七条 【职务技术成果的财产权归属】职务技术成果的使用权、转让权属于法人或者非法人组织的,法人或者非法人组织可以就该项职务技术成果订立技术合同。法人或者非法人组织订立技术合同转让职务技术成果时,职务技术成果的完成人享有以同等条件优先受让的权利。

职务技术成果是执行法人或者非法人组织的工作任务,或者主要是利用法人或者非法人组织的物质技术条件所完成的技术成果。

关联指引

《最高人民法院关于审理技术合同纠纷案件适用法律若干问题的解释》第 2 条至第 6 条

第八百四十八条　【非职务技术成果的财产权归属】非职务技术成果的使用权、转让权属于完成技术成果的个人，完成技术成果的个人可以就该项非职务技术成果订立技术合同。

第八百四十九条　【技术成果人身权】完成技术成果的个人享有在有关技术成果文件上写明自己是技术成果完成者的权利和取得荣誉证书、奖励的权利。

第八百五十条　【技术合同的无效】非法垄断技术或者侵害他人技术成果的技术合同无效。

关联指引

《最高人民法院关于审理技术合同纠纷案件适用法律若干问题的解释》第10条至第13条

第二节　技术开发合同

第八百五十一条　【技术开发合同的定义及种类】技术开发合同是当事人之间就新技术、新产品、新工艺、新品种或者新材料及其系统的研究开发所订立的合同。

技术开发合同包括委托开发合同和合作开发合同。

技术开发合同应当采用书面形式。

当事人之间就具有实用价值的科技成果实施转化订立的合同，参照适用技术开发合同的有关规定。

关联指引

《最高人民法院关于审理技术合同纠纷案件适用法律若干问题的解释》第17条、第18条

第八百五十二条　【委托人的主要义务】委托开发合同的委托人应当按照约定支付研究开发经费和报酬，提供技术资料，提出研究开发要求，完成协作事项，接受研究开发成果。

第八百五十三条　【研究开发人的主要义务】委托开发合同的研究开发人应当按照约定制定和实施研究开发计划，合理使用研究开发经费，按期完成研究开发工作，交付研究开发成果，提供有关的技术资料和必要的技术指导，帮助委托人掌握研究开发成果。

第八百五十四条　【委托开发合同的当事人违约责任】委托开发合同的当事人违反约定造成研究开发工作停滞、延误或者失败的，应当承担违约责任。

第八百五十五条　【合作开发各方的主要义务】合作开发合同的当事人应当按照约定进行投资，包括以技术进行投资，分工参与研究开发工作，协作配合研究开发工作。

关联指引

《最高人民法院关于审理技术合同纠纷案件适用法律若干问题的解释》第19条

第八百五十六条　【合作开发各方的违约责任】合作开发合同的当事人违反约定造成研究开发工作停滞、延误或者失败的，应当承担违约责任。

第八百五十七条　【技术开发合同的解除】作为技术开发合同标的的技术已经由他人公开，致使技术开发合同的履行没有意义的，当事人可以解除合同。

第八百五十八条　【技术开发合同的风险责任负担】技术开发合同履行过程中，因出现无法克服的技术困难，致使研究开发失败或者部分失败的，该风险由当事人约定；没有约定或者约定不明确，依据本法第五百一十条的规定仍不能确定的，风险由当事人合理分担。

当事人一方发现前款规定的可能致使研究开发失败或者部分失败的情形时，应当及时通知另一方并采取适当措施减少损失；没有及时通知并采取适当措施，致使损失扩大的，应当就扩大的损失承担责任。

第八百五十九条　【发明创造的归属和分享】 委托开发完成的发明创造，除法律另有规定或者当事人另有约定外，申请专利的权利属于研究开发人。研究开发人取得专利权的，委托人可以依法实施该专利。

研究开发人转让专利申请权的，委托人享有以同等条件优先受让的权利。

第八百六十条　【合作开发发明创造专利申请权的归属和分享】 合作开发完成的发明创造，申请专利的权利属于合作开发的当事人共有；当事人一方转让其共有的专利申请权的，其他各方享有以同等条件优先受让的权利。但是，当事人另有约定的除外。

合作开发的当事人一方声明放弃其共有的专利申请权的，除当事人另有约定外，可以由另一方单独申请或者由其他各方共同申请。申请人取得专利权的，放弃专利申请权的一方可以免费实施该专利。

合作开发的当事人一方不同意申请专利的，另一方或者其他各方不得申请专利。

关联指引

《最高人民法院关于审理技术合同纠纷案件适用法律若干问题的解释》第16条

第八百六十一条　【技术秘密成果的归属与分配】 委托开发或者合作开发完成的技术秘密成果的使用权、转让权以及收益的分配办法，由当事人约定；没有约定或者约定不明确，依据本法第五百一十条的规定仍不能确定的，在没有相同技术方案被授予专利权前，当事人均有使用和转让的权利。但是，委托开发的研究开发人不得在向委托人交付研究开发成果之前，将研究开发成果转让给第三人。

关联指引

《最高人民法院关于审理技术合同纠纷案件适用法律若干问题的解释》第 20 条

第三节 技术转让合同和技术许可合同

第八百六十二条 【技术转让合同和技术许可合同的定义】 技术转让合同是合法拥有技术的权利人,将现有特定的专利、专利申请、技术秘密的相关权利让与他人所订立的合同。

技术许可合同是合法拥有技术的权利人,将现有特定的专利、技术秘密的相关权利许可他人实施、使用所订立的合同。

技术转让合同和技术许可合同中关于提供实施技术的专用设备、原材料或者提供有关的技术咨询、技术服务的约定,属于合同的组成部分。

新解

本条是对技术转让合同和技术许可合同概念的规定。

技术转让合同有广义、狭义之分,广义的技术转让合同包括技术转让合同和技术许可合同,狭义的技术转让合同单指技术转让合同。本条将两种合同并列,故此处的技术转让合同采用了狭义概念。技术转让合同是合法拥有技术的权利人,将现有特定的专利、专利申请、技术秘密的相关权利让与他人所订立的合同。其法律特征是:(1)技术转让合同的标的是现有的技术成果;(2)技术转让合同为双务合同、有偿合同、诺成合同、要式合同;(3)依技术转让合同所转移的是技术成果的使用权、所有权。技术许可合同是合法拥有技术的权利人,将现有特定的专利、技术秘密的相关权利许可他人实施、使用所订立的合同。其与技术转让合同的区别是,技术转让合同的技术让与方法是将特定的专利、技术秘密的相关权利让与他人,本人不再作为权利主体；技术许可合同的技术让与则是许可他人使用，只转让使用权，不转让其他权属。

关 联 指 引

《最高人民法院关于审理技术合同纠纷案件适用法律若干问题的解释》第 22 条、第 42 条

> **第八百六十三条　【技术转让合同和技术许可合同的种类及合同要件】**技术转让合同包括专利权转让、专利申请权转让、技术秘密转让等合同。
>
> 技术许可合同包括专利实施许可、技术秘密使用许可等合同。
>
> 技术转让合同和技术许可合同应当采用书面形式。

关 联 指 引

《最高人民法院关于审理技术合同纠纷案件适用法律若干问题的解释》第 25 条、第 29 条

> **第八百六十四条　【技术转让合同和技术许可合同的限制性条款】**
> 技术转让合同和技术许可合同可以约定实施专利或者使用技术秘密的范围，但是不得限制技术竞争和技术发展。

关 联 指 引

《最高人民法院关于审理技术合同纠纷案件适用法律若干问题的解释》第 28 条

第八百六十五条 【专利实施许可合同的有效期限】专利实施许可合同仅在该专利权的存续期限内有效。专利权有效期限届满或者专利权被宣告无效的,专利权人不得就该专利与他人订立专利实施许可合同。

第八百六十六条 【专利实施许可合同许可人的义务】专利实施许可合同的许可人应当按照约定许可被许可人实施专利,交付实施专利有关的技术资料,提供必要的技术指导。

关联指引

《最高人民法院关于审理技术合同纠纷案件适用法律若干问题的解释》第 26 条

第八百六十七条 【专利实施许可合同被许可人的义务】专利实施许可合同的被许可人应当按照约定实施专利,不得许可约定以外的第三人实施该专利,并按照约定支付使用费。

第八百六十八条 【技术秘密让与人和许可人的义务】技术秘密转让合同的让与人和技术秘密使用许可合同的许可人应当按照约定提供技术资料,进行技术指导,保证技术的实用性、可靠性,承担保密义务。

前款规定的保密义务,不限制许可人申请专利,但是当事人另有约定的除外。

第八百六十九条 【技术秘密受让人和被许可人的义务】技术秘密转让合同的受让人和技术秘密使用许可合同的被许可人应当按照约定使用技术,支付转让费、使用费,承担保密义务。

关联指引

《最高人民法院关于审理技术合同纠纷案件适用法律若干问题的解

释》第 13 条

第八百七十条 【技术转让合同让与人和技术许可合同许可人的保证义务】技术转让合同的让与人和技术许可合同的许可人应当保证自己是所提供的技术的合法拥有者，并保证所提供的技术完整、无误、有效，能够达到约定的目标。

第八百七十一条 【技术转让合同受让人和技术许可合同被许可人保密义务】技术转让合同的受让人和技术许可合同的被许可人应当按照约定的范围和期限，对让与人、许可人提供的技术中尚未公开的秘密部分，承担保密义务。

第八百七十二条 【技术许可人和让与人的违约责任】许可人未按照约定许可技术的，应当返还部分或者全部使用费，并应当承担违约责任；实施专利或者使用技术秘密超越约定的范围的，违反约定擅自许可第三人实施该项专利或者使用该项技术秘密的，应当停止违约行为，承担违约责任；违反约定的保密义务的，应当承担违约责任。

让与人承担违约责任，参照适用前款规定。

第八百七十三条 【技术被许可人和受让人的违约责任】被许可人未按照约定支付使用费的，应当补交使用费并按照约定支付违约金；不补交使用费或者支付违约金的，应当停止实施专利或者使用技术秘密，交还技术资料，承担违约责任；实施专利或者使用技术秘密超越约定的范围的，未经许可人同意擅自许可第三人实施该专利或者使用该技术秘密的，应当停止违约行为，承担违约责任；违反约定的保密义务的，应当承担违约责任。

受让人承担违约责任，参照适用前款规定。

第八百七十四条 【实施专利、使用技术秘密侵害他人合法权益责任承担】受让人或者被许可人按照约定实施专利、使用技术秘密侵害他人合法权益的，由让与人或者许可人承担责任，但是当事人另有约定的除外。

第八百七十五条 【后续改进技术成果的分享办法】当事人可以按照互利的原则,在合同中约定实施专利、使用技术秘密后续改进的技术成果的分享办法;没有约定或者约定不明确,依据本法第五百一十条的规定仍不能确定的,一方后续改进的技术成果,其他各方无权分享。

第八百七十六条 【其他知识产权转让和许可的参照适用】集成电路布图设计专有权、植物新品种权、计算机软件著作权等其他知识产权的转让和许可,参照适用本节的有关规定。

新解

《民法典》总则编第 123 条规定的集成电路布图设计专有权、植物新品种权、计算机软件著作权等知识产权,与专利权等具有同样的性质,都可以转让实施或者许可使用。对于这些知识产权的转让和许可使用,参照适用《民法典》合同编关于技术转让合同和技术许可使用合同的规定,调整让与人与受让人之间的权利义务关系。

第八百七十七条 【技术进出口合同或专利、专利申请合同的法律适用】法律、行政法规对技术进出口合同或者专利、专利申请合同另有规定的,依照其规定。

第四节 技术咨询合同和技术服务合同

第八百七十八条 【技术咨询合同、技术服务合同的定义】技术咨询合同是当事人一方以技术知识为对方就特定技术项目提供可行性论证、技术预测、专题技术调查、分析评价报告等所订立的合同。

技术服务合同是当事人一方以技术知识为对方解决特定技术问题所订立的合同,不包括承揽合同和建设工程合同。

关联指引

《最高人民法院关于审理技术合同纠纷案件适用法律若干问题的解释》第 30 条、第 33 条、第 34 条

> **第八百七十九条　【技术咨询合同委托人的义务】**技术咨询合同的委托人应当按照约定阐明咨询的问题，提供技术背景材料及有关技术资料，接受受托人的工作成果，支付报酬。
>
> **第八百八十条　【技术咨询合同受托人的义务】**技术咨询合同的受托人应当按照约定的期限完成咨询报告或者解答问题，提出的咨询报告应当达到约定的要求。

关联指引

《最高人民法院关于审理技术合同纠纷案件适用法律若干问题的解释》第 31 条

> **第八百八十一条　【技术咨询合同当事人的违约责任及决策风险责任】**技术咨询合同的委托人未按照约定提供必要的资料，影响工作进度和质量，不接受或者逾期接受工作成果的，支付的报酬不得追回，未支付的报酬应当支付。
>
> 技术咨询合同的受托人未按期提出咨询报告或者提出的咨询报告不符合约定的，应当承担减收或者免收报酬等违约责任。
>
> 技术咨询合同的委托人按照受托人符合约定要求的咨询报告和意见作出决策所造成的损失，由委托人承担，但是当事人另有约定的除外。

关联指引

《最高人民法院关于审理技术合同纠纷案件适用法律若干问题的解

释》第 32 条

> **第八百八十二条　【技术服务合同委托人的义务】**技术服务合同的委托人应当按照约定提供工作条件，完成配合事项，接受工作成果并支付报酬。
>
> **第八百八十三条　【技术服务合同受托人的义务】**技术服务合同的受托人应当按照约定完成服务项目，解决技术问题，保证工作质量，并传授解决技术问题的知识。
>
> **第八百八十四条　【技术服务合同的当事人违约责任】**技术服务合同的委托人不履行合同义务或者履行合同义务不符合约定，影响工作进度和质量，不接受或者逾期接受工作成果的，支付的报酬不得追回，未支付的报酬应当支付。
>
> 技术服务合同的受托人未按照约定完成服务工作的，应当承担免收报酬等违约责任。

关联指引

《最高人民法院关于审理技术合同纠纷案件适用法律若干问题的解释》第 35 条、第 37 条

> **第八百八十五条　【技术成果的归属和分享】**技术咨询合同、技术服务合同履行过程中，受托人利用委托人提供的技术资料和工作条件完成的新的技术成果，属于受托人。委托人利用受托人的工作成果完成的新的技术成果，属于委托人。当事人另有约定的，按照其约定。
>
> **第八百八十六条　【受托人履行合同的费用负担】**技术咨询合同和技术服务合同对受托人正常开展工作所需费用的负担没有约定或者约定不明确的，由受托人负担。

第八百八十七条　【技术中介合同和技术培训合同法律适用】法律、行政法规对技术中介合同、技术培训合同另有规定的，依照其规定。

第二十一章　保管合同

第八百八十八条　【保管合同的定义】保管合同是保管人保管寄存人交付的保管物，并返还该物的合同。

寄存人到保管人处从事购物、就餐、住宿等活动，将物品存放在指定场所的，视为保管，但是当事人另有约定或者另有交易习惯的除外。

新解

本条第 2 款是关于特殊保管合同的规定，即到商店、饭店、旅店等购物、就餐、住宿等活动的人，将自己的物品存放在这些单位的指定场所的，如将行李交付给饭店寄存，将衣物放在洗浴中心保管箱内等，都视为保管，构成保管合同关系，保管人和寄存人产生保管合同的权利义务。但是，当事人另有约定或者另有交易习惯的除外，如将贵重物品交付宾馆未作声明，通常认为超出保管范围，宾馆不承担保管物遗失的责任。

第八百八十九条　【保管合同的报酬】寄存人应当按照约定向保管人支付保管费。

当事人对保管费没有约定或者约定不明确，依据本法第五百一十条的规定仍不能确定的，视为无偿保管。

第八百九十条　【保管合同的成立】保管合同自保管物交付时成立，但是当事人另有约定的除外。

第八百九十一条 【保管人给付保管凭证的义务】寄存人向保管人交付保管物的，保管人应当出具保管凭证，但是另有交易习惯的除外。

第八百九十二条 【保管人对保管物的妥善保管义务】保管人应当妥善保管保管物。

当事人可以约定保管场所或者方法。除紧急情况或者为维护寄存人利益外，不得擅自改变保管场所或者方法。

第八百九十三条 【寄存人如实告知义务】寄存人交付的保管物有瑕疵或者根据保管物的性质需要采取特殊保管措施的，寄存人应当将有关情况告知保管人。寄存人未告知，致使保管物受损失的，保管人不承担赔偿责任；保管人因此受损失的，除保管人知道或者应当知道且未采取补救措施外，寄存人应当承担赔偿责任。

第八百九十四条 【保管人亲自保管义务】保管人不得将保管物转交第三人保管，但是当事人另有约定的除外。

保管人违反前款规定，将保管物转交第三人保管，造成保管物损失的，应当承担赔偿责任。

第八百九十五条 【保管人不得使用或许可他人使用保管物义务】保管人不得使用或者许可第三人使用保管物，但是当事人另有约定的除外。

第八百九十六条 【保管人返还保管物的义务及危险通知义务】第三人对保管物主张权利的，除依法对保管物采取保全或者执行措施外，保管人应当履行向寄存人返还保管物的义务。

第三人对保管人提起诉讼或者对保管物申请扣押的，保管人应当及时通知寄存人。

第八百九十七条 【保管物毁损灭失责任】保管期内，因保管人保管不善造成保管物毁损、灭失的，保管人应当承担赔偿责任。但是，无偿保管人证明自己没有故意或者重大过失的，不承担赔偿责任。

第八百九十八条 【寄存贵重物品的声明义务】寄存人寄存货币、有价证券或者其他贵重物品的，应当向保管人声明，由保管人验收或者封存；寄存人未声明的，该物品毁损、灭失后，保管人可以按照一般物品予以赔偿。

第八百九十九条　【保管物的领取及领取时间】寄存人可以随时领取保管物。

当事人对保管期限没有约定或者约定不明确的，保管人可以随时请求寄存人领取保管物；约定保管期限的，保管人无特别事由，不得请求寄存人提前领取保管物。

第九百条　【保管人归还原物及孳息的义务】保管期限届满或者寄存人提前领取保管物的，保管人应当将原物及其孳息归还寄存人。

第九百零一条　【消费保管】保管人保管货币的，可以返还相同种类、数量的货币；保管其他可替代物的，可以按照约定返还相同种类、品质、数量的物品。

第九百零二条　【保管费的支付期限】有偿的保管合同，寄存人应当按照约定的期限向保管人支付保管费。

当事人对支付期限没有约定或者约定不明确，依据本法第五百一十条的规定仍不能确定的，应当在领取保管物的同时支付。

第九百零三条　【保管人的留置权】寄存人未按照约定支付保管费或者其他费用的，保管人对保管物享有留置权，但是当事人另有约定的除外。

第二十二章　仓储合同

第九百零四条　【仓储合同的定义】仓储合同是保管人储存存货人交付的仓储物，存货人支付仓储费的合同。

第九百零五条　【仓储合同的成立时间】仓储合同自保管人和存货人意思表示一致时成立。

新解

本条是关于仓储合同何时成立的规定。

在仓储合同中,只要一方当事人向另一方当事人作出储存仓储物的意思表示,另一方同意,合同即成立。合同成立后是否生效则是法律评价问题。法律可以对某类合同的生效要件作出特别规定,当事人也可以自行约定合同生效条件,以此尊重当事人的意思自治,让利益主体自主安排。

第九百零六条 【危险物品和易变质物品的储存】 储存易燃、易爆、有毒、有腐蚀性、有放射性等危险物品或者易变质物品的,存货人应当说明该物品的性质,提供有关资料。

存货人违反前款规定的,保管人可以拒收仓储物,也可以采取相应措施以避免损失的发生,因此产生的费用由存货人负担。

保管人储存易燃、易爆、有毒、有腐蚀性、有放射性等危险物品的,应当具备相应的保管条件。

第九百零七条 【仓储物的验收】 保管人应当按照约定对入库仓储物进行验收。保管人验收时发现入库仓储物与约定不符合的,应当及时通知存货人。保管人验收后,发生仓储物的品种、数量、质量不符合约定的,保管人应当承担赔偿责任。

第九百零八条 【保管人出具仓单、入库单义务】 存货人交付仓储物的,保管人应当出具仓单、入库单等凭证。

第九百零九条 【仓单的内容】 保管人应当在仓单上签名或者盖章。仓单包括下列事项:

(一)存货人的姓名或者名称和住所;

(二)仓储物的品种、数量、质量、包装及其件数和标记;

(三)仓储物的损耗标准;

(四)储存场所;

(五)储存期限;

(六)仓储费;

（七）仓储物已经办理保险的，其保险金额、期间以及保险人的名称；

（八）填发人、填发地和填发日期。

第九百一十条　【仓单的转让和出质】仓单是提取仓储物的凭证。存货人或者仓单持有人在仓单上背书并经保管人签名或者盖章的，可以转让提取仓储物的权利。

第九百一十一条　【检查仓储物或提取样品的权利】保管人根据存货人或者仓单持有人的要求，应当同意其检查仓储物或者提取样品。

第九百一十二条　【保管人的通知义务】保管人发现入库仓储物有变质或者其他损坏的，应当及时通知存货人或者仓单持有人。

第九百一十三条　【保管人危险催告义务和紧急处置权】保管人发现入库仓储物有变质或者其他损坏，危及其他仓储物的安全和正常保管的，应当催告存货人或者仓单持有人作出必要的处置。因情况紧急，保管人可以作出必要的处置；但是，事后应当将该情况及时通知存货人或者仓单持有人。

第九百一十四条　【仓储物的提取】当事人对储存期限没有约定或者约定不明确的，存货人或者仓单持有人可以随时提取仓储物，保管人也可以随时请求存货人或者仓单持有人提取仓储物，但是应当给予必要的准备时间。

第九百一十五条　【仓储物的提取规则】储存期限届满，存货人或者仓单持有人应当凭仓单、入库单等提取仓储物。存货人或者仓单持有人逾期提取的，应当加收仓储费；提前提取的，不减收仓储费。

新解

本条规定了存货人、仓单持有人的提货权。

本条在存货人、仓单持有人出示的凭证方面进行了开放式规定，增加了凭证种类，即包括但不限于仓单、入库单，以与《民法典》第908条规定相适应。相较于仓单，入库单不具备权利凭证的属性，只是作为仓储物已经交付保管人并入库的证明，没有形式要求，也不能转让。

> **第九百一十六条　【逾期提取仓储物】**储存期限届满，存货人或者仓单持有人不提取仓储物的，保管人可以催告其在合理期限内提取；逾期不提取的，保管人可以提存仓储物。
>
> **第九百一十七条　【保管不善的责任承担】**储存期内，因保管不善造成仓储物毁损、灭失的，保管人应当承担赔偿责任。因仓储物本身的自然性质、包装不符合约定或者超过有效储存期造成仓储物变质、损坏的，保管人不承担赔偿责任。
>
> **第九百一十八条　【参照适用保管合同的规定】**本章没有规定的，适用保管合同的有关规定。

第二十三章　委托合同

> **第九百一十九条　【委托合同的概念】**委托合同是委托人和受托人约定，由受托人处理委托人事务的合同。
>
> **第九百二十条　【委托权限】**委托人可以特别委托受托人处理一项或者数项事务，也可以概括委托受托人处理一切事务。
>
> **第九百二十一条　【处理委托事务的费用】**委托人应当预付处理委托事务的费用。受托人为处理委托事务垫付的必要费用，委托人应当偿还该费用并支付利息。
>
> **第九百二十二条　【受托人服从指示的义务】**受托人应当按照委托人的指示处理委托事务。需要变更委托人指示的，应当经委托人同意；因情况紧急，难以和委托人取得联系的，受托人应当妥善处理委托事务，但

是事后应当将该情况及时报告委托人。

第九百二十三条 【受托人亲自处理委托事务】受托人应当亲自处理委托事务。经委托人同意，受托人可以转委托。转委托经同意或者追认的，委托人可以就委托事务直接指示转委托的第三人，受托人仅就第三人的选任及其对第三人的指示承担责任。转委托未经同意或者追认的，受托人应当对转委托的第三人的行为承担责任；但是，在紧急情况下受托人为了维护委托人的利益需要转委托第三人的除外。

第九百二十四条 【受托人的报告义务】受托人应当按照委托人的要求，报告委托事务的处理情况。委托合同终止时，受托人应当报告委托事务的结果。

第九百二十五条 【受托人以自己名义从事受托事务的法律效果】受托人以自己的名义，在委托人的授权范围内与第三人订立的合同，第三人在订立合同时知道受托人与委托人之间的代理关系的，该合同直接约束委托人和第三人；但是，有确切证据证明该合同只约束受托人和第三人的除外。

第九百二十六条 【委托人的介入权与第三人的选择权】受托人以自己的名义与第三人订立合同时，第三人不知道受托人与委托人之间的代理关系的，受托人因第三人的原因对委托人不履行义务，受托人应当向委托人披露第三人，委托人因此可以行使受托人对第三人的权利。但是，第三人与受托人订立合同时如果知道该委托人就不会订立合同的除外。

受托人因委托人的原因对第三人不履行义务，受托人应当向第三人披露委托人，第三人因此可以选择受托人或者委托人作为相对人主张其权利，但是第三人不得变更选定的相对人。

委托人行使受托人对第三人的权利的，第三人可以向委托人主张其对受托人的抗辩。第三人选定委托人作为其相对人的，委托人可以向第三人主张其对受托人的抗辩以及受托人对第三人的抗辩。

第九百二十七条 【受托人转移所得利益的义务】受托人处理委托事务取得的财产，应当转交给委托人。

第九百二十八条 【委托人支付报酬的义务】受托人完成委托事务的，委托人应当按照约定向其支付报酬。

因不可归责于受托人的事由，委托合同解除或者委托事务不能完成的，委托人应当向受托人支付相应的报酬。当事人另有约定的，按照其约定。

第九百二十九条 【因受托人过错致委托人损失的赔偿责任】有偿的委托合同，因受托人的过错造成委托人损失的，委托人可以请求赔偿损失。无偿的委托合同，因受托人的故意或者重大过失造成委托人损失的，委托人可以请求赔偿损失。受托人超越权限造成委托人损失的，应当赔偿损失。

第九百三十条 【委托人的赔偿责任】受托人处理委托事务时，因不可归责于自己的事由受到损失的，可以向委托人请求赔偿损失。

第九百三十一条 【委托人另行委托他人处理事务】委托人经受托人同意，可以在受托人之外委托第三人处理委托事务。因此造成受托人损失的，受托人可以向委托人请求赔偿损失。

第九百三十二条 【共同委托】两个以上的受托人共同处理委托事务的，对委托人承担连带责任。

第九百三十三条 【任意解除权】委托人或者受托人可以随时解除委托合同。因解除合同造成对方损失的，除不可归责于该当事人的事由外，无偿委托合同的解除方应当赔偿因解除时间不当造成的直接损失，有偿委托合同的解除方应当赔偿对方的直接损失和合同履行后可以获得的利益。

新解

本条对委托合同一方行使任意解除权后的赔偿范围进行了明确。赔偿的范围区分委托合同是无偿或有偿。如果是无偿委托合同，解除方仅赔偿因解除时间不当造成的直接损失；如果是有偿委托合同，解除方应当赔偿对方的直接损失和合同履行后可以获得的利益。因无偿委托合同中委托人和受托人之间的信赖关系相对松散，受托人处理事务不收取报酬，相应地，对其不宜课以过重的义务。无偿委托合同中的受托人如欲解除合同，需注意在适当的时间解除，以尽可能避免或减少给委托人造成的损害。如委托人外出，委托受托人代为照看店铺，受托人突然提出解除合同，委托人无法及时赶回，由此给委托人造成的直接损失，受托人应当赔偿。而有偿委托合同中当事人之间的信赖关系往往更为紧密，委托人对受托人履行合同有更多的合理期待，受托人为履行合同也会作充分的准备，此时一方当事人解除合同，往往给另一方当事人造成较大的损害和信赖利益的损失。因此，对于有偿委托合同，解除方既要赔偿另一方的直接损失，也要赔偿对方在合同正常履行后可以获得的利益，以更好地贯彻民商事活动诚实信用、信守承诺的基本原则。

新案

某某旅游发展（大连）股份有限公司、唐某日等合同纠纷案[①]

某某旅游发展（大连）股份有限公司（以下简称某某旅游公司）于2010年12月16日与唐某日、李某方签订《某某度假俱乐部度假权益承购合同书》，主要内容：唐某日等购买度假权益的总价格为72960元，自2011年起至2040年止每年拥有一周住宿权益；合同履行期间唐某日等每权益年向某某旅游公司支付管理费1380元，首年免缴。合同签订后至今，唐某日等未使用过合同约定的权益，已支付3年管理费。现唐某日等起诉请求解除《某某度假俱乐部度假权益承购合同书》。

生效裁判认为，某某旅游公司自身并不提供合同约定的住宿服务，而是由与有合作关系的酒店提供，某某旅游公司代唐某日等预订酒店住宿服务，故双方之间为委托合同关系。唐某日等行使解除权的同时，应依法赔偿某某旅游公司直接损失和合同履行后可以获得的利益。根据合同约定，唐某日等应当按1380元/年标准向某某旅游公司支付2012年至2040年共29期管理

[①] 参见辽宁省大连市中级人民法院（2022）辽02民终4872号民事判决书，载中国裁判文书网，最后访问日期：2025年8月11日。

费，此即为合同完全履行后某某旅游公司可得利益，唐某日等已支付 3 期，剩余 26 期计 35880 元，故某某旅游公司应返还唐某日等 72960 元 −35880 元 = 37080 元。

类案适用提示

对于委托合同的任意解除权，双方当事人均可随时行使，且无须提供证明事由，但行使一方可能需赔偿对方损失。对于可得利益，人民法院应当运用可预见规则、减损规则、损益相抵规则以及过失相抵规则等综合予以判定。

第九百三十四条 【委托合同的终止】委托人死亡、终止或者受托人死亡、丧失民事行为能力、终止的，委托合同终止；但是，当事人另有约定或者根据委托事务的性质不宜终止的除外。

第九百三十五条 【受托人继续处理委托事务】因委托人死亡或者被宣告破产、解散，致使委托合同终止将损害委托人利益的，在委托人的继承人、遗产管理人或者清算人承受委托事务之前，受托人应当继续处理委托事务。

第九百三十六条 【受托人死亡后其继承人等的义务】因受托人死亡、丧失民事行为能力或者被宣告破产、解散，致使委托合同终止的，受托人的继承人、遗产管理人、法定代理人或者清算人应当及时通知委托人。因委托合同终止将损害委托人利益的，在委托人作出善后处理之前，受托人的继承人、遗产管理人、法定代理人或者清算人应当采取必要措施。

第二十四章　物业服务合同

第九百三十七条　【物业服务合同的定义】物业服务合同是物业服务人在物业服务区域内，为业主提供建筑物及其附属设施的维修养护、环境卫生和相关秩序的管理维护等物业服务，业主支付物业费的合同。

物业服务人包括物业服务企业和其他管理人。

第九百三十八条　【物业服务合同的内容与形式】物业服务合同的内容一般包括服务事项、服务质量、服务费用的标准和收取办法、维修资金的使用、服务用房的管理和使用、服务期限、服务交接等条款。

物业服务人公开作出的有利于业主的服务承诺，为物业服务合同的组成部分。

物业服务合同应当采用书面形式。

新解

在物业合同中，当物业服务提供方为了业主利益承担合同约定以外的义务并进行公告之后，基于物业服务合同的商业惯例，即保护业主的财产权益，可以认定物业提供方的允诺经过公告之后业主无须受领，默示地接受了这一条款，并享有对应的请求权。服务细则则是对物业服务合同内容的补充，其是对物业服务管理内容的具体实施细则，如对物业服务管理区域的物业服务资金预收标准的具体规定、停车费用的收取方式等，对于业主和物业服务企业具有约束力。

关 联 指 引

《最高人民法院关于审理物业服务纠纷案件适用法律若干问题的解释》第1条

第九百三十九条　【物业服务合同的约束力】建设单位依法与物业服务人订立的前期物业服务合同,以及业主委员会与业主大会依法选聘的物业服务人订立的物业服务合同,对业主具有法律约束力。

关 联 指 引

《最高人民法院关于审理物业服务纠纷案件适用法律若干问题的解释》第4条

第九百四十条　【前期物业服务合同的终止情形】建设单位依法与物业服务人订立的前期物业服务合同约定的服务期限届满前,业主委员会或者业主与新物业服务人订立的物业服务合同生效的,前期物业服务合同终止。

第九百四十一条　【物业服务合同的转委托】物业服务人将物业服务区域内的部分专项服务事项委托给专业性服务组织或者其他第三人的,应当就该部分专项服务事项向业主负责。

物业服务人不得将其应当提供的全部物业服务转委托给第三人,或者将全部物业服务支解后分别转委托给第三人。

新 解

本条文将物业服务的转委托合同划分为两种类型:一种是物业服务企业将其所承担的某项或者某几项物业服务事项进行部分的转委托;另一种是全部事项的转委托。对于前一种,如果符合法律对于合同效力的判定规则,那么就当然要承认其合同的效力,但是如果物业服务企业将整个物业服务项目整体转委托,则应当认定其无效。

> **第九百四十二条 【物业服务人的义务】** 物业服务人应当按照约定和物业的使用性质,妥善维修、养护、清洁、绿化和经营管理物业服务区域内的业主共有部分,维护物业服务区域内的基本秩序,采取合理措施保护业主的人身、财产安全。
>
> 对物业服务区域内违反有关治安、环保、消防等法律法规的行为,物业服务人应当及时采取合理措施制止、向有关行政主管部门报告并协助处理。

新解

本条规定的是物业服务合同中物业服务人的一般义务。首先,合同中的约定是物业服务人一般义务的依据。其次,本条特别提到了"物业使用性质",物业根据使用功能的不同分为居住物业、办公物业(写字楼)、商业物业(商场、酒店)、工业物业(厂房、仓库)、其他用途物业(机场、公园)。物业的使用性质不同,物业服务人的一般义务也会有所不同。

本条中的"经营管理物业服务区域内的业主共有部分"是非常特殊的,关于共有部分的经营,《民法典》第二编(物权)第六章(业主的建筑物区分所有权)以及《物业管理条例》均有特别规定,满足一定的条件(如想要利用共有部分从事经营活动,应当经参与表决专有部分面积 3/4 以上的业主且参与表决人数 3/4 以上的业主同意),物业服务人才能去经营。

本条规定了物业服务人对违法违规行为的制止义务和报告义务。但是,物业服务人的制止措施有严格的法律限制,因为物业服务人不是国家行政执法机关,因此不能行使行政执法权。物业服务人发现违法违规行为时,只能合法合理地制止该行为,及时防止事态扩大或者损失继续增加。比如,物业服务人不能有搜身、搜查、关押等行为,这些均属于行政执法机关的执法行为。物业服务人在采取制止措施的同时,还要及时报告行政主管部门,等待行政执法人员到达现场并协助其执法。

> **第九百四十三条 【物业服务人的信息公开义务】**物业服务人应当定期将服务的事项、负责人员、质量要求、收费项目、收费标准、履行情况，以及维修资金使用情况、业主共有部分的经营与收益情况等以合理方式向业主公开并向业主大会、业主委员会报告。

新解

本条是关于业主、业主大会、业主委员会对物业服务人服务事项的知情权的规定。

首先，关于业主对业主大会或者业主委员会管理事项的知情权。其通常是指业主基于业主身份所享有的了解建筑区划内涉及业主共有权以及共同管理权相关事项的权利。虽然我国法律法规对业主知情权作出了一些规定，但是并未作出专门的、详细的规定，一方面要保证业主知情权的行使，另一方面也要防范业主知情权的滥用。例如，当业主向业主大会或者业主委员会提出查阅相关报表、会计账簿或者原始会计凭证时，可以参照《公司法》关于股东知情权的规定，认定业主的目的正当性。

其次，关于业主、业主大会、业主委员会对物业服务人员相关内容知情权。由于双方的关系是平等主体之间服务与被服务的关系，不能直接对物业服务人提出不合理的要求，如与服务内容无直接关系的重要运营资料，物业服务人没有义务向业主、业主大会、业主委员会公开或者报告。本法条的描述使用的是列举方法，但列举未尽，还应当包含与列举内容相似，与服务事项、服务合同、业主利益密切相关的其他事项，业主、业主大会或者业主委员会可以要求物业服务人公开或者报告。

最后，物业服务人按照规定披露信息、公开信息，保证业主的知情权，相应地，业主、业主大会或者业主委员会应该保护物业服务人的信息，不得泄露物业服务人的商业秘密等信息，避免给物业服务人带来经济损失、名誉损失。

关联指引

《最高人民法院关于审理物业服务纠纷案件适用法律若干问题的解释》第 2 条

> **第九百四十四条　【业主支付物业费义务】**业主应当按照约定向物业服务人支付物业费。物业服务人已经按照约定和有关规定提供服务的，业主不得以未接受或者无需接受相关物业服务为由拒绝支付物业费。
>
> 业主违反约定逾期不支付物业费的，物业服务人可以催告其在合理期限内支付；合理期限届满仍不支付的，物业服务人可以提起诉讼或者申请仲裁。
>
> 物业服务人不得采取停止供电、供水、供热、供燃气等方式催交物业费。
>
> **第九百四十五条　【业主的告知、协助义务】**业主装饰装修房屋的，应当事先告知物业服务人，遵守物业服务人提示的合理注意事项，并配合其进行必要的现场检查。
>
> 业主转让、出租物业专有部分、设立居住权或者依法改变共有部分用途的，应当及时将相关情况告知物业服务人。
>
> **第九百四十六条　【业主解聘物业服务人】**业主依照法定程序共同决定解聘物业服务人的，可以解除物业服务合同。决定解聘的，应当提前六十日书面通知物业服务人，但是合同对通知期限另有约定的除外。
>
> 依据前款规定解除合同造成物业服务人损失的，除不可归责于业主的事由外，业主应当赔偿损失。

新解

在本条中，我们需要确定业主是否享有任意解除物业服务合同的权利。对前期物业服务合同而言，业主应当享有任意解除权。由于业主并没有参与该合同的订立，如果该合同的内容对业主不利，则业主应当享有解除合同的权利。对普通物业服务合同而言，业主不应当享有任意解除合同的权利，主要理由在于：第一，普通物业服务合同是全体业主根据自己的意愿而签订的，按照合同严守原则，不论是物业服务企业一方，还是业主一方，都应当受到合同的拘束，业主一方无权任意解除合同。第二，对普通物业服务合同，法定解除权已经足以保护其正当利益，不必再另行赋予其任意解除权。

合同的解除，往往会造成一方的损失，因而涉及是否由对方赔偿损失以及确定损害赔偿金额的问题。第一，如果是因为物业服务人发生了约定解除或者法定解除的事项，如物业服务人有严重的违约行为，业主决定解除与物业服务人的合同，那么业主无须赔偿物业服务人的损失。第二，如果物业服务人在服务期间没有任何过错，并且在服务期间进行的服务都达到了合同的约定或者法定的要求，业主仍然要求解除合同，之后双方协商解除物业服务合同，此时，物业服务人发生的损失，应该由业主给予赔偿。

第九百四十七条　【物业服务人的续聘】物业服务期限届满前，业主依法共同决定续聘的，应当与原物业服务人在合同期限届满前续订物业服务合同。

物业服务期限届满前，物业服务人不同意续聘的，应当在合同期限届满前九十日书面通知业主或者业主委员会，但是合同对通知期限另有约定的除外。

第九百四十八条　【不定期物业服务合同的成立与解除】物业服务期限届满后，业主没有依法作出续聘或者另聘物业服务人的决定，物业服务人继续提供物业服务的，原物业服务合同继续有效，但是服务期限为不定期。

当事人可以随时解除不定期物业服务合同，但是应当提前六十日书面通知对方。

第九百四十九条　【物业服务合同终止后原物业服务人的义务】物业服务合同终止的，原物业服务人应当在约定期限或者合理期限内退出物业服务区域，将物业服务用房、相关设施、物业服务所必需的相关资料等交还给业主委员会、决定自行管理的业主或者其指定的人，配合新物业服务人做好交接工作，并如实告知物业的使用和管理状况。

原物业服务人违反前款规定的，不得请求业主支付物业服务合同终止后的物业费；造成业主损失的，应当赔偿损失。

第九百五十条 【物业服务合同终止后新合同成立前期间的相关事项】物业服务合同终止后，在业主或者业主大会选聘的新物业服务人或者决定自行管理的业主接管之前，原物业服务人应当继续处理物业服务事项，并可以请求业主支付该期间的物业费。

第二十五章 行纪合同

第九百五十一条 【行纪合同的概念】行纪合同是行纪人以自己的名义为委托人从事贸易活动，委托人支付报酬的合同。

第九百五十二条 【行纪人的费用负担】行纪人处理委托事务支出的费用，由行纪人负担，但是当事人另有约定的除外。

第九百五十三条 【行纪人保管义务】行纪人占有委托物的，应当妥善保管委托物。

第九百五十四条 【行纪人处置委托物义务】委托物交付给行纪人时有瑕疵或者容易腐烂、变质的，经委托人同意，行纪人可以处分该物；不能与委托人及时取得联系的，行纪人可以合理处分。

第九百五十五条 【行纪人按指定价格买卖的义务】行纪人低于委托人指定的价格卖出或者高于委托人指定的价格买入的，应当经委托人同意；未经委托人同意，行纪人补偿其差额的，该买卖对委托人发生效力。

行纪人高于委托人指定的价格卖出或者低于委托人指定的价格买入的，可以按照约定增加报酬；没有约定或者约定不明确，依据本法第五百一十条的规定仍不能确定的，该利益属于委托人。

委托人对价格有特别指示的，行纪人不得违背该指示卖出或者买入。

第九百五十六条 【行纪人的介入权】行纪人卖出或者买入具有市场定价的商品，除委托人有相反的意思表示外，行纪人自己可以作为买受人或者出卖人。

行纪人有前款规定情形的，仍然可以请求委托人支付报酬。

第九百五十七条 【委托人受领、取回义务及行纪人提存委托物】行纪人按照约定买入委托物，委托人应当及时受领。经行纪人催告，委托人无正当理由拒绝受领的，行纪人依法可以提存委托物。

委托物不能卖出或者委托人撤回出卖，经行纪人催告，委托人不取回或者不处分该物的，行纪人依法可以提存委托物。

第九百五十八条 【行纪人的直接履行义务】行纪人与第三人订立合同的，行纪人对该合同直接享有权利、承担义务。

第三人不履行义务致使委托人受到损害的，行纪人应当承担赔偿责任，但是行纪人与委托人另有约定的除外。

第九百五十九条 【行纪人的报酬请求权及留置权】行纪人完成或者部分完成委托事务的，委托人应当向其支付相应的报酬。委托人逾期不支付报酬的，行纪人对委托物享有留置权，但是当事人另有约定的除外。

第九百六十条 【参照适用委托合同的规定】本章没有规定的，参照适用委托合同的有关规定。

第二十六章　中介合同

　　第九百六十一条　【中介合同的概念】中介合同是中介人向委托人报告订立合同的机会或者提供订立合同的媒介服务，委托人支付报酬的合同。

　　第九百六十二条　【中介人的如实报告义务】中介人应当就有关订立合同的事项向委托人如实报告。

　　中介人故意隐瞒与订立合同有关的重要事实或者提供虚假情况，损害委托人利益的，不得请求支付报酬并应当承担赔偿责任。

　　第九百六十三条　【中介人的报酬请求权】中介人促成合同成立的，委托人应当按照约定支付报酬。对中介人的报酬没有约定或者约定不明确，依据本法第五百一十条的规定仍不能确定的，根据中介人的劳务合理确定。因中介人提供订立合同的媒介服务而促成合同成立的，由该合同的当事人平均负担中介人的报酬。

　　中介人促成合同成立的，中介活动的费用，由中介人负担。

　　第九百六十四条　【中介人的中介费用】中介人未促成合同成立的，不得请求支付报酬；但是，可以按照约定请求委托人支付从事中介活动支出的必要费用。

　　第九百六十五条　【委托人"跳单"应支付中介报酬】委托人在接受中介人的服务后，利用中介人提供的交易机会或者媒介服务，绕开中介人直接订立合同的，应当向中介人支付报酬。

新解

本条是关于委托人接受中介人的服务后，绕开中介人直接订立合同应当向中介人支付报酬的规定。

中介人在中介合同中的地位较为脆弱，其要求委托人支付报酬的前提必须是中介活动促成了合同的订立。但是如何证明中介人的中介活动与合同的订立具有因果关系，有一定的困难，特别是中介人的服务行为具有特殊性，其提供的信息一旦披露，就失去了对信息的独占。如果委托人在获知信息后，为了不支付中介报酬，以各种方式和理由来摆脱中介人，中介人的地位就非常被动。常见的委托人规避报酬支付义务的行为包括：（1）私下与相对人订立合同，向中介人隐瞒。（2）声称订立的合同与中介人的中介活动无关，如委托人主张其早已知晓该信息，或者信息是从他处所得。（3）与相对人订立合同时对一些条款进行更改，以此主张和中介人促成成立的合同不同。因此强调委托人的诚信履约非常重要。

《民法典》第159条规定："附条件的民事法律行为，当事人为自己的利益不正当地阻止条件成就的，视为条件已成就；不正当地促成条件成就的，视为条件不成就。"本条实际上是以上条款在中介合同中的具体运用。当委托人接受中介人的服务后，利用中介人提供的交易机会或者媒介服务订立合同，本应属于支付报酬条件的成就；当委托人绕开中介人直接订立合同，属于当事人为自己的利益不正当地阻止条件成就，应视为条件已成就，委托人仍然应当向中介人支付报酬。

新案

某某公司与某某建筑咨询公司中介合同纠纷案[1]

殷某实、姜某宇受某某公司委托为寻找符合条件的办公用房与某某建筑咨询公司取得联系，某某建筑咨询公司向殷某实、姜某宇提供了袁某等人房源信息，某某公司也跟随某某建筑咨询公司实际查看了房屋，并在委

---

[1] 参见北京市第一中级人民法院（2021）京01民终758号民事判决书，载中国裁判决书网，最后访问日期：2025年8月11日。

托人与相对人之间进行沟通、撮合，确定了房屋租赁合同的内容与细节。出租人袁某提出先由某某公司签字盖章，未被某某公司接受，某某公司告知某某建筑咨询公司暂时不再找房。后某某公司与袁某、中介方昌某公司签订房屋租赁合同，除租期起算日期和支付日期与某某建筑咨询公司提供的合同模板相差两天外，最重要的条款均一致。某某建筑咨询公司向人民法院提起诉讼请求某某公司支付居间服务费。

生效裁判认为，适用《民法典》第965条规定需具备以下三个构成要件：一是委托人接受了中介人的服务；二是委托人利用了中介人提供的信息机会或媒介服务；三是委托人绕开中介人直接订立合同。第一，某某建筑咨询公司向某某公司提供了袁某等人的房源信息并带看了房屋，某某建筑咨询公司提供的微信聊天记录显示双方对租金、租期、违约责任、租金发票开取等问题进行了多次沟通，某某建筑咨询公司也根据双方沟通内容对房屋租赁合同的内容进行了多次修改，后某某建筑咨询公司应某某公司的要求拟定了房屋租赁合同。因此，应认定某某公司接受了某某建筑咨询公司的服务。第二，某某公司、蒋某放、昌某公司签订的房屋租赁合同的内容与某某建筑咨询公司向某某公司提供的合同内容中的租金数额、免租期、租赁期限等重要条款基本一致，且上述合同内容系经过某某建筑咨询公司反复修改后得出的，应认定某某公司最终与袁某达成交易实际系利用了某某建筑咨询公司提供的服务。第三，某某公司在接受并利用某某建筑咨询公司提供的服务后，绕开某某建筑咨询公司转而选择报酬数额较低的昌某公司与袁某直接订立合同。某某公司虽主张其在最终签订房屋租赁合同前有自由选择居间方的权利且其最终选择与昌某公司订立居间合同，但某某公司并未提供证据证明昌某公司向其提供了何种居间服务，某某公司应以提供居间服务的程度向某某建筑咨询公司支付中介费。

类案适用提示

委托人与中介人成立中介合同后，委托人利用中介人提供的交易机会和媒介服务，最终与相对人订立了合同，支付报酬系委托人应履行的合同义务。但委托人一方面利用中介人提供的信息和服务，另一方面又绕开中介人与相对人直接订立合同，使中介人得不到报酬，违背了诚信原则，不利于鼓励诚信交易，仍应按约向中介人支付相应的报酬。

第九百六十六条　【参照适用委托合同的规定】 本章没有规定的，参照适用委托合同的有关规定。

第二十七章　合伙合同

第九百六十七条　【合伙合同的定义】 合伙合同是两个以上合伙人为了共同的事业目的，订立的共享利益、共担风险的协议。

第九百六十八条　【合伙人的出资义务】 合伙人应当按照约定的出资方式、数额和缴付期限，履行出资义务。

第九百六十九条　【合伙财产的定义】 合伙人的出资、因合伙事务依法取得的收益和其他财产，属于合伙财产。

合伙合同终止前，合伙人不得请求分割合伙财产。

第九百七十条　【合伙事务的执行】 合伙人就合伙事务作出决定的，除合伙合同另有约定外，应当经全体合伙人一致同意。

合伙事务由全体合伙人共同执行。按照合伙合同的约定或者全体合伙人的决定，可以委托一个或者数个合伙人执行合伙事务；其他合伙人不再执行合伙事务，但是有权监督执行情况。

合伙人分别执行合伙事务的，执行事务合伙人可以对其他合伙人执行的事务提出异议；提出异议后，其他合伙人应当暂停该项事务的执行。

第九百七十一条　【合伙人执行合伙事务不得请求支付报酬】 合伙人不得因执行合伙事务而请求支付报酬，但是合伙合同另有约定的除外。

新解

依据本条规定，合伙人就其合伙的事务执行原则上并无报酬请求权，基于自营机关原则，参与合伙事务执行既是合伙人的权利，亦是合伙人的义务。根据合伙合同或者全体合伙人的决议，合伙人以自己的权限执行合伙事务，或约定由合伙人中数人执行合伙事务，在执行人与合伙（全体合伙人）之间不成立委托关系或者劳务关系，而是基于合伙合同的效力而产生的事务执行权。

第九百七十二条【合伙的利润分配和亏损分担】 合伙的利润分配和亏损分担，按照合伙合同的约定办理；合伙合同没有约定或者约定不明确的，由合伙人协商决定；协商不成的，由合伙人按照实缴出资比例分配、分担；无法确定出资比例的，由合伙人平均分配、分担。

第九百七十三条【合伙人对合伙债务的连带责任及追偿权】 合伙人对合伙债务承担连带责任。清偿合伙债务超过自己应当承担份额的合伙人，有权向其他合伙人追偿。

第九百七十四条【合伙人转让财产份额的要求】 除合伙合同另有约定外，合伙人向合伙人以外的人转让其全部或者部分财产份额的，须经其他合伙人一致同意。

第九百七十五条【合伙人债权人代位行使权利的限制】 合伙人的债权人不得代位行使合伙人依照本章规定和合伙合同享有的权利，但是合伙人享有的利益分配请求权除外。

第九百七十六条【合伙期限的推定】 合伙人对合伙期限没有约定或者约定不明确，依据本法第五百一十条的规定仍不能确定的，视为不定期合伙。

合伙期限届满，合伙人继续执行合伙事务，其他合伙人没有提出异议的，原合伙合同继续有效，但是合伙期限为不定期。

合伙人可以随时解除不定期合伙合同，但是应当在合理期限之前通知其他合伙人。

第九百七十七条　【合伙人死亡、民事行为能力丧失或终止时合伙合同的效力】合伙人死亡、丧失民事行为能力或者终止的，合伙合同终止；但是，合伙合同另有约定或者根据合伙事务的性质不宜终止的除外。

第九百七十八条　【合伙合同终止后剩余财产的分配规则】合伙合同终止后，合伙财产在支付因终止而产生的费用以及清偿合伙债务后有剩余的，依据本法第九百七十二条的规定进行分配。

第三分编　准合同

第二十八章　无因管理

> **第九百七十九条　【无因管理的定义及法律效果】**管理人没有法定的或者约定的义务，为避免他人利益受损失而管理他人事务的，可以请求受益人偿还因管理事务而支出的必要费用；管理人因管理事务受到损失的，可以请求受益人给予适当补偿。
>
> 管理事务不符合受益人真实意思的，管理人不享有前款规定的权利；但是，受益人的真实意思违反法律或者违背公序良俗的除外。

新解

本条第 1 款规定了无因管理人的费用偿还请求权和适当补偿损失请求权。体系上，费用偿还请求权涉及管理人自愿承受的财产损失，而损失补偿请求权涉及非自愿的财产损失。应予适当补偿的损失包括管理人的人身伤害、财产损失及间接损失，但不包括纯粹经济损失。

本条第 2 款涉及当管理行为关乎最为重要的公共利益和善良风俗且必须立即履行时，公共利益和善良风俗取代了受益人的真实意思，不能仅仅因为受益人禁止他人管理，就认为管理行为不构成正当的无因管理。在取代范围内，管理人无须考虑受益人的意思，但该场合下管理人的通知义务以及管理结束后的报告和移交义务仍然存在。

关联指引

《最高人民法院关于审理民事案件适用诉讼时效制度若干问题的规定》第7条

第九百八十条　【不适当的无因管理】 管理人管理事务不属于前条规定的情形，但是受益人享有管理利益的，受益人应当在其获得的利益范围内向管理人承担前条第一款规定的义务。

新解

管理他人事务，若满足《民法典》第979条无因管理的构成要件，则成立正当的无因管理；若未满足"符合受益人真实意思"要件，则成立不当的无因管理；若未满足"为避免他人利益受损失"要件，即误以为是自己的事务而管理，没有为他人管理的意思，则成立误信管理；若未满足"为避免他人利益受损失"要件，明知系他人事务，故意为自身之利益当成自己事务管理，则成立不法管理。《民法典》总则编第121条对无因管理进行了总括性规定，确立的无因管理外延，包含了第979条第1款的正当无因管理、第2款特殊情形下正当的无因管理以及本条规定的不当无因管理三种类型。第121条的构成要件并未囊括学理上所谓的误信管理与不法管理。

违反受益人真实意思的管理行为，可能在客观结果上有利于受益人，也可能在客观结果上不利于受益人。以上两种情况，无论客观结果是否有利于受益人，受益人都有权主张享有管理利益。管理人在受益人所得利益范围内，根据《民法典》第979条第1款规定，享有必要费用偿还请求权、所负债务清偿请求权以及所受损失适当补偿请求权。但是受益人在所得利益之外有损失的，可以要求不当管理人赔偿。受益人的损害赔偿请求权与不当管理人的费用偿还请求权之间可以主张抵销。

> **第九百八十一条** 【管理人的善良管理义务】管理人管理他人事务，应当采取有利于受益人的方法。中断管理对受益人不利的，无正当理由不得中断。

新解

本条规定了管理人的合理注意义务及继续管理义务。

只有在管理人行为尽到合理注意义务时，维护他人利益的管理才是有益的。一般而言，涉及在职业或营业活动中实施的无因管理行为，需适用专业人士的注意义务标准。

本条后段规定了源于诚信的继续管理义务，管理人无正当理由不得中断管理行为。实质性理由在于，固然每个人可以自由决定是否管理他人事务，可一旦决定进行管理，原则上必须负责到底。本条前段规定管理人实施管理行为应当采取有利于受益人的方法，因此管理人能否放弃或中断管理，要根据同样的标准进行判断。若中断管理对受益人更为不利，如导致损害发生或者使受益人处境严重恶化，且在管理人继续管理事务时可以避免上述不利后果，则管理人负有继续管理义务。

为了将无因管理这一助人为乐的行为与可强制履行的合同债务区分开，本条赋予了管理人具备正当理由时中断管理的权利。中断管理的正当事由大致类型包括：（1）所追求的目标已实现，此时转为《民法典》第983条规定的报告与移交管理行为所得利益的债务；（2）管理人已经让受益人注意到了危险情况之后，可合理期待受益人自身予以接管并处理；（3）受益人要求管理人停止管理，原因在于如何长远性维护受益人的利益，原则上交由受益人自己进行判断，符合《民法典》第979条第2款规定情形的除外；（4）继续管理不合理，鉴于管理事务面临的危险、履行自身其他义务的时间压力、已投入和仍需投入的精力、停止管理给受益人增加的危险程度等因素综合判断，管理人如继续管理，需付出不成比例的代价；（5）管理人继续管理在效果上徒劳无益。

第九百八十二条　【管理人的通知义务】 管理人管理他人事务，能够通知受益人的，应当及时通知受益人。管理的事务不需要紧急处理的，应当等待受益人的指示。

第九百八十三条　【管理人的报告及移交财产义务】 管理结束后，管理人应当向受益人报告管理事务的情况。管理人管理事务取得的财产，应当及时转交给受益人。

第九百八十四条　【本人对管理事务的追认】 管理人管理事务经受益人事后追认的，从管理事务开始时起，适用委托合同的有关规定，但是管理人另有意思表示的除外。

第二十九章　不当得利

第九百八十五条　【不当得利的构成及除外情况】 得利人没有法律根据取得不当利益的，受损失的人可以请求得利人返还取得的利益，但是有下列情形之一的除外：

（一）为履行道德义务进行的给付；

（二）债务到期之前的清偿；

（三）明知无给付义务而进行的债务清偿。

新解

本条将通说中的不当得利返还义务排除情形法定化。该条款并非完全排除受损人的不当得利返还请求权，而只是赋予得利人一种抗辩权，需要在一定期间内提出，一般情形下法官无权主动援引。本条第 1 项排除的情形为给付属于履行道德上的义务，其规范意旨在于调和法律与道德义务。本条第 2

325

项排除的情形为履行期前的清偿。期前清偿,债务并非不存在,不属于无法律上原因,且债务因清偿而消灭,债权人无得利可言。债权含有若干权能,如请求给付的权能、受领给付的权能和保有给付的权能等。债务届期前,债权人无权请求债务人清偿,但债务人一经清偿,债权人便有权受领给付,也有权保有该给付,除非该给付有害于己。本条第3项排除的情形为明知的非债清偿。不受法律保护的原因有以下三点:一是禁止出尔反尔,违反诚信原则;二是尊重给付人自愿给付的意愿;三是节约司法资源。

关联指引

《最高人民法院关于审理民事案件适用诉讼时效制度若干问题的规定》第6条

> **第九百八十六条 【善意得利人的返还责任】** 得利人不知道且不应当知道取得的利益没有法律根据,取得的利益已经不存在的,不承担返还该利益的义务。

新解

本条确立了善意得利人或受领人的返还责任。不当得利目的在于促使利益的返还,不是追求损失的填平,区别与侵权行为,故应区分善意、恶意得利人的返还范围。对于善意得利人设立减轻责任规定,也即善意得利人返还范围应仅以现有利益为限,如该利益已不存在,则不必返还原物或清偿价值差额。

利益是否存在采差额说,以获得利益的过程而产生的现有财产总额与若无其事实应有财产的总额比较,而决定有无利益的存在。如果原有利益不存在,但因此使得得利人财产总数增加的,增加部分属于现存利益。时间点为得利人受返还请求的催告之时。

利益不存在,包括受领标的本身不存在,以及与获得利益的事实有因果关系的损失均可列入扣除范围,但限于因信赖获得利益具有法律根据而遭受的损失。例如，支出的必要费用、有益费用，因相信所获利益无须返还而将自己财产给予他人，权利因该利益的受领而消灭，如误信清偿有效而损毁债权证书或抛弃担保。

在一方给付的场合，利益不存在首先体现为受领标的本身不存在。原来获得利益因毁损、灭失、被盗或其他事由不能返还时，获得相应的损害赔偿金、补偿金或保险金等补偿，属于"本于该利益更有所取得"，应予返还。若善意得利人饮用了受领的葡萄酒而节约了其他葡萄酒，于此场合他取得的利益体现于其所节约的价值，应成立"节约式不当得利"。虽使用消费他人之物，但无支出此类消费的计划的，那么，其使用消费的利益便没有留存于财产总额之中，按照差额说，可主张获得的利益不存在。

在双务合同场合的利益不存在，如果双方当事人均已提出给付，其取得的利益尚存时，可依相互返还理论，每一方当事人均可行使不当得利返还请求权。在一方受领的给付不复存在时，如果一方当事人先为给付，如出卖人先行交付买卖物，后查清该买卖合同不成立，买受人受领的买卖物已经灭失，不能返还原物，则不得主张利益不存在，仍应负担不当得利返还义务。

第九百八十七条　【恶意得利人的返还责任】 得利人知道或者应当知道取得的利益没有法律根据的，受损失的人可以请求得利人返还其取得的利益并依法赔偿损失。

新解

本条是关于不当得利与赔偿责任的聚合规则的规定。得利人若自始恶意，承担加重的返还责任，将受领时所获利益一并返还，且不得主张所获利益不存在，不得主张扣除必要费用。若仍不能填补受损失人的损失，就不足部分，另负不当得利法上的损害赔偿责任。若嗣后恶意的，于其知道无法律根据之时的现存利益负返还责任。如果在知道无受领原因前，所获利益已经消失，则不再承担返还义务。

> **第九百八十八条 【第三人的返还义务】** 得利人已经将取得的利益无偿转让给第三人的，受损失的人可以请求第三人在相应范围内承担返还义务。

新解

本条是关于无偿受让不当得利之人的返还的规定。如果得利人将所得利益无偿转让给第三人，第三人为因得利人行为而间接取得利益的人。当受领人为善意且利益已无偿移转至转得人处，善意受领人免返还义务，而此时受损人毫无救济之道，衡诸公平，对于受损人未免过于苛刻，因此规定无偿转得人于受领人免返还义务的限度内，对受损人负返还责任，属公平合理。由于第三人获得利益没有支付对价，因此课以其返还义务不会不当加重其负担。但第三人的返还义务应以其无偿取得的现存利益为限。

新案

赵某毛、郦某不当得利纠纷案[1]

郦某系案外人祝某华的母亲。2015 年，案外人祝某华另案起诉赵某毛、郑云泉请求偿还借款 3597.5 万元，一、二审法院支持祝某华的诉讼请求执行过程中，执行部门依法拍卖了赵某毛的财产。2018 年 7 月 19 日，祝某华出具委托书要求将拍卖所得执行款 11887000 元汇入郦某账户内。后赵某毛对上述判决不服，并向浙江省高级人民法院申请再审。浙江高院依法再审该案，驳回祝某华要求赵某毛归还借款本金及支付利息的诉讼请求。赵某毛据此判决申请执行回转 1900 余万元，因祝某华暂无可供执行的财产，法院裁定终结本次执行。现赵某毛起诉请求郦某偿还 11887000 元。

生效裁判认为，郦某无偿受让取得案涉执行款，就应当承担返还义务，且郦某取得案涉款项本身就是无偿受让所得，使其承担返还义务并没有加重

---

[1] 参见浙江省绍兴市中级人民法院（2021）浙 06 民终 4109 号民事判决书，载中国裁判文书网，最后访问日期：2025 年 8 月 11 日。

其自身负担，亦没有损害其合法权益，祝某华是否善意或恶意，并不影响郦某系无偿受让涉案拍卖款之成立，郦某应在取得执行款的受益范围内承担返还义务。考虑到郦某收到 11887000 元执行款后，又将其中的 477300 元为祝某华归还了信用卡，其中的 18225 元用于支付执行赵某毛财产的评估费用，故郦某对该两部分费用并未受益，应当扣除该部分款项，即郦某无偿所得执行款为 11391475 元。

类案适用提示

如果请求返还的标的是原物，在确定第三人的返还义务时，涉及善意取得规则的适用。首先要判断第三人是否为善意；其次考察第三人是否支付了合理的对价，关于价金与标的物价值是否相当，应按照客观的标准判断。如果第三人是无偿受让，其获得利益并没有支付对价，要求第三人承担返还义务并不会不当加重其负担，如第三人为善意的，以无偿取得的现存利益为限，恶意的需将受领时所获利益一并返还。

第四编

人 格 权

第四编 人格权

第一章 一般规定

第九百八十九条　【人格权编的调整范围】本编调整因人格权的享有和保护产生的民事关系。

新解

《民法典》把人格权法独立成编尚属首次，从规范性质上来说，本条属于说明性条文，是对于特定事项（人格权编适用对象和范围）加以说明。具体来说，本条具有以下两方面的含义：

第一，人格权是一种民事权利。人格权制度是对有关生命健康、名誉、肖像、隐私等人格利益加以确认并保护的法律制度。《民法典》承认人格权为民事权利具有如下优势：其一，它与宪法人格权的功能不同，前者旨在避免第三人的侵害，后者则旨在抵御国家对人格权的侵犯；其二，民法若不规定人格权，法院只能以宪法为保护人格权的法律基础，势必又面临法院不能适用宪法规范作出民事判决的障碍。

第二，人格权的权利内容主要为享有和保护。正是基于人格权的固有性，民事主体拥有的人格权是由法律先天赋予的，这与财产权可以通过动态的法律行为或者事实行为后天取得具有明显不同，本条中的"享有"一词体现了人格权的静态性。人格权具有消极防御的属性，即排除他人的一切妨害。

第九百九十条　【人格权类型】人格权是民事主体享有的生命权、身体权、健康权、姓名权、名称权、肖像权、名誉权、荣誉权、隐私权等权利。

除前款规定的人格权外，自然人享有基于人身自由、人格尊严产生的其他人格权益。

新解

本条将人格权分为具体人格权和一般人格权两种类型，第1款列举了理论和实践中具有典型性的具体人格权类型，第2款规定自然人基于人身自由和人格尊严还享有其他人格利益，也就是学理上所称的一般人格权。需要注意的是，由于一般人格权不像具体人格权那样具有较高的典型性，权利人如要通过一般人格权来保护自己的人格利益，往往需要承担更高的证明责任。

第九百九十一条 【人格权受法律保护】 民事主体的人格权受法律保护，任何组织或者个人不得侵害。

新解

"民事主体"的范围应当包括法人。通常认为，人格权具有人身专属性，权利主体以自然人为限，不包括法人，原因有二：其一，作为人格权客体的人格要素，诸如身体、健康、生命、隐私、肖像等，都是自然人的物质或精神需要，不能与自然人分离；其二，人格权具有极为明显的伦理内涵，它以实现人的尊严和自由发展为目标。但是，法人乃是社会的客观存在，不仅有权利能力、行为能力，而且可以因社会对其好的评价获得名誉，甚至得到政府好的评价给予某种荣誉。因此，法人同样具有保护人格权的需要，并且得到了立法的认可。

此外，本条并不排斥对胎儿、死者等非民事主体的人格利益进行保护。虽然他们在出生前和死亡后不具有民事主体的资格，但对胎儿和死者人格利益的保护仍然对于保护人的尊严和自由发展具有重要价值。

> **第九百九十二条 【人格权不得放弃、转让、继承】**人格权不得放弃、转让或者继承。

新解

首先，人格权与人本身具有不可分的密切关系，属于一种专属权。具体来说，人格权的专属性表现如下：其一，人格权为民事主体所固有。民事主体获得人格权乃是基于人的出生、法人设立的法律事实而先天取得，无须借助法律行为、事实行为等来继受取得。更重要的是，人格权与民事主体资格相依附，只要民事主体具有人格就会享有相应的人格权，既不会因自身行为而剥离，也不会被其他组织、个人侵夺。其二，人格权具有道德性。其三，人格权是构成人格的基本前提，这是民事主体资格所必须的。人格权所致力于保护的法律利益，诸如生命、身体、健康、姓名、肖像、声音等，都是人在一定社会条件下所必需的一些物质和精神基础，民事主体一旦丧失这些人格要素将会使得人的主体性和人格尊严丧失殆尽。

其次，本条是行为规范，旨在指引民事主体合理行使人格权利，不得放弃、转让或者继承人格权。民事主体可以事先同意他人侵害其人格权益，从而阻却侵害行为的违法性，却不得放弃人格权。

再次，本条还是决定法律行为效力的裁判规范。从立法目的来看，本条禁止民事主体放弃、转让和继承人格权，旨在防止人的异化，从而沦为实现某种目的的手段，违背人的主体性。因此，本条应属效力性强制性规定，当事人放弃、转让或继承人格权的行为无效。

最后，虽然法律禁止民事主体放弃、转让和继承人格权，从而导致人格权与民事主体的彻底分离，却依然允许民事主体通过特定方式许可他人在一定范围内使用其人格要素。这种许可使用并不是"转让"人格权的行为，权利人仍然享有人格权本身，同时有权获得法律的保护救济，详见《民法典》第 993 条规定。

第九百九十三条 【人格利益的许可使用】 民事主体可以将自己的姓名、名称、肖像等许可他人使用,但是依照法律规定或者根据其性质不得许可的除外。

第九百九十四条 【死者人格利益保护】 死者的姓名、肖像、名誉、荣誉、隐私、遗体等受到侵害的,其配偶、子女、父母有权依法请求行为人承担民事责任;死者没有配偶、子女且父母已经死亡的,其他近亲属有权依法请求行为人承担民事责任。

新解

关于死者人格利益的保护方法,大体可以归结为直接保护和间接保护两种模式:直接保护模式认为,法律所要保护的是死者本身的人格权,由于死者已经无法行使诉权,故应由死者生前指定的人或者近亲属来行使诉权;间接保护模式则认为,法律目的是保护与死者有密切关联的生者的精神利益,使生者有权请求精神损害赔偿。本条规定死者的"近亲属有权依法请求行为人承担民事责任",实际上采纳了间接保护说,具有合理性。一方面,自然人死亡后便已失去主体意识,既不能享有利益,也无法遭受损害,真正遭受损害的只能是生者。另一方面,死者的近亲属无疑是最适当的人选,因为从伦理情感上来说,他们与死者最为亲近、最有动力来维护死者的人格利益不受侵害,也最有可能因死者人格利益被侵害而导致利益受损。需要注意的是,对于那些侵害死者人格利益导致损害公共利益的行为,典型如侵害英雄烈士的姓名、肖像、名誉、荣誉等行为,则应适用《民法典》第 185 条的规定,由相关组织提起诉讼。

第九百九十五条 【人格权保护的请求权】 人格权受到侵害的,受害人有权依照本法和其他法律的规定请求行为人承担民事责任。受害人的停止侵害、排除妨碍、消除危险、消除影响、恢复名誉、赔礼道歉请求权,不适用诉讼时效的规定。

新解

本条对两种请求权进行区分。

第一,本条第 2 句规定的人格权请求权是一个重要的绝对权请求权类型。一旦人格权的圆满状态遭受第三人的不法侵害,权利人有权请求行为人停止侵害,以恢复此种圆满支配状态。权利人在行使这一请求权的时候,并不以满足过错、损害后果等侵权责任要件为前提。本条在侵权责任请求权之外规定独立的人格权请求权,除了可以加强对人格权的保护之外,还能完善由物权请求权、人格权请求权和知识产权请求权组成的绝对权请求权体系。

第二,侵权责任请求权和人格权请求权的分工协调。本条依据人格权保护的法律效果和救济方法的不同,分别规定了侵权责任请求权和人格权请求权,侵害人格权行为发生以后的损害赔偿问题应当适用《民法典》第 1179 条侵权损害赔偿的规定,而损害发生之前的停止侵害、排除妨碍、消除危险等绝对权请求权则属于人格权请求权,应当适用本条第 2 句。二者在归责原则、诉讼时效等方面均有重大差异,其协调分工有助于强化对人格权的事前保护,更为周全地保护人格权。

> **第九百九十六条 【人格权责任竞合下的精神损害赔偿】** 因当事人一方的违约行为,损害对方人格权并造成严重精神损害,受损害方选择请求其承担违约责任的,不影响受损害方请求精神损害赔偿。

新解

本条是关于违约精神损害赔偿的规定。对于违约精神损害赔偿的理解适用,具体包括以下几个方面:

首先,违约精神损害赔偿又称为非财产损害,是指民事主体基于违约行为遭受的精神损害主张损害赔偿的救济制度。精神损害赔偿其实并非对损害的赔偿,它更多的是一种货币化的补偿和精神安慰,主要是针对侵犯人格权的救济,针对的是精神痛苦,是对受害人的抚慰。因此,精神损害赔偿的数额可能不高，常常是象征性的。

其次，违约精神损害赔偿有助于提升对人格权的保护程度。违约精神损害赔偿制度契合了《民法典》第 993 条规定的人格权许可使用的规定，能够为民事主体因被许可人违约遭受精神损害的情形提供充分救济，促进其积极行使人格权。

最后，严重性的要件。法律设置"严重"性要件的目的是控制诉讼，避免滥诉现象的发生，减轻侵害人的诉讼负担。

> **第九百九十七条** 【申请法院责令停止侵害】民事主体有证据证明行为人正在实施或者即将实施侵害其人格权的违法行为，不及时制止将使其合法权益受到难以弥补的损害的，有权依法向人民法院申请采取责令行为人停止有关行为的措施。

新解

本条是关于侵害人格权的诉前禁令的规定，旨在预防人格权损害的发生和扩大。

所谓侵害人格权的禁令，是指在人格权正在遭受侵害或者即将遭受侵害的情形下，如果不及时制止侵害行为，将导致损害后果迅速扩大或难以弥补，此时，权利人有权请求法院发布禁止令，以责令行为人停止相关侵权行为。《民法典》规定侵害人格权的诉前禁令制度，可以强化法律对人格权的保护，充分彰显人格权的价值和功能，意义重大。

侵害人格权的诉前禁令契合了人格权保护的特殊性。相比于财产损失，人格权损害具有不可逆转性，一旦发生侵害行为，就会造成不可弥补的损害预防措施，虽然侵害人格权的诉前禁令制度无法终局性地明确当事人之间的权利义务关系，却能够赋予受害人向法院申请责令侵害人停止有关行为的权利，防止损害的发生和扩大，从而强化对人格权的保护。

新案

颜某某申请人格权侵害禁令案[①]

2015年，颜某某与罗某某（男）登记结婚。2022年7月，颜某某生育双胞胎子女罗大某（男）、罗小某（女）。罗大某、罗小某出生后，与颜某某、罗某某共同生活居住在A省。因家庭矛盾未能得到有效调和，2024年3月，罗某某及其父母、妹妹等人将罗大某强行带离上述住所并带至B省。此后，罗大某与罗某某的父母在B省共同生活居住。经多次沟通，罗某某均拒绝将罗大某送回。颜某某遂提起本案申请，请求法院裁定罗某某将罗大某送回原住所并禁止罗某某抢夺、藏匿未成年子女。

审理法院认为，父母对未成年子女抚养、教育和保护的权利是一种重要的身份权，抢夺行为严重侵害未成年子女的人格权益和父母另一方因履行监护职责产生的权利。颜某某以其对儿子罗大某的监护权受到侵害为由向人民法院申请禁令，人民法院依法应予受理并可以参照《民法典》第997条的规定进行审查。因抢夺子女形成的抚养状态，是一种非法的事实状态，不因时间的持续而合法化。该抢夺子女的行为强行改变未成年子女惯常的生活环境和亲人陪伴，不利于未成年人身心健康，严重伤害父母子女之间的亲子关系。人民法院裁定罗某某自收到裁定之日起七日内将罗大某送回原住所，并禁止罗某某实施抢夺、藏匿子女或擅自将子女带离住所等侵害颜某某监护权的行为。本案裁定发出后，人民法院组织对双方当事人开展家庭教育指导，并现场督促罗某某购买车票将罗大某从B省接回A省。

解决分居状态下抢夺、藏匿未成年子女问题的前提是及时快速制止不法行为，尽量减少对未成年人的伤害。签发人格权侵害禁令，可以进行事先预防性保护，避免权利主体受到难以弥补的损害。《民法典》第1001条规定，对自然人因婚姻家庭关系等产生的身份权利的保护，在相关法律没有规定的情况下，可以根据其性质参照适用人格权保护的有关规定。父母对未成年子女抚养、教育和保护的权利是一种重要的身份权，人民法院针对抢夺、藏匿

[①] 参见《涉婚姻家庭纠纷典型案例》（2025年1月15日发布），载最高人民法院网，https://www.court.gov.cn/zixun/xiangqing/452761.html，最后访问日期：2025年8月11日。

未成年子女行为参照适用《民法典》第997条规定签发禁令，能够快速让未成年子女恢复到原来的生活状态，是人格权保护事先预防大于事后赔偿基本理念的具体体现，对不法行为形成有力的法律震慑。

> **第九百九十八条　【认定行为人承担责任时的考量因素】** 认定行为人承担侵害除生命权、身体权和健康权外的人格权的民事责任，应当考虑行为人和受害人的职业、影响范围、过错程度，以及行为的目的、方式、后果等因素。

新解

人格权可以分为物质性人格权和精神性人格权，前者主要包括生命权、身体权和健康权，后者则为姓名权、名称权、肖像权、声音权、名誉权、荣誉权、隐私权和个人信息等权利。本条采用"除生命权、身体权和健康权外的人格权"这一表述，实质上是以立法的形式承认物质性人格权和精神性人格权的区分，并对它们采取不同的保护方法。究其原因，物质性人格权是自然人最基本、最重要的权利，具有强烈的伦理色彩，法律给予强制保护。因此，民事主体不可放弃、转让或继承物质性人格权，也不得积极许可他人。与之不同的是，精神性人格权是自然人对于精神性人格要素的不可转让的支配权，其主要是为了满足人们对正当精神需要而确立的一项权利。随着社会的发展和科技的进步，精神性人格权逐渐表现出一定的财产价值，形成所谓人格权商品化现象。能够商品化的人格权，其客体其实是作为主体的人之符号化并不触及人之伦理价值根本核心。因此，对于精神性人格权，法律并不像对物质性人格权的保护那样绝对，而是要在协调和平衡人格权与其他利益之间冲突的基础上，采用比例原则进行相对化的保护。

就侵害精神性人格权纠纷来说，涉及人的尊严、公众的行为自由、公共利益等多种价值之间的冲突协调，法官应当在评价不同价值优先顺位的基础上，综合确认行为人的民事责任。以侵害公众人物的隐私权为例，虽然公众人物具有完全的民事主体资格，并且享有完全的精神性人格权，但是他们的职业多为演艺明星、艺术家等，获得的关注度远超常人，承担的职责常常会涉及公共利益或者国家利益，公众具有知情权，应当接受公众的监督，故而公众人物应当对他人侵害其隐私权承担一定的容忍义务。不过，一旦他人对公众人物隐私权的侵害超出公共利益和国家利益的需要，仍然需要承担相应的侵权责任。

> **第九百九十九条** 【人格利益的合理使用】为公共利益实施新闻报道、舆论监督等行为的，可以合理使用民事主体的姓名、名称、肖像、个人信息等；使用不合理侵害民事主体人格权的，应当依法承担民事责任。
>
> **第一千条** 【消除影响、恢复名誉、赔礼道歉责任方式】行为人因侵害人格权承担消除影响、恢复名誉、赔礼道歉等民事责任的，应当与行为的具体方式和造成的影响范围相当。
>
> 行为人拒不承担前款规定的民事责任的，人民法院可以采取在报刊、网络等媒体上发布公告或者公布生效裁判文书等方式执行，产生的费用由行为人负担。

新解

侵害人格权的民事责任方式应当符合"相当性"的要求，这主要体现在两个方面：其一，法官在选择承担责任的方式时应当考虑侵权的行为方式。消除影响、恢复名誉针对的是诽谤，是事实陈述问题；赔礼道歉针对的是侮辱，是意见表达问题。前者可以强制被执行人澄清事实而还原真相；后者无法强制被执行人真诚悔过并致歉，只能通过判决宣示正义。其二，民事责任应与侵权行为造成的影响相对应，既包括侵害行为所影响的地理领域，也包括受害人遭受的精神痛苦程度。比如，行为人在朋友圈中诽谤受害人的，法官通常只需要求行为人在朋友圈中澄清事实，无须通过登报方式来消除影响。

在人民法院作出消除影响、恢复名誉、赔礼道歉的判决后，如果行为人拒不执行的，强制执行是必要措施。但是，如果法律强制行为人赔礼道歉，不但无法达到这一效果，还有可能会过度损害行为人的不表意自由。因此，本条规定人民法院可以采用替代执行措施，在报刊、网络等媒体上发布公告或者公布生效裁判文书，这样一方面不会过度侵害行为人的不表意自由，另一方面也可以抚慰受害人所遭受的精神痛苦，最大限度上修补其精神创伤。

> **第一千零一条 【自然人身份权利保护参照】** 对自然人因婚姻家庭关系等产生的身份权利的保护，适用本法第一编、第五编和其他法律的相关规定；没有规定的，可以根据其性质参照适用本编人格权保护的有关规定。

第二章 生命权、身体权和健康权

> **第一千零二条 【生命权】** 自然人享有生命权。自然人的生命安全和生命尊严受法律保护。任何组织或者个人不得侵害他人的生命权。
>
> **第一千零三条 【身体权】** 自然人享有身体权。自然人的身体完整和行动自由受法律保护。任何组织或者个人不得侵害他人的身体权。

新解

本条是对身体权概念和内容的规定。《民法典》将身体权置于健康权之前，标志着《民法典》认为身体权是仅次于生命权的一项重要具体人格权。

> **第一千零四条 【健康权】** 自然人享有健康权。自然人的身心健康受法律保护。任何组织或者个人不得侵害他人的健康权。

第四编　人格权

第一千零五条　【法定救助义务】自然人的生命权、身体权、健康权受到侵害或者处于其他危难情形的，负有法定救助义务的组织或者个人应当及时施救。

新解

我国公法上有一些专门性法律、行政法规等规定，特定的职业人员对人身安全遭受威胁或侵害的自然人负有法定的救助义务。本条之规定，不仅为自然人设置了具体的请求权基础，亦为我国《民法典》中的转介条款。目前，法定救助义务的来源主要有以下几类：（1）公安、消防等人员的救助义务；（2）船长的救助义务；（3）医疗机构及其医务人员的救助义务；（4）承运人的救助义务；（5）家庭成员间的救助义务；（6）因安全保障义务而产生的救助义务；（7）先行行为产生的救助义务。

第一千零六条　【人体捐献】完全民事行为能力人有权依法自主决定无偿捐献其人体细胞、人体组织、人体器官、遗体。任何组织或者个人不得强迫、欺骗、利诱其捐献。

完全民事行为能力人依据前款规定同意捐献的，应当采用书面形式，也可以订立遗嘱。

自然人生前未表示不同意捐献的，该自然人死亡后，其配偶、成年子女、父母可以共同决定捐献，决定捐献应当采用书面形式。

第一千零七条　【禁止买卖人体细胞、组织、器官和遗体】禁止以任何形式买卖人体细胞、人体组织、人体器官、遗体。

违反前款规定的买卖行为无效。

第一千零八条　【人体临床试验】为研制新药、医疗器械或者发展新的预防和治疗方法，需要进行临床试验的，应当依法经相关主管部门批准并经伦理委员会审查同意，向受试者或者受试者的监护人告知试验目的、用途和可能产生的风险等详细情况，并经其书面同意。

进行临床试验的，不得向受试者收取试验费用。

第一千零九条 【从事人体基因、胚胎等医学和科研活动的法定限制】 从事与人体基因、人体胚胎等有关的医学和科研活动，应当遵守法律、行政法规和国家有关规定，不得危害人体健康，不得违背伦理道德，不得损害公共利益。

第一千零一十条 【性骚扰】 违背他人意愿，以言语、文字、图像、肢体行为等方式对他人实施性骚扰的，受害人有权依法请求行为人承担民事责任。

机关、企业、学校等单位应当采取合理的预防、受理投诉、调查处置等措施，防止和制止利用职权、从属关系等实施性骚扰。

新解

本条对性骚扰的认定标准和民事责任作出规定，填补了我国对性骚扰民事法律上救济途径的空白。

构成性骚扰必须具备以下要件：（1）必须以言语、文字、图像、肢体行为等方式对他人实施了与性有关的骚扰行为，这些行为通常是犯罪行为以外的违法行为。（2）性骚扰行为必须指向特定的人。本条未对侵害人和受害人的性别加以限制，男女都是本条保护的对象。（3）必须违背了受害人的意愿。对于未成年人意愿的认定，应当区别于成年人。在性骚扰实施者对这一群体作出行为时，应采用过错推定原则，由行为作出人承担举证责任。

《民法典》明确列举了单位包含哪些主体，具体指向了较容易发生性骚扰的上下级及师生关系领域，使得这一规定在防止职场和校园性骚扰方面更有针对性。用人单位有义务建立和完善一套全流程的反性骚扰机制，应利用其本身方便及时取证的优势，从预防、制止到事后补救等环节全方面的保护被骚扰者，遏制和惩戒性骚扰行为。当员工因性骚扰遭受损害，应当有权向单位主张相应的赔偿责任，要求用人单位因疏于反性骚扰管理而承担一定的民事赔偿责任。

第一千零一十一条　【非法剥夺、限制他人行动自由和非法搜查他人身体】 以非法拘禁等方式剥夺、限制他人的行动自由，或者非法搜查他人身体的，受害人有权依法请求行为人承担民事责任。

新解

本条包含了两种类型的侵害人格权行为：一是"以非法拘禁等方式剥夺、限制他人的行动自由"；二是"非法搜查他人身体"。

非法拘禁侵害了他人的行动自由，实质上侵害的是《民法典》第1003条所指的自然人的身体权。在现实生活中普遍存在的平等主体之间侵害身体自由权情形，侵权人之所以选择特定关系人作为非法拘禁行为的对象，往往是针对该特定关系人提出特定的准民事纠纷性质之要求，如债权人逼迫债务人偿还债务，婚姻家庭中发生逼迫之纠纷等。即使债务是合法性债务，债权人的债权受法律所保护，债务人的身体自由权也并不因此受债权人的拘束。即使双方就限制债务人身体自由作出某种约定，此种约定也因为违反法律和公序良俗而无效。因非法拘禁致使行动自由权受到侵犯时，被侵权人可以主张精神损害赔偿，保护自己的精神利益。

搜查身体是指对他人的肢体、器官和其他组织进行查看、摸索、掏翻、血液和体液检查、DNA鉴定等其他各种行为。非法搜查公民身体，故意和过失均可构成，情节严重的，构成非法搜查罪，应当追究刑事责任；非法搜身情节轻微未构成刑事犯罪的，实施人不但需要接受治安管理处罚，受害人还可以基于本条提起民事诉讼，请求责任人承担物质上和精神上的双重损失。

第三章　姓名权和名称权

第一千零一十二条　【姓名权】自然人享有姓名权，有权依法决定、使用、变更或者许可他人使用自己的姓名，但是不得违背公序良俗。

新解

关于姓名权的内容。第一，姓名决定权，也称"命名权"，即自然人自主决定以哪些文字符号作为其姓名即人外在标识的权利。第二，姓名使用权，即自然人使用自己姓名进行社会活动的权利。首先，姓名使用权包括自然人在特定场合中依法决定是否使用其姓名的自由。其次，姓名使用权包括姓名的使用选择权。《民法典》第1017条规定，自然人的笔名、艺名、网名、译名、字号在满足一定条件时亦属姓名权保护范围的背景下，除法律法规有明确规定时，权利主体可根据其在不同场合中的利益需要自由选择使用何种姓名作为其人格标识。最后，姓名使用权也包括自然人要求他人以正确的姓名指称自己的权利。第三，姓名变更权，即自然人依法改变其姓名的权利。姓名变更权系姓名决定权的自然延伸。但值得注意的是，姓名的变更仅是权利主体人格标识的变更，并不意味着其主体身份的改变，更不应影响自然人原有权利义务的享有和承担。第四，姓名许可权，即许可他人使用自己的姓名的权利。姓名的许可使用不等同于权利的转让或处分。作为人格权的姓名权是自然人的专属权利，依据《民法典》第992条的规定，不得放弃、转让或者继承。

关于姓名权的限制。对于姓名权的限制主要体现在要求自然人依法行使其权利和不得违背公序良俗两个方面。所谓依法行使姓名权，在实践中主要体现在对姓名的决定和变更的限制上。对于违反法律强制性规定或侵害他人合法权利的姓名权行使行为，如以造成公众混淆为目的恶意以他人已具有较大知名度的姓名为艺名、笔名的行为，应为法律所不允，至少不应受到姓名权的保护。姓名权的行使应当受到公共秩序和善良风俗的限制。根据公序良俗本身的时间性、地域性、民族性等属性特点综合判断，充分发挥其对法律的补充作用。

第一千零一十三条　【名称权】法人、非法人组织享有名称权，有权依法决定、使用、变更、转让或者许可他人使用自己的名称。

新解

名称权的可转让，是名称权与姓名权的重要区别。权利的转让与权利的许可使用不同，权利的转让意味着权利主体的变更，即出让人丧失权利，而受让人成为该项权利的新主体。名称权的可转让性是其财产权属性的重要体现。名称权在性质上应属于人格权，但却同时具有某些无体财产权的属性。

第一千零一十四条　【禁止侵害他人的姓名或名称】任何组织或者个人不得以干涉、盗用、假冒等方式侵害他人的姓名权或者名称权。

新解

从权能的角度来看，姓名权包括积极权能和消极权能两个方面内容。本条内容则应属于二者消极权能的范畴，明确规定了侵犯姓名权和名称权的三种主要行为方式：其一，干涉，即无正当理由干涉他人对姓名的决定、使用、变更或者许可他人使用的权利，无正当理由干涉法人或者非法人组织对其名称的决定、使用、变更或者许可他人使用的权利。其二，盗用，即盗用他人姓名实施的行为，可能是将他人姓名用于行政事务的办理，或从事民事法律行为。其三，假冒，即不享有使用他人姓名的人擅自使用他人姓名，意图在从事某种活动中不使用自己姓名而使用他人姓名，从而掩盖自身身份。假冒他人姓名与盗用他人姓名均属非法使用他人姓名并侵害权利人姓名的行为。二者的区别主要在于：盗用的结果通常表现为直接损害被盗用者的利益；而冒用姓名者常常并不直接损害被假冒者的利益，而只是为了谋取个人的非法所得。

自然人姓名被冒用、盗用本身就伴随着"被盗用""被冒用"这类侵害后果的发生，所以判定姓名权侵权只需要客观上存在侵权行为即可，不需要造成其他诸如精神上或者财产上的损失。

> **第一千零一十五条** 【自然人姓氏的选取】自然人应当随父姓或者母姓，但是有下列情形之一的，可以在父姓和母姓之外选取姓氏：
> （一）选取其他直系长辈血亲的姓氏；
> （二）因由法定扶养人以外的人扶养而选取扶养人姓氏；
> （三）有不违背公序良俗的其他正当理由。
> 少数民族自然人的姓氏可以遵从本民族的文化传统和风俗习惯。
>
> **第一千零一十六条** 【决定、变更姓名、名称及转让名称的规定】自然人决定、变更姓名，或者法人、非法人组织决定、变更、转让名称的，应当依法向有关机关办理登记手续，但是法律另有规定的除外。
> 民事主体变更姓名、名称的，变更前实施的民事法律行为对其具有法律约束力。

新解

姓名登记与名称登记表现为不同的法律性质：姓名登记是一种事实行为的行政登记，并不能赋予申请人（相对人）某种权利或资格，因而不属于行政许可。同时，姓名登记并不能直接设定行政法上的权利义务，故亦不属于行政确认范畴。名称登记，以企业名称的登记为例，作为商事登记的一部分，依学界和实务界的普遍观点，应属行政许可范畴。

> **第一千零一十七条　【姓名与名称的扩展保护】**具有一定社会知名度，被他人使用足以造成公众混淆的笔名、艺名、网名、译名、字号、姓名和名称的简称等，参照适用姓名权和名称权保护的有关规定。

新解

　　判断一个符合或者称呼能否成为姓名权客体，关键并不在于该符号或者称呼的表现形式，而是在于它们能否标表某个特定的人。只要是能够代表某人、表现某人的符号，即可成为其姓名权的客体。法人、非法人组织的字号、简称等亦是如此。依据本条规定，民事主体的笔名、艺名、网名、译名、字号、姓名和名称的简称等欲成为姓名权和名称权的保护范围，至少应当满足两个方面的条件：其一，具有一定社会知名度。一是知名度的广度，即公众知悉的比例；二是知名度的深度，即公众知悉的程度，此处所说的"社会公众"并不当然泛指一般的社会公众，而应当是相关领域的社会公众。其二，被他人使用足以造成公众混淆。判断"足以造成公众混淆"的标准应多元化，如商品或服务领域、民事主体所处地域、商业背景等皆属应考量的因素。

第四章　肖像权

> **第一千零一十八条　【肖像权及肖像】**自然人享有肖像权，有权依法制作、使用、公开或者许可他人使用自己的肖像。
> 　　肖像是通过影像、雕塑、绘画等方式在一定载体上所反映的特定自然人可以被识别的外部形象。

民法典
新解新案

新案

楼某熙诉杜某峰、某网络技术有限公司肖像权纠纷案[①]

2021年7月7日,杜某峰通过其名为"西格隆咚锵的隆"的新浪微博账号发布一条微博(某网络技术有限公司系该平台经营者),内容为"日本地铁上的小乘客,一个人上学,那眼神里充满自信和勇气,太可爱了",并附有楼某熙乘坐杭州地铁时的照片,引起网友热议。次日,楼某熙的母亲在新浪微博发布辟谣帖:"我是地铁小女孩的妈妈,网传我家孩子是日本小孩!在此特此申明:我家孩子是我大中华儿女,并深深热爱着我们的祖国!……"广大网友也纷纷指出其错误。杜某峰对此仍不删除案涉微博,还在该微博下留言,继续发表贬低祖国和祖国文化的言论。后该微博账号"西格隆咚锵的隆"由于存在其他不当言论被新浪微博官方关闭,所有发布的内容从新浪微博平台清除。楼某熙以杜某峰、某网络科技有限公司侵害其肖像权为由,提起诉讼。

生效裁判认为,自然人享有肖像权,有权依法制作、使用、公开或者许可他人使用自己的肖像;任何组织或者个人不得以丑化、污损,或者利用信息技术手段伪造等方式侵害他人的肖像权;未经肖像权人同意,不得制作、使用、公开肖像权人的肖像,但是法律另有规定的除外。本案中,杜某峰发布的案涉微博中使用的图片含有小女孩的清晰面部、体貌状态等外部身体形象,通过比对楼某熙本人的肖像,以社会一般人的认知标准,能够清楚确认案涉微博中的肖像为楼某熙的形象,故楼某熙对该图片再现的肖像享有肖像权。杜某峰在"七七事变"纪念日这一特殊时刻,罔顾客观事实,在众多网友留言指出其错误、楼某熙母亲发文辟谣的情况下,仍拒不删除案涉微博,还不断留言,此种行为严重损害了包括楼某熙在内的社会公众的国家认同感和民族自豪感,应认定为以造谣传播等方式歪曲使用楼某熙的肖像,严重侵害了楼某熙的肖像权。楼某熙诉请杜某峰赔礼道歉,有利于恢复其人格状态的圆满,有利于其未来的健康成长,依法应获得支持。遂判决杜某峰向楼某

[①] 参见《人民法院贯彻实施民法典典型案例(第一批)》(2022年2月25日发布),载最高人民法院网,https://www.court.gov.cn/zixun/xiangqing/347181.html,最后访问日期:2025年8月11日。

熙赔礼道歉，并赔偿楼某熙精神损害抚慰金、合理维权费用等损失。

> **第一千零一十九条 【肖像权的保护】**任何组织或者个人不得以丑化、污损，或者利用信息技术手段伪造等方式侵害他人的肖像权。未经肖像权人同意，不得制作、使用、公开肖像权人的肖像，但是法律另有规定的除外。
>
> 未经肖像权人同意，肖像作品权利人不得以发表、复制、发行、出租、展览等方式使用或者公开肖像权人的肖像。

新解

从实践来看，肖像权与著作权冲突问题比较突出，为此，本条第 2 款专门确立了二者冲突时的解决规则。例如，照相馆未经顾客同意，将顾客的照片用于广告宣传。按照本条第 2 款的规定："未经肖像权人同意，肖像作品权利人不得以发表、复制、发行、出租、展览等方式使用或者公开肖像权人的肖像。"本条在著作权人和肖像权人之间，作出了倾向保护肖像权人的规定，符合本编保护自然人人格尊严的立法目的。此外，本条第 2 款中的"肖像作品权利人"除了肖像作品的著作权人外，解释上还可以包括肖像作品的所有权人。

> **第一千零二十条 【肖像的合理使用】**合理实施下列行为的，可以不经肖像权人同意：
>
> （一）为个人学习、艺术欣赏、课堂教学或者科学研究，在必要范围内使用肖像权人已经公开的肖像；
>
> （二）为实施新闻报道，不可避免地制作、使用、公开肖像权人的肖像；
>
> （三）为依法履行职责，国家机关在必要范围内制作、使用、公开肖像权人的肖像；

（四）为展示特定公共环境，不可避免地制作、使用、公开肖像权人的肖像；

（五）为维护公共利益或者肖像权人合法权益，制作、使用、公开肖像权人的肖像的其他行为。

第一千零二十一条 【肖像许可使用合同的解释】当事人对肖像许可使用合同中关于肖像使用条款的理解有争议的，应当作出有利于肖像权人的解释。

新解

肖像许可使用合同虽然是发生在平等主体之间的交易关系，但肖像使用人对肖像权人人格利益进行使用的范围和使用的方式，将直接影响到肖像权人的人格尊严与人格自由。此种解释方式实际上是合同的一般解释方法外的特殊解释方法，规范目的在于通过特殊解释方法直接干预具体案件当事人之间的关系，排除不利于肖像权人的解释结果，以维护利益平衡。

第一千零二十二条 【肖像许可使用合同期限】当事人对肖像许可使用期限没有约定或者约定不明确的，任何一方当事人可以随时解除肖像许可使用合同，但是应当在合理期限之前通知对方。

当事人对肖像许可使用期限有明确约定，肖像权人有正当理由的，可以解除肖像许可使用合同，但是应当在合理期限之前通知对方。因解除合同造成对方损失的，除不可归责于肖像权人的事由外，应当赔偿损失。

新解

本条规定的合同解除方式，是《民法典》合同编规定的一般解除规则中的例外规则。简言之，通常而言合同成立后，当事人之间应当认真遵守，此为合同严守原则。当事人对肖像许可使用期限有明确约定，只有肖像权人享有解除权，赋予肖像权人任意解除合同的权利，是对合同严守原则的突破，必须要有正当理由。本条之所以如此规定，仍然是为了倾向保护人格权权利人的利益。正当理由也不限于法定解除的情况，如即使对方当事人没有构成重大违约，而只是一般违约，肖像权人也可以解除合同。

第一千零二十三条　【姓名、声音等的许可使用参照肖像许可使用】 对姓名等的许可使用，参照适用肖像许可使用的有关规定。

对自然人声音的保护，参照适用肖像权保护的有关规定。

第五章　名誉权和荣誉权

第一千零二十四条　【名誉权及名誉】 民事主体享有名誉权。任何组织或者个人不得以侮辱、诽谤等方式侵害他人的名誉权。

名誉是对民事主体的品德、声望、才能、信用等的社会评价。

第一千零二十五条　【新闻报道、舆论监督与保护名誉权关系问题】 行为人为公共利益实施新闻报道、舆论监督等行为，影响他人名誉的，不承担民事责任，但是有下列情形之一的除外：

（一）捏造、歪曲事实；

（二）对他人提供的严重失实内容未尽到合理核实义务；

（三）使用侮辱性言辞等贬损他人名誉。

第一千零二十六条　【认定是否尽到合理核实义务的考虑因素】 认定行为人是否尽到前条第二项规定的合理核实义务，应当考虑下列因素：

（一）内容来源的可信度；

（二）对明显可能引发争议的内容是否进行了必要的调查；

（三）内容的时限性；

（四）内容与公序良俗的关联性；

（五）受害人名誉受贬损的可能性；

（六）核实能力和核实成本。

第一千零二十七条　【文学、艺术作品侵害名誉权的认定与例外】
行为人发表的文学、艺术作品以真人真事或者特定人为描述对象，含有侮辱、诽谤内容，侵害他人名誉权的，受害人有权依法请求该行为人承担民事责任。

行为人发表的文学、艺术作品不以特定人为描述对象，仅其中的情节与该特定人的情况相似的，不承担民事责任。

新解

作品侵害名誉权的构成与一般侵权责任的构成在形式上并无本质区别。但基于作品侵权的特殊性，以下三点需要注意：第一，认定是否构成名誉侵权，关键在于判定该作品是否足以使一般第三人将该作品直接与特定主体相关联的效果。第二，该作品具备公开性。虽然自创作完成之时作者便享有著作权，但若该作品未予以公开发表且未为一般第三人所知晓，那么即便该作品中包含侮辱、诽谤的内容也无法认定为侵权。第三，该文艺作品需要足以造成他人对受害人评价降低。

第一千零二十八条　【名誉权人更正权】民事主体有证据证明报刊、网络等媒体报道的内容失实，侵害其名誉权的，有权请求该媒体及时采取更正或者删除等必要措施。

第一千零二十九条　【信用评价】民事主体可以依法查询自己的信用评价；发现信用评价不当的，有权提出异议并请求采取更正、删除等必要措施。信用评价人应当及时核查，经核查属实的，应当及时采取必要措施。

第一千零三十条　【处理信用信息的法律适用】民事主体与征信机构等信用信息处理者之间的关系，适用本编有关个人信息保护的规定和其他法律、行政法规的有关规定。

第一千零三十一条　【荣誉权】民事主体享有荣誉权。任何组织或者个人不得非法剥夺他人的荣誉称号，不得诋毁、贬损他人的荣誉。

获得的荣誉称号应当记载而没有记载的，民事主体可以请求记载；获得的荣誉称号记载错误的，民事主体可以请求更正。

第六章　隐私权和个人信息保护

第一千零三十二条　【隐私权及隐私】自然人享有隐私权。任何组织或者个人不得以刺探、侵扰、泄露、公开等方式侵害他人的隐私权。

隐私是自然人的私人生活安宁和不愿为他人知晓的私密空间、私密活动、私密信息。

新解

根据本条第 1 款，自然人的隐私权主要体现在四个方面：一是隐私隐瞒权，即权利主体有权对自己的隐私进行隐瞒，不使其为他人所知。二是隐私利用权，指权利主体为满足自己在精神、物质层面的需求，有权对自己的个人隐私进行积极的利用，其中既包括自己利用个人隐私，如撰写传记或利用自身形象进行绘画、摄影等，也包括对他人收集自己个人信息的同意，如允许银行、保险公司等收集自己的信息。三是隐私支配权，指权利主体有权按照自己的意愿，对自己的隐私进行支配，包括公开自己的部分隐私、同意他人进入或察知属于自己隐私的领域、准许他人利用自己的隐私等。四是隐私维护权，即权利主体享有维护自己的隐私不受他人侵犯的权利，这属于一种消极防御性质的权利。

本条第 2 款明确界定了隐私的内涵。隐私包括四个部分的内容：一是私人生活安宁。私人生活安宁主要反映的是权利人的私人生活免受他人的打扰或侵扰的权利，这些侵害方式主要有偷窥、尾随、跟踪、窃听、刺探、电话和短信骚扰以及不可量物侵扰等。二是私密空间，即个人的隐秘范围，如私人住宅就是典型的私密空间，随着互联网技术的发展，网络虚拟空间也被涵盖于本条所规定的"私密空间"范畴。三是私密活动，即自然人所进行的与公共利益无关的个人活动，如日常生活、家庭活动、婚姻活动、男女之间的性生活等。四是私密信息，即通过特定形式体现出来的有关自然人的病历、财产状况、身体缺陷、遗传特征、档案材料、生理识别信息、行踪信息等自然人不愿为他人所知晓的信息。

新案

王某诉西某隐私权、个人信息保护纠纷案[①]

王某、西某系邻居关系，王某居住在北京市通州区某村 ×× 号西院，西某居住在北京市通州区某村 ×× 号东院。西某房后有一条胡同，该胡同系王某家出入的唯一通道。后西某在其正房后墙、房顶瓦片下方安装了两个摄像头。两个摄像头的摄制范围为西某房后的整个胡同（拍摄不到王某家大门），王某家院落大门朝北，北侧有一户邻居，与王某共同使用上述胡同。王某现诉至法院，请求判令西某停止侵权行为，拆除两台监控摄像头及线路并赔偿精神损害金 1000 元。

法院认为：自然人享有隐私权。隐私是自然人的私人生活安宁和不愿为他人知晓的私密空间、私密活动、私密信息，其核心属性为被自然人隐藏或不欲为外人所知晓。自然人的个人信息受法律保护。个人信息是以电子或者其他方式记录的能够单独或者与其他信息结合识别特定自然人的各种信息，

[①] 参见《个人信息保护和隐私侵权认定——王某诉西某隐私权、个人信息保护纠纷案》（北京法院参阅案例第 72 号），载北京法院网，https://bjgy.bjcourt.gov.cn/article/detail/2022/09/id/6920240.shtml，最后访问日期：2025 年 8 月 11 日。

包括自然人生物识别信息、住址、健康信息、行踪信息等。本案中，西某安装的摄像头虽未直摄王某家的大门及院内，但摄录范围包括王某家门口在内的整条胡同，该胡同由王某一家与另一邻户共同使用，相对于社会公共空间，该胡同通行使用人员更为具体特定，王某及其家人或亲友出入胡同的相关信息，作为个人信息可能被西某摄录留存。西某出于个人利益，未经王某同意，摄录留存王某个人信息缺乏合法性、正当性及必要性依据，其行为已构成侵权。现王某上诉要求西某拆除摄像头之诉求法院应予支持。但其要求西某赔偿精神损失的上诉请求缺乏事实及法律依据，法院不予支持。

类案适用提示

当事人在个人住所附近安装图像采集、个人身份识别设备，应当为方便生活、维护安全所必需，不得侵害他人合法权益。出于个人利益，未经特定相邻方同意，安装将相邻方唯一日常通行使用的通道纳入摄录范围的监控设备，摄录留存他人个人行程信息，相邻方以侵犯个人信息、隐私权主张侵权的，人民法院应予支持。

第一千零三十三条　【侵害隐私权的行为】 除法律另有规定或者权利人明确同意外，任何组织或者个人不得实施下列行为：

（一）以电话、短信、即时通讯工具、电子邮件、传单等方式侵扰他人的私人生活安宁；

（二）进入、拍摄、窥视他人的住宅、宾馆房间等私密空间；

（三）拍摄、窥视、窃听、公开他人的私密活动；

（四）拍摄、窥视他人身体的私密部位；

（五）处理他人的私密信息；

（六）以其他方式侵害他人的隐私权。

第一千零三十四条　【个人信息保护】 自然人的个人信息受法律保护。

个人信息是以电子或者其他方式记录的能够单独或者与其他信息结合识别特定自然人的各种信息，包括自然人的姓名、出生日期、身份证件号码、生物识别信息、住址、电话号码、电子邮箱、健康信息、行踪信息等。

> 个人信息中的私密信息，适用有关隐私权的规定；没有规定的，适用有关个人信息保护的规定。

新解

首先，本条明确了个人信息受法律保护。出于对信息主体利益与数据共享利用之间关系平衡等诸多方面的考量，本法最终选择了"个人信息保护"的表述，而未设立"个人信息权"。

其次，本条对个人信息进行了界定。我国相关法律法规大多也将"可识别性"作为个人信息的重要判断标准。与《网络安全法》第76条相比，本条新增了电子邮箱地址和行踪信息两大类型，符合现代技术发展的趋势与个人信息保护的要求。

此外，本条第3款将《民法典》第1032条规定的隐私权与个人信息保护进行了区分。未将个人信息涵盖于隐私权保护之下，主要是考虑到兼顾个人信息保护与信息合理流通均应是《民法典》作为民事基本法律的应有之义，因为个人信息虽体现的是人格利益，但同时也是信息社会的重要资源，二者不可偏废。

第一千零三十五条 【个人信息处理的原则】 处理个人信息的，应当遵循合法、正当、必要原则，不得过度处理，并符合下列条件：

（一）征得该自然人或者其监护人同意，但是法律、行政法规另有规定的除外；

（二）公开处理信息的规则；

（三）明示处理信息的目的、方式和范围；

（四）不违反法律、行政法规的规定和双方的约定。

个人信息的处理包括个人信息的收集、存储、使用、加工、传输、提供、公开等。

新解

本条明确规定了合法、正当和必要是一般个人信息处理活动应当遵循的基本原则。"合法原则"是指信息处理者在从事个人信息处理活动时应当严格遵守包括《民法典》《网络安全法》等法律法规在内的有关个人信息保护的相关规定，不得违反强制性义务。"正当原则"是指个人信息处理活动的目的和方式"正当"，满足《民法典》第 5 条至第 8 条规定的"自愿原则""公平原则""诚信原则""公序良俗原则"。"必要原则"是指信息处理者的个人信息处理行为应当以满足所提供的服务需要为限，应当尽可能地收集有限的个人信息，故而学理上也称为"最小化收集原则"。

第一千零三十六条 【处理个人信息的免责事由】 处理个人信息，有下列情形之一的，行为人不承担民事责任：

（一）在该自然人或者其监护人同意的范围内合理实施的行为；

（二）合理处理该自然人自行公开的或者其他已经合法公开的信息，但是该自然人明确拒绝或者处理该信息侵害其重大利益的除外；

（三）为维护公共利益或者该自然人合法权益，合理实施的其他行为。

第一千零三十七条 【个人信息主体的权利】 自然人可以依法向信息处理者查阅或者复制其个人信息；发现信息有错误的，有权提出异议并请求及时采取更正等必要措施。

自然人发现信息处理者违反法律、行政法规的规定或者双方的约定处理其个人信息的，有权请求信息处理者及时删除。

第一千零三十八条 【个人信息安全】 信息处理者不得泄露或者篡改其收集、存储的个人信息；未经自然人同意，不得向他人非法提供其个人信息，但是经过加工无法识别特定个人且不能复原的除外。

信息处理者应当采取技术措施和其他必要措施，确保其收集、存储的个人信息安全，防止信息泄露、篡改、丢失；发生或者可能发生个人信息泄露、篡改、丢失的，应当及时采取补救措施，按照规定告知自然人并向有关主管部门报告。

第一千零三十九条　【国家机关及其工作人员对个人信息的保密义务】国家机关、承担行政职能的法定机构及其工作人员对于履行职责过程中知悉的自然人的隐私和个人信息，应当予以保密，不得泄露或者向他人非法提供。

第五编

婚姻家庭

第五编　婚姻家庭

第一章　一般规定

第一千零四十条　【婚姻家庭编的调整范围】本编调整因婚姻家庭产生的民事关系。

第一千零四十一条　【婚姻家庭关系基本原则】婚姻家庭受国家保护。

实行婚姻自由、一夫一妻、男女平等的婚姻制度。

保护妇女、未成年人、老年人、残疾人的合法权益。

第一千零四十二条　【禁止的婚姻家庭行为】禁止包办、买卖婚姻和其他干涉婚姻自由的行为。禁止借婚姻索取财物。

禁止重婚。禁止有配偶者与他人同居。

禁止家庭暴力。禁止家庭成员间的虐待和遗弃。

关联指引

《最高人民法院关于适用〈中华人民共和国民法典〉婚姻家庭编的解释（一）》第1条、第2条

第一千零四十三条　【婚姻家庭道德规范】家庭应当树立优良家风，弘扬家庭美德，重视家庭文明建设。

夫妻应当互相忠实，互相尊重，互相关爱；家庭成员应当敬老爱幼，互相帮助，维护平等、和睦、文明的婚姻家庭关系。

民法典 新解新案

新案

崔某某与叶某某及高某某赠与合同纠纷案①

崔某某与高某某（男）于 2010 年 2 月登记结婚。婚姻关系存续期间，高某某与叶某某存在不正当关系，并于 2019 年 3 月至 2023 年 9 月向叶某某共转账 73 万元。同期，叶某某向高某某回转 17 万元，实际收取 56 万元。崔某某提起本案诉讼，请求判令叶某某返还崔某某的夫妻共同财产 73 万元。叶某某辩称，高某某转给其的部分款项已消费，不应返还。高某某认可叶某某的主张。

审理法院认为，在婚姻关系存续期间，夫妻双方未选择其他财产制的情况下，对夫妻共同财产不分份额地共同享有所有权。本案中，高某某未经另一方同意，将夫妻共同财产多次转给与其保持不正当关系的叶某某，违背社会公序良俗，故该行为无效，叶某某应当返还实际收取的款项。对叶某某关于部分款项已消费的主张，不予支持。

根据《民法典》第 1043 条规定，夫妻应当互相忠实，互相尊重，互相关爱。婚姻关系存续期间，夫妻一方为重婚、与他人同居以及其他违反夫妻忠实义务等目的，私自将夫妻共同财产赠与他人，不仅侵害了夫妻共同财产平等处理权，更是一种严重违背公序良俗的行为，法律对此坚决予以否定。权益受到侵害的夫妻另一方主张该民事法律行为无效并请求返还全部财产的，人民法院应予支持。不能因已消费而免除其返还责任。该判决对于贯彻落实婚姻家庭受国家保护的宪法和民法典基本原则，践行和弘扬社会主义核心价值观具有示范意义。

第一千零四十四条 【收养的原则】收养应当遵循最有利于被收养人的原则，保障被收养人和收养人的合法权益。

禁止借收养名义买卖未成年人。

---

① 参见《涉婚姻家庭纠纷典型案例》（2025 年 1 月 15 日发布），载最高人民法院网，https://www.court.gov.cn/zixun/xiangqing/452761.html，最后访问日期：2025 年 8 月 11 日。

第一千零四十五条 【亲属、近亲属与家庭成员】亲属包括配偶、血亲和姻亲。

配偶、父母、子女、兄弟姐妹、祖父母、外祖父母、孙子女、外孙子女为近亲属。

配偶、父母、子女和其他共同生活的近亲属为家庭成员。

第二章 结　　婚

第一千零四十六条 【结婚自愿】结婚应当男女双方完全自愿，禁止任何一方对另一方加以强迫，禁止任何组织或者个人加以干涉。

第一千零四十七条 【法定婚龄】结婚年龄，男不得早于二十二周岁，女不得早于二十周岁。

第一千零四十八条 【禁止结婚的情形】直系血亲或者三代以内的旁系血亲禁止结婚。

第一千零四十九条 【结婚程序】要求结婚的男女双方应当亲自到婚姻登记机关申请结婚登记。符合本法规定的，予以登记，发给结婚证。完成结婚登记，即确立婚姻关系。未办理结婚登记的，应当补办登记。

关联指引

《最高人民法院关于适用〈中华人民共和国民法典〉婚姻家庭编的解释（一）》第6条、第7条、第8条

第一千零五十条 【男女双方互为家庭成员】登记结婚后,按照男女双方约定,女方可以成为男方家庭的成员,男方可以成为女方家庭的成员。

第一千零五十一条 【婚姻无效的情形】有下列情形之一的,婚姻无效:

(一)重婚;

(二)有禁止结婚的亲属关系;

(三)未到法定婚龄。

关联指引

《最高人民法院关于适用〈中华人民共和国民法典〉婚姻家庭编的解释(一)》第 11 条

《最高人民法院关于适用〈中华人民共和国民法典〉婚姻家庭编的解释(二)》第 1 条

第一千零五十二条 【受胁迫婚姻的撤销】因胁迫结婚的,受胁迫的一方可以向人民法院请求撤销婚姻。

请求撤销婚姻的,应当自胁迫行为终止之日起一年内提出。

被非法限制人身自由的当事人请求撤销婚姻的,应当自恢复人身自由之日起一年内提出。

关联指引

《最高人民法院关于适用〈中华人民共和国民法典〉婚姻家庭编的解释(一)》第 18 条、第 19 条

第一千零五十三条 【隐瞒重大疾病的可撤销婚姻】 一方患有重大疾病的，应当在结婚登记前如实告知另一方；不如实告知的，另一方可以向人民法院请求撤销婚姻。

请求撤销婚姻的，应当自知道或者应当知道撤销事由之日起一年内提出。

新解

在缔结婚姻关系时，如果一方患有重大疾病，虽然不属于禁止结婚的疾病，但是当事人负有告知义务，应当在结婚登记前如实告知另一方，对方当事人同意的，当然可以缔结婚姻关系。患病一方当事人如果不尽告知义务或者不如实告知的，即不告知或者虚假告知，另一方当事人享有撤销权，可以向人民法院行使该撤销权，请求撤销该婚姻关系。

新案

林某诉张某撤销婚姻纠纷案[①]

林某和张某经人介绍相识，于2020年6月28日登记结婚。在登记之后，张某向林某坦白其患有艾滋病多年，并且长期吃药。2020年7月，林某被迫人工终止妊娠。2020年10月，林某提起诉讼要求宣告婚姻无效。诉讼中，林某明确若婚姻无效不能成立，则请求撤销婚姻，对此，张某亦无异议。

生效裁判认为，自然人依法享有缔结婚姻等合法权益，张某虽患有艾滋病，但不属于婚姻无效的情形。林某又提出撤销婚姻的请求，张某对此亦无异议，为减少当事人讼累，人民法院一并予以处理。张某所患疾病对婚姻生活有重大影响，属于婚前应告知林某的重大疾病，但张某未在结婚登记前告

[①] 参见《人民法院贯彻实施民法典典型案例（第二批）》（2023年1月12日发布），载最高人民法院网，https://www.court.gov.cn/zixun/xiangqing/386521.html，最后访问日期：2025年8月11日。

知林某，显属不当。故依照《民法典》第1053条的规定，判决撤销林某与张某的婚姻关系。判决后，双方均未上诉。

> **第一千零五十四条** 【婚姻无效或被撤销的法律后果】无效的或者被撤销的婚姻自始没有法律约束力，当事人不具有夫妻的权利和义务。同居期间所得的财产，由当事人协议处理；协议不成的，由人民法院根据照顾无过错方的原则判决。对重婚导致的无效婚姻的财产处理，不得侵害合法婚姻当事人的财产权益。当事人所生的子女，适用本法关于父母子女的规定。
>
> 婚姻无效或者被撤销的，无过错方有权请求损害赔偿。

新解

在婚姻未被人民法院宣告无效或确认撤销之前，无过错方已为该婚姻投入了精力和金钱，该婚姻因另一方当事人的过错而无效或者被撤销的，其无论在精神上还是经济上都会遭受损害，依据公平原则，无过错方有权向过错方请求损害赔偿。本条规定的损害赔偿责任范围，既包括物质损害赔偿，也包括精神损害赔偿。

关联指引

《最高人民法院关于适用〈中华人民共和国民法典〉婚姻家庭编的解释（一）》第16条、第20条、第22条

《最高人民法院关于适用〈中华人民共和国民法典〉婚姻家庭编的解释（二）》第4条

第三章　家庭关系

第一节　夫妻关系

> **第一千零五十五条**　【夫妻平等】夫妻在婚姻家庭中地位平等。
>
> **第一千零五十六条**　【夫妻姓名权】夫妻双方都有各自使用自己姓名的权利。
>
> **第一千零五十七条**　【夫妻人身自由权】夫妻双方都有参加生产、工作、学习和社会活动的自由，一方不得对另一方加以限制或者干涉。
>
> **第一千零五十八条**　【夫妻抚养、教育和保护子女的权利义务平等】夫妻双方平等享有对未成年子女抚养、教育和保护的权利，共同承担对未成年子女抚养、教育和保护的义务。

新案

蔡某诉庞小某等遗赠扶养协议纠纷案[①]

戴某与第一任丈夫生育庞小某，丈夫于1992年离世。与第二任丈夫蔡某于2017年离婚。2019年开始，戴某因身患多种疾病，长期卧床，需要人陪护照顾，求助庞小某，庞小某不顾不理，还表示不愿意负担母亲日后的治疗费用。戴某后与蔡某签订《协议书》，约定由蔡某作为扶养人，负责照顾戴某日后生活起居，支付医疗费并处理丧葬事宜，戴某去世之后，将其名下

---

① 参见《倡导友善互助 弘扬敬老美德 最高法发布第二批继承纠纷典型案例》（2024年12月12日发布），载最高人民法院网，https://www.court.gov.cn/zixun/xiangqing/449671.html，最后访问日期：2025年8月11日。

房屋赠与蔡某。

签订协议后,蔡某依约履行义务直至戴某离世。蔡某处理完戴某的丧葬事宜,依据《协议书》主张权利时,庞小某拒绝协助蔡某办理房屋变更登记事宜。蔡某遂将庞小某诉至法院,请求依法取得戴某名下房屋。

审理法院认为,戴某与蔡某签订的《协议书》性质上属于遗赠扶养协议,是在见证人的见证下签订完成,系双方真实意思表示、合法有效。蔡某对戴某生前尽了扶养义务,在戴某死后也为其办理了殡葬等事宜,有权依据协议约定取得戴某名下房屋。庞小某作为戴某的儿子,在戴某患病情况下未履行赡养义务,在戴某去世后又主张按法定继承分配案涉房屋,其主张不能成立。遂判决蔡某受遗赠取得戴某名下房屋。

《民法典》第1158条规定,自然人可以与继承人以外的组织或者个人签订遗赠扶养协议。按照协议,该组织或者个人承担该自然人生养死葬的义务,享有受遗赠的权利。遗赠扶养协议制度为人民群众提供了行为准则和价值引导,有利于保障老年人"老有所养,老有所依"。如果扶养人如约履行协议约定的生养死葬的义务,人民法院应当尊重当事人意思自治,对扶养人的合法权益予以保护。

> **第一千零五十九条　【夫妻扶养义务】**夫妻有相互扶养的义务。
>
> 需要扶养的一方,在另一方不履行扶养义务时,有要求其给付扶养费的权利。
>
> **第一千零六十条　【夫妻日常家事代理权】**夫妻一方因家庭日常生活需要而实施的民事法律行为,对夫妻双方发生效力,但是夫妻一方与相对人另有约定的除外。
>
> 夫妻之间对一方可以实施的民事法律行为范围的限制,不得对抗善意相对人。

新解

本条是对夫妻日常事务代理权的规定。

家事代理权的行使规则是：（1）代理的事务限于家庭日常事务，对于这类事务，夫妻间均有代理权，一方不得以不知情而推卸共同的责任。（2）紧迫情形处理的代理权推定，该代理权的范围可以适当扩张，推定有代理权。对于夫妻一方在紧迫情形下，如果为婚姻共同生活的利益考虑，某业务不容延缓，并且配偶因疾病、缺席或者类似原因，无法表示同意时，推定夫妻一方对超出日常事务代理权范围的其他事务的代理，为有代理权。（3）其他事务的共同决定。对于超出上述范围的婚姻事务，应当由夫妻双方共同决定，不得由一方决定。对于超出日常事务代理权范围的事务，如果一方赋予配偶特别的授权，则该方为有代理权。（4）第三人无法辨别配偶一方是否有代理权的责任，如果配偶中任何一方实施的行为为个人责任，但该行为无法使第三人辨别是否已经超越日常事务代理权的，他方配偶应当承担连带责任。

新案

张某珍诉谭某锋等赠与合同案[①]

张某珍与谭某锋于1997年1月13日登记结婚，夫妻关系存续至今。谭某锋与刘某华自2005年开始交往并至2020年6月结束。刘某华于2016年1月5日生育儿子巫某，后改名为巫某贤。2019年4月17日，经司法鉴定所出具《鉴定意见书》，鉴定支持谭某锋系巫某贤的生物学父亲。

2018年10月11日、29日，谭某锋分别转账10万元、2万元至刘某华银行账户。2019年4月至2020年5月，谭某锋多次通过微信向刘某华转账款项，张某珍及谭某锋确认上述款项系用于装修巫某贤名下的房屋。

2018年11月15日，刘某华代理巫某与案外人陈某明签订《不动产买卖合同》，约定巫某贤向陈某明购买位于四会市东城街道某小区的房屋一间。2020年9月4日至9月6日，实名登记户主在刘某华名下的手机号码向张某珍发送短信"买房谭某峰出了12万元是银行转账，我下午去查流水知道的，装修买家私家电等12.5万元全部都是微信转账的""他出了24.5万元，我出了5万元，加上装修共用了29.5万元"等内容。

[①] 参见广东省肇庆市中级人民法院（2021）粤12民终1729号民事判决书，载中国裁判文书网，最后访问日期：2025年8月11日。

本案争议焦点是：1.谭某锋赠与刘某华、巫某贤（非婚生儿子）房屋的行为是否无效；2.刘某华是否应当向张某珍返还谭某锋赠与的购房款、装修款；3.儿子巫某贤是否应当向张某珍返还谭某锋赠与的购房款、装修款。

法院经审理认为，根据《民法典》第1060条及第1062条的规定，夫或妻在处理夫妻共同财产上的权利是平等的，因日常生活需要而处理夫妻共同财产的，任何一方均有权决定；夫或妻非因日常生活需要对夫妻共同财产作重要处理决定，他人有理由相信其为夫妻双方共同意思表示的，不得对抗善意第三人。首先，关于谭某锋赠与刘某华、巫某贤房屋的行为是否无效，由于涉案房屋的买卖合同系刘某华以巫某贤的名义与案外人陈某明签订和购买的，谭某锋对房屋不享有所有权且没有直接将涉案房屋赠与刘某华、巫某贤，因此，张某珍要求确认谭某锋赠与刘某华、巫某贤涉案房屋行为无效的诉求，依据不足，应不予支持。其次，关于刘某华是否应当返还收到谭某锋赠与财产的问题，谭某锋赠与刘某华财产的行为，因侵犯了张某珍的夫妻共同财产权益及违反了公序良俗原则而无效，故刘某华应向张某珍返还谭某锋赠与的财产12万元。最后，关于儿子巫某贤及刘某华是否应当返还房屋的装修费12.5万元的问题，谭某锋赠与巫某贤装修房屋及购置家私款项的行为具有道德义务和亲子之情，不存在无效或可撤销情形，因此，张某珍要求刘某华或巫某贤返回12.5万元装修费用的诉讼请求，理据不足，应不予支持。

类案适用提示

家事代理权的判断关键在于夫妻一方实施的是否为日常生活需要范围内的民事法律行为。一般而言，满足夫妻基本需求的衣食住行、医疗服务、为抚养及教育子女所实施的民事法律行为属日常生活需要范围。日常生活需要范围的界定因所处地区、当事人从事的职业及收入水平等因素的不同而存在差异，在个案中法官需综合各种因素作出判断。

第一千零六十一条　【夫妻遗产继承权】 夫妻有相互继承遗产的权利。

第一千零六十二条　【夫妻共同财产】 夫妻在婚姻关系存续期间所得的下列财产，为夫妻的共同财产，归夫妻共同所有：

（一）工资、奖金、劳务报酬；

（二）生产、经营、投资的收益；

（三）知识产权的收益；

（四）继承或者受赠的财产，但是本法第一千零六十三条第三项规定的除外；

（五）其他应当归共同所有的财产。

夫妻对共同财产，有平等的处理权。

关联指引

《最高人民法院关于适用〈中华人民共和国民法典〉婚姻家庭编的解释（一）》第24条至第27条、第71条、第80条

《最高人民法院关于适用〈中华人民共和国民法典〉婚姻家庭编的解释（二）》第11条

第一千零六十三条　【夫妻个人财产】 下列财产为夫妻一方的个人财产：

（一）一方的婚前财产；

（二）一方因受到人身损害获得的赔偿或者补偿；

（三）遗嘱或者赠与合同中确定只归一方的财产；

（四）一方专用的生活用品；

（五）其他应当归一方的财产。

关联指引

《最高人民法院关于适用〈中华人民共和国民法典〉婚姻家庭编的解释（一）》第29条至第31条

《最高人民法院关于适用〈中华人民共和国民法典〉婚姻家庭编的

解释（二）》第 8 条

> **第一千零六十四条　【夫妻共同债务】**夫妻双方共同签名或者夫妻一方事后追认等共同意思表示所负的债务，以及夫妻一方在婚姻关系存续期间以个人名义为家庭日常生活需要所负的债务，属于夫妻共同债务。
>
> 夫妻一方在婚姻关系存续期间以个人名义超出家庭日常生活需要所负的债务，不属于夫妻共同债务；但是，债权人能够证明该债务用于夫妻共同生活、共同生产经营或者基于夫妻双方共同意思表示的除外。

关联指引

《最高人民法院关于适用〈中华人民共和国民法典〉婚姻家庭编的解释（一）》第 33 条、第 34 条

> **第一千零六十五条　【夫妻约定财产制】**男女双方可以约定婚姻关系存续期间所得的财产以及婚前财产归各自所有、共同所有或者部分各自所有、部分共同所有。约定应当采用书面形式。没有约定或者约定不明确的，适用本法第一千零六十二条、第一千零六十三条的规定。
>
> 夫妻对婚姻关系存续期间所得的财产以及婚前财产的约定，对双方具有法律约束力。
>
> 夫妻对婚姻关系存续期间所得的财产约定归各自所有，夫或者妻一方对外所负的债务，相对人知道该约定的，以夫或者妻一方的个人财产清偿。

新案

崔某某与陈某某离婚纠纷案[①]

崔某某与陈某某（男）于 2009 年 1 月登记结婚。2009 年 2 月，陈某某将其婚前购买的房屋转移登记至崔某某、陈某某双方名下。陈某某为再婚，与前妻育有一女陈某。崔某某与陈某某结婚时，陈某 15 岁，平时住校，周末及假期回家居住。崔某某与陈某某未生育子女。2020 年，双方因家庭矛盾分居，崔某某提起本案诉讼，请求判决其与陈某某离婚，并由陈某某向其支付房屋折价款 250 万元。陈某某辩称，因崔某某与其女儿陈某关系紧张，超出其可忍受范围，双方感情已破裂，同意离婚。崔某某对房屋产权的取得没有贡献，而且，婚后陈某某的银行卡一直由崔某某保管，家庭开销均由陈某某负担，故只同意支付 100 万元补偿款。诉讼中，双方均认可案涉房屋市场价值 600 万元。

审理法院认为，崔某某与陈某某因生活琐事及与对方家人矛盾较深，以致感情破裂，双方一致同意解除婚姻关系，与法不悖，予以准许。案涉房屋系陈某某婚前财产，陈某某于婚后为崔某某"加名"系对个人财产的处分，该房屋现登记为共同共有，应作为夫妻共同财产予以分割。至于双方争议的房屋分割比例，该房屋原为陈某某婚前个人财产，崔某某对房屋产权的取得无贡献，但考虑到双方婚姻已存续十余年，结合双方对家庭的贡献以及双方之间的资金往来情况，酌定崔某某可分得房屋折价款 120 万元。该判决作出后，双方均未提出上诉，判决已发生法律效力。

根据《民法典》第 1065 条规定，男女双方可以约定婚姻关系存续期间所得的财产以及婚前财产归各自所有、共同所有或者部分各自所有、部分共同所有。夫妻对婚姻关系存续期间所得的财产以及婚前财产的约定，对双方具有法律约束力。婚姻关系存续期间，夫妻一方将其个人所有的婚前财产变更为夫妻共同所有，该种给予行为一般是以建立、维持婚姻关系的长久稳定并期望共同享有房产利益为基础。离婚分割夫妻共同财产时，应当根据诚实信用原则妥善平衡双方利益。本案中，双方共同生活时间较长，但婚后给予

[①] 参见《涉婚姻家庭纠纷典型案例》（2025 年 1 月 15 日发布），载最高人民法院网，https://www.court.gov.cn/zixun/xiangqing/452761.html，最后访问日期：2025 年 8 月 11 日。

方负担了较多的家庭开销，人民法院综合考虑共同生活情况、双方对家庭的贡献、房屋市场价格等因素，判决房屋归给予方所有，并酌定给予方补偿对方 120 万元，既保护了给予方的财产权益，也肯定了接受方对家庭付出的价值，较为合理。

关联指引

《最高人民法院关于适用〈中华人民共和国民法典〉婚姻家庭编的解释（一）》第 37 条

第一千零六十六条　【婚内分割夫妻共同财产】 婚姻关系存续期间，有下列情形之一的，夫妻一方可以向人民法院请求分割共同财产：

（一）一方有隐藏、转移、变卖、毁损、挥霍夫妻共同财产或者伪造夫妻共同债务等严重损害夫妻共同财产利益的行为；

（二）一方负有法定扶养义务的人患重大疾病需要医治，另一方不同意支付相关医疗费用。

关联指引

《最高人民法院关于适用〈中华人民共和国民法典〉婚姻家庭编的解释（一）》第 38 条

第二节　父母子女关系和其他近亲属关系

第一千零六十七条　【父母与子女间的抚养赡养义务】 父母不履行抚养义务的，未成年子女或者不能独立生活的成年子女，有要求父母给付抚养费的权利。

成年子女不履行赡养义务的，缺乏劳动能力或者生活困难的父母，有要求成年子女给付赡养费的权利。

第五编　婚姻家庭

关联指引

《最高人民法院关于适用〈中华人民共和国民法典〉婚姻家庭编的解释（一）》第 41 条至第 43 条、第 49 条

> **第一千零六十八条　【父母教育、保护未成年子女的权利和义务】** 父母有教育、保护未成年子女的权利和义务。未成年子女造成他人损害的，父母应当依法承担民事责任。
>
> **第一千零六十九条　【子女尊重父母的婚姻权利及赡养义务】** 子女应当尊重父母的婚姻权利，不得干涉父母离婚、再婚以及婚后的生活。子女对父母的赡养义务，不因父母的婚姻关系变化而终止。
>
> **第一千零七十条　【遗产继承权】** 父母和子女有相互继承遗产的权利。
>
> **第一千零七十一条　【非婚生子女权利】** 非婚生子女享有与婚生子女同等的权利，任何组织或者个人不得加以危害和歧视。
>
> 不直接抚养非婚生子女的生父或者生母，应当负担未成年子女或者不能独立生活的成年子女的抚养费。
>
> **第一千零七十二条　【继父母子女之间权利义务】** 继父母与继子女间，不得虐待或者歧视。
>
> 继父或者继母和受其抚养教育的继子女间的权利义务关系，适用本法关于父母子女关系的规定。

新案

柳某诉延甲、延乙等赡养纠纷案[①]

柳某（女）与延某（男）于 1979 年登记结婚，延某为再婚。婚后，柳

---

① 参见《最高法发布老年人权益保护典型案例》（2024 年 12 月 31 日发布），载最高人民法院网，https://www.court.gov.cn/zixun/xiangqing/451591.html，最后访问日期：2025 年 8 月 11 日。

某同延某以及延某的5名未成年子女延甲、延乙、延丙、延丁、延戊共同生活。双方结婚时，延甲已满16周岁且以自己务农为主要生活来源，延乙、延丙、延丁、延戊年幼，由柳某、延某共同抚养。2023年，延某去世，柳某也年过七旬，缺乏劳动能力，有一定的固定收入。柳某在养老问题上与5名继子女产生矛盾。柳某诉至法院，请求判令延甲、延乙、延丙、延丁、延戊每人每月给付生活费1000元。

审理法院认为，柳某与延某结婚时，延甲虽不满18周岁，但已满16周岁并以自己的劳动收入为主要生活来源，柳某与延甲未形成抚养关系。延乙、延丙、延丁、延戊在成长中均受柳某的抚养教育，彼此间权利义务关系适用《民法典》关于父母子女关系的规定。延某去世后，柳某已年过七旬，缺乏劳动能力，有权请求延乙、延丙、延丁、延戊给付一定的生活费。延乙、延丙、延丁、延戊家庭经济条件并不宽裕，应当综合考虑柳某和继子女的经济状况、柳某的实际需求等因素认定生活费金额。最终判决：延乙、延丙、延丁、延戊每人每月向柳某支付生活费100元。

随着老龄人口逐年增加，再婚重组家庭夫妻面临养老新问题。继父母在家庭中的付出与随着年龄增大而日益增强的养老需求之间的关系，影响到个人幸福、家庭和睦和社会和谐，需要准确把握和妥当处理。人民法院以继父母与继子女间是否形成长期稳定的抚养教育关系作为继子女是否应当给付继父母养老生活费的重要标准，符合法理和情理。本案中，人民法院认真调查案件事实，根据每名继子女的情况客观地做出认定和处理，有利于激励作为成年人的继父母关爱幼小，切实承担家庭责任，也有利于激励继子女孝老爱亲、相互扶持，推动亲情关系和谐美满。

关 联 指 引

《最高人民法院关于适用〈中华人民共和国民法典〉婚姻家庭编的解释（二）》第18条、第19条

《最高人民法院关于适用〈中华人民共和国民法典〉继承编的解释（一）》第11条

第一千零七十三条 【亲子关系异议之诉】 对亲子关系有异议且有正当理由的,父或者母可以向人民法院提起诉讼,请求确认或者否认亲子关系。

对亲子关系有异议且有正当理由的,成年子女可以向人民法院提起诉讼,请求确认亲子关系。

新解

亲子关系诉讼包括亲子关系否认之诉和确认之诉。

对于本条第 1 款。第一,提起诉讼的主体仅限于"父或者母",不包括子女;第二,父或者母既可以向人民法院提起否认亲子关系之诉,也可以提起确认亲子关系之诉;第三,关于提起诉讼的条件,根据本款规定,父或者母提起亲子关系异议之诉需要同时满足"对亲子关系有异议"和"有正当理由"两项条件。前者是指父或者母认为现存的亲子关系是错误的,即自己与子女不是生物学意义上的父母子女关系,后者应该如何认定,本法未明确界定,实践中应当由各级人民法院根据具体案情作出判断。

本条第 2 款与第 1 款的不同之处在于:首先,第 2 款规定的提起诉讼的主体仅限于"成年子女",而且此处的"子女"仅指生子女,而不包括继子女和养子女。其次,成年子女只能向人民法院提起确认亲子关系之诉。

关联指引

《最高人民法院关于适用〈中华人民共和国民法典〉婚姻家庭编的解释(一)》第 39 条

第一千零七十四条 【祖孙之间的抚养赡养义务】 有负担能力的祖父母、外祖父母,对于父母已经死亡或者父母无力抚养的未成年孙子女、外孙子女,有抚养的义务。

有负担能力的孙子女、外孙子女，对于子女已经死亡或者子女无力赡养的祖父母、外祖父母，有赡养的义务。

第一千零七十五条　【兄弟姐妹间扶养义务】有负担能力的兄、姐，对于父母已经死亡或者父母无力抚养的未成年弟、妹，有扶养的义务。

由兄、姐扶养长大的有负担能力的弟、妹，对于缺乏劳动能力又缺乏生活来源的兄、姐，有扶养的义务。

第四章　离　　婚

第一千零七十六条　【协议离婚】夫妻双方自愿离婚的，应当签订书面离婚协议，并亲自到婚姻登记机关申请离婚登记。

离婚协议应当载明双方自愿离婚的意思表示和对子女抚养、财产以及债务处理等事项协商一致的意见。

关联指引

《最高人民法院关于适用〈中华人民共和国民法典〉婚姻家庭编的解释（一）》第69条、第70条

《最高人民法院关于适用〈中华人民共和国民法典〉婚姻家庭编的解释（二）》第2条、第20条

第一千零七十七条　【离婚冷静期】自婚姻登记机关收到离婚登记申请之日起三十日内，任何一方不愿意离婚的，可以向婚姻登记机关撤回离婚登记申请。

前款规定期限届满后三十日内，双方应当亲自到婚姻登记机关申请发给离婚证；未申请的，视为撤回离婚登记申请。

新解

离婚冷静期是民法典设立的新制度，离婚冷静期制度在司法实践中的适用应注意以下问题：首先，离婚冷静期仅适用于协议离婚，诉讼离婚则不受冷静期的限制。因此，在遇到家庭暴力、虐待等情形，双方感情确已破裂无法挽回之时，可以通过人民法院提起离婚诉讼、申请人身保护令并可以要求离婚损害赔偿。其次，双方当事人共同向婚姻登记机关提交申请后，在 30 日冷静期内任何一方不愿意离婚的，可以向登记机关撤回离婚申请，机关应当立即终止程序。最后，双方提出离婚登记申请后，离婚冷静期届满双方当事人仍然坚持离婚的，应当在 30 日内共同且亲自到婚姻登记机关申请发给离婚证。应注意的是，离婚冷静期届满后的 30 日内，双方当事人未共同亲自到婚姻登记机关申请离婚的，视为撤回离婚登记申请。

第一千零七十八条　【婚姻登记机关对协议离婚的查明】婚姻登记机关查明双方确实是自愿离婚，并已经对子女抚养、财产以及债务处理等事项协商一致的，予以登记，发给离婚证。

第一千零七十九条　【诉讼离婚】夫妻一方要求离婚的，可以由有关组织进行调解或者直接向人民法院提起离婚诉讼。

人民法院审理离婚案件，应当进行调解；如果感情确已破裂，调解无效的，应当准予离婚。

有下列情形之一，调解无效的，应当准予离婚：

（一）重婚或者与他人同居；

（二）实施家庭暴力或者虐待、遗弃家庭成员；

（三）有赌博、吸毒等恶习屡教不改；

（四）因感情不和分居满二年；

（五）其他导致夫妻感情破裂的情形。

一方被宣告失踪，另一方提起离婚诉讼的，应当准予离婚。

经人民法院判决不准离婚后，双方又分居满一年，一方再次提起离婚诉讼的，应当准予离婚。

关联指引

《最高人民法院关于适用〈中华人民共和国民法典〉婚姻家庭编的解释（一）》第1条、第2条、第23条、第63条

第一千零八十条 【婚姻关系的解除时间】完成离婚登记，或者离婚判决书、调解书生效，即解除婚姻关系。

第一千零八十一条 【现役军人离婚】现役军人的配偶要求离婚，应当征得军人同意，但是军人一方有重大过错的除外。

关联指引

《最高人民法院关于适用〈中华人民共和国民法典〉婚姻家庭编的解释（一）》第64条

第一千零八十二条 【男方提出离婚的限制情形】女方在怀孕期间、分娩后一年内或者终止妊娠后六个月内，男方不得提出离婚；但是，女方提出离婚或者人民法院认为确有必要受理男方离婚请求的除外。

第一千零八十三条 【复婚】离婚后，男女双方自愿恢复婚姻关系的，应当到婚姻登记机关重新进行结婚登记。

第一千零八十四条 【离婚后子女的抚养】父母与子女间的关系，不因父母离婚而消除。离婚后，子女无论由父或者母直接抚养，仍是父母双方的子女。

> 离婚后，父母对于子女仍有抚养、教育、保护的权利和义务。
>
> 离婚后，不满两周岁的子女，以由母亲直接抚养为原则。已满两周岁的子女，父母双方对抚养问题协议不成的，由人民法院根据双方的具体情况，按照最有利于未成年子女的原则判决。子女已满八周岁的，应当尊重其真实意愿。

新解

尊重子女意愿的年龄下限与民事行为能力人的年龄下限相呼应。自《民法总则》起，我国便将限制民事行为能力人的年龄下限从10周岁修改为8周岁。限制民事行为能力人可以独立实施与其年龄、智力相适应的民事法律行为。抚养权的归属涉及子女根本利益，理应尊重未成年人的自主意识。统合尊重子女意愿的年龄限制与民事行为能力人的年龄限制，尊重年满8周岁的子女意愿，不仅有利于我国民事立法体系的逻辑自洽，更有利于在离婚纠纷中切实保护子女的合法权益。

新案

刘某某与王某某离婚纠纷案[1]

刘某某（女）和王某某系夫妻关系，双方生育一子一女。婚后，因王某某存在家暴行为，刘某某报警8次，其中一次经派出所调解，双方达成"王某某搬离共同住房，不得再伤害刘某某"的协议。刘某某曾向人民法院申请人身安全保护令。现因王某某实施家暴等行为，夫妻感情破裂，刘某某诉至人民法院，请求离婚并由刘某某直接抚养子女，王某某支付抚养费等。诉讼中，王某某主张同意女儿由刘某某抚养，儿子由王某某抚养。儿子已年满八

---

[1] 参见《切勿以爱之名对未成年人实施家庭暴力 最高法发布人民法院反家庭暴力典型案例（第二批）》（2023年11月27日发布），载最高人民法院网，https://www.court.gov.cn/zixun/xiangqing/418612.html，最后访问日期：2025年8月11日。

周岁，但其在书写意见时表示愿意和妈妈一起生活，在王某某录制的视频和法院的询问笔录中又表示愿意和爸爸一起生活，其回答存在反复。

人民法院经审理认为，双方均确认夫妻感情已破裂，符合法定的离婚条件，准予离婚。双方对儿子抚养权存在争议。根据《民法典》第1084条规定，人民法院应当按照最有利未成年子女的原则处理抚养纠纷。本案中，两人的儿子虽然具有一定的辨识能力，但其表达的意见存在反复，因此，应当全面客观看待其出具的不同意见。王某某存在家暴行为，说明其不能理性、客观地处理亲密关系人之间的矛盾，在日常生活中该行为对未成年人健康成长存在不利影响；同时，两个孩子从小一起生活，均由刘某某抚养，能够使兄妹俩在今后的学习、生活中相伴彼此、共同成长；刘某某照顾陪伴两个孩子较多，较了解学习、生活习惯，有利于孩子的身心健康成长。判决：一、准予刘某某与王某某离婚；二、婚生儿子、女儿均由刘某某抚养，王某某向刘某某支付儿子、女儿抚养费直至孩子年满十八周岁止。

根据《民法典》第1084条规定，离婚纠纷中，对于已满八周岁的子女，在确定由哪一方直接抚养时，应当尊重其真实意愿。由于未成年人年龄及智力发育尚不完全，基于情感、经济依赖等因素，其表达的意愿可能会受到成年人一定程度的影响，因此，应当全面考察未成年人的生活状况，深入了解其真实意愿，并按照最有利于未成年人的原则判决。本案中，由于儿子表达的意见存在反复，说明其对于和哪一方共同生活以及该生活对自己后续身心健康的影响尚无清晰认识，人民法院慎重考虑王某某的家暴因素，坚持最有利于未成年子女的原则，判决孩子由最有利于其成长的母亲直接抚养，有助于及时阻断家暴代际传递，也表明了对婚姻家庭中施暴方在法律上予以否定性评价的立场。

关联指引

《最高人民法院关于适用〈中华人民共和国民法典〉婚姻家庭编的解释（一）》第44条至第48条、第54条至第57条、第60条、第61条

《最高人民法院关于适用〈中华人民共和国民法典〉婚姻家庭编的解释（二）》第12条至第14条

第一千零八十五条　【离婚后子女抚养费的负担】离婚后，子女由一方直接抚养的，另一方应当负担部分或者全部抚养费。负担费用的多少和期限的长短，由双方协议；协议不成的，由人民法院判决。

前款规定的协议或者判决，不妨碍子女在必要时向父母任何一方提出超过协议或者判决原定数额的合理要求。

关联指引

《最高人民法院关于适用〈中华人民共和国民法典〉婚姻家庭编的解释（一）》第 52 条、第 53 条、第 55 条、第 58 条

《最高人民法院关于适用〈中华人民共和国民法典〉婚姻家庭编的解释（二）》第 16 条、第 17 条

第一千零八十六条　【探望子女权利】离婚后，不直接抚养子女的父或者母，有探望子女的权利，另一方有协助的义务。

行使探望权利的方式、时间由当事人协议；协议不成的，由人民法院判决。

父或者母探望子女，不利于子女身心健康的，由人民法院依法中止探望；中止的事由消失后，应当恢复探望。

关联指引

《最高人民法院关于适用〈中华人民共和国民法典〉婚姻家庭编的解释（一）》第 65 条至第 68 条

第一千零八十七条　【离婚时夫妻共同财产的处理】离婚时，夫妻的共同财产由双方协议处理；协议不成的，由人民法院根据财产的具体情况，按照照顾子女、女方和无过错方权益的原则判决。

> 对夫或者妻在家庭土地承包经营中享有的权益等，应当依法予以保护。

新案

范某某与许某某离婚纠纷案[①]

2019年12月，许某某（男）父母全款购买案涉房屋。2020年5月，范某某与许某某登记结婚。2021年8月，许某某父母将案涉房屋转移登记至范某某、许某某双方名下。范某某与许某某婚后未生育子女。2024年，因家庭矛盾较大，范某某提起本案诉讼，请求判决其与许某某离婚，并平均分割案涉房屋。许某某辩称，同意离婚，但该房屋是其父母全款购买，范某某无权分割。诉讼中，双方均认可案涉房屋市场价值为30万元。

审理法院认为，范某某起诉离婚，许某某同意离婚，视为夫妻感情确已破裂，故依法准予离婚。关于案涉房屋的分割，虽然该房屋所有权已在双方婚姻关系存续期间转移登记至范某某和许某某双方名下，属于夫妻共同财产。但考虑到该房屋系许某某父母基于范某某与许某某长期共同生活的目的进行赠与，而范某某与许某某婚姻关系存续时间较短，且无婚生子女，为妥善平衡双方当事人利益，故结合赠与目的、出资来源等事实，判决案涉房屋归许某某所有，同时参考房屋市场价格，酌定许某某补偿范某某7万元。

根据《民法典》第1087条规定，离婚时，夫妻的共同财产由双方协议处理；协议不成的，由人民法院根据财产的具体情况，按照照顾子女、女方和无过错方权益的原则判决。婚姻关系存续期间，由一方父母全额出资购置的房屋转移登记至夫妻双方名下，离婚分割夫妻共同财产时，可以根据该财产的出资来源情况，判决该房屋归出资方子女所有，但需综合考虑共同生活及孕育共同子女情况、离婚过错、离婚时房屋市场价格等因素，确定是否由

[①] 参见《涉婚姻家庭纠纷典型案例》（2025年1月15日发布），载最高人民法院网，https://www.court.gov.cn/zixun/xiangqing/452761.html，最后访问日期：2025年8月11日。

获得房屋一方对另一方予以补偿以及补偿的具体数额。本案中，人民法院综合考虑婚姻关系存续时间较短、未孕育共同子女、房屋市场价格等因素，判决房屋归出资方子女所有，并酌定出资方子女补偿对方 7 万元，既保护了父母的合理预期和财产权益，也肯定和鼓励了对家庭的投入和付出，较好地平衡了双方利益。

关联指引

《最高人民法院关于适用〈中华人民共和国民法典〉婚姻家庭编的解释（一）》第 69 条至第 79 条

《最高人民法院关于适用〈中华人民共和国民法典〉婚姻家庭编的解释（二）》第 3 条、第 5 条

> **第一千零八十八条　【离婚经济补偿】** 夫妻一方因抚育子女、照料老年人、协助另一方工作等负担较多义务的，离婚时有权向另一方请求补偿，另一方应当给予补偿。具体办法由双方协议；协议不成的，由人民法院判决。

关联指引

《最高人民法院关于适用〈中华人民共和国民法典〉婚姻家庭编的解释（二）》第 21 条

> **第一千零八十九条　【离婚时夫妻共同债务的清偿】** 离婚时，夫妻共同债务应当共同偿还。共同财产不足清偿或者财产归各自所有的，由双方协议清偿；协议不成的，由人民法院判决。
>
> **第一千零九十条　【离婚经济帮助】** 离婚时，如果一方生活困难，有负担能力的另一方应当给予适当帮助。具体办法由双方协议；协议不成的，由人民法院判决。

关联指引

《最高人民法院关于适用〈中华人民共和国民法典〉婚姻家庭编的解释（二）》第 22 条

> **第一千零九十一条　【离婚损害赔偿】**有下列情形之一，导致离婚的，无过错方有权请求损害赔偿：
> （一）重婚；
> （二）与他人同居；
> （三）实施家庭暴力；
> （四）虐待、遗弃家庭成员；
> （五）有其他重大过错。

关联指引

《最高人民法院关于适用〈中华人民共和国民法典〉婚姻家庭编的解释（一）》第 86 条至第 90 条

> **第一千零九十二条　【一方侵害夫妻财产的处理规则】**夫妻一方隐藏、转移、变卖、毁损、挥霍夫妻共同财产，或者伪造夫妻共同债务企图侵占另一方财产的，在离婚分割夫妻共同财产时，对该方可以少分或者不分。离婚后，另一方发现有上述行为的，可以向人民法院提起诉讼，请求再次分割夫妻共同财产。

关联指引

《最高人民法院关于适用〈中华人民共和国民法典〉婚姻家庭编的解释（一）》第 83 条至第 85 条

《最高人民法院关于适用〈中华人民共和国民法典〉婚姻家庭编的

解释（二）》第 6 条、第 7 条

第五章 收　　养

第一节　收养关系的成立

第一千零九十三条　【被收养人的条件】下列未成年人，可以被收养：

（一）丧失父母的孤儿；

（二）查找不到生父母的未成年人；

（三）生父母有特殊困难无力抚养的子女。

第一千零九十四条　【送养人的条件】下列个人、组织可以作送养人：

（一）孤儿的监护人；

（二）儿童福利机构；

（三）有特殊困难无力抚养子女的生父母。

第一千零九十五条　【监护人送养未成年人的情形】未成年人的父母均不具备完全民事行为能力且可能严重危害该未成年人的，该未成年人的监护人可以将其送养。

第一千零九十六条　【监护人送养孤儿的限制及变更监护人】监护人送养孤儿的，应当征得有抚养义务的人同意。有抚养义务的人不同意送养、监护人不愿意继续履行监护职责的，应当依照本法第一编的规定另行确定监护人。

第一千零九十七条　【生父母送养子女的原则要求与例外】生父母送养子女，应当双方共同送养。生父母一方不明或者查找不到的，可以单方送养。

第一千零九十八条　【收养人条件】收养人应当同时具备下列条件：

（一）无子女或者只有一名子女；

（二）有抚养、教育和保护被收养人的能力；

（三）未患有在医学上认为不应当收养子女的疾病；

（四）无不利于被收养人健康成长的违法犯罪记录；

（五）年满三十周岁。

新解

本条第 4 项明确规定收养人应当无不利于被收养人健康成长的违法犯罪记录。例如，有性侵未成年人犯罪记录的人，有故意伤害、虐待等暴力犯罪记录的人，都会被排除在收养人范围之外，这有利于维护被收养人的合法权益。

第一千零九十九条　【三代以内旁系同辈血亲的收养】收养三代以内旁系同辈血亲的子女，可以不受本法第一千零九十三条第三项、第一千零九十四条第三项和第一千一百零二条规定的限制。

华侨收养三代以内旁系同辈血亲的子女，还可以不受本法第一千零九十八条第一项规定的限制。

第一千一百条　【收养人收养子女数量】无子女的收养人可以收养两名子女；有子女的收养人只能收养一名子女。

收养孤儿、残疾未成年人或者儿童福利机构抚养的查找不到生父母的未成年人，可以不受前款和本法第一千零九十八条第一项规定的限制。

第一千一百零一条　【共同收养】有配偶者收养子女，应当夫妻共同收养。

第一千一百零二条　【无配偶者收养异性子女的限制】 无配偶者收养异性子女的，收养人与被收养人的年龄应当相差四十周岁以上。

第一千一百零三条　【收养继子女的特别规定】 继父或者继母经继子女的生父母同意，可以收养继子女，并可以不受本法第一千零九十三条第三项、第一千零九十四条第三项、第一千零九十八条和第一千一百条第一款规定的限制。

第一千一百零四条　【收养自愿原则】 收养人收养与送养人送养，应当双方自愿。收养八周岁以上未成年人的，应当征得被收养人的同意。

第一千一百零五条　【收养登记、收养协议、收养公证及收养评估】 收养应当向县级以上人民政府民政部门登记。收养关系自登记之日起成立。

收养查找不到生父母的未成年人的，办理登记的民政部门应当在登记前予以公告。

收养关系当事人愿意签订收养协议的，可以签订收养协议。

收养关系当事人各方或者一方要求办理收养公证的，应当办理收养公证。

县级以上人民政府民政部门应当依法进行收养评估。

新解

收养评估包括收养关系当事人的收养能力评估、融合期调查和收养后回访。第一，收养能力评估，是指对有收养意愿的当事人（以下简称收养申请人）抚养、教育被收养人的能力进行评估。其主要包括对收养申请人个人和家庭基本状况、收养动机目的和养育安排、收养申请人提交的证件和证明材料情况等进行全面调查，从而对收养申请人及其共同生活的家庭成员抚养、教育被收养人的能力作出综合评定。第二，融合期调查，是指在收养登记办理前，对收养关系当事人之间的融合情况进行评估。其主要包括对被收养人与收养申请人及其家庭成员共同生活、情感交融等情况，收养申请人履行临时监护职责情况，对被收养人的照料、抚育情况和（被）收养意愿等进行调查评估。第三，收养后回访，是指收养登记办理后，对收养人与被收养人共同生活的情况进行评估。其主要包括对收养人对被收养人的养育、教育情况，被收养人的健康成长、受教育情况，双方情感交融情况等进行回访调查。收养评估的对象是收养申请人及其共同生活的家庭成员。收养申请人应当配合收养评估开展。收养评估工作可以由收养登记机关委托的第三方机构或者收养登记机关开展。民政部门优先采取委托第三方的方式开展收养评估。

第一千一百零六条　【收养后的户口登记】收养关系成立后，公安机关应当按照国家有关规定为被收养人办理户口登记。

第一千一百零七条　【亲属、朋友的抚养】孤儿或者生父母无力抚养的子女，可以由生父母的亲属、朋友抚养；抚养人与被抚养人的关系不适用本章规定。

第一千一百零八条　【祖父母、外祖父母优先抚养权】配偶一方死亡，另一方送养未成年子女的，死亡一方的父母有优先抚养的权利。

第一千一百零九条　【涉外收养】外国人依法可以在中华人民共和国收养子女。

外国人在中华人民共和国收养子女，应当经其所在国主管机关依照该国法律审查同意。收养人应当提供由其所在国有权机构出具的有关其年龄、婚姻、职业、财产、健康、有无受过刑事处罚等状况的证明材料，并与送养人签订书面协议，亲自向省、自治区、直辖市人民政府民政部门登记。

前款规定的证明材料应当经收养人所在国外交机关或者外交机关授权的机构认证，并经中华人民共和国驻该国使领馆认证，但是国家另有规定的除外。

第一千一百一十条　【保守收养秘密】收养人、送养人要求保守收养秘密的，其他人应当尊重其意愿，不得泄露。

第二节 收养的效力

第一千一百一十一条 【收养的效力】自收养关系成立之日起,养父母与养子女间的权利义务关系,适用本法关于父母子女关系的规定;养子女与养父母的近亲属间的权利义务关系,适用本法关于子女与父母的近亲属关系的规定。

养子女与生父母以及其他近亲属间的权利义务关系,因收养关系的成立而消除。

第一千一百一十二条 【养子女的姓氏】养子女可以随养父或者养母的姓氏,经当事人协商一致,也可以保留原姓氏。

第一千一百一十三条 【收养行为的无效】有本法第一编关于民事法律行为无效规定情形或者违反本编规定的收养行为无效。

无效的收养行为自始没有法律约束力。

第三节 收养关系的解除

第一千一百一十四条 【收养关系的协议解除与诉讼解除】收养人在被收养人成年以前,不得解除收养关系,但是收养人、送养人双方协议解除的除外。养子女八周岁以上的,应当征得本人同意。

收养人不履行抚养义务,有虐待、遗弃等侵害未成年养子女合法权益行为的,送养人有权要求解除养父母与养子女间的收养关系。送养人、收养人不能达成解除收养关系协议的,可以向人民法院提起诉讼。

第一千一百一十五条 【养父母与成年养子女解除收养关系】养父母与成年养子女关系恶化、无法共同生活的,可以协议解除收养关系。不能达成协议的,可以向人民法院提起诉讼。

第一千一百一十六条 【解除收养关系的登记】当事人协议解除收养关系的，应当到民政部门办理解除收养关系登记。

第一千一百一十七条 【收养关系解除的法律后果】收养关系解除后，养子女与养父母以及其他近亲属间的权利义务关系即行消除，与生父母以及其他近亲属间的权利义务关系自行恢复。但是，成年养子女与生父母以及其他近亲属间的权利义务关系是否恢复，可以协商确定。

第一千一百一十八条 【收养关系解除后生活费、抚养费支付】收养关系解除后，经养父母抚养的成年养子女，对缺乏劳动能力又缺乏生活来源的养父母，应当给付生活费。因养子女成年后虐待、遗弃养父母而解除收养关系的，养父母可以要求养子女补偿收养期间支出的抚养费。

生父母要求解除收养关系的，养父母可以要求生父母适当补偿收养期间支出的抚养费；但是，因养父母虐待、遗弃养子女而解除收养关系的除外。

第六编

继　　承

第六编 继 承

第一章 一般规定

第一千一百一十九条 【继承编的调整范围】本编调整因继承产生的民事关系。

第一千一百二十条 【继承权的保护】国家保护自然人的继承权。

第一千一百二十一条 【继承的开始时间和死亡时间的推定】继承从被继承人死亡时开始。

相互有继承关系的数人在同一事件中死亡,难以确定死亡时间的,推定没有其他继承人的人先死亡。都有其他继承人,辈份不同的,推定长辈先死亡;辈份相同的,推定同时死亡,相互不发生继承。

关联指引

《最高人民法院关于适用〈中华人民共和国民法典〉继承编的解释（一）》第 1 条

第一千一百二十二条 【遗产的范围】遗产是自然人死亡时遗留的个人合法财产。

依照法律规定或者根据其性质不得继承的遗产,不得继承。

新解

本条是对自然人遗产范围的规定。

第 1 款确立了自然人个人合法财产可继承的原则,第 2 款则规定了个人合法财产不得继承的例外情形，根据性质不能继承的遗产主要体现为具有较强人身性的财产。

关联指引

《最高人民法院关于适用〈中华人民共和国民法典〉继承编的解释（一）》第2条

> **第一千一百二十三条　【法定继承、遗嘱继承、遗赠和遗赠扶养协议的效力】** 继承开始后，按照法定继承办理；有遗嘱的，按照遗嘱继承或者遗赠办理；有遗赠扶养协议的，按照协议办理。

关联指引

《最高人民法院关于适用〈中华人民共和国民法典〉继承编的解释（一）》第3条、第4条、第29条

> **第一千一百二十四条　【继承和遗赠的接受和放弃】** 继承开始后，继承人放弃继承的，应当在遗产处理前，以书面形式作出放弃继承的表示；没有表示的，视为接受继承。
>
> 　　受遗赠人应当在知道受遗赠后六十日内，作出接受或者放弃受遗赠的表示；到期没有表示的，视为放弃受遗赠。

关联指引

《最高人民法院关于适用〈中华人民共和国民法典〉继承编的解释（一）》第32条至第38条、第44条

第一千一百二十五条　【继承权的丧失】继承人有下列行为之一的，丧失继承权：

（一）故意杀害被继承人；

（二）为争夺遗产而杀害其他继承人；

（三）遗弃被继承人，或者虐待被继承人情节严重；

（四）伪造、篡改、隐匿或者销毁遗嘱，情节严重；

（五）以欺诈、胁迫手段迫使或者妨碍被继承人设立、变更或者撤回遗嘱，情节严重。

继承人有前款第三项至第五项行为，确有悔改表现，被继承人表示宽恕或者事后在遗嘱中将其列为继承人的，该继承人不丧失继承权。

受遗赠人有本条第一款规定行为的，丧失受遗赠权。

新解

本条第 1 款第 5 项规定"以欺诈、胁迫手段迫使或者妨碍被继承人设立、变更或者撤回遗嘱，情节严重"时继承人丧失继承权。虽然因受欺诈或胁迫所订立的遗嘱无效，但仅仅令遗嘱无效并不能有效遏制欺诈、胁迫等行为，继承人仍然可能享有法定继承权或遗嘱所赋予的继承权，而通过剥夺继承人的继承权，可有效避免继承人通过欺诈或胁迫方式要求被继承人订立、变更或撤回遗嘱。

本条第 2 款对被继承人的宽宥行为作了规定。宽宥行为属于感情表示，虽为准法律行为，无法完全类推适用有关民事法律行为的效力判断规则，有效的宽宥无须宽宥行为人具有民事行为能力，只需能够意识到宽宥之意义即可。

本条第 3 款规定了受遗赠人受遗赠权丧失事由。

民法典
新解新案

新案

高某乙诉高小某法定继承纠纷案[①]

高某甲与高小某系父子关系，高小某为独生子女。1992年，高小某（时年20周岁）在与父母的一次争执之后离家出走，从此对父母不闻不问。母亲患病时其未照顾，去世时未奔丧。高某甲身患重病期间，做大手术，需要接送、看护和照顾，但高小某也未出现。高某甲有四个兄弟姐妹，分别为高某乙、高某丙、高某丁和高某戊。高某乙对高某甲夫妻照顾较多。

高某甲去世后，高某乙联系高小某处理高某甲的骨灰落葬事宜，高小某不予理睬，却以唯一法定继承人的身份，领取了高某甲名下部分银行存单。

高某乙起诉至法院，认为高小某遗弃高某甲，应丧失继承权，高某甲的遗产应由第二顺序继承人继承。高某丙、高某丁和高某戊均认可高小某应丧失继承权，并出具声明书表示放弃继承高某甲的遗产。

审理法院认为，子女应当履行对老年人经济上供养、生活上照料和精神上慰藉的赡养义务。继承人遗弃被继承人的，依法应丧失继承权。高小某自1992年离家后，三十余年来对被继承人不闻不问、置之不理。不仅未给予父母任何经济帮助，亦未有电话联系，没有任何经济和精神赡养，父母去世后，亦怠于对父母送终，对高某甲已经构成遗弃。遂判决：高某甲的遗产归高某乙继承所有；高小某在高某甲去世后自高某甲账户内所取款项归高某乙继承所有，高小某应于判决生效之日起十日内返还。

《民法典》第1125条规定："继承人有下列行为之一的，丧失继承权：……（三）遗弃被继承人，或者虐待被继承人情节严重"。孝敬父母，是我国传统美德的重要组成部分。父母给予子女生命和关爱，当父母年老体衰时，子女对其进行赡养是应有之义。赡养义务不因父母有收入、身体状况良好而免除。本案中，高小某三十余年对父母没有任何赡养行为，法院认定其行为构成遗弃，并判决其丧失继承权，对其行为作出了否定性评价，彰显了法律对社会价值的正面引导，有利于弘扬中华民族孝亲敬

[①] 参见《倡导友善互助 弘扬敬老美德 最高法发布第二批继承纠纷典型案例》（2024年12月12日发布），载最高人民法院网，https://www.court.gov.cn/zixun/xiangqing/449671.html，最后访问日期：2025年8月11日。

老的传统美德。

关联指引

《最高人民法院关于适用〈中华人民共和国民法典〉继承编的解释（一）》第 5 条至第 9 条

第二章 法定继承

第一千一百二十六条 【继承权男女平等原则】 继承权男女平等。

第一千一百二十七条 【继承人的范围及继承顺序】 遗产按照下列顺序继承：

（一）第一顺序：配偶、子女、父母；

（二）第二顺序：兄弟姐妹、祖父母、外祖父母。

继承开始后，由第一顺序继承人继承，第二顺序继承人不继承；没有第一顺序继承人继承的，由第二顺序继承人继承。

本编所称子女，包括婚生子女、非婚生子女、养子女和有扶养关系的继子女。

本编所称父母，包括生父母、养父母和有扶养关系的继父母。

本编所称兄弟姐妹，包括同父母的兄弟姐妹、同父异母或者同母异父的兄弟姐妹、养兄弟姐妹、有扶养关系的继兄弟姐妹。

新案

曾某泉、曾某军、曾某、李某军与孙某学婚姻家庭纠纷案[1]

曾某彬（男）与曾某泉、曾某军、曾某三人系父子关系，孙某学（女）与李某军系母子关系。2006年，李某军34岁时，曾某彬与孙某学登记结婚。2019年11月4日，曾某彬去世，其单位向孙某学发放一次性死亡抚恤金163536元。曾某彬生前十余年一直与孙某学、李某军共同在李某军所有的房屋中居住生活。曾某彬患有矽肺，孙某学患有（直肠）腺癌，李某军对曾某彬履行了赡养义务。曾某泉三兄弟主张李某军在曾某彬与孙某学结婚时已经成年，双方未形成扶养关系，故李某军不具有上述死亡抚恤金的分配资格。

生效裁判认为，一次性死亡抚恤金是针对死者近亲属的一种抚恤，应参照继承相关法律规范进行处理。本案应由曾某彬的配偶、子女参与分配，子女包括有扶养关系的继子女。成年继子女对继父母履行了赡养义务的，应认定为有扶养关系的继子女。本案中，曾某彬与孙某学再婚时，李某军虽已成年，但三人共同居住生活在李某军所有的房屋长达十余年，形成了《民法典》第1045条第3款规定的更为紧密的家庭成员关系，且曾某彬患有矽肺，孙某学患有癌症，二人均需家人照顾，根据案件事实可以认定李某军对曾某彬履行了赡养义务。考虑到孙某学年老患病且缺乏劳动能力，遂判决孙某学享有曾某彬一次性死亡抚恤金40%的份额，李某军与曾某泉三兄弟各享有15%的份额。

关联指引

《最高人民法院关于适用〈中华人民共和国民法典〉继承编的解释（一）》第10条至第13条

---

[1] 参见《人民法院贯彻实施民法典典型案例（第二批）》（2023年1月12日发布），载最高人民法院网，https://www.court.gov.cn/zixun/xiangqing/386521.html，最后访问日期：2025年8月11日。

> **第一千一百二十八条　【代位继承】**被继承人的子女先于被继承人死亡的，由被继承人的子女的直系晚辈血亲代位继承。
>
> 被继承人的兄弟姐妹先于被继承人死亡的，由被继承人的兄弟姐妹的子女代位继承。
>
> 代位继承人一般只能继承被代位继承人有权继承的遗产份额。

新案

贾某一、张某诉贾某二、贾某三继承纠纷案[①]

2021年，贾某去世，无配偶，无子女。贾某的父母、祖父母、外祖父母均先于其去世。贾某有贾某一、贾某二、贾某三、贾某四这四个兄弟姐妹。贾某四于2007年去世，生前育有一女张某。现贾某一、张某将贾某二、贾某三诉至法院，主张共同继承贾某名下房产，各享有25%的产权份额。

审理法院认为，被继承人贾某未留有遗嘱，生前无配偶及子女，父母均先于其死亡，无第一顺序继承人。第二顺序继承人中，祖父母、外祖父母均先于其去世，故应由其兄弟姐妹继承。贾某的妹妹贾某四先于贾某死亡，应由贾某四女儿张某代位继承。

同一顺序继承人继承遗产的份额，一般应当均等。对被继承人尽了主要扶养义务的继承人，分配遗产时，可以多分。本案中，贾某二、贾某三在贾某生前尽到了更多的扶养义务，在贾某去世后亦为其操办了丧葬事宜，依法应予适当多分。张某在诉讼中自愿将其应继承份额各半赠与贾某二、贾某三，系对自己权利的处分，依法予以准许。遂判决：诉争房屋由贾某一继承20%的产权份额，贾某二、贾某三各继承40%的产权份额。

《民法典》第1128条第2款规定："被继承人的兄弟姐妹先于被继承人死亡的，由被继承人的兄弟姐妹的子女代位继承。"《民法典》在原有被

[①] 参见《倡导友善互助 弘扬敬老美德 最高法发布第二批继承纠纷典型案例》（2024年12月12日发布），载最高人民法院网，https://www.court.gov.cn/zixun/xiangqing/449671.html，最后访问日期：2025年8月11日。

继承人子女的直系晚辈血亲代位继承的基础上新增被继承人兄弟姐妹的子女代位继承的规定，扩大了法定继承人的范围，可以保障财产在家族内部的传承，减少产生无人继承的情况，同时促进亲属关系的发展，鼓励亲属间养老育幼、相互扶助。同时，对尽了更多扶养义务的继承人适当多分遗产，以及张某在诉讼中自愿赠与继承份额的做法，不仅体现了权利义务相一致的原则，也有力弘扬了家庭成员间互相尊重、互相帮助、维护亲情的和谐家风。

第一千一百二十九条　【丧偶儿媳、女婿的继承权】丧偶儿媳对公婆，丧偶女婿对岳父母，尽了主要赡养义务的，作为第一顺序继承人。

关联指引

《最高人民法院关于适用〈中华人民共和国民法典〉继承编的解释（一）》第18条

第一千一百三十条　【遗产分配规则】同一顺序继承人继承遗产的份额，一般应当均等。

对生活有特殊困难又缺乏劳动能力的继承人，分配遗产时，应当予以照顾。

对被继承人尽了主要扶养义务或者与被继承人共同生活的继承人，分配遗产时，可以多分。

有扶养能力和有扶养条件的继承人，不尽扶养义务的，分配遗产时，应当不分或者少分。

继承人协商同意的，也可以不均等。

关联指引

《最高人民法院关于适用〈中华人民共和国民法典〉继承编的解释（一）》第16条、第19条、第22条、第23条

第六编　继　承

> **第一千一百三十一条　【酌情分得遗产权】**对继承人以外的依靠被继承人扶养的人，或者继承人以外的对被继承人扶养较多的人，可以分给适当的遗产。

关联指引

《最高人民法院关于适用〈中华人民共和国民法典〉继承编的解释（一）》第10条、第17条、第20条、第21条、第41条

> **第一千一百三十二条　【继承的处理方式】**继承人应当本着互谅互让、和睦团结的精神，协商处理继承问题。遗产分割的时间、办法和份额，由继承人协商确定；协商不成的，可以由人民调解委员会调解或者向人民法院提起诉讼。

新案

秦某某与程某英等继承纠纷案[①]

程某与秦某某婚后生育程某英等四子一女。程某于2022年病故，因其子女均在外工作，村委会出资为其购置棺材等丧葬用品并办理了丧葬事宜。程某生前尚有存款人民币余额9万余元，其配偶秦某某与程某英等五个子女因继承权发生纠纷。

经当地村委会及镇综治中心、镇人民法庭共同组织调解，程某英等子女感谢村委会的帮扶，均愿意先将各自享有的遗产份额赠与秦某某，再由秦某某出面将遗产赠与村委会。经当地镇人民调解委员会主持，各方当事人就遗产份额赠与秦某某之意达成调解协议，后就调解协议共同向人民法院申请司法确认。司法

[①] 参见《倡导友善互助 弘扬敬老美德 最高法发布第二批继承纠纷典型案例》（2024年12月12日发布），载最高人民法院网，https://www.court.gov.cn/zixun/xiangqing/449671.html，最后访问日期：2025年8月11日。

确认后，秦某某将遗产赠与村委会，最终用于修缮当地道路，惠及本村友邻。

审理法院认为，各方当事人达成的调解协议，符合司法确认调解协议的法定条件，遂裁定该调解协议有效，当事人应当按照调解协议的约定自觉履行义务。

《民法典》第1132条规定，"继承人应当本着互谅互让、和睦团结的精神，协商处理继承问题"。本案中，村委会作为基层自治组织，主动帮助子女不在身边的村民处理身后事；继承人感恩帮扶，最终一致决定将遗产捐赠，也是一种善意的传递，弘扬了社会主义核心价值观。同时，本案也是一起通过诉前调解和司法确认，多元化解继承纠纷的典型案例。人民法院从纠纷产生便主动参与调解，与当地基层自治组织、综治中心协力促成当事人间矛盾的化解，后又应当事人申请进行了司法确认，并见证了当事人将案涉遗产赠与村委会及村委会将遗产用于修缮当地道路，参与了纠纷处理的全过程，帮助当事人既解开了法结，又打开了心结，保全了珍贵的亲情。

关联指引

《最高人民法院关于适用〈中华人民共和国民法典〉继承编的解释（一）》第10条、第17条、第20条、第21条、第41条

第三章　遗嘱继承和遗赠

第一千一百三十三条　【遗嘱处分个人财产】自然人可以依照本法规定立遗嘱处分个人财产，并可以指定遗嘱执行人。

自然人可以立遗嘱将个人财产指定由法定继承人中的一人或者数人继承。

自然人可以立遗嘱将个人财产赠与国家、集体或者法定继承人以外的组织、个人。

自然人可以依法设立遗嘱信托。

新解

本条第 4 款是关于遗嘱信托的规定。

遗嘱信托是指遗嘱人通过遗嘱的方式设立信托以处分身后遗产的制度，其在遗嘱人（委托人）订立遗嘱后成立，并于遗嘱人去世后生效，是跨越继承、信托两个法域的制度。遗嘱信托具有三方当事人，即委托人（遗嘱人）、受托人、受益人（继承人或受遗赠人），打破了继承活动仅限于家族内部的旧制而使得继承活动公开化。

关联指引

《最高人民法院关于适用〈中华人民共和国民法典〉继承编的解释（一）》第 26 条

第一千一百三十四条　【自书遗嘱】自书遗嘱由遗嘱人亲笔书写，签名，注明年、月、日。

关联指引

《最高人民法院关于适用〈中华人民共和国民法典〉继承编的解释（一）》第 27 条

第一千一百三十五条　【代书遗嘱】代书遗嘱应当有两个以上见证人在场见证，由其中一人代书，并由遗嘱人、代书人和其他见证人签名，注明年、月、日。

第一千一百三十六条　【打印遗嘱】打印遗嘱应当有两个以上见证人在场见证。遗嘱人和见证人应当在遗嘱每一页签名，注明年、月、日。

新解

将打印遗嘱单独成条，作为遗嘱人制定遗嘱的参考。根据本条规定，打印遗嘱有效成立应符合以下要件：（1）遗嘱为电脑制作、打印机打印出来的文本形式；（2）打印遗嘱应当有两个以上见证人在场见证，并在打印遗嘱文本的每一页都签名；（3）遗嘱人在遗嘱文本的每一页都签名；（4）注明年、月、日。

新案

刘某起与刘某海、刘某霞、刘某华遗嘱继承纠纷案[1]

刘某海、刘某起系刘某与张某的子女。张某和刘某分别于2010年与2018年死亡。刘某起持有《遗嘱》一份，为打印件，加盖有立遗嘱人张某人名章和手印，另见证人处有律师祁某、陈某的署名文字。刘某起称该《遗嘱》系见证人根据张某意思在外打印。刘某起还提供视频录像对上述遗嘱订立过程予以佐证，但录像内容显示张某仅在一名见证人宣读遗嘱内容后，在该见证人协助下加盖人名章、捺手印。依刘某起申请，一审法院分别向两位见证人邮寄相关出庭材料，一份被退回，一份虽被签收但见证人未出庭作证。刘某海亦持有打印《遗嘱》一份，主张为刘某的见证遗嘱，落款处签署有"刘某"姓名及日期"2013年12月11日"并捺印，另有见证律师李某、高某署名及日期。刘某订立遗嘱的过程有视频录像作为佐证。视频录像主要显示刘某在两名律师见证下签署了遗嘱。此外，作为见证人之一的律师高某出庭接受了质询，证明其与律师李某共同见证刘某订立遗嘱的过程。

生效裁判认为，刘某起提交的《遗嘱》为打印形成，应认定为打印遗嘱而非代书遗嘱。在其他继承人对该遗嘱真实性有异议的情况下，刘某起提交的遗嘱上虽有两名见证人署名，但相应录像视频并未反映见证过程全貌，且录像视频仅显示一名见证人，经法院多次释明及向《遗嘱》记载的两位见证

---

[1] 参见《人民法院贯彻实施民法典典型案例（第二批）》（2023年1月12日发布），载最高人民法院网，https://www.court.gov.cn/zixun/xiangqing/386521.html，最后访问日期：2025年8月11日。

人邮寄出庭通知书，见证人均未出庭证实《遗嘱》真实性，据此对该份《遗嘱》的效力不予认定。刘某海提交的《遗嘱》符合打印遗嘱的形式要件，亦有证据证明见证人全程在场见证，应认定为有效。

> **第一千一百三十七条　【录音录像遗嘱】**以录音录像形式立的遗嘱，应当有两个以上见证人在场见证。遗嘱人和见证人应当在录音录像中记录其姓名或者肖像，以及年、月、日。
>
> **第一千一百三十八条　【口头遗嘱】**遗嘱人在危急情况下，可以立口头遗嘱。口头遗嘱应当有两个以上见证人在场见证。危急情况消除后，遗嘱人能够以书面或者录音录像形式立遗嘱的，所立的口头遗嘱无效。
>
> **第一千一百三十九条　【公证遗嘱】**公证遗嘱由遗嘱人经公证机构办理。
>
> **第一千一百四十条　【作为遗嘱见证人的消极条件】**下列人员不能作为遗嘱见证人：
>
> （一）无民事行为能力人、限制民事行为能力人以及其他不具有见证能力的人；
>
> （二）继承人、受遗赠人；
>
> （三）与继承人、受遗赠人有利害关系的人。

新解

本条规定了一项兜底性的条款，即"其他不具有见证能力的人"。只有完全民事行为能力人才能作为遗嘱见证人，但是这并不意味着只要是完全民事行为能力人就有作为遗嘱见证人的资格，在一些情况下，有的完全民事行为能力人并不具有事实上的见证能力，这需要根据个案的具体情况具体分析。例如，文盲或对遗嘱所使用的语言不了解的人无法对代书遗嘱、打印遗嘱、公证遗嘱等进行见证；再如，盲人、失聪人员则不能对口头遗嘱、录音录像遗嘱等进行见证。这些人员对于遗嘱具体内容的识别和理解存在一定的欠缺，如果允许他们作为遗嘱见证人可能会影响遗嘱的真实性和有效性。

关联指引

《最高人民法院关于适用〈中华人民共和国民法典〉继承编的解释（一）》第 24 条

> **第一千一百四十一条 【必留份】** 遗嘱应当为缺乏劳动能力又没有生活来源的继承人保留必要的遗产份额。

新案

刘某与范小某遗嘱继承纠纷案[①]

范某与吉某原系夫妻关系，于 1989 年育有范小某，后二人离婚，范某 2011 年与刘某再婚。范小某自 2006 年即患有肾病并于 2016 年开始透析治疗，2020 年出现脑出血。范某 2021 年 6 月订立自书遗嘱一份，载明："我所有的房产及家里的一切财产，待我百年后，由妻子刘某一人继承，产权归刘某一人所有。"

2021 年 11 月，范某去世。刘某诉至法院，要求按照遗嘱内容继承案涉房屋。诉讼中，范小某辩称其身患重病，丧失劳动能力，亦无生活来源，范某虽留有遗嘱，但该遗嘱未按照法律规定为其留有必要份额，故该遗嘱部分无效，其有权继承案涉房屋的部分份额。

审理法院认为，范某在自书遗嘱中指定刘某为唯一继承人虽是其真实意思表示，但因范小某作为范某的法定继承人身患肾病多年，缺乏劳动能力又无生活来源，故应为其保留必要份额。结合案涉房屋价值和双方实际生活情况，酌定由刘某给付范小某房屋折价款。遂判决：案涉房屋由刘某继承，刘某给付范小某相应房屋折价款。

---

① 参见《倡导友善互助 弘扬敬老美德 最高法发布第二批继承纠纷典型案例》（2024 年 12 月 12 日发布），载最高人民法院网，https://www.court.gov.cn/zixun/xiangqing/449671.html，最后访问日期：2025 年 8 月 11 日。

《民法典》第1141条规定："遗嘱应当为缺乏劳动能力又没有生活来源的继承人保留必要的遗产份额。"该条规定的必留份制度是对遗嘱自由的限制，旨在平衡遗嘱自由和法定继承人的利益，以求最大限度保护缺乏劳动能力又没有生活来源的继承人的生存权利。遗嘱人未为缺乏劳动能力又没有生活来源的继承人保留遗产份额的，遗产处理时，应当为该继承人留下必要的遗产，所剩余的部分，才可参照遗嘱确定的分配原则处理。本案裁判通过房屋折价补偿的方式，既保障了缺乏劳动能力又没有生活来源的范小某的权益，又尊重了范某遗嘱中财产由刘某继承的遗愿，实现了保护弱势群体权益和尊重遗嘱自由的有效平衡。

关联指引

《最高人民法院关于适用〈中华人民共和国民法典〉继承编的解释（一）》第25条

第一千一百四十二条 【遗嘱的撤回与变更】遗嘱人可以撤回、变更自己所立的遗嘱。

立遗嘱后，遗嘱人实施与遗嘱内容相反的民事法律行为的，视为对遗嘱相关内容的撤回。

立有数份遗嘱，内容相抵触的，以最后的遗嘱为准。

新解

本条第2款规定，遗嘱人实施与遗嘱内容相反的民事法律行为的，视为对遗嘱相关内容的撤回。该款是对遗嘱撤回的推定而非拟制，即倘若有证据证明尽管遗嘱人实施了相反行为但并没有撤回遗嘱的意思，则可以推翻本款的推定。

第一千一百四十三条 【遗嘱无效的情形】无民事行为能力人或者限制民事行为能力人所立的遗嘱无效。

遗嘱必须表示遗嘱人的真实意思，受欺诈、胁迫所立的遗嘱无效。

伪造的遗嘱无效。

遗嘱被篡改的，篡改的内容无效。

关联指引

《最高人民法院关于适用〈中华人民共和国民法典〉继承编的解释（一）》第28条

第一千一百四十四条 【附义务的遗嘱继承或遗赠】遗嘱继承或者遗赠附有义务的，继承人或者受遗赠人应当履行义务。没有正当理由不履行义务的，经利害关系人或者有关组织请求，人民法院可以取消其接受附义务部分遗产的权利。

关联指引

《最高人民法院关于适用〈中华人民共和国民法典〉继承编的解释（一）》第29条、第40条

第四章　遗产的处理

第一千一百四十五条 【遗产管理人的选任】继承开始后，遗嘱执行人为遗产管理人；没有遗嘱执行人的，继承人应当及时推选遗产管理人；继承人未推选的，由继承人共同担任遗产管理人；没有继承人或者继承人均放弃继承的，由被继承人生前住所地的民政部门或者村民委员会担任遗产管理人。

新解

本条规定的遗产管理制度围绕遗产管理人而展开，具体而言：（1）继承开始后，遗嘱执行人为遗产管理人；（2）被继承人在遗嘱中明确指定了遗产管理人的，属于被继承人根据自己的意志对遗产管理事项作出的安排，法律自应尊重，继承人也应服从；（3）没有遗嘱执行人的，全体继承人可以推选一人或数人作为遗产管理人，由其进行遗产的管理活动；（4）在继承人未推选遗产管理人的情况下，应由全体继承人共同担任遗产管理人，行使遗产管理人的职责；（5）没有继承人或者继承人均放弃继承的，由被继承人生前住所地的民政部门或者村民委员会担任遗产管理人。

新案

王某诉赵某等法定继承纠纷案[①]

被继承人赵某与王某系夫妻关系，共生育赵一、赵二、赵三。赵某与王某二人在某村建造房屋11间。2000年，赵某去世，未留有遗嘱，赵某父母也早于赵某去世。2016年，王某与当地人民政府房屋征收办公室签订房屋征收补偿预签协议，约定被征收房屋产权调换三套楼房及部分补偿款。王某于2022年收到回迁入住通知书。现王某与赵一、赵二、赵三就赵某的遗产继承事宜协商未果，诉于法院。各方对于赵某留有的遗产如何管理未有明确意见。

本案当事人除王某外，赵一、赵二、赵三均在国外生活。为妥善处理此案，审理法院前往村委会、房屋征收指挥部了解被继承人赵某的家庭成员情况、遗产范围及状况、遗产所涉债权债务等情况，并向当事人依法告知《民法典》关于遗产管理人制度的规定，当事人均表示同意确定一名遗产管理人处理遗产继承事宜，并一致推选现居国内的王某作为遗产管理人。王某在审理法院引导下及时清理遗产并制作遗产清单，多次通过在线视频的方式向其

---

① 参见《依法妥善审理继承纠纷案件 弘扬互尊互助和谐家风 最高法发布继承纠纷典型案例（第一批）》（2024年12月3日发布），载最高人民法院网，https：//www.court.gov.cn/zixun/xiangqing/449131.html，最后访问日期：2025年8月11日。

他继承人报告遗产情况。经析法明理耐心调和，各方当事人最终就遗产分割达成和解协议。

《民法典》新增遗产管理人制度，规定了遗产管理人的选任、职责等内容。本案处理过程中，一方面，审理法院坚持和发展新时代"枫桥经验"，积极借助村委会、房屋征收指挥部的力量，全面了解遗产状况和继承人相关情况，为案件化解奠定了良好的基础。另一方面，审理法院充分发挥遗产管理人制度的作用，充分尊重当事人意愿，依法引导当事人推选出合适的继承人担任遗产管理人，并指导遗产管理人履行职责，得到了其他继承人的一致认可，是法定继承案件中适用遗产管理人制度的积极探索和有益尝试。最终，各方当事人达成和解协议，真正实现案结事了人和。

第一千一百四十六条　【法院指定遗产管理人】对遗产管理人的确定有争议的，利害关系人可以向人民法院申请指定遗产管理人。

新解

本条完善了遗产管理人的选任，将法院指定遗产管理人作为确定遗产管理人的方式之一。法院指定遗产管理人的前提为"对遗产管理人的确定有争议的"，应限缩解释为"遗产管理人无法确定的"，主要表现为两种情形：其一，继承人未及时推选遗产管理人且不愿共同担任遗产管理人；其二，继承人共同担任遗产管理人怠于行使职责损害利害关系人利益。上述情形的共同点是由于无法确定遗产管理人，使遗产管理程序处于停滞状态，此时利害关系人可向法院申请，打破遗产处理的僵局。

提起申请的主体为"利害关系人"。本条所指的利害关系人是指与遗产有利害关系的人，主要包括遗嘱执行人、继承人、被继承人的债权人、被继承人的债务人、被继承人生前住所地的民政部门或者村委会以及其他与遗产有利害关系的人。

第一千一百四十七条 【遗产管理人的职责】遗产管理人应当履行下列职责：

（一）清理遗产并制作遗产清单；

（二）向继承人报告遗产情况；

（三）采取必要措施防止遗产毁损、灭失；

（四）处理被继承人的债权债务；

（五）按照遗嘱或者依照法律规定分割遗产；

（六）实施与管理遗产有关的其他必要行为。

新解

本条明确了遗产管理人的主要职责，一方面有利于遗产管理人按职责处理遗产，另一方面有利于继承人或其他遗产权利人对遗产管理人进行监督。遗产管理人须忠实、谨慎地履行管理职责，因遗产管理人不当履行上述职责给遗产债权人造成损害的，遗产债权人有权要求遗产管理人承担民事责任。另外，为使遗产债权人、受遗赠人等遗产权利人的利益得到更多保障，遗产管理人负善良管理人之注意义务。

第一千一百四十八条 【遗产管理人的责任】遗产管理人应当依法履行职责，因故意或者重大过失造成继承人、受遗赠人、债权人损害的，应当承担民事责任。

新解

本条规定了遗产管理人存在故意或重大过失时应承担责任，即承担过错责任。但是鉴于遗产管理人的责任承担与其报酬紧密相关，应当对有偿的遗产管理人和无偿的遗产管理人区别对待。当遗产管理人为无偿时，不应当对其课以较高的义务，避免权利和义务不一致。当遗产管理人为有偿时，应当提高其注意义务，可以参照《企业破产法》对于破产管理人的责任要求，遗产管理人的职责为尽勤勉义务，即"善良管理人"之注意义务。

遗产管理人承担责任的方式，可根据《民法典》第 179 条、第 237 条、第 238 条、第 1184 条确定，包括返还财产、恢复原状、赔偿损失等方式。给其他继承人或者债权人造成损失的，应当以其财产承担无限责任。

第一千一百四十九条　【遗产管理人的报酬】遗产管理人可以依照法律规定或者按照约定获得报酬。

新解

本条是关于遗产管理人获得报酬的规定。

如果遗嘱对遗产管理人的报酬进行了约定，被继承人去世后，遗产管理人的报酬作为遗产债务，由继承人承担。双方就报酬发生矛盾时，应当按照遗嘱的约定处理。

如果遗嘱未指定遗产管理人，遗产管理人由继承人推选而产生，当遗产管理人为继承人以外的人时，遗产管理人与继承人之间的关系为委托合同关系，对于报酬的约定可以作为委托合同的条款。当事人双方因报酬发生矛盾，可根据委托合同的约定处理。如果遗产管理人为继承人，则继承人内部的关系类推适用合伙的关系，对报酬的处理应当按照继承人内部的约定处理。

当法院指定遗产管理人并确定遗产管理人的费用时，应当从被继承人的遗产中支出遗产管理人的报酬。人民法院确定或者调整管理人报酬方案时，应当将遗产的数额、遗产管理的工作量、勤勉程度、实际贡献、风险和责任、当地的收入与物价水平作为重要的考量因素。

第一千一百五十条　【继承开始的通知】继承开始后，知道被继承人死亡的继承人应当及时通知其他继承人和遗嘱执行人。继承人中无人知道被继承人死亡或者知道被继承人死亡而不能通知的，由被继承人生前所在单位或者住所地的居民委员会、村民委员会负责通知。

第一千一百五十一条　【遗产的保管】存有遗产的人，应当妥善保管遗产，任何组织或者个人不得侵吞或者争抢。

第一千一百五十二条　【转继承】继承开始后，继承人于遗产分割前死亡，并没有放弃继承的，该继承人应当继承的遗产转给其继承人，但是遗嘱另有安排的除外。

关联指引

《最高人民法院关于适用〈中华人民共和国民法典〉继承编的解释（一）》第 38 条

第一千一百五十三条　【遗产的确定】夫妻共同所有的财产，除有约定的外，遗产分割时，应当先将共同所有的财产的一半分出为配偶所有，其余的为被继承人的遗产。

遗产在家庭共有财产之中的，遗产分割时，应当先分出他人的财产。

第一千一百五十四条　【按法定继承办理】有下列情形之一的，遗产中的有关部分按照法定继承办理：

（一）遗嘱继承人放弃继承或者受遗赠人放弃受遗赠；

（二）遗嘱继承人丧失继承权或者受遗赠人丧失受遗赠权；

（三）遗嘱继承人、受遗赠人先于遗嘱人死亡或者终止；

（四）遗嘱无效部分所涉及的遗产；

（五）遗嘱未处分的遗产。

第一千一百五十五条　【胎儿预留份】遗产分割时，应当保留胎儿的继承份额。胎儿娩出时是死体的，保留的份额按照法定继承办理。

关联指引

《最高人民法院关于适用〈中华人民共和国民法典〉继承编的解释（一）》第 31 条

> **第一千一百五十六条　【遗产分割】**遗产分割应当有利于生产和生活需要，不损害遗产的效用。
>
> 不宜分割的遗产，可以采取折价、适当补偿或者共有等方法处理。

关联指引

《最高人民法院关于适用〈中华人民共和国民法典〉继承编的解释（一）》第 42 条

> **第一千一百五十七条　【再婚时对所继承遗产的处分】**夫妻一方死亡后另一方再婚的，有权处分所继承的财产，任何组织或者个人不得干涉。
>
> **第一千一百五十八条　【遗赠扶养协议】**自然人可以与继承人以外的组织或者个人签订遗赠扶养协议。按照协议，该组织或者个人承担该自然人生养死葬的义务，享有受遗赠的权利。

关联指引

《最高人民法院关于适用〈中华人民共和国民法典〉继承编的解释（一）》第 40 条

> **第一千一百五十九条　【遗产分割时的义务】**分割遗产，应当清偿被继承人依法应当缴纳的税款和债务；但是，应当为缺乏劳动能力又没有生活来源的继承人保留必要的遗产。

第六编 继 承

新解

　　清偿顺序的公平性和可操作性都很重要。从遗产继承清偿顺序而言，第一顺位为继承费用与共益债务，两者涉及全体继承人与遗产债权人的共同利益，也是遗产债务管理、清偿各程序能够顺利进行的先决条件；第二顺位为保障基本生存权益的债务及负担，包括必留份、依靠被继承人扶养的遗产酌给份、人身损害赔偿以及劳动报酬、社会保险费与经济补偿金；第三顺位为附担保债务，涉及遗产中的特定物，受偿基础不同于其他遗产债务；第四顺位为普通债务，包括以国家为债权人的税收债务；第五顺位为惩罚性债务，包括侵权惩罚性赔偿、行政罚款与刑事罚金；第六顺位为遗赠之债与遗嘱继承，劣后于普通债务。

关联指引

　　《最高人民法院关于适用〈中华人民共和国民法典〉继承编的解释（一）》第25条

第一千一百六十条　【无人继承的遗产的处理】 无人继承又无人受遗赠的遗产，归国家所有，用于公益事业；死者生前是集体所有制组织成员的，归所在集体所有制组织所有。

关联指引

　　《最高人民法院关于适用〈中华人民共和国民法典〉继承编的解释（一）》第41条

第一千一百六十一条　【限定继承】 继承人以所得遗产实际价值为限清偿被继承人依法应当缴纳的税款和债务。超过遗产实际价值部分，继承人自愿偿还的不在此限。

继承人放弃继承的，对被继承人依法应当缴纳的税款和债务可以不负清偿责任。

第一千一百六十二条　【遗赠与遗产债务清偿】 执行遗赠不得妨碍清偿遗赠人依法应当缴纳的税款和债务。

第一千一百六十三条　【既有法定继承又有遗嘱继承、遗赠时的债务清偿】 既有法定继承又有遗嘱继承、遗赠的，由法定继承人清偿被继承人依法应当缴纳的税款和债务；超过法定继承遗产实际价值部分，由遗嘱继承人和受遗赠人按比例以所得遗产清偿。

第七编

侵权责任

第一章　一般规定

第一千一百六十四条　【侵权责任编的调整范围】 本编调整因侵害民事权益产生的民事关系。

新解

本条是关于侵权责任编调整范围的规定。

侵权责任的保护范围为：（1）所有的民事权利，即人格权、身份权、物权、债权、知识产权、继承权和股权及其他投资性权利；（2）法律保护的民事利益，即法益，包括一般人格权保护的其他人格利益、胎儿的人格利益、死者的人格利益、其他身份利益和其他财产利益。

在一般情况下，"行动自由"与"权益保护"之间的均衡，在侵权客体角度最佳体现者为绝对权。因为绝对权利是公开的、公示的，所以它才能对权利人之外的一切人确立一种不得侵害他人权利的义务，从而能够起到行为规则的作用。而相对权具有隐蔽性，如动辄使行为人承担侵权责任，会破坏其合理预期，损及行为自由，故在将法益纳入侵权行为法保护视野时，既要考虑到保护的必要性，又要考虑适当的限制，以避免干涉人们的行为自由。

第一千一百六十五条　【过错责任原则与过错推定责任】 行为人因过错侵害他人民事权益造成损害的，应当承担侵权责任。

依照法律规定推定行为人有过错，其不能证明自己没有过错的，应当承担侵权责任。

新解

本条是对过错责任原则、过错推定原则及一般侵权行为构成要件的规定。

本条通过规定"造成"与"损害",明确了因果关系的存在与损害事实的具备;通过"行为人"的规定,间接明确了"行为"要件,再附以过错、民事权益等要件要求,使本条构成了一个能自我独立运行的一般条款。本条第2款规定过错推定原则,从本质上说,过错推定原则仍然是过错责任原则,只是过错的要件实行推定而不是认定。

新案

柳某诉张某莲、某物业公司健康权纠纷案[①]

被告张某莲系江苏省江阴市某小区业主,因所在小区游乐设施较少,在征得小区物业公司同意后,自费购置一套儿童滑梯(含配套脚垫)放置在小区公共区域,供儿童免费玩耍。该区域的卫生清洁管理等工作由小区物业公司负责。2020年11月,原告柳某途经此处时,踩到湿滑的脚垫而滑倒摔伤,造成十级伤残。后柳某将张某莲和小区物业公司诉至法院,要求共同赔偿医疗费、护理费、残疾赔偿金、精神损害抚慰金等各项损失近20万元。

生效裁判认为,《民法典》第1165条规定,行为人因过错侵害他人民事权益造成损害的,应当承担侵权责任。本案中,张某莲自费为小区添置儿童游乐设施,在法律上并无过错,也与本案事故的发生无因果关系,依法无需承担赔偿责任。相反,张某莲的行为丰富了小区业主生活,增进了邻里友谊,符合与人为善、与邻为善的传统美德,应予以肯定性的评价。某物业公司作为小区物业服务人,应在同意张某莲放置游乐设施后承担日常维护、管理和安全防范等义务。某物业公司未及时有效清理、未设置警示标志,存在过错,致使滑梯脚垫湿滑,是导致事故发生的主要原因。柳某作为成年公民,未能及时查明路况,对损害的发生亦存在一定过错,依法可适当减轻某

[①] 参见《人民法院贯彻实施民法典典型案例(第二批)》(2023年1月12日发布),载最高人民法院网,https://www.court.gov.cn/zixun/xiangqing/386521.html,最后访问日期:2025年8月11日。

物业公司的赔偿责任。一审法院判决某物业公司赔偿柳某因本案事故所受损失的 80%，共计 12 万余元。

> **第一千一百六十六条** 【无过错责任】行为人造成他人民事权益损害，不论行为人有无过错，法律规定应当承担侵权责任的，依照其规定。
>
> **第一千一百六十七条** 【危及他人人身、财产安全的责任承担方式】侵权行为危及他人人身、财产安全的，被侵权人有权请求侵权人承担停止侵害、排除妨碍、消除危险等侵权责任。
>
> **第一千一百六十八条** 【共同侵权】二人以上共同实施侵权行为，造成他人损害的，应当承担连带责任。
>
> **第一千一百六十九条** 【教唆侵权、帮助侵权】教唆、帮助他人实施侵权行为的，应当与行为人承担连带责任。
>
> 教唆、帮助无民事行为能力人、限制民事行为能力人实施侵权行为的，应当承担侵权责任；该无民事行为能力人、限制民事行为能力人的监护人未尽到监护职责的，应当承担相应的责任。

关联指引

《最高人民法院关于适用〈中华人民共和国民法典〉侵权责任编的解释（一）》第 11 条至第 13 条

> **第一千一百七十条** 【共同危险行为】二人以上实施危及他人人身、财产安全的行为，其中一人或者数人的行为造成他人损害，能够确定具体侵权人的，由侵权人承担责任；不能确定具体侵权人的，行为人承担连带责任。
>
> **第一千一百七十一条** 【分别侵权的连带责任】二人以上分别实施侵权行为造成同一损害，每个人的侵权行为都足以造成全部损害的，行为人承担连带责任。

> **第一千一百七十二条 【分别侵权的按份责任】**二人以上分别实施侵权行为造成同一损害，能够确定责任大小的，各自承担相应的责任；难以确定责任大小的，平均承担责任。
>
> **第一千一百七十三条 【与有过错】**被侵权人对同一损害的发生或者扩大有过错的，可以减轻侵权人的责任。
>
> **第一千一百七十四条 【受害人故意】**损害是因受害人故意造成的，行为人不承担责任。
>
> **第一千一百七十五条 【第三人过错】**损害是因第三人造成的，第三人应当承担侵权责任。
>
> **第一千一百七十六条 【自甘风险】**自愿参加具有一定风险的文体活动，因其他参加者的行为受到损害的，受害人不得请求其他参加者承担侵权责任；但是，其他参加者对损害的发生有故意或者重大过失的除外。
>
> 活动组织者的责任适用本法第一千一百九十八条至第一千二百零一条的规定。

新解

本条规定了自甘风险规则。自甘风险，也叫危险的自愿承担，是指受害人自愿参加具有一定风险的文体活动，因其他参加者的行为受到损害的，受害人不得请求其他参加者承担侵权责任。自甘风险本质上是被侵权人过错的特殊情形。从自甘风险的立法本意来说，其适用的典型领域是一些激烈的对抗性竞赛或其他没有对手但仍然超出正常危险的体育或游乐活动，其特点是被侵权人在整个过程中并非扮演完全消极的角色，而是积极参与其中，参与了损害的形成过程，发生意外伤害往往是此类活动正常的内在风险。但是，受害人自愿参与活动并不能视为其同意承担他人违反游戏规则、实施故意攻击行为或违反公平竞赛精神所引发的风险，若存在此类情形，自甘风险并非侵权人的免责事由，仅能作为其减轻责任的事由。

本条第 2 款是一条转引规范，规定了"活动者的组织责任"，是指自甘风险的危险活动的组织者，如果有故意或者重大过失，构成违反安全保障义务的侵权责任，或者学校组织未成年学生参加文体活动造成未成年学生人身伤害的责任。组织者因故意或者重大过失，未尽到安全保障义务造成受害人损害的，应承担赔偿责任；致使第三人造成受害人损害的，承担相应补偿责任，承担责任后可向第三人追偿。

新案

宋某祯诉周某身体权纠纷案[①]

宋某祯、周某均为羽毛球业余爱好者，自 2015 年起自发参加羽毛球比赛。2020 年 4 月 28 日上午，宋某祯、周某与案外四人在北京市朝阳区红领巾公园内露天场地进行羽毛球 3 对 3 比赛。运动中，宋某祯站在发球线位置接对方网前球后，将球回挑到周某方中场，周某迅速杀球进攻，宋某祯直立举拍防守未果，被羽毛球击中右眼。事发后，宋某祯至北京大学人民医院就诊治疗，术后 5 周余验光提示右眼最佳矫正视力为 0.05。宋某祯遂诉至法院，要求周某赔偿医疗费、护理费、住院伙食补助费、营养费等各项费用。

生效裁判认为，竞技体育运动不同于一般的生活领域，主要目的即为争胜，此类运动具有对抗性、人身危险性的特点，参与者均处于潜在危险中，既是危险的潜在制造者，也是危险的潜在承担者。羽毛球运动系典型的对抗性体育竞赛，除扭伤、拉伤等常规风险外，更为突出的风险即在于羽毛球自身体积小、密度大、移动速度快，运动员如未及时作出判断即会被击中，甚至击伤。宋某祯作为多年参与羽毛球运动的爱好者，对于自身和其他参赛者的能力以及此项运动的危险和可能造成的损害，应当有所认知和预见，而宋某祯仍自愿参加比赛，将自身置于潜在危险之中，属于自甘冒险的行为。依照《民法典》第 1176 条第 1 款，在此情形下，只有周某对宋某祯受伤的损害后果存在故意或重大过失时，才需承担侵权损害赔偿责任。本案中，周某

[①] 参见《人民法院贯彻实施民法典典型案例（第一批）》（2022 年 2 月 25 日发布），载最高人民法院网，https://www.court.gov.cn/zixun/xiangqing/347181.html，最后访问日期：2025 年 8 月 11 日。

杀球进攻的行为系该类运动的正常技术动作，周某并不存在明显违反比赛规则的情形，不应认定其存在重大过失，且现行法律未就本案所涉情形适用公平责任予以规定，故宋某祯无权主张周某承担赔偿责任或分担损失。2021年1月4日，一审法院判决驳回宋某祯的全部诉讼请求。二审法院判决驳回上诉，维持原判。

本案是民法典施行后，首例适用《民法典》第1176条"自甘冒险"规定作出判决的案件。民法典施行前，由于法律规定不明确，人民法院在处理文体活动中身体受伤引发的民事纠纷时，容易出现认识分歧，进而引发争议。《民法典》确立"自甘冒险"规则，既统一了思想认识，也统一了裁判尺度。本案审理法院结合具体案情，适用"自甘冒险"规则，明确判决对损害发生无故意、无重大过失的文体活动参加者，不承担赔偿责任，亮明了拒绝"和稀泥"的司法态度，宣示了冒险者须对自己行为负责的规则，不仅弘扬了社会主义核心价值观，促进了文体活动的健康有序发展，也为民法典新规则的实施提供了有益的司法经验。

类案适用提示

受害人提出侵权损害赔偿请求时，加害人抗辩称受害人属"自甘风险"的，加害人应对此承担举证责任。认定构成"自甘风险"，应同时满足以下构成要件：受害人对于其参与的文体活动具有高于一般社会活动的固有风险系明知或应知、受害人系完全出于自由意志支配选择参与前述活动、风险行为与损害后果之间有因果关系、损害后果非其他参加者故意或者重大过失造成。同时应注意的是，除前述构成要件外，自甘风险应是受害人在侵权行为发生前即以明示或默示作出的意思表示，且不得违反法律强制性规定及公序良俗。

第一千一百七十七条【自力救济】合法权益受到侵害，情况紧迫且不能及时获得国家机关保护，不立即采取措施将使其合法权益受到难以弥补的损害的，受害人可以在保护自己合法权益的必要范围内采取扣留侵权人的财物等合理措施；但是，应当立即请求有关国家机关处理。

受害人采取的措施不当造成他人损害的，应当承担侵权责任。

新解

本条是对自助行为的规定。自助行为，是指权利人为了保护自己的合法权益，在情事紧迫而又不能获得国家机关及时救助的情况下，对他人的财产等在必要范围内采取扣留等合理措施，为法律或社会公德所认可的行为。自助行为的要件是：第一，行为人的合法权益受到侵害；第二，情况紧迫且不能及时获得国家机关保护；第三，不立即采取措施将使其权益受到难以弥补的损害；第四，对侵权人实施扣留财产等在保护自己合法权益的必要范围内的行为。在行为人实施了自助行为，权益得到保障后，即应解除相应措施；如果仍需继续采取上述措施的，应当立即请求有关国家机关依法处理。行为人如果对受害人采取自助行为的措施不适当，造成受害人损害的，应当承担侵权责任，赔偿损失。

新案

孟某勇、王某朋健康权纠纷案[1]

孟某勇和其妻子到王某朋和严某梅夫妻俩经营的沂蒙山酒店就餐。结账时，孟某勇称要以签单方式付费，服务台拒绝签单，要求孟某勇支付就餐费用。之后孟某勇要强行离开，严某梅立即报警，并在酒店门口拉住孟某勇的衣服不让其离开，期间孟某勇先后与王某朋、严某梅及其他人发生肢体冲突。后孟某勇以侵害其健康权为由，将王某朋诉至法院，要求王某朋赔偿医疗费、误工费等各项费用共计10799.75元。

生效裁判认为，行为人因过错侵害他人民事权益，应当承担侵权责任。涉案纠纷系因孟某勇在王某朋经营的酒店就餐后拒不支付餐费引起，孟某勇对纠纷的发生有过错在先。王某朋妻子阻止孟某勇离开，系向孟某勇主张餐费的自救行为，不存在过错。监控视频显示，王某朋系将孟某勇推倒，并无其他攻击行为。孟某勇陈述王某朋多次将其推倒，系因孟某勇起身后用身体朝王某朋身上拱，王某朋将其推开导致，在该过程中，亦无攻击行为。在整

---

[1] 参见山东省潍坊市中级人民法院（2021）鲁07民终6477号民事判决书，载中国裁判文书网，最后访问日期：2025年8月11日。

个纠纷过程中，王某朋无故意击打行为，不存在过错。孟某勇因摔倒造成的伤情轻微，王某朋的自救行为未超出合理限度。根据《民法典》第1177条规定，本案符合自助行为规定，对于孟某勇的诉讼请求不应予以支持。

类案适用提示

在紧迫情况下，权利人诉诸国家机关的救济可能太过迟延，加害人可能因此而逃脱追究，因此法律允许权利人在紧迫时实施一定限度内的私力，在此限度内对他人财产等的私力不视为违法行为，不承担侵权责任。

但需注意的是，当事人行使和保护自己的权利，固然是在谋取个人之利益，但同时也要维持社会秩序，增进社会公共利益。《民法典》第132条规定："民事主体不得滥用民事权利损害国家利益、社会公共利益或者他人合法权益。"权利人行使权利超过正当界限，有损他人利益或社会公共利益的，即构成权利的滥用，而滥用权利不受法律的保护。

> **第一千一百七十八条　【特别规定优先适用】**本法和其他法律对不承担责任或者减轻责任的情形另有规定的，依照其规定。

新解

《民法典》规定的免责事由，主要是指《民法典》总则编规定的免责事由。《民法典》第180条规定的不可抗力、第181条规定的正当防卫、第182条规定的紧急避险、第184条规定的紧急救助行为，都是免责事由和减责事由，都可以适用《民法典》侵权责任编，作为侵权责任的免责事由或者减责事由。本编规定的免责事由的适用更是无可置辩。

其他法律规定的免责事由，是指民法典之外的其他民事法律或者非民事法律中规定的有关侵权责任的免责事由和减责事由。例如，《道路交通安全法》规定了道路交通事故责任的免责事由，《产品质量法》规定了产品责任的免责事由，以及相关资源保护法和环境保护法也都规定了相应的免责事由和减责事由。在侵权责任纠纷的法律适用中，都属于特别法规定的免责事由或者减责事由，都应当予以适用。

第二章　损害赔偿

第一千一百七十九条　【人身损害赔偿范围】侵害他人造成人身损害的，应当赔偿医疗费、护理费、交通费、营养费、住院伙食补助费等为治疗和康复支出的合理费用，以及因误工减少的收入。造成残疾的，还应当赔偿辅助器具费和残疾赔偿金；造成死亡的，还应当赔偿丧葬费和死亡赔偿金。

第一千一百八十条　【以相同数额确定死亡赔偿金】因同一侵权行为造成多人死亡的，可以以相同数额确定死亡赔偿金。

第一千一百八十一条　【被侵权人死亡时请求权主体的确定】被侵权人死亡的，其近亲属有权请求侵权人承担侵权责任。被侵权人为组织，该组织分立、合并的，承继权利的组织有权请求侵权人承担侵权责任。

被侵权人死亡的，支付被侵权人医疗费、丧葬费等合理费用的人有权请求侵权人赔偿费用，但是侵权人已经支付该费用的除外。

第一千一百八十二条　【侵害他人人身权益造成财产损失的赔偿计算方式】侵害他人人身权益造成财产损失的，按照被侵权人因此受到的损失或者侵权人因此获得的利益赔偿；被侵权人因此受到的损失以及侵权人因此获得的利益难以确定，被侵权人和侵权人就赔偿数额协商不一致，向人民法院提起诉讼的，由人民法院根据实际情况确定赔偿数额。

第一千一百八十三条　【精神损害赔偿】侵害自然人人身权益造成严重精神损害的，被侵权人有权请求精神损害赔偿。

因故意或者重大过失侵害自然人具有人身意义的特定物造成严重精神损害的，被侵权人有权请求精神损害赔偿。

新解

本条是关于精神损害赔偿的规定。

第一，精神损害赔偿请求权人，限于自然人。被侵权人的近亲属，也可以要求侵权人承担侵权责任。但是，近亲属的精神损害赔偿请求权，仅限于被侵害人死亡的情形；在其他侵害情形下，近亲属不享有本条规定的精神损害赔偿请求权。强调精神损害赔偿请求权人限于自然人，旨在排除法人或其他组织的精神损害赔偿请求权。

第二，请求精神损害赔偿，须对人身权益造成严重精神后果。此处的人身权益，既包括各项人格权，也包括其他人格利益，还可能包括某些身份关系中的权益。对死者人格利益的侵害，也能产生近亲属的精神损害赔偿请求权。精神损害赔偿作为例外情形，受到立法者的严格限制。除了侵害对象，在后果上，也要求必须具有严重性。这里的严重性应进行严格解释，区分以下不同情形：其一，造成自然人死亡或者残疾。其二，因精神上的重大打击造成医学上的精神性疾病。其三，在其他严重侵害情形下，虽不满足前述两种情况，但造成权利人遭受重大的精神痛苦。对于这类情形，具有极强的主观性和不确定性，一方面，权利人须对此承担证明责任；另一方面，法官对此有较大的裁量空间，应根据社会一般标准，结合被侵害的人身权益类型、侵害行为与手段、侵害人的主观状态等因素，综合确定。

第三，本条第2款规定的是所谓"人格物"被侵害时的精神损害赔偿。为避免精神损害赔偿请求权的泛化，本款在构成要件上，对侵害"人格物"时的精神损害赔偿请求权作出较大限制。其一，加害人必须具有故意或者重大过失的主观状态。在以往相关司法解释中，并没有这一限制。增设加害人主观状态的要求，能够限制该款的适用范围，避免精神损害赔偿的滥用。其二，必须侵害具有人身意义的特定物。精神性痛苦的主观性极强，本款将侵害物的范围限定在具有人身意义的特定物，这通常发生在具有特定亲属关系或亲密关系的人之间。其三，必须造成受害人严重的精神后果。强调精神后果的严重性而非以物本身的侵害程度为考量因素，更符合精神损害赔偿的实质。

第七编 侵权责任

新案

王某与吴某等机动车交通事故责任纠纷案①

2021年1月18日，吴某驾车与王某（孕妇）、田某所驾驶车辆发生三车相撞，造成王某受伤及车辆损坏的交通事故。公安交管部门出具事故认定书认定，吴某负事故全部责任，王某、田某无责任。事故发生后，王某被送至医院就医，诊断为"先兆流产"，并进行了人流手术。后王某将吴某、田某及二人车辆投保的保险公司诉至天津市红桥区人民法院，要求赔偿其因交通事故产生的各项损失，其中包括精神损害抚慰金5万元。

天津市红桥区人民法院认为，公民合法的民事权益应受法律保护。王某因交通事故导致流产，不仅遭受了身体上的损害，也承受了精神上的痛苦，故对其主张的精神损害抚慰金应予适当支持。在判决支持王某其他各项合理损失的基础上，人民法院结合王某孕期、各方责任等因素，判决支持其精神损害抚慰金1万元，并由为吴某和田某车辆承保的两保险公司分别在交强险责任限额和交强险无责赔偿限额内予以赔偿。一审宣判后，吴某车辆投保的保险公司不服提起上诉，天津市第一中级人民法院依法判决驳回上诉，维持原判。

本案是人民法院依法保障因交通事故流产妇女获得精神损害赔偿的典型案例。《民法典》第1183条规定，侵害自然人人身权益造成严重精神损害的，被侵权人有权请求精神损害赔偿。本案中，事故不仅造成王某身体上的损伤，同时也导致其终止妊娠，使其精神遭受损害。人民法院对王某主张的精神损害抚慰金酌情予以支持，充分体现了对妇女群体权益的特殊保护，对类似案件审理具有积极示范意义。

关联指引

《最高人民法院关于确定民事侵权精神损害赔偿责任若干问题的解

---

① 参见《天津高院发布保护妇女合法权益典型案例》（2022年3月8日发布），载天津法院网，https://tjfy.tjcourt.gov.cn/article/detail/2022/03/id/6563114.shtml，最后访问日期：2025年8月11日。

释》第1条。

《最高人民法院关于适用〈中华人民共和国民法典〉侵权责任编的解释（一）》第2条

> **第一千一百八十四条　【财产损失的计算】**侵害他人财产的，财产损失按照损失发生时的市场价格或者其他合理方式计算。
>
> **第一千一百八十五条　【故意侵害知识产权的惩罚性赔偿责任】**故意侵害他人知识产权，情节严重的，被侵权人有权请求相应的惩罚性赔偿。

新解

在适用本条时，需要注意以下三点。

第一，必须发生故意侵害他人知识产权的情形。故意，指的是行为人行为时明知侵害他人的知识产权，仍然实施侵害行为（直接故意），或者放任侵害结果的发生（间接故意）。在一些特别法中，将惩罚性赔偿适用范围限于"恶意"的情形（如《商标法》第63条）。从字面上理解，恶意在程度上更接近直接故意的情形。在民法上，通常不严格区分故意和恶意。从本条的立法目的来看，将故意限定在直接故意（恶意），可能限制其适用范围。

第二，必须满足情节严重的要求。本条中的情节严重，主要考量的因素是侵权行为的方式、手段、持续时间、影响范围，侵权人由此获得的非法利益是否巨大，是否多次发生类似的侵权行为，尤其需要考虑的是因此造成的损害后果。

第三，满足前述主观与客观要件时，会产生惩罚性赔偿的法律后果。被侵权人有权主张惩罚性赔偿，意味着在被侵权人没有主张时，法官不得依职权裁定本条规定的惩罚性赔偿。本条并没有对惩罚性赔偿的数额作出规定或给出指引。对于侵害知识产权时的惩罚性赔偿，在一些特别法中已经有所体现。例如，侵害商标权时，在难以确定权利人实际损失、侵权人所获利益以及注册商标许可费时，人民法院可以判决500万元以下的赔偿（《商标法》

第63条第3款）。

新案

某种业科技有限公司诉某农业产业发展有限公司侵害植物新品种权纠纷案[①]

某种业科技有限公司为水稻新品种"金粳818"的独占实施被许可人。某农业产业发展有限公司在不具有种子生产经营许可证的情况下，未经许可在微信群内发布"农业产业链信息匹配"寻找潜在交易者，并收取会员费后提供种子交易信息，与买家商定交易价格、数量、交货时间后安排送交无标识、标签的白皮袋，或者包装标注为其他商品粮的"金粳818"种子。某种业科技有限公司诉请判令某农业产业发展有限公司停止侵权，并赔偿经济损失300万元。

生效裁判认为，某农业产业发展有限公司系被诉侵权种子的交易组织者、决策者，其行为构成销售侵权。由于该公司拒不提供相关账簿，故审理法院参考其宣传资料，综合考虑侵权情节推定侵权获利达到100万元以上，并以此为基数。该公司明知未经许可销售授权品种繁殖材料的侵权性质，所销售的被诉侵权种子部分包装未标注任何信息、部分包装标注为其他商品粮，试图掩盖侵权行为和逃避责任追究的意图明显，具有侵权恶意。其未取得种子生产经营许可证生产经营种子，可以认定为侵权行为情节严重。因此，审理法院依法适用惩罚性赔偿，按照基数的2倍确定惩罚性赔偿数额，全额支持权利人诉请。

本案是适用《民法典》规定的惩罚性赔偿制度，打击种子套牌侵权、净化种业市场秩序的典型案件。《民法典》侵权责任编新增规定了知识产权侵权惩罚性赔偿制度，为各类知识产权纠纷适用惩罚性赔偿提供了一般规则，对于建设知识产权强国，保障经济社会高质量发展具有重要作用。本案中，审理法院秉持强化植物新品种权保护的司法理念，在侵权人拒不提供交易记

[①] 参见《人民法院贯彻实施民法典典型案例（第一批）》（2022年2月25日发布），载最高人民法院网，https://www.court.gov.cn/zixun/xiangqing/347181.html，最后访问日期：2025年8月11日。

录、相关账簿的情况下，依法适用举证妨碍制度，参考其宣传的交易额合理推定侵权获利达到 100 万元以上，并依法适用《民法典》及《种子法》规定的惩罚性赔偿制度，按照计算基数的 2 倍确定惩罚性赔偿金额为 200 万元，实际赔偿总额为基数的 3 倍。本案判决对于切实解决知识产权侵权维权难度大、赔偿数额低的问题，形成对恶意侵权行为的强有力威慑，彰显种业知识产权司法保护力度，具有积极示范作用。

类案适用提示

惩罚性赔偿计算所得数额应为填平性赔偿与惩罚性赔偿数额相加之和，即适用惩罚性赔偿的赔偿总额为基数及基数与倍数乘积之和。第一，应确定基数。首先要确定基数的确定方法。按照法律规定，惩罚性赔偿基数的确定方法有适用顺序。第二，要考虑知识产权贡献度，根据案件具体情况，考量权利人知识产权对于商业价值的贡献程度或比例。第三，确定惩罚性赔偿的倍数。法律规定了惩罚性赔偿的倍数区间，具体案件中需要结合侵权人主观故意程度、侵权严重程度等因素后确定。对惩罚性赔偿的适用应强调依法适用、积极审慎的原则，注重赔偿基数的相对准确性、倍数的合理性。

关联指引

《最高人民法院关于审理侵害知识产权民事案件适用惩罚性赔偿的解释》第 3 条至第 5 条

> **第一千一百八十六条** 【公平分担损失】受害人和行为人对损害的发生都没有过错的，依照法律的规定由双方分担损失。

新解

本条将公平责任适用的范围限定在"依照法律的规定"这一前提之下，在受害人保护与行为人自由之间进行了平衡，并向后者作出了倾向。换言之，只有在法律明确规定的情况下，才可以突破侵权责任中过错归责的一般性原理，在行为人一方并无过错的情况下，实现损害的移转。这通常发生在以"补偿"作为损失分担的法条中，如《民法典》第 182 条第 2 款中紧急避险人的补偿责任、第 756 条与第 758 条第 2 款中承租人的补偿义务、第 1190 条中暂时丧失意识或控制时行为人的补偿责任等。

关 联 指 引

《民法典》第 182 条、第 183 条、第 1190 条、第 1254 条。

> **第一千一百八十七条　【赔偿费用的支付方式】**损害发生后，当事人可以协商赔偿费用的支付方式。协商不一致的，赔偿费用应当一次性支付；一次性支付确有困难的，可以分期支付，但是被侵权人有权请求提供相应的担保。

第三章　责任主体的特殊规定

> **第一千一百八十八条　【监护人责任】**无民事行为能力人、限制民事行为能力人造成他人损害的，由监护人承担侵权责任。监护人尽到监护职责的，可以减轻其侵权责任。
>
> 　　有财产的无民事行为能力人、限制民事行为能力人造成他人损害的，从本人财产中支付赔偿费用；不足部分，由监护人赔偿。

关 联 指 引

《最高人民法院关于适用〈中华人民共和国民法典〉侵权责任编的解释（一）》第 4 条至第 9 条

第一千一百八十九条 【委托监护时监护人的责任】无民事行为能力人、限制民事行为能力人造成他人损害，监护人将监护职责委托给他人的，监护人应当承担侵权责任；受托人有过错的，承担相应的责任。

新解

本条是关于委托监护时监护人责任的规定。委托监护一般存在于亲属朋友之间，且为无偿监护，而受托人一旦存在过错即须承担连带责任，对于受托人而言责任负担过重，容易导致监护的权利义务失衡。

监护人与受托人承担的责任是单向连带责任，即混合责任。监护人承担的是对全部损害的赔偿责任，并且是连带责任，只要被害人主张监护人承担全部责任，监护人就必须承担全部赔偿责任。能够证明受托人存在未尽监护职责等过错时，受托人应当在其因过错造成损失的范围内，承担相应的赔偿责任，这种责任性质不是连带责任，而是按份责任，被害人不能向其主张承担全部赔偿责任。就监护人与委托人之间的关系来说，可能存在追偿的问题。在监护人就被监护人的行为承担全部赔偿责任之后，如果受托人履行监护职责有过错，监护人可就受托人过错对应的赔偿范围向受托人追偿。

关联指引

《最高人民法院关于适用〈中华人民共和国民法典〉侵权责任编的解释（一）》第10条

第一千一百九十条 【暂时丧失意识后的侵权责任】完全民事行为能力人对自己的行为暂时没有意识或者失去控制造成他人损害有过错的，应当承担侵权责任；没有过错的，根据行为人的经济状况对受害人适当补偿。

完全民事行为能力人因醉酒、滥用麻醉药品或者精神药品对自己的行为暂时没有意识或者失去控制造成他人损害的，应当承担侵权责任。

第一千一百九十一条　【用人单位责任和劳务派遣单位、劳务用工单位责任】用人单位的工作人员因执行工作任务造成他人损害的，由用人单位承担侵权责任。用人单位承担侵权责任后，可以向有故意或者重大过失的工作人员追偿。

劳务派遣期间，被派遣的工作人员因执行工作任务造成他人损害的，由接受劳务派遣的用工单位承担侵权责任；劳务派遣单位有过错的，承担相应的责任。

关联指引

《最高人民法院关于适用〈中华人民共和国民法典〉侵权责任编的解释（一）》第15条至第17条

第一千一百九十二条　【个人劳务关系中的侵权责任】个人之间形成劳务关系，提供劳务一方因劳务造成他人损害的，由接受劳务一方承担侵权责任。接受劳务一方承担侵权责任后，可以向有故意或者重大过失的提供劳务一方追偿。提供劳务一方因劳务受到损害的，根据双方各自的过错承担相应的责任。

提供劳务期间，因第三人的行为造成提供劳务一方损害的，提供劳务一方有权请求第三人承担侵权责任，也有权请求接受劳务一方给予补偿。接受劳务一方补偿后，可以向第三人追偿。

第一千一百九十三条　【承揽关系中的侵权责任】承揽人在完成工作过程中造成第三人损害或者自己损害的，定作人不承担侵权责任。但是，定作人对定作、指示或者选任有过错的，应当承担相应的责任。

关联指引

《最高人民法院关于适用〈中华人民共和国民法典〉侵权责任编的解释（一）》第18条

> **第一千一百九十四条　【网络侵权责任】** 网络用户、网络服务提供者利用网络侵害他人民事权益的，应当承担侵权责任。法律另有规定的，依照其规定。
>
> **第一千一百九十五条　【"通知与取下"制度】** 网络用户利用网络服务实施侵权行为的，权利人有权通知网络服务提供者采取删除、屏蔽、断开链接等必要措施。通知应当包括构成侵权的初步证据及权利人的真实身份信息。
>
> 网络服务提供者接到通知后，应当及时将该通知转送相关网络用户，并根据构成侵权的初步证据和服务类型采取必要措施；未及时采取必要措施的，对损害的扩大部分与该网络用户承担连带责任。
>
> 权利人因错误通知造成网络用户或者网络服务提供者损害的，应当承担侵权责任。法律另有规定的，依照其规定。

新解

《民法典》的通知规则作了如下调整，其一，明确了合格通知的要件；其二，提出了转通知义务；其三，规定了必要措施的考量因素；其四，规定了错误通知的侵权责任。

1. 合格通知的要件。本条第1款提及的通知要件包括"构成侵权的初步证据"和"权利人的真实身份信息"，以此涵盖完整的合格通知要件。其中"构成侵权的初步证据"应作广义理解，包含权属凭证（主要针对知识产权情形）、证明侵权成立的初步证明材料、足以定位侵权内容的信息。

2. 转通知义务和采取必要措施的义务。这两项义务以合格通知为前提。但如不合格的通知足以让网络服务提供者知道或者应当知道侵权内容存在，如通知缺少了权利人真实身份信息，但包含了构成侵权的初步证据（如生效的法院判决），则网络服务提供者仍可能负有采取必要措施的义务。其法律依据并非本条第2款，而是《民法典》第1197条。

3. 必要措施。这是我国在法律层面首次明确提出必要措施的考量因素。网络服务提供者接到通知后所应采取的必要措施包括但并不限于删除、屏蔽、断开链接。必要措施应遵循审慎、合理的原则，根据所侵害权利的性质、侵权的具体情形和技术条件等来加以综合确定。

4. 错误通知。本条第3款规定了错误通知的法律后果。（1）本款所称"权利人"实为"通知人"。（2）本款为网络服务提供者向错误通知人主张侵权责任提供了请求权基础。

关联指引

《最高人民法院关于审理利用信息网络侵害人身权益民事纠纷案件适用法律若干问题的规定》第4条。

第一千一百九十六条 【"反通知"制度】网络用户接到转送的通知后，可以向网络服务提供者提交不存在侵权行为的声明。声明应当包括不存在侵权行为的初步证据及网络用户的真实身份信息。

网络服务提供者接到声明后，应当将该声明转送发出通知的权利人，并告知其可以向有关部门投诉或者向人民法院提起诉讼。网络服务提供者在转送声明到达权利人后的合理期限内，未收到权利人已经投诉或者提起诉讼通知的，应当及时终止所采取的措施。

新解

本条提及的要件包括不存在侵权行为的初步证据及网络用户的真实身份信息。如此规定的理由在于：投诉人收到反通知后，若欲避免对网络用户所采取的措施被终止，需在合理期限内向有关部门投诉或向法院起诉。为确定诉讼对象和管辖法院等，网络用户的身份信息必不可少。据此，网络服务提供者应当掌握反通知用户的身份信息，并在必要时向投诉人提供。

> **第一千一百九十七条　【网络服务提供者与网络用户的连带责任】**
> 网络服务提供者知道或者应当知道网络用户利用其网络服务侵害他人民事权益，未采取必要措施的，与该网络用户承担连带责任。
>
> **第一千一百九十八条　【违反安全保障义务的侵权责任】** 宾馆、商场、银行、车站、机场、体育场馆、娱乐场所等经营场所、公共场所的经营者、管理者或者群众性活动的组织者，未尽到安全保障义务，造成他人损害的，应当承担侵权责任。
>
> 因第三人的行为造成他人损害的，由第三人承担侵权责任；经营者、管理者或者组织者未尽到安全保障义务的，承担相应的补充责任。经营者、管理者或者组织者承担补充责任后，可以向第三人追偿。

新案

胡某某诉某旅游公司旅游合同纠纷案[①]

2019年9月19日，胡某某到某旅游公司试营业的某市胡杨林游玩时，租赁景区内的沙滩摩托车骑行，但某旅游公司工作人员未告知胡某某禁行路线等安全事项。胡某某在驾驶沙滩摩托车过程中，从断崖处摔落、受伤。胡某某向人民法院起诉，请求判令某旅游公司赔偿医疗费、护理费等费用。

青海省格尔木市人民法院一审认为，对于具有一定危险性的旅游项目，旅游经营者应当详尽地向游客告知注意事项及可能存在的危险，使游客对该旅游项目特别是可能发生的危险有全面了解。在胡某某骑行前，某旅游公司工作人员未详尽告知安全注意事项，未明确骑行路线，致使胡某某对该项目的潜在危险和安全注意事项未能充分了解，最终坠崖受伤，某旅游公司应当

---

① 参见《最高人民法院发布人民法院依法审理旅游纠纷典型案例》（2024年9月30日发布），载最高人民法院网，https://www.court.gov.cn/zixun/xiangqing/444371.html，最后访问日期：2025年8月11日。

承担全部责任。判决某旅游公司赔偿胡某某各项损失288231.2元。宣判后，某旅游公司提出上诉。二审维持原判。

本案是旅游经营者因未尽到安全保障义务而承担全部责任的典型案例。旅游景区提供的项目服务应当符合保障旅游者人身、财产安全的要求，在项目服务过程中应以明示方式详细告知游客安全须知，并及时排查风险隐患，确保尽到安全保障义务。特别是对于高风险旅游项目，旅游经营者应当承担更高的安全保障义务。本案对于旅游经营者强化安全风险意识、依法全面履行安全保障义务，促进文旅项目持续健康发展，具有警示意义。

第一千一百九十九条　【教育机构对无民事行为能力人受到人身损害的过错推定责任】 无民事行为能力人在幼儿园、学校或者其他教育机构学习、生活期间受到人身损害的，幼儿园、学校或者其他教育机构应当承担侵权责任；但是，能够证明尽到教育、管理职责的，不承担侵权责任。

第一千二百条　【教育机构对限制民事行为能力人受到人身损害的过错责任】 限制民事行为能力人在学校或者其他教育机构学习、生活期间受到人身损害，学校或者其他教育机构未尽到教育、管理职责的，应当承担侵权责任。

第一千二百零一条　【受到校外人员人身损害时的责任分担】 无民事行为能力人或者限制民事行为能力人在幼儿园、学校或者其他教育机构学习、生活期间，受到幼儿园、学校或者其他教育机构以外的第三人人身损害的，由第三人承担侵权责任；幼儿园、学校或者其他教育机构未尽到管理职责的，承担相应的补充责任。幼儿园、学校或者其他教育机构承担补充责任后，可以向第三人追偿。

新解

无民事行为能力人或者限制民事行为能力人在幼儿园、学校或者其他教育机构学习、生活期间，受到教育机构以外的第三人人身损害，第三人、教育机构作为共同被告且依法应承担侵权责任的，人民法院应当在判决中明确，教育机构在人民法院就第三人的财产依法强制执行后仍不能履行的范围内，承担与其过错相应的补充责任。

被侵权人仅起诉教育机构的，人民法院应当向原告释明申请追加实施侵权行为的第三人为共同被告。

第三人不确定的，未尽到管理职责的教育机构先行承担与其过错相应的责任；教育机构承担责任后向已经确定的第三人追偿的，人民法院依照本条的规定予以支持。

关联指引

《最高人民法院关于适用〈中华人民共和国民法典〉侵权责任编的解释（一）》第14条

第四章　产品责任

第一千二百零二条　【产品生产者侵权责任】 因产品存在缺陷造成他人损害的，生产者应当承担侵权责任。

新案

檀某某诉某农业机械销售有限公司产品责任纠纷案[①]

2021年5月18日，檀某某在某农业机械销售有限公司购买一台联合

[①] 参见《最高人民法院发布涉产品质量典型案例》（2024年9月29日发布），载最高人民法院网，https://www.court.gov.cn/zixun/xiangqing/444261.html，最后访问日期：2025年8月11日。

收割机，支付 28 万元价款，保修期为出售之日起 12 个月。2022 年 9 月 16 日，该收割机着火自燃。消防部门经勘测调查作出调查认定书，列明"起火部位为收割机后侧，起火点为收割机左后侧下方，起火原因为电气线路故障引燃周围可燃物蔓延成灾"。事故发生时该收割机已使用 16 个月。经人民法院委托鉴定机构出具评估报告认定，火灾事故给檀某某造成的损失为 202200 元。因协商无果，檀某某起诉请求依法判令某农业机械销售有限公司赔偿其车辆损失 202200 元。

审理法院认为，《民法典》第 1202 条规定："因产品存在缺陷造成他人损害的，生产者应当承担侵权责任。"第 1203 条规定："因产品存在缺陷造成他人损害的，被侵权人可以向产品的生产者请求赔偿，也可以向产品的销售者请求赔偿。产品缺陷由生产者造成的，销售者赔偿后，有权向生产者追偿。因销售者的过错使产品存在缺陷的，生产者赔偿后，有权向销售者追偿。"案涉收割机发生事故时虽已购买 16 个月，但收割机电气线路故障为危害人身、财产安全的不合理危险，属于产品缺陷，不因超过 12 个月保修期而免除责任。法院判决某农业机械销售有限公司赔偿檀某某损失 202200 元。

本案为一起涉农用机械产品缺陷引发的产品责任纠纷。妥善处理每一起涉农资产品责任纠纷，确保农机产品质量过硬、农业生产秩序良好，以司法手段护航农业生产是人民法院应尽的职责。即使产品过了保修期，如果产品存在危及人身财产安全的重大产品缺陷，生产者仍然应当依法承担责任。农业机械是农民的重要生产工具和财产，本案依法判决经营者赔偿农机产品缺陷造成的损失，对于维护农民合法权益、保护农业生产具有积极意义。

关 联 指 引

《最高人民法院关于适用〈中华人民共和国民法典〉侵权责任编的解释（一）》第 19 条

第一千二百零三条 【被侵权人请求损害赔偿的途径和先行赔偿人追偿权】 因产品存在缺陷造成他人损害的，被侵权人可以向产品的生产者请求赔偿，也可以向产品的销售者请求赔偿。

产品缺陷由生产者造成的，销售者赔偿后，有权向生产者追偿。因销售者的过错使产品存在缺陷的，生产者赔偿后，有权向销售者追偿。

第一千二百零四条 【生产者、销售者的第三人追偿权】 因运输者、仓储者等第三人的过错使产品存在缺陷，造成他人损害的，产品的生产者、销售者赔偿后，有权向第三人追偿。

第一千二百零五条 【产品缺陷危及他人人身、财产安全的侵权责任】 因产品缺陷危及他人人身、财产安全的，被侵权人有权请求生产者、销售者承担停止侵害、排除妨碍、消除危险等侵权责任。

第一千二百零六条 【生产者、销售者的补救措施及费用承担】 产品投入流通后发现存在缺陷的，生产者、销售者应当及时采取停止销售、警示、召回等补救措施；未及时采取补救措施或者补救措施不力造成损害扩大的，对扩大的损害也应当承担侵权责任。

依据前款规定采取召回措施的，生产者、销售者应当负担被侵权人因此支出的必要费用。

新解

本条"未及时采取补救措施或者补救措施不力造成损害扩大的，对扩大的损害也应当承担侵权责任"的规定，实际上是将发展风险抗辩与跟踪观察缺陷的侵权责任作了适当区分，即发展风险规则是产品责任的免责事由。《产品质量法》第41条第3项规定，"将产品投入流通时的科学技术水平尚不能发现缺陷的存在的"，符合这种要求的投入流通的产品后来发现缺陷已经造成损害的，是免责的；当发现了缺陷后，就负有警示、召回义务，避免继续造成损害；未尽警示、召回义务，又造成损害的，又造成损害的部分就是扩大的损害。根据本条规定，跟踪观察缺陷在未出现之前造成的损害是免责的，在缺陷发现后未尽警示、召回义务造成的损害，是本条规定的跟踪观察缺陷的赔偿责任。

> **第一千二百零七条　【产品责任中的惩罚性赔偿】**明知产品存在缺陷仍然生产、销售，或者没有依据前条规定采取有效补救措施，造成他人死亡或者健康严重损害的，被侵权人有权请求相应的惩罚性赔偿。

第五章　机动车交通事故责任

> **第一千二百零八条　【机动车交通事故责任的法律适用】**机动车发生交通事故造成损害的，依照道路交通安全法律和本法的有关规定承担赔偿责任。
>
> **第一千二百零九条　【租赁、借用机动车交通事故责任】**因租赁、借用等情形机动车所有人、管理人与使用人不是同一人时，发生交通事故造成损害，属于该机动车一方责任的，由机动车使用人承担赔偿责任；机动车所有人、管理人对损害的发生有过错的，承担相应的赔偿责任。
>
> **第一千二百一十条　【转让并交付但未办理登记的机动车侵权责任】**当事人之间已经以买卖或者其他方式转让并交付机动车但是未办理登记，发生交通事故造成损害，属于该机动车一方责任的，由受让人承担赔偿责任。
>
> **第一千二百一十一条　【挂靠机动车交通事故责任】**以挂靠形式从事道路运输经营活动的机动车，发生交通事故造成损害，属于该机动车一方责任的，由挂靠人和被挂靠人承担连带责任。

第一千二百一十二条　【擅自驾驶他人机动车交通事故责任】未经允许驾驶他人机动车，发生交通事故造成损害，属于该机动车一方责任的，由机动车使用人承担赔偿责任；机动车所有人、管理人对损害的发生有过错的，承担相应的赔偿责任，但是本章另有规定的除外。

第一千二百一十三条　【交通事故侵权救济来源的支付顺序】机动车发生交通事故造成损害，属于该机动车一方责任的，先由承保机动车强制保险的保险人在强制保险责任限额范围内予以赔偿；不足部分，由承保机动车商业保险的保险人按照保险合同的约定予以赔偿；仍然不足或者没有投保机动车商业保险的，由侵权人赔偿。

新解

本条对机动车发生交通事故造成损害赔偿顺序进行了规定：（1）先由承保机动车强制保险的保险人在强制保险责任限额范围内予以赔偿。（2）机动车强制保险赔偿不足部分，由承保机动车商业保险的保险人根据保险合同的约定予以赔偿。（3）机动车商业保险赔偿仍然不足的，由侵权人赔偿。

对于未依法投保强制保险的机动车发生交通事故造成损害，投保义务人和交通事故责任人不是同一人，被侵权人合并请求投保义务人和交通事故责任人承担侵权责任的，交通事故责任人承担侵权人应承担的全部责任；投保义务人在机动车强制保险责任限额范围内与交通事故责任人共同承担责任，但责任主体实际支付的赔偿费用总和不应超出被侵权人应受偿的损失数额。投保义务人先行支付赔偿费用后，就超出机动车强制保险责任限额范围部分向交通事故责任人追偿的，人民法院应予支持。

关联指引

《最高人民法院关于适用〈中华人民共和国民法典〉侵权责任编的解释（一）》第21条

> **第一千二百一十四条　【拼装车、报废车交通事故责任】**以买卖或者其他方式转让拼装或者已经达到报废标准的机动车，发生交通事故造成损害的，由转让人和受让人承担连带责任。

新解

本条是关于以买卖或者其他方式转让拼装的或者已经达到报废标准的机动车，发生交通事故造成损害如何承担责任的规定。

以买卖或者其他方式转让拼装或者已经达到报废标准的机动车，发生交通事故造成损害，转让人、受让人以其不知道且不应当知道该机动车系拼装或者已经达到报废标准为由，主张不承担侵权责任的，人民法院不予支持。

关联指引

《最高人民法院关于适用〈中华人民共和国民法典〉侵权责任编的解释（一）》第20条

> **第一千二百一十五条　【盗抢机动车交通事故责任】**盗窃、抢劫或者抢夺的机动车发生交通事故造成损害的，由盗窃人、抢劫人或者抢夺人承担赔偿责任。盗窃人、抢劫人或者抢夺人与机动车使用人不是同一人，发生交通事故造成损害，属于该机动车一方责任的，由盗窃人、抢劫人或者抢夺人与机动车使用人承担连带责任。
>
> 保险人在机动车强制保险责任限额范围内垫付抢救费用的，有权向交通事故责任人追偿。

新解

本条第1款规定，盗窃人、抢劫人或者抢夺人与机动车使用人不是同一人，发生交通事故造成损害，属于该机动车一方责任的，由盗窃人、抢劫人或者抢夺人与机动车使用人承担连带责任。这一规定的含义是，盗窃人、抢劫人、抢夺人将非法占有的他人机动车交给使用人使用，形成非法占有人与使用人并非同一人的情形，其中既包括交给他人使用，也包括将非法占有的机动车有偿或者无偿转让给他人使用。在这种情形下发生交通事故致人损害，属于该机动车一方责任的，盗窃人、抢劫人、抢夺人与机动车使用人承担连带责任，而不能因非法占有人已经将机动车转让而不承担责任。

> **第一千二百一十六条　【驾驶人逃逸责任承担规则】**机动车驾驶人发生交通事故后逃逸，该机动车参加强制保险的，由保险人在机动车强制保险责任限额范围内予以赔偿；机动车不明、该机动车未参加强制保险或者抢救费用超过机动车强制保险责任限额，需要支付被侵权人人身伤亡的抢救、丧葬等费用的，由道路交通事故社会救助基金垫付。道路交通事故社会救助基金垫付后，其管理机构有权向交通事故责任人追偿。
>
> **第一千二百一十七条　【好意同乘规则】**非营运机动车发生交通事故造成无偿搭乘人损害，属于该机动车一方责任的，应当减轻其赔偿责任，但是机动车使用人有故意或者重大过失的除外。

新解

本条将好意同乘规定为机动车一方的责任减轻事由。

关于"非营运机动车"。具有决定意义的不是机动车登记证书中使用性质一栏的描述，而是机动车在交通事故发生的时间点所处的实际状态。出租车等从事有偿运输业务的机动车一般而言自然是营运机动车，但如果出租车司机在非营运时间驾驶机动车，也属于"非营运机动车"。反过来，即便机动车登记证书将该车描述为家庭自用或者非营运，但只要其实际处于营运活动中（如开展网约车服务），那么就不属于本条意义上的"非营运机动车"。

关于"无偿搭乘人"。无偿最重要的标准是，为运送搭乘人，机动车使用人并未直接获得某种作为交换对象的经济利益，或者虽然获得了某种经济利益，但这种经济利益显著低于作为参照对象的市场价格。如果搭乘人直接支付金钱，那么通常应当肯定有偿性，但是需要注意的是金钱的数额，如果金钱数额远远低于通常的市场价格，那么即便有金钱的支付，也不能否认运输活动的无偿性。对价也可以采取别的给付形式，常见的如分担运输费、过路费等费用。搭乘人意味着车上人员排除了车外人员，由此本条的减责效果限于车上人员，机动车一方不能依据本条对车外受害人主张责任减轻。进一步而言，如果车上存在多名搭乘人，其中部分为有偿搭乘，部分为无偿搭乘，那么本条也只适用于无偿搭乘人。

新案

颜某与刘某、顾某、某保险公司机动车交通事故责任纠纷案[①]

顾某驾驶小型普通客车与刘某驾驶的普通二轮摩托车发生道路交通事故，致刘某及其搭乘人颜某受伤，双方车辆不同程度损坏。公安交管部门认定，顾某、刘某负事故同等责任，颜某无事故责任。顾某驾驶的小型普通客车在某保险公司投保交强险和商业三者险，事故发生在保险期间内。颜某诉至法院，请求刘某、顾某、某保险公司赔偿各项损失合计22万余元。

审理法院认为，刘某无偿搭载颜某属于"好意同乘"行为。刘某作为车辆驾驶人，对搭乘人颜某负有安全方面的注意义务。《民法典》第1217条规定，非营运机动车发生交通事故造成无偿搭乘人损害，属于该机动车一方责任的，应当减轻其赔偿责任，但是机动车使用人有故意或者重大过失的除外。据此，由于并无证据证明刘某对事故的发生存在故意或者重大过失，因此应当减轻其赔偿责任。本案中，颜某的损失共计159899元，先由某保险公司在交强险责任限额内赔偿颜某140965元；其余18934元，由某保险公司在商业三者险保险范围内按照事故责任比例（50%）赔偿9467元；刘某应按照事故责任比例（50%）赔偿9467元，但因其系无偿搭载颜某且无故意或重大

---

① 参见《促推构建良好交通秩序 护航人民群众出行安全 最高法发布交通事故责任纠纷典型案例》（2024年12月2日发布），载最高人民法院网，https://www.court.gov.cn/zixun/xiangqing/449031.html，最后访问日期：2025年8月11日。

过失，应当减轻刘某的赔偿责任。最终判决：酌定刘某承担其中30%部分的赔偿责任，赔偿颜某5680元。

"好意同乘"，即日常生活中的"搭便车"，是指驾驶人出于善意无偿地邀请或允许他人搭乘自己车辆的非营运行为。"好意同乘"作为助人为乐的善意利他行为，对于促进形成互助友爱社会风尚具有积极意义，也符合绿色低碳出行方式的要求，还有利于缓解公共交通压力，降低出行成本。本案判决依法合理认定"好意同乘"情形下车辆驾驶人的责任，既合理分配搭乘人损失，也有助于督促驾驶人切实负起责任和安全驾驶车辆。

类案适用提示

在认定好意同乘机动车交通事故的责任比例时，除机动车使用人有故意或者重大过失外，应当减轻机动车使用人一方的赔偿责任，不仅能够继续弘扬我国乐于助人的良好社会道德风尚，还将督促机动车使用人对搭乘人尽到合理的安全注意义务。

第六章　医疗损害责任

第一千二百一十八条　【医疗损害责任归责原则】患者在诊疗活动中受到损害，医疗机构或者其医务人员有过错的，由医疗机构承担赔偿责任。

第一千二百一十九条　【医疗机构说明义务与患者知情同意权】医务人员在诊疗活动中应当向患者说明病情和医疗措施。需要实施手术、特殊检查、特殊治疗的，医务人员应当及时向患者具体说明医疗风险、替代医疗方案等情况，并取得其明确同意；不能或者不宜向患者说明的，应当向患者的近亲属说明，并取得其明确同意。

医务人员未尽到前款义务，造成患者损害的，医疗机构应当承担赔偿责任。

第一千二百二十条　【紧急情况下实施的医疗措施】因抢救生命垂危的患者等紧急情况，不能取得患者或者其近亲属意见的，经医疗机构负责人或者授权的负责人批准，可以立即实施相应的医疗措施。

第一千二百二十一条　【医务人员过错的医疗机构赔偿责任】医务人员在诊疗活动中未尽到与当时的医疗水平相应的诊疗义务，造成患者损害的，医疗机构应当承担赔偿责任。

第一千二百二十二条　【医疗机构过错推定的情形】患者在诊疗活动中受到损害，有下列情形之一的，推定医疗机构有过错：

（一）违反法律、行政法规、规章以及其他有关诊疗规范的规定；

（二）隐匿或者拒绝提供与纠纷有关的病历资料；

（三）遗失、伪造、篡改或者违法销毁病历资料。

第一千二百二十三条　【因药品、消毒产品、医疗器械的缺陷或输入不合格的血液的侵权责任】因药品、消毒产品、医疗器械的缺陷，或者输入不合格的血液造成患者损害的，患者可以向药品上市许可持有人、生产者、血液提供机构请求赔偿，也可以向医疗机构请求赔偿。患者向医疗机构请求赔偿的，医疗机构赔偿后，有权向负有责任的药品上市许可持有人、生产者、血液提供机构追偿。

第一千二百二十四条　【医疗机构免责事由】患者在诊疗活动中受到损害，有下列情形之一的，医疗机构不承担赔偿责任：

（一）患者或者其近亲属不配合医疗机构进行符合诊疗规范的诊疗；

（二）医务人员在抢救生命垂危的患者等紧急情况下已经尽到合理诊疗义务；

（三）限于当时的医疗水平难以诊疗。

前款第一项情形中，医疗机构或者其医务人员也有过错的，应当承担相应的赔偿责任。

第一千二百二十五条　【医疗机构对病历的义务及患者对病历的权利】医疗机构及其医务人员应当按照规定填写并妥善保管住院志、医嘱单、检验报告、手术及麻醉记录、病理资料、护理记录等病历资料。

患者要求查阅、复制前款规定的病历资料的，医疗机构应当及时提供。

第一千二百二十六条 【患者隐私和个人信息保护】医疗机构及其医务人员应当对患者的隐私和个人信息保密。泄露患者的隐私和个人信息，或者未经患者同意公开其病历资料的，应当承担侵权责任。

新解

本条规定了对患者隐私和个人信息的保护。本条的意义在于确立医疗机构及其医务人员对于患者的隐私和个人信息的保护义务，切实地维护患者就诊中的信息安全。只要医疗机构泄露了患者的隐私和个人信息，或者未经患者同意公开其病历资料的，无论该行为是否造成患者损害，都要承担侵权责任。在没有损害后果时，患者可以请求侵权人停止侵害。

第一千二百二十七条 【不必要检查禁止义务】医疗机构及其医务人员不得违反诊疗规范实施不必要的检查。

第一千二百二十八条 【医疗机构及医务人员合法权益的维护】医疗机构及其医务人员的合法权益受法律保护。

干扰医疗秩序，妨碍医务人员工作、生活，侵害医务人员合法权益的，应当依法承担法律责任。

第七章　环境污染和生态破坏责任

> **第一千二百二十九条**　【环境污染和生态破坏侵权责任】因污染环境、破坏生态造成他人损害的，侵权人应当承担侵权责任。
>
> **第一千二百三十条**　【环境污染、生态破坏侵权举证责任】因污染环境、破坏生态发生纠纷，行为人应当就法律规定的不承担责任或者减轻责任的情形及其行为与损害之间不存在因果关系承担举证责任。
>
> **第一千二百三十一条**　【两个以上侵权人造成损害的责任分担】两个以上侵权人污染环境、破坏生态的，承担责任的大小，根据污染物的种类、浓度、排放量，破坏生态的方式、范围、程度，以及行为对损害后果所起的作用等因素确定。
>
> **第一千二百三十二条**　【侵权人的惩罚性赔偿】侵权人违反法律规定故意污染环境、破坏生态造成严重后果的，被侵权人有权请求相应的惩罚性赔偿。

新解

本条是关于污染环境、破坏生态情况下惩罚性赔偿的规定。

从立法目的而言，侵权人污染环境或破坏生态违法成本较低且可能获利巨大，同时还可能存在逃脱被追责的侥幸心理，而受害人却无法确知损失，那么补偿性损害赔偿制度的功能可能无法有效发挥。而且在很多情况下，微薄的赔偿金相比较高的诉讼成本，也让被侵权人不愿提起诉讼。由此，在环境侵权中引入惩罚性赔偿制度，可以弥补补偿性赔偿制度的缺陷以及诉讼机制对侵权责任的消极影响，从而产生对环境污染和生态破坏行为的遏制效果。

从法律适用而言，第一，关于主观故意状态。环境污染和生态破坏责任属于无过错责任，在责任的构成要件中无须侵权人有过错，而惩罚性赔偿在于对具有主观恶性的侵权人施以惩戒，并产生社会威慑效果，应当以"故意"这类具有极强恶性的主观表现作为惩罚性赔偿适用的要件。第二，关于严重后果。在污染环境、破坏生态导致死亡或者严重的健康损害的情况下才可以适用惩罚性赔偿。当然，如果环境侵权行为导致的受害人人数众多，造成大规模的人群健康隐患，即使未显现出严重的病症，也应视为"严重后果"。第三，关于相应比例。为了防止滥用惩罚性赔偿，被侵权人要求的赔偿数额过高，本条在表述中使用了"相应"的限定要求，具体有三个方面：（1）"相应"与补偿性损害赔偿金的关系，争议焦点在于两者之间是否需要保持比例关系。本书认为，旨在贯彻过罚相当的原则，惩罚性赔偿应当以被侵权人所受损害为基础，损害后果的大小是体现侵权行为程度的一个重要指标，只有在补偿性损害赔偿之后，才能进一步提出惩罚侵权人的权利主张。（2）私法上的惩罚性赔偿与公法上罚款或罚金的体系关联。惩罚性赔偿作为私法责任，可以和公法责任并用。但为避免惩罚过度，在裁量确定惩罚性赔偿金时，法官应考虑侵权人的同一环境侵权行为被有关行政部门处以多少罚款，或被刑事法庭判处多少罚金。（3）侵权人的行为方式、主观动机、赔偿能力可以作为数额确定的参考因素。

新案

山东省青岛市人民检察院诉青岛市崂山区某艺术鉴赏中心生态破坏民事公益诉讼案[①]

青岛市崂山区某艺术鉴赏中心（以下简称某艺术中心）系经营餐饮服务的个体工商户，2017年至2018年期间在未依法取得收购、出售野生动物行政许可的情况下，先后购入大王蛇3条、穿山甲1只、熊掌4只，并将部分

---

① 参见《最高人民法院发布生物多样性司法保护典型案例》（2022年12月5日发布），载最高人民法院网，https://www.court.gov.cn/zixun/xiangqing/381901.html，最后访问日期：2025年8月11日。

野生动物做成菜品销售。经鉴定，大王蛇为孟加拉眼镜蛇，属于《国家保护的有重要生态、科学、社会价值的陆生野生动物名录》中的"三有"保护动物；熊掌为棕熊熊掌，棕熊属于《国家重点保护野生动物名录》中的国家二级保护野生动物；穿山甲于2020年6月被确定为国家一级保护野生动物。2020年10月，某艺术中心负责人吴某霞因犯非法收购、出售珍贵、濒危野生动物罪，被判处有期徒刑3年，缓刑3年，并处罚金6万元。后山东省青岛市人民检察院提起民事公益诉讼，经评估，某艺术中心破坏生态行为造成野生动物损失8.3万元、生态环境服务功能损失90.75万元。

山东省青岛市中级人民法院一审认为，某艺术中心违法收购珍贵、濒危野生动物，将其做成菜品销售，造成野生动物及其生态价值损失近百万元，除应承担生态环境侵权赔偿责任外，还应依法承担惩罚性赔偿责任。某艺术中心在本案审理过程中悔改态度较好，申请以劳务代偿方式承担部分惩罚性赔偿责任，予以准许。遂判决某艺术中心赔偿野生动物损失、生态环境服务功能损失及惩罚性赔偿共计108余万元，其中惩罚性赔偿99050元中的24924元以某艺术中心指定两人、每人提供60日生态环境公益劳动的方式承担，由法院指定当地司法局作为协助执行单位管理和指导，最迟于2022年1月28日前完成。宣判后，当事人均未上诉，一审判决已发生法律效力。

餐饮服务经营者违法收购珍贵、濒危野生动物，将其做成菜品销售，为非法猎捕、杀害野生动物提供了市场和动机。《民法典》第1232条规定了生态环境侵权惩罚性赔偿责任，加大对严重违法行为的处罚力度。本案中，被告故意侵权行为造成野生动物及其生态价值损失近百万元，人民法院依法判令其承担生态环境损害赔偿责任，并适用惩罚性赔偿，同时根据案件具体情况允许被告以提供有益于生态环境保护的公益劳务方式替代履行部分惩罚性赔偿责任。宣判后，被告在协助执行单位组织下，参与向当地餐饮企业宣讲野生动物保护知识和发放宣传单等活动，取得良好社会效果。本案处理充分体现人民法院严厉惩治非法交易、经营野生动物的行为，革除滥食野生动物陋习，切实保障人民群众生命健康安全的坚定立场。

第一千二百三十三条　【因第三人过错污染环境、破坏生态的责任】因第三人的过错污染环境、破坏生态的，被侵权人可以向侵权人请求赔偿，也可以向第三人请求赔偿。侵权人赔偿后，有权向第三人追偿。

第一千二百三十四条　【生态环境损害修复责任】违反国家规定造成生态环境损害，生态环境能够修复的，国家规定的机关或者法律规定的组织有权请求侵权人在合理期限内承担修复责任。侵权人在期限内未修复的，国家规定的机关或者法律规定的组织可以自行或者委托他人进行修复，所需费用由侵权人负担。

第一千二百三十五条　【生态环境损害赔偿的范围】违反国家规定造成生态环境损害的，国家规定的机关或者法律规定的组织有权请求侵权人赔偿下列损失和费用：

（一）生态环境受到损害至修复完成期间服务功能丧失导致的损失；

（二）生态环境功能永久性损害造成的损失；

（三）生态环境损害调查、鉴定评估等费用；

（四）清除污染、修复生态环境费用；

（五）防止损害的发生和扩大所支出的合理费用。

第八章　高度危险责任

第一千二百三十六条　【高度危险责任一般规定】从事高度危险作业造成他人损害的，应当承担侵权责任。

第一千二百三十七条　【民用核设施致害责任】民用核设施或者运入运出核设施的核材料发生核事故造成他人损害的，民用核设施的营运单位应当承担侵权责任；但是，能够证明损害是因战争、武装冲突、暴乱等情形或者受害人故意造成的，不承担责任。

第一千二百三十八条　【民用航空器致害责任】民用航空器造成他人损害的，民用航空器的经营者应当承担侵权责任；但是，能够证明损害是因受害人故意造成的，不承担责任。

第一千二百三十九条　【高度危险物致害责任】占有或者使用易燃、易爆、剧毒、高放射性、强腐蚀性、高致病性等高度危险物造成他人损害的，占有人或者使用人应当承担侵权责任；但是，能够证明损害是因受害人故意或者不可抗力造成的，不承担责任。被侵权人对损害的发生有重大过失的，可以减轻占有人或者使用人的责任。

第一千二百四十条　【高度危险活动致害责任】从事高空、高压、地下挖掘活动或者使用高速轨道运输工具造成他人损害的，经营者应当承担侵权责任；但是，能够证明损害是因受害人故意或者不可抗力造成的，不承担责任。被侵权人对损害的发生有重大过失的，可以减轻经营者的责任。

第一千二百四十一条　【遗失、抛弃高度危险物致害的侵权责任】遗失、抛弃高度危险物造成他人损害的，由所有人承担侵权责任。所有人将高度危险物交由他人管理的，由管理人承担侵权责任；所有人有过错的，与管理人承担连带责任。

第一千二百四十二条　【非法占有高度危险物致害的侵权责任】非法占有高度危险物造成他人损害的，由非法占有人承担侵权责任。所有人、管理人不能证明对防止非法占有尽到高度注意义务的，与非法占有人承担连带责任。

第一千二百四十三条　【未经许可进入高度危险作业区域的致害责任】未经许可进入高度危险活动区域或者高度危险物存放区域受到损害，管理人能够证明已经采取足够安全措施并尽到充分警示义务的，可以减轻或者不承担责任。

第一千二百四十四条　【高度危险责任赔偿限额】承担高度危险责任，法律规定赔偿限额的，依照其规定，但是行为人有故意或者重大过失的除外。

新解

在侵权法中，加害人的过错对确定赔偿责任范围是有重大影响的，它表明的是法律对加害人行为的谴责程度。在无过错责任场合，无过错责任原则仅仅表明对某种危险性特别严重的侵权领域，要给予受害人更为妥善的保护，即使加害人没有过错也要承担侵权责任，也要对受害人承担赔偿责任，使受害人的损害得到赔偿。但是，即使在这样的场合，无过错的加害人在无过错责任的场合也应当承担侵权责任，而有过错的加害人在这样的场合应当承担更重的赔偿责任，这种赔偿责任轻重的区别，体现的是法律对主观心理状态不同的加害人的不同谴责和制裁的程度要求。也只有这样，才能够体现侵权法的公平和正义。基于加害人的过错产生的侵权损害赔偿请求权实行全部赔偿原则；而基于加害人无过错产生的侵权损害赔偿请求权则应当实行限额赔偿原则，并不是全部赔偿的请求权。

第九章　饲养动物损害责任

第一千二百四十五条　【饲养动物损害责任一般规定】饲养的动物造成他人损害的，动物饲养人或者管理人应当承担侵权责任；但是，能够证明损害是因被侵权人故意或者重大过失造成的，可以不承担或者减轻责任。

第一千二百四十六条　【未对动物采取安全措施损害责任】违反管理规定，未对动物采取安全措施造成他人损害的，动物饲养人或者管理人应当承担侵权责任；但是，能够证明损害是因被侵权人故意造成的，可以减轻责任。

第一千二百四十七条　【禁止饲养的危险动物损害责任】禁止饲养的烈性犬等危险动物造成他人损害的，动物饲养人或者管理人应当承担侵权责任。

第一千二百四十八条 【动物园饲养动物损害责任】动物园的动物造成他人损害的,动物园应当承担侵权责任;但是,能够证明尽到管理职责的,不承担侵权责任。

第一千二百四十九条 【遗弃、逃逸动物损害责任】遗弃、逃逸的动物在遗弃、逃逸期间造成他人损害的,由动物原饲养人或者管理人承担侵权责任。

第一千二百五十条 【因第三人过错致使动物致害责任】因第三人的过错致使动物造成他人损害的,被侵权人可以向动物饲养人或者管理人请求赔偿,也可以向第三人请求赔偿。动物饲养人或者管理人赔偿后,有权向第三人追偿。

第一千二百五十一条 【饲养动物应负的社会责任】饲养动物应当遵守法律法规,尊重社会公德,不得妨碍他人生活。

第十章　建筑物和物件损害责任

第一千二百五十二条 【建筑物、构筑物或者其他设施倒塌、塌陷致害责任】建筑物、构筑物或者其他设施倒塌、塌陷造成他人损害的,由建设单位与施工单位承担连带责任,但是建设单位与施工单位能够证明不存在质量缺陷的除外。建设单位、施工单位赔偿后,有其他责任人的,有权向其他责任人追偿。

因所有人、管理人、使用人或者第三人的原因,建筑物、构筑物或者其他设施倒塌、塌陷造成他人损害的,由所有人、管理人、使用人或者第三人承担侵权责任。

第一千二百五十三条　【建筑物、构筑物或者其他设施及其搁置物、悬挂物脱落、坠落致害责任】 建筑物、构筑物或者其他设施及其搁置物、悬挂物发生脱落、坠落造成他人损害，所有人、管理人或者使用人不能证明自己没有过错的，应当承担侵权责任。所有人、管理人或者使用人赔偿后，有其他责任人的，有权向其他责任人追偿。

第一千二百五十四条　【高空抛掷物、坠落物致害责任】 禁止从建筑物中抛掷物品。从建筑物中抛掷物品或者从建筑物上坠落的物品造成他人损害的，由侵权人依法承担侵权责任；经调查难以确定具体侵权人的，除能够证明自己不是侵权人的外，由可能加害的建筑物使用人给予补偿。可能加害的建筑物使用人补偿后，有权向侵权人追偿。

物业服务企业等建筑物管理人应当采取必要的安全保障措施防止前款规定情形的发生；未采取必要的安全保障措施的，应当依法承担未履行安全保障义务的侵权责任。

发生本条第一款规定的情形的，公安等机关应当依法及时调查，查清责任人。

新解

本条是关于从建筑物中抛掷物品或者从建筑物上坠落的物品造成他人损害责任的规定。《民法典》对相关规则规定如下：

第一，直接侵权人的责任。本条第1款"从建筑物中抛掷物品或者从建筑物上坠落的物品造成他人损害的，由侵权人依法承担侵权责任"的规定，明确了高空抛物、坠物损害责任由侵权人承担侵权责任为一般规则，可能加害人承担补偿责任作为例外规则。关于过错问题，本条虽然没有规定主体通过证明自己没有过错而免责，但并不意味着本条适用无过错责任。从立法目的和历史解释来看，本文规定主要是为了解决难以确定具体侵权人的责任承担问题，立法者无意将此规定为无过错责任，《民法典》第1253条亦采取过错推定原则，本条也应同等对待，即侵权人可以通过证明其已经尽到相应管理、维护义务或者没有抛掷物品而免责。

第二，可能加害人的补偿责任。补偿责任不是一种典型的特殊侵权责任类型，而是在侵权人不明的情况下，由可能加害人给予适当补偿的特殊责任。可能加害人之间不是承担连带责任，而是承担按份责任，且进行补偿后，也不得向其他可能加害人进行追偿。"难以确定具体侵权人"必须经过调查后的规定，并明确公安等机关应当依法及时调查，查清责任人。可能加害的建筑物使用人可以通过以下方式证明自己不是侵权人而得以免责：一是，发生损害时，自己不在建筑物内；二是，自己所处位置无法实施损害行为；三是，自己即使实施该行为，也无法使抛掷物或者坠落物到达发生损害的位置；四是，自己没有造成他人损害的物品；等等。

第三，建筑物管理人承担安全保障责任。建筑管理人是指对建筑物负有维护和管理职责的主体，最典型的是物业服务企业。此种责任性质是《民法典》第1198条规定的违反安全保障义务的侵权责任。具体而言，物业服务企业等建筑物管理人责任形态有以下几种：一是，若物业服务企业等建筑物管理人尽到了应尽的安全保障义务，则其无须承担责任，由直接侵权人承担责任或由可能加害的建筑物使用人给予补偿。二是，如果物业服务企业等建筑物管理人未尽到安全保障义务，在能够查明直接侵权人的情况下，其按照过错大小承担的补充责任。承担责任后可以向侵权人进行追偿。三是，如果物业服务企业等建筑物管理人未尽到安全保障义务，无法确定直接侵权人，建筑物管理人承担与其未尽义务相应的责任，若此时无法实现对受害人的充分救济，则继续由可能加害的建筑物使用人对受害人给予补偿。

新案

庾某娴诉黄某辉高空抛物损害责任纠纷案[1]

2019年5月26日，庾某娴在位于广州杨箕的自家小区花园散步，经过黄某辉楼下时，黄某辉家小孩在房屋阳台从35楼抛下一瓶矿泉水，水瓶掉落

---

[1] 参见《人民法院贯彻实施民法典典型案例（第一批）》（2022年2月25日发布），载最高人民法院网，https://www.court.gov.cn/zixun/xiangqing/347181.html，最后访问日期：2025年8月11日。

到庚某娴身旁，导致其惊吓、摔倒，随后被送往医院救治。次日，庚某娴亲属与黄某辉一起查看监控，确认了上述事实后，双方签订确认书，确认矿泉水瓶系黄某辉家小孩从阳台扔下，同时黄某辉向庚某娴支付1万元赔偿。庚某娴住院治疗22天才出院，其后又因此事反复入院治疗，累计超过60天，且被鉴定为十级伤残。由于黄某辉拒绝支付剩余治疗费，庚某娴遂向法院提起诉讼。

生效裁判认为，庚某娴散步时被从高空抛下的水瓶惊吓摔倒受伤，经监控录像显示水瓶由黄某辉租住房屋阳台抛下，有视频及庚某娴、黄某辉签订的确认书证明。双方确认抛物者为无民事行为能力人，黄某辉是其监护人，庚某娴要求黄某辉承担赔偿责任，黄某辉亦同意赔偿。涉案高空抛物行为发生在民法典实施前，但为了更好地保护公民、法人和其他组织的权利和利益，根据《最高人民法院关于适用〈中华人民共和国民法典〉时间效力的若干规定》第19条规定，《民法典》施行前，从建筑物中抛掷物品或者从建筑物上坠落的物品造成他人损害引起的民事纠纷案件，适用《民法典》第1254条的规定。2021年1月4日，审理法院判决黄某辉向庚某娴赔偿医疗费、护理费、交通费、住院伙食补助费、残疾赔偿金、鉴定费合计8.3万元；精神损害抚慰金1万元。

本案是人民法院首次适用《民法典》第1254条判决高空抛物者承担赔偿责任，切实维护人民群众"头顶上的安全"的典型案例。民法典侵权责任编明确禁止从建筑物中抛掷物品，进一步完善了高空抛物的治理规则。本案依法判决高空抛物者承担赔偿责任，有利于通过公正裁判树立行为规则，进一步强化高空抛物、坠物行为预防和惩治工作，也有利于更好地保障居民合法权益，切实增强人民群众的幸福感、安全感。

类案适用提示

居民住宅小区的物业公司是否要承担高空抛物侵权行为的法律责任，在民法典颁布施行之前的法律及司法解释中未作明确规定，民法典填补了这一法律空白。建筑物管理人根据物业服务合同约定或法律规定，负有维护、管理等建筑物的义务，其应当采取必要的安全保障措施防止高空抛物、坠物情形的发生。如果未采取必要的安全保障措施，应当承担未履行安全保障义务的侵权责任。

关联指引

《最高人民法院关于适用〈中华人民共和国民法典〉时间效力的若干规定》第 19 条

《最高人民法院关于适用〈中华人民共和国民法典〉侵权责任编的解释（一）》第 24 条、第 25 条

> **第一千二百五十五条　【堆放物致害责任】** 堆放物倒塌、滚落或者滑落造成他人损害，堆放人不能证明自己没有过错的，应当承担侵权责任。
>
> **第一千二百五十六条　【在公共道路上妨碍通行物品的致害责任】** 在公共道路上堆放、倾倒、遗撒妨碍通行的物品造成他人损害的，由行为人承担侵权责任。公共道路管理人不能证明已经尽到清理、防护、警示等义务的，应当承担相应的责任。

新解

本条规定的责任主体为行为人和公共道路管理人，形成了行为人和公共道路管理人的二元责任结构。

第一，行为人承担无过错责任。从规范表达上看，本条没有"不能证明自己没有过错"的相关表述。从立法体系上来看，首先在本条内部体系中，对公共道路管理人明确了免责事由，体现了立法对行为人和公共道路管理人两个主体的责任承担的区分模式；其次在与《民法典》第 1255 条对比中，本条对致害物品进行严格限制，责任客体限定在公共道路上堆放、倾倒、遗撒妨碍通行的物品，也采取区别模式，而前者立法明确设置免责条款。从立法目的来看，在公共道路上设置妨碍物是异常危险的，可能导致不确定的公共风险，对此课以无过错责任也是合理的。

第二，公共道路管理人承担过错推定责任。公共道路管理人，是指对其管护路段承担管理职责之人，其负有清理、防护、警示等义务。公共道路管

理人对此承担过错推定责任，如果在公共道路发生因堆放、倾倒、遗撒妨碍通行的物品造成他人损害的，即推定公共管理人具有过错。但其可以通过举证证明其已经尽到清理、防护、警示等义务而予以推翻。公共道路管理人的责任明确为"相应的责任"，其责任范围根据公共道路管理人的过错程度具体确定。应当注意的是，公共道路管理人责任本质上是违反安全保障义务的侵权责任，但本条并未将责任形式规定为补充责任。受害人可以同时请求行为人和公共道路管理人承担责任，也可以选择其中一方要求其承担责任。行为人和公共道路管理人之间责任承担，根据在个案中双方过错程度大小进行分配。

新案

张某臣与北京市平谷区某某村村民委员会等公共道路妨碍通行损害责任纠纷案[①]

某某公司承包某某村应急给水改造工程，某某公司的承包范围为破除旧路结构、管沟挖填土、铺设给水管道、路面回填碎石、砌水表井（含水表）、阀门井、消火栓井（含消火栓）等给水工程，碎石回填后的道路路面与原路面的状态不一致，导致路面不平，且案涉路段未设置明显的警示标志。2020年11月30日，某某公司已全部撤离施工现场并交付发包人。2020年12月31日张某臣骑车行至北京市平谷区某某村附近，因此处路面不平导致张某臣摔伤，自行车及衣物受损。

生效裁判认为，某某公司的承包范围不包括沥青面层施工，且2020年12月31日张某臣摔伤时某某公司已经将工程交付给发包人某某村村委会。故综合上述事实，某某公司对于张某臣摔伤并不存在过错，不应承担赔偿责任。某某村村委会作为事发路段工程的发包人，在接收涉案工程后，未能确保道路路面平整，亦未尽到相应的管理养护、警示义务，故应当对张某臣的损失承担主要责任。张某臣在已观察到道路状况不佳时，仍轻信能顺利通过，未尽到应有的谨慎注意义务，对于摔倒受伤存在一定过错，亦应当承担次要责任。综合考虑双方的过错程度及原因力大小认定某某村村委会应承担

[①] 参见北京市第三中级人民法院（2022）京03民终6535号民事判决书，载中国裁判文书网，最后访问日期：2025年8月11日。

60% 的责任，张某臣承担 40% 的责任。

类案适用提示

障碍通行物造成损害，不仅行为人需要承担责任，公共道路管理人未尽到注意义务，也需要承担相应的责任。道路管理人需要对路面养护尽到注意义务，如及时清理妨碍物，进行防护、警示等，否则需要承担和过错相适应的责任。

> **第一千二百五十七条 【林木致害的责任】**因林木折断、倾倒或者果实坠落等造成他人损害，林木的所有人或者管理人不能证明自己没有过错的，应当承担侵权责任。
>
> **第一千二百五十八条 【公共场所或道路施工致害责任和窨井等地下设施致害责任】**在公共场所或者道路上挖掘、修缮安装地下设施等造成他人损害，施工人不能证明已经设置明显标志和采取安全措施的，应当承担侵权责任。
>
> 窨井等地下设施造成他人损害，管理人不能证明尽到管理职责的，应当承担侵权责任。

附　　则

第一千二百五十九条 【法律术语含义】民法所称的"以上"、"以下"、"以内"、"届满",包括本数;所称的"不满"、"超过"、"以外",不包括本数。

第一千二百六十条 【施行日期】本法自2021年1月1日起施行。《中华人民共和国婚姻法》、《中华人民共和国继承法》、《中华人民共和国民法通则》、《中华人民共和国收养法》、《中华人民共和国担保法》、《中华人民共和国合同法》、《中华人民共和国物权法》、《中华人民共和国侵权责任法》、《中华人民共和国民法总则》同时废止。

参考书目

1. 杨立新主编：《中华人民共和国民法典释义与案例评注：总则编》，中国法制出版社 2021 年版。

2. 杨立新主编：《中华人民共和国民法典释义与案例评注：物权编》，中国法制出版社 2021 年版。

3. 杨立新主编：《中华人民共和国民法典释义与案例评注：合同编》，中国法制出版社 2021 年版。

4. 杨立新主编：《中华人民共和国民法典释义与案例评注：人格权编》，中国法制出版社 2021 年版。

5. 杨立新主编：《中华人民共和国民法典释义与案例评注：婚姻家庭编》，中国法制出版社 2021 年版。

6. 杨立新主编：《中华人民共和国民法典释义与案例评注：继承编》，中国法制出版社 2021 年版。

7. 杨立新主编：《中华人民共和国民法典释义与案例评注：侵权责任编》，中国法制出版社 2021 年版。

8. 龙卫球主编：《中华人民共和国民法典总则编释义》，中国法制出版社 2021 年版。

9. 龙卫球主编：《中华人民共和国民法典物权编释义》，中国法制出版社 2021 年版。

10. 龙卫球主编：《中华人民共和国民法典合同编释义》（上、下册），中国法制出版社 2021 年版。

11. 龙卫球主编：《中华人民共和国民法典婚姻家庭编与继承编释义》，中国法制出版社 2021 年版。

12. 龙卫球主编：《中华人民共和国民法典人格权编与侵权责任编释义》，中国法制出版社 2021 年版。